KB131653

이규연의
로스트 타임

이규연의 로스트 타임

1판 1쇄 인쇄 2019. 10. 1.
1판 1쇄 발행 2019. 10. 8.

지은이 이규연

발행인 고세규
편집 심성미 | 디자인 지은혜
발행처 김영사
등록 1979년 5월 17일(제406-2003-036호)
주소 경기도 파주시 문발로 197(문발동) 우편번호 10881
전화 마케팅부 031)955-3100, 편집부 031)955-3200, 팩스 031)955-3111

값은 뒤표지에 있습니다.
ISBN 978-89-349-9909-6 03300

홈페이지 www.gimmyoung.com   블로그 blog.naver.com/gybook
페이스북 facebook.com/gybooks   이메일 bestbook@gimmyoung.com

좋은 독자가 좋은 책을 만듭니다.
김영사는 독자 여러분의 의견에 항상 귀 기울이고 있습니다.

이 도서의 국립중앙도서관 출판시도서목록(CIP)은 서지정보유통지원시스템 홈페이지
(http://seoji.nl.go.kr)와 국가자료공동목록시스템(http://www.nl.go.kr/kolisnet)에서
이용하실 수 있습니다.(CIP제어번호 : CIP2019035141)

지연된 정의, 사라진 시간을
되찾기 위한
36개의 스포트라이트

이규연의
로스트
타임

이규연 지음

김영사

프롤로그 누군가에겐 하나의 사건이 모든 삶이었다 · 8

1 잠든 사람은 깨울 수 있어도
   잠든 척한 사람은 깨울 수 없다

잔혹한 동화가 만들어낸 현실의 법: 조두순 사건으로 본 감형의 조건 · 16
세상에서 가장 슬픈 악성 민원인의 절규: 대구 어린이 황산 테러와 살인 공소시효 · 26
잠든 척할 수 없는 시대: 법을 적용받지 않는 법 집행자, 검찰 · 36

2 진실을 땅속에 묻으면 더 큰 폭발력을 축적한다

음란지옥의 불길에 타버린 사람들: 버닝썬 천태만상 속 유착의 고리 · 48
가장 뛰어난 예언자, 과거: 최순실의 국정 농단과 침묵의 카르텔 · 59
눈 덮인 들판을 함부로 걷는 권력: 심상시 문건이 고백하는 대한민국 권력 서열 · 69

3 강물이 화나면 배를 뒤집을 수 있다

분노와 난폭의 차이: 촛불혁명의 아주 멋진 순간 · 80
신뢰와 신념의 가속도: 정유라가 탄 말을 추격하는 기수들 · 89
부정과 은폐의 무게추: 대통령 탄핵의 전말 · 98

4 모든 접촉은 흔적을 남긴다

음모론의 탄생 공식: 〈세월X〉가 뚫은 물길 · 112
미래의 재난을 상상하는 힘: 재난의 올바른 수습이 필요한 이유 · 127
팩트 없는 진상의 허상: 다시 가라앉은 세월호 · 135

5 악행 그 자체보다 악을 보고도 아무것도 하지 않는 사람들 때문에 세상은 파괴된다

방관의 다리는 언제나 튼튼하다: 독을 뿜어낸 가습기 · 150
움직이지 못하는 초인의 꿈: 루게릭병 환자와 나눈 편지 · 163
정서적 사다리를 제공받을 권리: 난곡의 2가지 가난 · 174

6 악인을 비난하기는 쉽지만 이해하기는 너무 어렵다

죄의 미미한 시작과 창대한 끝: 이영학이 쓴 인간의 가면 벗기기 · 188
실험실 밖에서 과학이 지켜야 할 예의: 황우석 신화와 과학 정치화의 덫 · 199
절대악의 칼에 베인 21년: 지존파의 살인공장 혹은 지옥 · 209

7 우리는 언제든 모비딕과 마주칠 수 있다

'기레기'가 풀어헤친 그날의 기록: 5.18 보도와 기자의 진실 · 222
국민의 포기할 수 없는 권리: 감시 사회를 감시하는 자 · 234
정보기관의 변신은 유죄: 만들어진 간첩들 · 245

8 두 도시는 다른 방향으로 걸어갔다

떠오르려는 해를 사로잡는 법: 10년 만의 평양 취재 · 258
승부 없는 통일을 위해: 대동강 변의 변화 탐사 · 267
회색 도시의 컬러: 북한 녹화 사업의 두 얼굴 · 280

9   진실도 때로는 다치게 할 때가 있지만
    머지않아 치료받을 수 있는 가벼운 상처다

    진실을 완성하기 위한 팩트 퍼즐 조각: 북한 식당 종업원의 인권 · 290
    오보는 책상에서 만들어진다: 대북 제재와 단둥의 실제 물동량 · 306
    회한의 바다에서 건져 올린 무엇: KAL기 사고 수습 실태 · 316

10 봄은 왔지만 여전히 침묵의 봄이다

    서서히 죽어간다는 것: 보이지 않는 방사능과 함께 사는 사람들 · 326
    그 누구도 안전하지 않다: X-이벤트 대비 시나리오의 필요성 · 339
    한국에서만 덩치를 키우는 괴물: 메르스 창궐의 비밀 · 347

11 스컬리, 진실은 저 너머에 있어요

    과학 없이 존재하는 것들: 목격된 UFO · 358
    진품을 진단하는 장님: 프레임에 묶인 〈미인도〉 · 369
    늙어버린 몽타주: 화성 연쇄 살인 추적 · 378

12 역사를 기억하지 못하는 자,
    그 역사를 다시 살게 될 것이다

    물증보다 강력한 고백: 광주로 간 군인들 · 394
    왜곡된 역사를 기록하지 않기 위해: 전두환 회고록의 진실 · 406
    법이 저지른 만행: 인혁당 유가족의 통곡 · 416

에필로그   지옥에서 천국을 상상하는 탐정 · 428

탐사 노트

1 | 심층의 3차원 • **45**

2 | 논리적인 인터뷰 요령 • **77**

3 | 탐사의 정의 • **109**

4 | 탐사의 구성 • **147**

5 | 공직자 인터뷰 요령 • **184**

6 | 부패 기관 탐사 요령 • **218**

7 | 명예 훼손 책임의 단서 • **255**

8 | 이머징 이슈 포착 • **288**

9 | 탐사 준비의 중요성 • **323**

10 | STEPPER • **355**

11 | 대통령 어젠다 활용 • **391**

12 | 글쓰기 방법 • **426**

L   O   S   T

T   I   M   E

누군가에겐 하나의 사건이 모든 삶이었다

2014년, 취재차 들른 바르셀로나 도심 광장에서 황소 조각상을 발견하고 무릎을 쳤다. 다리를 꼰 채로 뭔가 생각하고 있는 뿔 달린 동물! 뉴욕 월가의 폭주하는 황소 상과는 전혀 다른 느낌이었다. 생각하는 황소는 내가 그리던 직업의 심상心象처럼 다가왔다.

탐사 저널리스트. 어두운 곳이나 억울한 사람들에게 조명을 비추어 지금보다 더 나은 세상을 만드는 데 일조하는 직업이라고 생각한다. 경험을 쌓고 저널리즘 공부를 하면서 30년 넘게 외길을 걸어왔다. 그 세월이라면, 웬만한 사람은 그 분야에서 일가를 이루었겠지만, 내 공력은 아직도 여전히 변변하지 못하다. 정확하고 통쾌하게 탐사해내는 경우는 모래밭에서 보석을 발견하는 것만큼이나 드물다. 성과가 나지 않을 때는 그런대로 견딜 수 있다. 괴로움은 정작 다른 데 있다. 항상 한발 늦게 문제를 파악한다는 점이다. 늦게야 억울함과 대면하고, 진상을 깨닫는다.

몇몇 스포츠에 '로스트 타임lost time'이 있다. 로스 타임이라고도 한다. 정상적인 플레이 외에 어떤 이유 때문에 지체된 시간이다. 이런 시간은 사법과 정치, 경제에도 출몰한다. 무지와 무관심, 기만과 폭력으로 누군가의 시간은 사라진다. 그때마다 그 누군가는 가슴을 친다, 그 목소리는 사라진다. 이런 면에서 로스트 타임은 지체된 시간이자 잊힌 시간이다. 그렇지만 누군가에게 반드시 돌려주어야 할 시간이기도 하다. 탐사 저널리스트는 사라진 누군가의 시간을 그에게 되돌려주는 직업이기도 하다.

정원섭 목사! 2013년에 대면한 로스트 타임의 주인공이다. 미성년자 강간 살해라는 추악한 죄명으로 억울한 옥살이를 한 정씨 일가에게 국가가 26억 원을 배상하라는 판결이 나온 시점이었다. 시국 사건이나 사법 살인이 아닌 일반 형사 사건으로는 큰 배상 규모였다. 하지만 끔찍한 오명 속에 살아야 했던 정씨 일가의 고초에 비하면 100억 원이라도 시원치 않았다. 정씨의 사연은 영화 〈7번 방의 선물〉의 모티프가 될 만큼 안타깝고 황당하기 그지없다. 사연 속으로 잠시 들어가본다.

1972년 가을, 강원도 춘천의 논둑에서 비극은 발아한다. 지역 파출소장의 어린 딸이 숨진 채 발견된다. 인근에서 만화가게를 하던 정씨가 1차 조사 대상에 오른다. 시신에서 발견된 체모 등이 정씨 것이 아니어서 당연히 풀려난다. 하지만 이후 내무장관이 "범인을 못 잡으면 각오하라"며 검거 날짜까지 못 박으면서 분위기가 돌변한다. 경찰은 정씨를 다시 체포해 범인으로 몬다. 증거를 조작하고 목격자를 위협해 거짓 증언을 유도한다. 정씨에게 고문도 가한다. 심지어 정씨의 아들까지 증거 수집에 활용한다. 결국 15년 동안 옥살이를 해야 했다. 줄곧 억울함을 호소해온 정씨는 2009년 재심에서 무죄를 선고받았다. 이를 근거로 민사 소송을 해 배상 판결을 받은 것이다. 법원·검찰·경찰로서는 검은 과거임에 틀림없었다. 이들만큼이나 부끄러움을 느껴야 할 곳은 언론이다. 정씨는 내게 이렇게 회고했다.

"체포되자마자 주장을 펼 틈도 주지 않고 언론 카메라 앞에 서야 했습니다. 신문에 내 얼굴과 이름이 나왔지요. 아내는 맨몸으로 아이를 데리고 허겁지겁 고향을 떠났습니다. 언론은 내 얘기에는 철저히 눈을 감고 귀와 입을 막았습니다. 경찰 얘기만 쓰더군요."

인격을 송두리째 말살하는 선정 보도까지 나왔다고 했다.

"나를 변태성욕자, 성도착자로 규정하더군요. 다른 어린애도 건드렸을 가능성이 있다는, 믿거나 말거나 수준의 기사도 나왔어요. 이런 보도를 보고 아버지는 충격을 받아 몇 달 뒤 돌아가셨어요. 심정이 오죽했겠습니까. 아들이 변태 살인마가 됐으니…."

그 시절의 일간지 기사들을 찾아봤다. 정씨의 검거 소식을 사회

면의 주요 기사로 처리했다. 하지만 정씨의 주장에 귀를 기울인 언론은 없었다. 실명·나이·주소지까지 세세히 공개하면서도 정씨의 목소리는 단 한 줄도 넣지 않았다.

당연히 의심을 가져야 할 대목에도 언론은 눈을 감았다. 정씨가 구속되고 몇 달 뒤, 괴이한 경찰 발표까지 있었다. 재판에서 정씨에게 유리한 증언을 한 농부를 위증죄로 구속했다는 내용이었다. 억울한 피해자가 또 나왔지만 언론은 한 치의 의심도 하지 않았다. 정씨는 재판 과정에서 경찰이 자신을 고문했다고 폭로했다. 세월이 흘러 과거사위원회가 법원에 정씨 사건의 재심을 권고했을 때도 언론은 가볍게 처리하거나 묵살했다. 정씨가 구속될 때 호들갑을 떨다가 판결 이후에는 무신경한 행태를, 언론이 그때만 보여준 것은 아니었다.

1972년 겨울, 경찰관들은 정씨를 검거한 '공로'를 인정받아 특진했다. 지금은 모두 현직에서 물러났다. 고문이나 증거 조작의 공소 시효도 지났다. 책임을 물을 곳이 없어진 것이다. 정씨는 "나에게 지급될 배상금이 국민 세금에서 나오는 것이 못내 아쉽다"고 했다. 정씨는 언론이 요즘에도 인권·반론권을 무시하고, 진실 확인에 소홀할 때 가슴이 내려앉는다고 했다. 정씨는 이렇게 당부했다.

"제발, 한쪽 말만 듣지 마세요, 그게 국가기관이라도."

로스트 타임을 깊게 고민한 계기가 있다. 2002년 여름, 미국탐사보도협회IRE 총회에 참석했을 때였다. 탐사 보도로 뚜렷한 성과를 낸 언론인들이 모여 취재 노하우를 밝히고 정보를 공유하는 자리다. 그해에 가장 주목받은 기사는 일간지 〈보스턴 글로브〉의 탐사 보도였다. 보스턴은 주민 400만 명 가운데 절반이 가톨릭 신자다. 가톨릭의 성지, 그것도 교회 내부에서 벌어진 신성모독에 가까운 스캔들을 정면으로 파헤친 보도였다. 바로 사제들의 아동 성폭력이었다. 〈보스턴 글로브〉의 기자들을 만나 취재 과정을 직접 들을 수 있었다.

보도 후 신문사에는 가톨릭 신자들의 항의가 쇄도했다. 교회가 강하게 반발했음은 물론이다. 집단 불매 운동으로 사세가 기울지 모를 위기에 처했다. 그렇지만 소신 있는 후속 보도가 이어지면서, 여론은 항의에서 찬사로 바뀌기 시작했다. 보도의 영향을 받아 미국의 다른 지역은 물론이고 호주, 독일 등지에서 사제들의 아동 성추행을 고발하는 보도가 잇따랐다.

마침내 교황 요한 바오로 2세는 죄를 저지른 성직자들을 '악의 미스터리'라고 규정했다. 그러면서 "이들이 통탄할 죄악에 굴복했다. 진실과 정의로 대응하겠다"는 메시지를 발표하기에 이른다. 한 신문의 문제 제기가 바다 건너 로마 교황청까지 움직인 것이다.

성폭력 피해 아동의 부모들은 1998년 보스턴 대교구를 상대로 소송을 냈다. 다른 언론들은 "재판에 제출된 모든 자료를 비밀로 해 달라"는 교회 측의 요구를 받아들여 한동안 침묵했다. 하지만 〈보스턴 글로브〉의 편집국장 마틴 배런은 생각이 달랐다. 도시의 수호자이자 성역에 도전하기로 결심했다. 국장의 입장은 굳건했고 행동은 단호했다. 이에 용기를 얻은 탐사 보도 기자들은 파괴력 있는 보도를 이어갈 수 있었다.

2015년, 영화 〈스포트라이트〉가 개봉했다. 〈보스턴 글로브〉의 보도 과정을 드라마화한 것이다. 영화 말미에 흥미로운 장면이 나온다. 탐사보도팀장의 고백이다. "이전에도 가톨릭 사제들의 성추행을 제보받았지만… 사실, 타성에 젖어 취재하지 않았다."

이 말은 그저 영화 대사가 아니었다. 2002년에 미국탐사보도협회 총회에서 취재 기자에게 실제로 들은 것이다. 신임 편집국장이 지적하고 나서기 전까지 기자들은 문제의 심각성을 깨닫지 못했다고 했다. 피해 아동과 그 가족의 목소리는 오랫동안 묻혀 있었다. 이렇게 대부분의 로스트 타임은 나태나 관성에서 비롯된다.

총회 현장에서 〈보스턴 글로브〉 기자에게 명함을 받았다. 명함에 적힌 탐사보도팀의 별칭이 신선하게 다가왔다. '스포트라이트spotlight'였다. 순간, 번개처럼 스쳐간 생각이 있었다. '나중에 탐사보도팀을 꾸릴 수 있으면, 별칭을 스포트라이트라고 해야겠다.'

13년 뒤인 2015년, 기회가 찾아왔다. 〈중앙일보〉 논설위원으로 있을 때였다. 손석희 사장의 권유로 JTBC 탐사 보도 프로그램을 맡게 됐다. 보스턴의 추억을 떠올렸다. 〈이규연의 스포트라이트〉는 이렇게 세상에 나왔다. '스포트라이트'가 아니라 '이규연의 스포트라이트'가 된 데는 사연이 있다. 프로그램 명칭을 최종 확인받는 자리에서 손석희 사장은 '스포트라이트'에 '이규연의'라고 가필加筆을 했다. 탐사 저널리스트로서 이름을 달고 자신 있게 해보라는 취지였다.

이 책은 30년간 탐사 저널리스트로 활동하면서 마주한 사건의 기록이자 치열한 반성이다. 한국 사회를 뒤흔드는 30여 건의 사건과 그만큼의 주요 인물이 등장한다. '작은 현대사'로 봐도 무방하다. 세상이 미처 알지 못했던 이면을 담으려 노력했다.

내세울 만한 취재 성과는 적고 로스트 타임을 대면한 기록이 훨씬 많다. 항상 한발 늦고, 뒤늦게 분노한다. 그렇더라도 무력감만을 느끼지는 않는다. 비록 늦었더라도 누군가에게는 로스트 타임을 줄 수 있었다. 보스턴의 성추행 피해 아동에게 스포트라이트의 탐사 보도가 그랬던 것처럼 말이다. 이런 면에서 로스트 타임은 상실의 시간이자 회복의 시간이다.

신문이나 방송 제작진과 함께 취재한 내용이 책에 상당 부분 포함돼 있다. 제작진의 이름을 일일이 호명하지 못해 아쉬움이 남는다. 정신적으로 지지해주는 가족에게 늘 감사하고 미안하다. 30년 이상의 세월을 정리하면서 돌아가신 어머니가 자주 떠올랐다.

이 책은 탐사 기록이자 세상 안내서다. 저널리즘에 관심이 있는 분들뿐만 아니라 세상을 좀 더 깊고 정확히 보고 싶은 분들에게 도움을 주고자 했다. 본문 곳곳에 '탐사 금언'을, 장 끝마다 '탐사 노트'를 배치했으니 함께 읽으면 좋겠다. 이 책으로 세상을 보는 눈이 한 치라도 깊고 예리해졌으면 한다. 첫 번째 금언으로 탐사 여행을 시작하자.

낯선 부정을 대면할 때 공포나 분노를 느낀다.
낯선 부정이 스스로를 이길 때 공포를,
낯선 부정을 이길 때 분노를 느낀다.
탐사의 가치는 공포를 분노로 바꾸어
정의를 불러내는 것이다.

2019년 9월

1

잠든 사람은

깨울 수 있어도

잠든 척한 사람은

깨울 수 없다

▌바바 하리 다스

잔혹한 동화가 만들어낸
현실의 법

조두순 사건으로 본 감형의 조건

국민기초생활보장제도의 탄생 과정에는 잔혹한 동화가 숨어 있다. 1998년 가을, 마산에서 일어난 일이다. 3인조 복면 강도가 가정집에 침입해 어린이의 손가락을 자르고 20만 원을 훔쳐 달아났다는 신고가 접수됐다. 아이의 손가락이 잘렸다는 끔찍하고 황당한 사건에 여론은 들끓는다. 더군다나 1998년 가을은 외환위기의 그림자가 몰려오고 있을 때였다.

그런데 수사 결과, 뜻밖의 사실이 드러난다. 범인은 다름 아닌 친

16

아버지였다. 직장을 잃고 끼니 걱정을 하던 아버지가 보험금을 노리고 아들의 손가락을 잘랐다. 당연히 아버지의 무모함을 질타하는 목소리가 먼저 나왔다. 바로 이어, 가난한 사람에게 최소한의 생계는 국가가 보장해주어야 한다는 여론이 비등했다. 김대중 정부는 이를 받아들여 이른바 '손가락 법'을 만든다. 이것이 지금의 국민기초생활보장제도다. 이 사건을 보면서 '정책의 창' 모델이 생각났다. 사회문제 흐름과 정치 흐름이 결정적 이벤트의 출현으로 하나로 합쳐질 때 정책의 창窓이 열린다는 것이다. 빈부격차 심화라는 사회문제 흐름과, 김대중 정부 출현이라는 정치 흐름이 '손가락 절단 자작극'이라는 이벤트를 계기로 결합하면서 기초생활보장제도가 탄생했다는 설명이 가능하다.

탐사는 더 나은 세상을 만들려는 '변혁'의 속성을 지닌다. 변혁은 어떻게 일어나고, 이 과정에서 탐사가 무슨 역할을 해야 하는지 고민한다. 손가락 절단 자작극이 국민기초생활보장제도 탄생의 결정적 계기가 됐듯이, 성범죄자에게 가해지는 '화학적 거세' 제도가 국내에 도입된 과정에도 잔혹한 동화가 존재한다.

"피고인은 변태적인 행위를 서슴지 않았다. 성도착증과 반사회적 인격장애를 보인 점을 고려할 때 치료 명령은 정당하다."

2014년 3월이었다. 대법원이 나주의 성폭행범 고 모씨에게 무기징역과 함께 화학적 거세 5년형을 확정하면서 내린 판결이다. 잠자던 초등학생을 이불로 싸서 납치해 성폭행한 범인은 '화학적 거세 1호'가 됐다. 아이들의 끔찍한 희생이 있어야만 새로운 룰이 만들어지는 구조 자체가 더 잔혹하다.

아동 성범죄자에 대한 형량과 공소시효가 늘어난 계기가 있었다. 2009년 발생한 어떤 성폭력 사건이었다. 글로 표현하기 힘든 끔찍한 방식으로, 만취한 상태에서 어린아이를 유린했던 사건이다. 짐승만도 못한 그에게 내려진 형벌은 너무나 가벼웠다. 사람들은 격분했다. 검경·법원은 거침없는 공격 대상이 됐다.

분노의 쓰나미는 화학적 거세라는 새로운 형벌 제도를 만들어냈다. 이 사건은 아동 성범죄의 대명사가 됐다. 세상은 가해자 이름을 붙여 '조두순 사건', 피해자의 가명을 붙여 '나영이 사건'으로 부르고 있다. 나는 후배 언론인에게 어떤 사건으로 말미암은 잔혹한 동화에 주목하라고 조언한다.

때로는 잔혹한 동화가 정책의 창을 연다.
사건 속에서 잔혹한 동화를 찾아내라.

문재인 정부는 국민의 의견을 국정에 반영한다는 취지로 '청와대 국민청원'이라는 사이버 신문고를 만들었다. 이 코너가 등장한 이후, 최초로 100만 명 이상이 참여한 청원이 있다. '조두순의 양형이 너무 적어 곧 출소하게 되니 이를 막아달라'는 내용이었다.

조두순은 당시 57세로, 8세 아이에게 극악무도한 성범죄를 저질렀다. 나영이는 장기가 영구 훼손됐을 정도로 심각한 피해를 입었다. 나영이는 경찰에서 이렇게 진술했다.

"학교로 달려가는 길에 아저씨가 말을 걸어왔습니다. 묻는 말에 답하는 순간, 입을 막고 번쩍 안아 화장실로 들어가 무섭게 겁을 주고 때렸어요. 아프고 추워서 정신이 들었는데, 그때 수도꼭지에서는 물이 꽐꽐 쏟아지고 온몸이 물에 반쯤 잠겨 있었습니다."

나영이의 주치의였던 신의진 박사는 조두순의 행위를 사실상 살인이라고 규정했다. 신 박사가 이렇게 보는 근거가 궁금했다. "조두순은 아이가 피가 나는데, 그냥 물을 틀어 놓고 갔습니다. 그때는 추운 날이어서 아이가 사망할 수도 있었어요."

나영이 아버지는 딸을 지켜주지 못했다는 죄책감 때문에 모든 일을 포기하고 나영이의 회복을 도왔다. 사건 초기만 해도 아버지는 조두순의 흉악성을 알리는 증언자로 나섰다. 하지만 이후 9년간, 언론에 등장하지 않았다. 그런 그가 오랜 침묵을 깨고 〈이규연의 스포트라이트〉 카메라 앞에 서는 용기를 냈다. 과거의 끔찍했던 기억을 소환하는 일은 쉽지 않다. 나영이 아버지와의 인터뷰는 더욱 그랬다.

2017년 11월, 서울 신촌의 한 스튜디오에서 나영이 아버지를 만났다. 차분하고 부드러운 느낌을 주는 분이었다. 아버지는 "이번이 언론과의 마지막 인터뷰가 될 것 같다"고 했다. 우선 오랜만에 인터뷰를 결심한 이유를 물었다. 2가지였다. 우선 조두순의 출소를 어떻게든 막아보고 싶다고 했다. 또 우리 사법이 조두순 범죄에 대해 얼마나 무력했는지 영상 기록으로 남기길 원했다.

이야기는 2009년 12월로 돌아간다. 늦은 나이에 얻은 막내딸 나영이는 누구보다 밝은 성격이었다. 그날도 여느 때와 다름없이 밝게 웃으며 학교로 향했다. 하지만 2시간 후, 학교가 아닌 응급실에서 딸을 마주했다. 코뼈가 부러지고 이는 흔들리며 양쪽 눈알이 빨갛게 부어오른 상태였다. 극심한 구타가 있었으리라. 천인공노할 상흔이었다. 얼굴 2군데를 물렸는데, 한쪽은 살점이 너덜너덜했다. 좀비도 아니고, 어떻게 8세 아이에게…. 나영이는 8시간이 넘는 대수술을 받았다. 이후에도 크고 작은 수술을 더 받아야 했다. 가족들은 오랜 시간 마음 편히 웃을 수도, 울 수도 없었다. 다행히 나영이는 밝게 잘 자랐다. 그럴수록 더 선명하게 떠오르는 얼굴이 있었다. 끝까지 뻔뻔했던 조두순이다.

조두순은 경찰 조사 때부터 무죄를 주장해왔다. 성폭행한 사실이 없고, 범행 장소에 간 적도 없다는 것이다. 나중에 사건 현장에서 자신의 지문이 발견되고 혈흔 감식 결과까지 나오자, 이번엔 기억이 나지 않는다고 둘러댔다. 나영이 아버지와 인터뷰할 무렵, 제작진은 조두순이 재판부에 보낸 탄원서를 입수했다. 1심 과정에서만 7번이나 탄원을 했다. 탄원서 분량만 300쪽이 넘었다. 조두순은 재판이 시작되자 탄원서에서 무죄를 더욱 강력하게 주장했다. 탄원서의 일부 내용은 가증스러웠다.

"거짓말이나 늘어놓고 남을 기만하며 파렴치한 인생을 살아오지는 않았습니다. 천인공노할 성행위를 경멸하고 비난하는 사람이며, 그런 사람들을 사람이라 여기지도 않았습니다."

추가로 물증이 나오자, 조두순은 가공의 제3자를 등장시켜 발뺌하려 했다.

"(범행 장소에) 내가 소변을 보러 들어갔더니 문이 약간 열려 있고 그 당시에 누가 하나 나가더라고요. 남자가 나가고, 문이 3분의 1쯤 열려 있어서 봤는데, 그 안에 여자아이가 앉아 있었고 피 같은 게 있었습니다."

오히려 주변 사람에게 자신에 대한 평판을 들어보라며, 당당하기까지 했다.

"모든 사람들과의 인간관계는 반듯하게 살아왔고 (…) 아무리 술에 취해도 여자 손 한번 잡는 사람이 아니고 (…) 매너 좋은 사람이라 생각합니다."

나영이가 심리 치료를 받으며 그린 그림이 한동안 화제가 됐다. 나영이가 창살 너머 조두순에게 뭔가를 내리치는 내용이었다. 그 그림에는 우리가 미처 주목하지 않았던 글이 하나 있었다. 창살 안에서 살아야 하는 기간을, 나영이는 '60년'이라고 써놓았다. 60년형을 기대했던 나영이의 바람과 달리, 조두순에게 내려진 형은 단 12년이었다. 판결 내용이 알려지면서 분노가 들불처럼 퍼졌다. 상식에서 이탈한 고약한 판결이었다. 어떻게 이런 말도 안 되는 판결이 나왔을까. 아버지와 함께 사건 당시로 돌아가봤다.

사건 발생 후, 경찰은 50시간 만에 현장 지문을 확인해 조두순을 긴급 체포했다. 조두순은 성폭행한 사실이 없다며 황당한 표정을 지어 보였다. 그리고 전날부터 술을 마셔서 많이 취했기 때문에 여전히 기억이 없다고 주장했다.

반면, 나영이 아버지는 검찰 조사 과정에서 성범죄 피해자로서의 합당한 보호를 받지 못했다. 검찰에는 성범죄 피해자에 대한 조사 매뉴얼이 있다. 사건의 특수성을 고려해 범죄 전담 검사를 배정하고, 2차 피해를 막도록 환경을 조성한다는 내용이다. 하지만 조두순 사건에서 성범죄 전담 검사는 배치되지 않았다. 이는 황당함의 시작에 불과했다.

범행 20여 일 후, 치료가 한창일 때였다. 진눈깨비가 내리던 날, 나영이 아버지는 검찰로부터 소환 통보를 받는다. 병원에 있던 나영이와 함께 검찰 조사를 받으러 나갔다. 하지만 눈이 내려 20분 동안이나 택시를 잡지 못했다. 병실로 올라와 검찰에 전화를 하니까 그때야 차를 보내왔다. 검찰이 병원으로 찾아와서 조서를 받을 만도 한데 8세 아이가 아픈 몸을 이끌고 직접 검찰로 향한 것이다.

이어 또 문제가 생긴다. 검찰 직원의 미숙으로 녹음이 안 된 것이다. 나영이는 그날 4번이나 진술을 반복해야 했다. 배변주머니를 차고 있어 앉기조차 힘들었을 나영이의 의자는 딱딱했다고 한다.

어처구니없는 상황은 재판 과정에서도 일어난다. 나영이는 조두순의 범행 부인으로 결국 증인으로 법정에 서게 된다. 모니터를 통해 진행된 증인 신문에서 아이는 다시는 보고 싶지 않았던 조두순의 얼굴을 마주한다. 나영이는 조두순을 짧고 검은 머리에, 안경을 안 썼던 것으로 기억했다. 하지만 법정의 조두순 모습은 달랐다. 길고 허연 머리에, 안경을 쓰고 있었다. 조두순의 변호인은 이를 문제 삼았다. 어린 나영이는 '멘붕'에 빠져 울음을 터뜨렸다. 조두순의 머리는 염색을 안 해 희었던 것이었다. 조두순은 일부러 안경을 써서 아이를 헷갈리게 했다. 당초 조두순을 심문했던 경찰의 조사 영상을 보고서야 그 사실이 밝혀졌다. 조두순은 나영이가 기억하는 모습으로 심문을 받고 있었다.

이해할 수 없는 일은 또 벌어졌다. 아버지는 법률 지원을 요청하기 위해 법무부 산하 대한법률구조공단을 찾아갔다. 나영이가 엄동설한에 배변주머니까지 달고 찾아갔는데 그곳 근무자는 "공소장을 떼 오라"고 요구했다. "내가 원고도 아니고 피고도 아닌데 어떻게 공소장을 떼어 올 수 있느냐"고 아버지는 항의했다. 결국 아버지는 아무런 도움도 받지 못했다.

황당한 상황은 이것으로 끝나지 않았다. 국선변호사가 조두순 변론을 맡았다. 그런데 2심에서 바로 이 공단 측 변호사가 그의 변론을 맡았다. 조두순이 구치소에서 편지를 보내 자신의 사건을 맡아달라고 직접 요청했다는 것이다. 피해자인 나영이 가족의 요청은 서류한 장 때문에 거부되고, 흉악범 조두순의 요청은 편지 한 통으로 통과됐다.

나영이와 아버지에게 닥친 최대의 참담함은 법정이 만들어냈다. 검찰 증인 조사를 받기 전에 아버지는 관련 법을 찾아봤다고 한다. 아동청소년성보호에 관한 법률이 조두순 사건 발생 6개월 전에 개정됐다. 가중 처벌을 받을 수 있게 바뀐 것이다. 성인을 대상으로 한 강간죄는 3년 이상의 유기징역 등에 처할 수 있으나, 아동·청소년을 대상으로 한 강간죄는 무기징역 또는 5년 이상의 유기징역에 처해진다. 어떻게 된 일인지, 조두순에게는 일반 형법이 적용됐다. 검찰이 기소할 때 아동청소년성보호법의 개정 사실을 몰랐던 것이다. 해당 검사에게는 주의 조치가 전부였다.

법 적용 실수는 있었지만 어쨌든 검찰은 1심에서 최고형인 무기징역을 구형했다. 하지만 1심 결과가 참담했다. 12년형이 나온 것이다. 조두순 사건의 경우, 그 피해의 잔혹성이나 중대성을 봤을 때 당연히 구형량에서 크게 벗어나지 않는 선고 형량이 나와야 했다. 감형 이유가 있었다. 형법 제10조 제2항이다. 재판부는 조두순이 만취한 상태였다는 이유로, 심신 미약을 적용해 감형한 것이다.

심신 미약으로 인한 감형은 관행적으로 이루어져왔다. 법은 피해자 편에 서지 않았다. 8세 아이에게 더욱 그랬다. 결국 조두순의 출소일은 2020년으로 정해졌다. 100만 명이 넘게 청원했지만 한번 정해진 사법부의 판단은 바뀌지 않았다. '조두순 컴백'의 공포는 바로 우리의 사법이 만들어낸 괴물이다.

2017년 겨울, 나영이는 수능을 치렀다. 나영이는 자신을 치료해 줬던 의사처럼 되겠다는 꿈을 꾼다. 깊은 상처에도 나영이는 밝게 커간다. 조두순 사건에서 본 거의 유일한 희망이다.

2017년, 조국 당시 청와대 민정수석은 '조두순 컴백' 위험에 대한 대책을 밝혔다. 조두순에게 전담 보호관찰관을 지정해 일대일로 24시간 관리할 수 있게 하겠다는 것이다. 2008년 전자발찌 제도가 시작됐다. 조 수석의 말대로 조두순은 24시간 감시를 받고 보호관찰관이 직접 관리할 수 있다. 하지만 탁상공론에 가까웠다.

2014년, 보호관찰 인력 현황을 취재한 적이 있다. 철저한 관리가 불가능해 보일 만큼 인력이 턱없이 부족했다. 관리 소홀로 전자발찌 착용자가 달아나는 사례가 비일비재했다. 당시에는 보호관찰관 1명이 16명을 관리하고 있었다. 법무부는 관찰관 수를 늘리겠다고 밝혔다. 3년 뒤인 2017년에는 당연히 조금이라도 나아졌을 것이라고 믿었다. 믿음은 여지없이 깨졌다. 2016년에는 상황이 더 나빠져 1명이 19명을 관리했다. 2017년에 그나마 인력이 충원돼 3년 전과 동일한 1명당 16명 수준을 회복했다.

보호관찰 인력은 왜 3년 전과 변함이 없는 걸까. 법무부가 매번 보호관찰관 증원을 요청했지만 번번이 무산됐다. 집배원·경찰관·소방관은 우리와 접촉면이 넓어 증원이 쉽게 이루어지는 반면 보호관찰직의 역할은 잘 드러나지 않아 증원 계획에서 매번 후순위로 밀리는 것이다. 취재를 끝내며, 조수둔과 같은 이들의 범죄 재발을 막을 현실적인 국민청원을 제안했다. 조두순 출소 전까지 보호관찰관 1인당 전자발찌 착용자 10명을 관리할 수 있도록 보호관찰관 인원을 늘리자는 것이다. 이는 선진국 평균이다.

2019년 9월 현재까지 조두순의 얼굴은 공개되지 않았다. 강력 범죄자 신상 공개법 이전의 범죄이기 때문이다. 조두순의 얼굴을 공개하라는 목소리가 수년째 계속되고 있지만 정부는 아무런 조치도 내리지 않고 있다. 한 탐사 보도 프로그램에서 조두순의 젊은 시절 얼굴을 보여주기는 했지만 그 사진으로는 현재의 조두순을 식별하긴 어려울 터였다. 나영이 아버지와 인터뷰하면서 규정에 어긋나더라도 조두순의 얼굴을 공개하고 싶은 충동이 들었다. 꾹, 꾹, 참았다. 하지만 항상 그런 충동이 꿈틀거린다.

'아, 조두순 얼굴을 공개해야 하는데….'

세상에서 가장 슬픈
악성 민원인의 절규

대구 어린이 황산 테러와 살인 공소시효

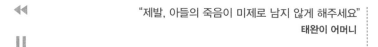

"제발, 아들의 죽음이 미제로 남지 않게 해주세요"
태완이 어머니

30여 년의 취재 기간 중에 가장 가슴 아픈 로스트 타임이 무엇인지 묻는다면 그 대답은 즉각적이고 명백하다. 세상이 '태완이 황산 테러', '대구 어린이 황산 살인'으로 부르는 사건이다.

1999년 5월, 대구의 한 골목에서 가공할 참사가 벌어진다. 공부방에 간다며 골목을 나섰던 아이가 잠시 후 비틀거리며 그 골목을 내려온다. 온몸에 황산을 뒤집어쓴, 처참한 모습이었다. 이어 아이는 집 앞 전봇대 옆에 털썩 주저앉는다. 얼굴을 비롯해 신체 절반에

3도 화상을 입은 상태였다. 두 눈을 잃고 전신에 붕대를 감은 채 병상에서 사투를 벌여야 했다. 그해 7월, 패혈증으로 세상을 떠난다. 불과 49일 만이었다. 아이의 이름은 김태완, 당시 6세였다. 범인은 2019년 9월 현재까지 잡히지 않고 있다.

이 사건을 로스트 타임 첫 번째 이야기로 꼽은 이유가 있다. 눈에 바로 보이는, 다 아는 안타까움을 사회가 그대로 외면해버린 사건이었기 때문이다. 2015년 3월, 〈중앙일보〉 논설위원으로서 나는 다음과 같은 칼럼을 썼다.

> 대구에 사는 김태완군이 골목길에서 괴한이 뿌린 고농도 황산을 얼굴과 몸에 뒤집어쓰는 극악한 사건이 벌어집니다. 태완이는 49일간 투병하다가 숨졌고 범인은 안개 속에 숨어버렸습니다. 지난해 이 살인에 대한 공소시효(구법 15년)가 다가오면서 시효를 없애자는 여론이 형성됐습니다. 결국 법안이 만들어졌습니다. 해피엔딩일 줄 알았습니다. 그러나 며칠 전 태완군의 어머니는 온라인에서 살인 공소시효 폐지를 청원하는 운동을 시작했습니다. 어찌된 일일까요.
>
> 정책은 많은 사람이 해결해야 한다고 여기는 문제에 대한 공적 해법이라고 정의할 수 있습니다. 정책을 만들거나 실행하는 사람이 바로 공직자입니다. 국민 대다수가 꼭 풀어야 한다고 여기고 있고, 바람직한 해법이 존재하는데도 '정책의 창'이 열리지 않는 경우를 종종 목격합니다. 살인 공소시효 폐지가 그렇습니다.
>
> 공소시효 존치의 근거는 크게 2가지입니다. 하나는 세월이 흐르

는 동안 범죄자가 형벌에 상응하는 정신적 고통을 받았거나 범행으로 인해 파괴된 질서가 회복했다는 다소 사변적인 이유입니다. 다른 하나는 시간이 지나면 진실을 밝혀줄 증거가 사라지거나 훼손된다는 범죄수사적 근거입니다. 하지만 범죄자의 정신적 고통보다는 범죄 피해자나 유족이 받는 고통의 시간과 깊이를 우선 고려해야 한다는 의견이 우세합니다. DNA 분석 등으로 오래전 증거물도 탐지할 수 있는 방법이 개발되면서 범죄수사적 근거도 흔들립니다.

화성 연쇄 살인과 이형호군 유괴 살인, 개구리소년 사건의 공소시효가 마무리되고 오원춘 살인, 제주 올레길 살인 등 흉악 범죄가 연이어 발생하면서 살인 공소시효 폐지에 대한 폭넓은 공감대가 만들어졌습니다. 90퍼센트에 가까운 시민이 이에 찬성한다는 여론 조사 결과도 있습니다. 반대하는 전문가 역시 찾아보기 어렵습니다. 법무부는 이명박 정부 말기인 2012년 9월 공소시효 폐지 법안을 만들어 국회에 넘겼습니다. 국회에서도 2012년 이후 강기윤·박인숙·서영교·정희수 의원 대표발의 등으로 무려 7~8건의 법안이 발의돼 있는 상태입니다.

문민정부 이후 공소시효가 폐지된 적이 2번 있습니다. 1995년 김영삼 정부가 전두환·노태우 전 대통령을 단죄할 때 내란죄 등의 공소시효가 폐지됐습니다. 2011년에는 장애인과 미성년자 강간에 대한 공소시효가 없어졌습니다. 전자는 '역사 바로 세우기' 차원에서 권력이 작용했고, 후자는 소설·영화〈도가니〉가 결정적 계기가 됐습니다.

그렇다면 태완군 어머니의 눈물은 누가, 어떻게 닦아줘야 할까요? '대박' 영화를 만들까요? 대통령이 진두지휘해야 할까요? 국회·정부가 알아서 잘 처리하면 안 되나요? 오늘도 어머니는 글을 올렸습니다. 아이의 죽음이 영원히 미제 사건으로 남겨집니다. 도와주십시오.

살인 공소시효 폐지 법안에 무게를 실어주기 위해 썼던 칼럼이다. 이 법안의 별칭은 '태완이 법'이었다. 태완이 가족이 국회에서 증언하는 등 살인 공소시효 폐지에 앞장서면서 만들어진 법안이었다. 살인에 공소시효가 있어서는 안 된다는 공감대는, 태완이 어머니가 49일간 쓴 병상 일기가 공개되면서 결정적으로 확산됐다. 일기의 일부 내용을 공개한다.

병상 일기 하나
아이의 온몸이 까맣다.
얼굴, 가슴, 배, 등, 두 팔, 두 다리, 두 손….
손끝, 발끝만이 내 아이의 살결이다.
꼼지락거린다.
아이가 "어… 엄마" 하고 부른다.
가늘게 떨리는 여린 목소리.
입안이 굳어 혀끝만 겨우 움직이며 바보 같은 엄마를,
작은 아이를 지켜주지 못한 바보 엄마를 부른다.

병상 일기 둘

6월 아침, 치료가 시작되었다.

아이 눈에 감긴 붕대를 떼는 순간 심장이 일순간에 멈춰버리는 것 같았다.

숨이 턱 막힌다.

붕대와 함께 떨어져 나온 건 아이 눈에 있던 '각막의 조각'이었다.

또 하루의 날을 맞이한다.

구토와 설사가 더해지면서 그 적은 양의 음식마저 거부해버린다.

병상 일기 셋

아이는 몸의 고통이 더해질수록 형아를 찾는다.

울면서 자꾸 전화를 걸란다.

6시가 넘어 큰애에게 전화를 걸었다.

병상 일기 넷

"엄마, 나 갈래, 갈래, 갈래."

"태완아 어디 간다고?"

엄마는 가슴이 덜컹 내려앉는다. 아이가 어딜 간다는 걸까?

병상 일기 다섯

사망 시간 8시 15분.

영안실로 내려간 아이….

밖엔 비가 오고 있었다.

이후 기적 같은 일이 벌어진다. 수십 년간 존재했던 살인 공소시효의 장벽이 무너진 것이다. 2015년 7월 31일 자로 살인 공소시효 폐지법이 발효됐다. 칼럼을 쓴 지 4개월 뒤였다. 이후부터는 시효 없이 살인 사건의 범인을 잡을 수 있게 됐다. 발효 전에 살인 사건의 공소시효는 15년. 새 법이 적용되는 2000년 8월 1일 오전 0시 이후 발생한 미제 살인 사건은 273건이었다. 법의 발효에 맞춰 경찰은 미제 살인 사건에 대해 전면 재수사에 착수했다.

그 273건에 태완이 사건이 들어가 있어야 마땅했다. 태완이 어머니의 눈물을 조금은 닦아주리라고 믿었다. 그런데 어처구니없는 일이 벌어졌다.

악몽이었다. 법안 처리가 늦어지면서 정작 태완이 사건이 273건에 포함되지 못한 것이다. 태완이가 사망한 시점은 법 발효 20여 일 전인 7월 8일이었다. 국회가 1개월만 일찍 법안을 처리했더라면 '태완이 법'이 태완이 사건을 수사하지 못하는 비극은 막을 수 있었다.

탐사는 과거, 현재, 미래에 벌어지는 사건을 추적한다. 하지만 여러 시제 중에서 탐사는 과거나 미래보다 현재에 더 집중해야 한다. 시간이 다소 지났더라도 권리를 회복해줄 방법이 있는 사건이 있다. 반면, 때를 놓치면 결코 회복하지 못하는 경우도 있다. 이때는 현재의 불의를 깨는 데 온 힘을 다해야 한다.

늦은 정의는 정의가 아닐 수 있다.

탐사 보도는 '분노'의 저널리즘이다. 사회적 분노를 일으켜, 세상을 더 나은 방향으로 바꾸는 역할을 하는 보도 활동이다. 그렇다면 분노는 어떤 경우에 만들어질까. 어떤 요소가 세상을 바꿀 분노를 만들어낼까.

**피해자의 비극이 클수록
가해자의 행위가 가혹할수록
분노는 커진다.**

태완이 사건은 그런 요소를 갖추었다. 충분히 공분을 불러일으킬 만한 비극이었다. 6세 태완이는 황산에 눈이 멀고 식도와 위장이 타들어갔다. 가해자는 황산을 단순히 뿌린 것이 아니었다. 아이의 머리를 뒤로 젖히고 비닐봉지에 든 황산을 아이 입에 들이부었다. 그 공분이 살인 공소시효 폐지라는 사회적 변혁을 촉발할 수 있었다.

태완이 어머니와 인터뷰를 시도했다. 살인 공소시효 폐지를 그토록 원했던 어머니였다. 하지만 법 발효 이후 언론 노출을 거부하고 있었다. 2015년 8월 어느 날, 〈이규연의 스포트라이트〉 허진 PD와 함께 무거운 걸음으로 대구에 도착했다. 찾아간 곳은 태완이 큰이모의 미용실이었다. 어머니는 미용실 구석에 처연하게 앉아 있었다. 〈중앙일보〉 논설위원 시절에 썼던 칼럼을 보여주며 말을 건넸다. 얼마나 지났을까. 어머니는 조용한 목소리로 말문을 열었다.

"태완이 법이 여러 분들한테 도움을 주게 된 점은 감사했지만…. 저는 그냥 일개 엄마잖아요. 투사도 아니에요. 제가 뭘 알아요. 시간이 가면 갈수록 왜, 우리 태완이는 왜 이렇지…."

공소시효를 없애달라고 호소했던 엄마가 태완이가 빠진 '태완이 법' 앞에서 울고 있었다. 지나온 시간보다 지금이 더 힘들다고 말했다. 지난 16년간, 그래도 희망은 있었는데 지금은 완전히 무너져내린 느낌이라고 했다. 그 심경을 이렇게도 표현했다. "뼈마디에서 뼈가 싹 빠지는 고통을 받고 있습니다."

어머니는 명찰 하나를 꺼내 보였다. 태완이가 어린이집을 다녔을 때 찼던 마지막 명찰이었다. 주변에서 심리 치료를 권하고 있지만 받지 않는다고 했다. "아들이 그렇게 고통스럽게 갔으니까, 나도 그 고통을 느껴야 한다"고도 어머니는 말했다.

아이가 지금도 미용실 문을 열고 달려올 것 같다. 16년간 단 하루도, 그런 느낌이 사라진 적이 없다고 했다. 끔찍한 사건이 일어날 무렵, 태완이네는 미용실에 딸린 방에서 살고 있었다. 태완이는 황산을 뒤집어쓴 채 집에서 멀지 않은 전봇대에 기대어 주저앉았다. 그곳에 가서, 잠시 전봇대에 몸을 기대봤다. 전봇대에서 미용실이 보였다. 이 전봇대와 그 바닥에, 그 망할 놈의 뜨거운 황산이 떨어져 있었으리라.

어머니는 다시 사고 당시를 떠올렸다. 태완이는 늦은 아침을 먹고 나갔다. 눈에서 놓친 지 불과 10분이었다. 눈과 입에 심각한 화상을 입고 온몸이 타들어가는 고통 속에서 아이는 비틀거리며 다시 골목을 내려왔다. 전봇대까지 말이다. 바로 건너편에 있는 엄마를 불러보지도 못했을 것이다. 사고 지점에서 미용실까지는 60미터였다. 그 길을 따라 휘청휘청 걸어봤다. 경사가 있었다. 다친 아이 걸음으로는 먼 길이었으리라. 95퍼센트의 고농도 황산 용액에 의한 전신

화상. 생존율 5퍼센트. 태완이는 49일을 버텼다.

황산 테러 이후 태완이는 온몸에 붕대를 감고 가쁜 숨을 몰아쉬며 사투를 벌였다. 어머니는 그런 태완이를 캠코더에 담았다. 태완이는 범인의 얼굴은 직접 보지 못했다. 하지만 골목에서 동네 아저씨가 자신을 부른 기억은 있다고 했다. 고통에 몸부림치는 태완이의 기억을 떠올리게 하려던 모진 엄마. 범인을 찾기 위해서였지만 중상을 입은 어린 아들에게 못할 짓이었다. 태완이가 남긴 300분 분량의 녹취는, 하지만 수사 과정에서 묵살됐다. 법원도 이 녹취를 주요 증거로 인정하지 않았다. 엄마가 진술을 유도했다는 이유에서였다.

태완이가 골목에서 봤다고 말한 동네 아저씨에 대한 수사도 허사였다. 재수사까지 했지만 혐의점을 찾지 못했다. 2013년 재수사 이후, 어머니는 피켓을 들고 법원 앞에 섰다. 자신이 지목한 용의자에 대해 법원이 직접 재판을 열어달라는 재정 신청을 하기 위해서였다. 하지만 이번에도 법원은 받아들이지 않았다. 태완이가 생전에 남긴 진술만으로 그를 범인이라고 단정하기 어렵다는 이유를 댔다. 거짓말탐지기를 적용했으나 진실 반응이 나왔다는 점도 기각 사유였다.

어머니는 수사 과정에 문제가 많았다고 지적했다. 95퍼센트 고농도 황산은 시중에서 쉽게 구할 수 없는 약품이다. 하지만 경찰은 출처도 찾지 못했다고 했다. 어머니는 화공학·범죄심리학·범죄분석학 서적을 닥치는 대로 읽었다. 경찰·검찰·법원 등을 찾아다니며 세상에서 제일 슬픈 악성 민원인이 됐다.

2015년 7월 10일, 대법원이 태완이 어머니의 재항고를 기각할 때, 살인 공소시효 폐지 법안은 국회에 계류 중이었다. 국회가 조금만 더 빨리 법안을 통과시켰다면 악독한 살인범을 처벌할 가능성만은 최소한 가질 수 있었으리라. 태완이 사건의 공소시효는 법적으로 끝이 났다. 잔인한 로스트 타임이 발생했다. 국회와 법원은 더 이상의 로스트 타임도 어머니에게 주지 않았다.

태완이 황산 테러는 개구리소년 실종과 화성 연쇄 살인과 함께 3대 미제 사건으로 남게 됐다. 그렇더라도 태완이의 한을 풀어줘야 할 진실을 밝힐 시효가 아직 남아 있다. 인터뷰 말미에 어머니는 이렇게 절규했다.

"제발, 아들의 죽음이 미제로 남지 않게 해주세요."

잠든 척할 수 없는 시대

법을 적용받지 않는 법 집행자, 검찰

◀◀

▋▋

▶

첫 번째 장면. 2016년이었다. 검찰 간부 몇명과 저녁 식사를 했다. 모두 남성이었다. 소주가 몇 잔 돌고 한 검찰 간부가 대수롭지 않게 내뱉었다.

"여검사 하나가 자꾸 내부에 글을 올려. 검찰 조직이 문제라나, 뭐라나. 꼴통이지. 누가 여검사랑 일하겠어."

"누군데?"

"○○○ 검사!"

그 간부는 누구라고 말했지만 뇌리에 박아두지 않았다.

두 번째 장면. 2017년 12월이었다. 법조인 몇몇과 연말 모임을 가졌다. 이번에도 한 법조인이 툭 말을 던졌다.

"어떤 여검사 문제로 시끄러워질 것 같아. 상관에게 성추행을 당했다고 주장해서…. 무슨 딴 속셈이 있는 것 같기도 하고…."

"누군데?"

"△△△ 검사!"

그 법조인이 이번에도 누구라고 말했지만 역시 제대로 기억해두지 않았다.

1개월 뒤, 2018년의 최대 이슈가 터졌다. 현직 검사 서지현의 '미투' 폭로였다. 서 검사가 JTBC 뉴스룸에 출연해, 전 검찰국장에게 성추행당한 경험을 털어놓았다. 2010년 가을, 한 장례식장에서 겪었던 악몽이었다고 했다.

"사실 제가 범죄 피해를 입었고 또 성폭력의 피해를 입었음에도 거의 8년이라는 시간 동안 내가 무엇을 잘못했기에 이런 일을 당한 것은 아닌가. 내가 불명예스러운 일을 당했구나 하는 자책감에 굉장히 괴로움이 컸습니다."

현직 검사가 생방송에 출연해, 그것도 핵심 간부의 성 비위를 폭로했다. 검찰에도 언론에도 충격이었다. 고백의 파장은 상상할 수 없을 정도로 컸다. 곳곳에서 미투가 봇물처럼 터져 나왔다. 숨죽이고 있던 피해자들에게 고백할 용기를 줬다. 남성 위주의 철옹성에서 초대형 다이너마이트가 터진 형국이었다.

나 역시 망치로 한 대 얻어맞은 것 같았다. 2017년 모임에서 언급됐던 그 여검사가, 바로 서지현 검사였기 때문이다. 사안의 심각성에 대한 인식도, 행동도 형편없이 부실했다.

탐사 보도의 중요 요소 중 하나는 '독자적인 시각'이다. 출입처가 있는 기자들은 출입처의 시각에 매몰되기 쉽다. 굴을 파고 들어가 출입처에서 나오는 목소리를 받아쓰려는 습성이다. 반면 출입처에 얽매이지 않는 탐사 보도는 그 굴에서 벗어나 독자적인 시각으로 진실에 접근해야 한다. 일반 보도 기자의 타성에서 벗어나라고 탐사 보도가 있는 것 아닌가. 나는 검찰 내부의 프레임에 빠지고 말았다. 남성 검찰 간부와 전혀 다를 바 없는, 낮은 성감수성을 지닌 나무늘 보였다. 나태로 인해 로스트 타임이 발생한 것이다.

이제 2016년 모임에서 들었던 이야기를 하려 한다. 검찰 간부들이 '꼴통'이라고 지칭했던 이는 임은정 검사였다. 검찰 조직의 난맥상을 끊임없이 제기해온 인물이기도 하다.

최광일 PD, 장은조 작가팀에게 임은정 검사를 수소문해보라고 했다. 임 검사가 인터뷰 요청을 받아줄지 자신할 수 없었다. 현직 검찰 간부가 아닌가. 신문에는 인터뷰 기사가 종종 실렸지만 방송에 얼굴과 육성을 드러내는 것은 또 다른 용기가 필요하다. 그때까지 임 검사가 방송에 출연한 적은 없었다.

2018년 12월, 인터뷰에 응하겠다는 답변이 왔다. 임 검사는 충주지청 부장검사로 재직 중이었다. 영화 〈도가니〉의 모티프가 된 '광주 인화학교 성폭력 사건'의 공판검사이기도 했다. 그때 '도가니 검사'라는 별칭을 얻었다. 실제 마주한 임 검사는 상상과 다르지 않았다. 당당한 표정과 또렷한 목소리의 소유자였다. 우선 방송 인터뷰를 결심한 이유를 물었다.

"성폭력이 제대로 감찰되지 않고, 부적절한 사람들이 걸러지지 않은 채 간부로 승진하는 조직 문화에 실망했습니다. 결과적으로 검찰은 아직도 갈 길이 멀구나, 조금이라도 바꾸는 데 도움이 됐으면 하는 심정입니다."

임 검사는 대휴 처리를 하고 JTBC에 왔다고 했다. 이전에는 현직 검사가 방송 인터뷰를 할 때는 사전 허가를 받아야 했다. 서지현 검사의 미투 이후, 사전 허가에서 신고로 법무부의 방침이 바뀌었다고 했다. 임 검사는 인터뷰 룸에 앉자마자 "서지현 검사의 미투가 개인이 불운하게 당한 작은 문제로 폄하돼선 안 된다"면서 직접 당하거나 목격한 검찰 내 성 비위를 털어놓기 시작했다. 고백이 아니라 웅변처럼 들릴 정도로 발언은 거침없었다.

"어떤 부장한테 술자리에서 입술 뽀뽀를 당했어요. 초임 때 당한 일이어서 어떻게 해야 할지 몰라서 '술 취해서 기억 안 난다'로 스스로의 입장을 정리하고 출근했는데, 당혹스러운 경험을 하게 되죠."

한 선배 검사가 "임 검사가 부장에게 뽀뽀를 했다면서?" 하며 선공을 취했다. 부장의 방패를 자처한 발언처럼 느껴졌다고 했다. 조직 문화에 회의를 느낀 첫 번째 경험이었다. 그때는 임관한 지 얼마 안 된 상황이어서 참고 넘기기로 결심했다.

2년 뒤 다른 부임지에서 그냥 넘길 수 없는 사건이 발생했다. 회식 직후 벌어진 일이었다. 한 간부가 숙소인 관사에 데려다주겠다고 해서 같이 택시를 타고 왔다. 그는 "목이 마르다, 물을 달라"고 하면서 관사에 따라 들어왔다. 그리고 갑자기 치한으로 돌변해 성폭행을 시도하려 했다는 것이다. 소리를 지르겠다고 해, 겨우 상황은 마무리됐지만 정작 더 큰 문제는 이후에 벌어졌다.

참을 수 없어, 공식적으로 문제를 제기했다. 해당 검찰 간부가 사표를 쓰는 것으로 내부 정리가 됐다. 그렇지만 그 간부는 한동안 사표를 쓰지 않고 버텼다. 주변의 한 선배 검사는 오히려 임 검사에게 사표를 쓰라고 권했다고 한다. "이쯤에서 정리해야, 나가서 전관예우를 받을 수 있다"는 논리였다. 순간, 임 검사는 악몽 같은 검찰의 현실을 직시했다고 했다. 이후에도 폭우에 물건 떠밀려 오듯, 검찰 내부 문화의 문제를 숱하게 목격했다고 했다. 이른바 '스폰서'를 달고 질펀하게 놀다가 성매매까지 하는 간부에 대해 문제를 제기한 적이 있다. 그러자 '꽃뱀 프레임'까지 작동했다는 것이다.

"다른 곳에서도 상관을 잡아먹더니 이번에도 상관을 잡아먹으려 하는 검사, 부장한테 꼬리치다가 뒤통수를 치는 꽃뱀 같은 검사라는 말이 돌기 시작하더군요."

아무리 상명하복의 검찰 문화라도 최소한은 받아들여질 줄 알았는데 그런 믿음은 '꽃뱀 프레임'과 함께 인사 불이익으로 다가왔다. 결국 형사부에서 밀려나 법원으로 갔고, 법정에서 기소를 유지하는 공판검사로 일하게 된다. 그때 광주 인화학원에 현장 검증을 가 피해 아이들을 직접 증인 심문할 기회를 얻었다. 이른바 '도가니 사건'은 그렇게 세상에 알려졌다. 사건을 깔끔하게 처리하면서 검찰총장상까지 받았지만 인사 불이익은 계속됐다. 여기까지만 들어도 임은정 검사가 왜 자신의 조직 문화와 대결해야 하는지 조금은 짐작이 갔다.

서지현 검사의 미투 이후, 법무부에서는 여검사를 상대로 설문조사를 했다. 여검사 중 70퍼센트가 성적 폭력을 경험했다고 답했다. 이중 60퍼센트 이상이 가해 행위에 대해 적절한 대응을 하지 않고 그냥 넘겼다고 밝혔다. 성폭력 실태도 가볍게 넘길 사안은 아니지만 왜 그냥 넘기는지 그 이유가 더 궁금했다. '조직이 달라질 같지 않아서'(31퍼센트), '불이익을 우려해'(25퍼센트)가 가장 많이 나왔다.

여기서 한 가지 궁금한 점이 생겼다. 언론사에도 성추행이 만연하던 시절이 있었다. 1990대 후반 들어 적어도 노골적인 성추행은 수면 밑으로 내려갔다. 지금도 종종 성희롱 문제가 도마 위에 오르지만 적어도 임 검사의 증언만큼은 아니다. 더구나 검찰은 공직이고, 법을 집행하는 기관이 아닌가. 왜 검찰에 이런 지체된 문화가 만연해 있을까, 임 검사의 진단은 이랬다.

"검찰은 법을 집행하고 적용하는 기관이지 법을 적용받는 기관이 아니에요. 그 법을 집행할 의지가 있는 실질적으로 지휘권을 가진 분들이 내부에서 갑질을 하고 있기 때문이죠. 스스로 자제해야 하거나 또 다른 갑을 만들어야 하는데, 또 다른 갑은 없고 최상의 갑이 그 짓을 하는 거니까 브레이크가 없어요."

임 검사는 2015년 제기된 또 다른 검사 성추행 사건을 소개했다. 성추행이 확인됐는데도 해당 검사는 징계 없이 명예퇴직을 했다. 명예퇴직 수당 등으로 2억 5천만 원을 받고 나갔다. 대검찰청에 징계를 하지 않는 이유를 물었더니, 피해자가 처벌을 원하기 않고 사안이 미미했기 때문이라는 답변이 돌아왔다고 했다. 여검사의 볼에 입술을 가져다대고 몸을 껴안으며 귓속말을 하는 행위 등을 수차례 반복했는데도 말이다.

서 검사의 고백 이후 이 사건은 재조사에 들어갔다. 임은정 검사도 대검에 감찰을 요구했다. 사건을 덮은 감찰 라인에 대해서도 징계를 요구했다. 결과는 '예상대로'였다. 해당 검사에게만 500만 원의 벌금형이 나왔고, 감찰 라인에 대한 징계는 없었다. 임 검사는 끊임없이 검찰 내부의 문제를 제기해왔다. 뻐꾸기시계와 같다. 용기라고 할까, 정의감이라고 할까, 그런 것은 어디서 나오는 걸까.

"처음부터 제가 그랬던 것은 아니고, 많이 참았지요. 참았는데 또 다른 피해가 발생하고 사건이 이상하게 처리되고, 용기라고 표현하기보다는 참을 수 없어서였습니다. 참을 수 없어서…."

의심이 들었다. 검찰이 성폭력 사건들을 제대로 처벌할 수 있을까. 검찰에서 수상하게 처리된 대표적인 성 비위 사건이 있다. 이른바 '별장 성폭행 의혹 사건'이다. 이 초대형 스캔들은 강원도의 한 별장에서 촬영된 듯한 90초짜리 동영상이 2013년에 세상에 알려지면서 확산했다. 한 남성이 여성과 춤을 추다 성관계를 시도하는 것처럼 보인다. 그 남성이 누구인지를 둘러싸고 수많은 의혹이 제기됐다. 결국 박근혜 정부 초기에 '검찰의 황태자'로 불리던 김학의 법무차관이라는 추정이 나왔다. 브로커의 별장에서 성접대를 받았다는 것이다. 김 전 차관은 모든 의혹을 부인했다. 결국 차관 취임 엿새 만에 자진 사임하지만 파문은 잦아들지 않았다.

초기에는 '성접대'로 보도되었지만 피해자의 진술로 '성폭력' 사건으로 비화되었다. 피해 여성들의 고소로 경찰 수사가 시작됐다. 경찰의 판단으로는 영상 속 얼굴이 김 전 차관임이 확실하다고 했다. 하지만 사건이 검찰에 송치되면서 수사 결과가 달라진다. 검찰의 판단 근거는 국과수에 의뢰한 판독 결과였다. "재촬영된 영상이어서, 화질이 좋지 않아 판독이 불가능하다." 검찰은 김 전 차관을 기소하지 않는다. 하지만 최초 수사를 했던 경찰의 얘기는 달랐다.

"우리는 그걸 보고 김 전 차관이라고 확신했습니다. 원본 CD를 추가로 확보해 검찰로 보냈죠. 김 전 차관인 게 너무 확실했기 때문에 국과수에 보낼 필요도 없었죠."

당초 청와대는 김 전 차관을 검찰총장 후보로 밀었다. 동영상 스캔들이 터지면서, 청문회를 거칠 필요가 없는 법무차관 자리를 줬다는 추측이 나왔다. 인사에 관여할 수 있는 막강한 내부 권력을 감당하기 어려웠을까. 아무튼 이 성 비위 사건은 땅속에 묻히고 만다.

검찰 조직에는 '검사 동일체의 원칙'이 있다. 검사는 검찰총장을 정점으로 상하복종 관계에 있다는 원칙이다. 거대한 권력과 싸우기 위해 하나로 뭉치자는 의미다. 독재나 권위주의 정권에서는 존재 가치가 있었다. 언제부턴가 이 원칙은 직급이 높아질수록 검찰 내 막강한 권력 행사 근거로 변질된다. 윗선의 부탁을 들어주고 불편한 사건은 적당히 무마해주는 검사가 출세하는 문화가 만들어지기 십상이다. 반면 상부의 지시를 거스르고 개선을 요구하는 목소리를 내는 사람은 어떻게 될까. 임 검사는 인사와 징계보다 더 무서웠던 것은 외로움이라고 했다.

"옆에 있는 사람들이 가해자이면서 피해자이긴 한데, 함께 행동해주지 않으면 목격자가 되어주지 않으면, 적어도 사건이 됐을 때 목격자가 되어주지 않으면 피해자는 혼자 죽어요. 이것이 검찰의 현실이기도 해요."

임 검사는 시종일관 막힘이 없었다. 나는 임 검사에게 "임 검사님의 고백에서 사회의 힐링을 느꼈다"고 말해주었다. 인터뷰는 여기까지였다. 그의 마지막 말이 인상적이었다.

"잠든 사람은 깨울 수 있어도 잠든 척한 사람은 깨울 수 없다. 더이상 잠든 척할 수 없는 시대가 왔습니다. 검찰이 이제 비로소 잠이 깬 척하면서 눈을 뜨고 있는 상태가 아닐까요."

**잠든 사람은 깨울 수 있어도
잠든 척한 사람은 깨울 수 없다.**

탐사 취재를 하면서 진짜 잠든 사람과 잠자는 척하는 사람을 구분하는 것은 매우 중요하다. 단순히 책임 소재를 묻는 차원이 아니다. 잠든 척하는 사람들이 저지른 실수나 비리는 더 교묘하게 은폐되기 때문이다. 힘 있고 교활한 사람이나 집단일수록 잠자는 척을 잘할 가능성이 크다.

이 인터뷰가 있고 3개월 후, 임은정 검사는 또 '사고'를 쳤다. 신문 기고에서 성 비위에 연루된 일부 검사의 이름을 실명으로 적시했다. 포털 검색어에 '임은정' 이름이 하루 종일 올라와 있었다. 임 검사는 자신이 몸담은 검찰 조직과 언제까지 대결을 할까. 인터뷰 중에 이런 말을 한 것으로 기억한다.

"아마 검찰을 나올 때까지 계속되겠죠."

심층의 3차원

세상을 깊게 보는 비결은?

탐사 저널리즘 첫 강의. 나는 학생들에게 이런 질문을 던진다. "탐사 보도는 심층 저널리즘의 성격을 갖고 있습니다. 여기서 심층의 의미를 무엇일까요?" 이에 가장 많이 나오는 대답은 이렇다. "세상을 깊게 보는 것입니다." 나는 다시 묻는다. "그렇다면 어떻게 하면 세상을 깊게 볼 수 있죠?" "심층적으로 보는 건데….(우물쭈물)"

'심층'을 효과적으로 정의하고 이를 실천한다면, 한 학기 탐사 저널리즘 강의의 절반은 익힌 것이나 마찬가지다. 2006년 가을이었다. 언론학과 교수와 탐사 보도 기자가 모인 자리에서 질문을 던져봤다. "세상을 깊게 보기 위해서는 심층을 어떻게 정의하면 좋을까요?" 반시간가량 토론이 이어졌고, 결국 다음과 같은 결론이 나왔다.

   첫째, '인과 관계'의 파악이다. 눈에 보이는 결과만이 아닌, 이를 있게 한 원인을 찾아낸다. 최순실 게이트 때, 나는 게이트의 결과보다는 그 원인을 찾아내는 데 주력했다.

둘째, '시간적 맥락'의 파악이다. 현재뿐만 아니라 과거와 미래를 함께 봐야 한다. 최순실 게이트를 탐사할 때, 나는 국정 농단의 실태보다는 박근혜 전 대통령과 최씨 집안 간의 40년 관계에 더 주목했다.

셋째, '공간적 맥락'의 파악이다. 어떤 현상이 벌어지는 공간을 확장해보거나, 경우에 따라 축소해본다. 최순실 게이트에서 나는 '최씨 딸의 이화여대 입학 농단' 이슈를 넓혀서, '교육계 국정 농단 – 청와대 국정 농단 – 정권 전체의 국정 농단'으로 공간을 확장해나갔다.

나는 취재나 인터뷰를 할 때, '심층의 3차원'이 배경으로 그려진 메모지를 사용한다. 또 시간적·공간적인 맥락과 인과 관계를 항상 떠올리기 위해 다음과 같은 좌표를 집무실에 그려놓았다.

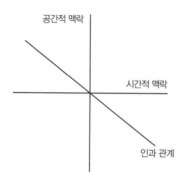

2

진실을 땅속에 묻으면

더 큰 폭발력을 축적한다

▌에밀 졸라

음란지옥의 불길에
타버린 사람들

버닝썬 천태만상 속 유착의 고리

◀◀

❚❚

▶

젊은 시절 나에게 충격을 준 미국 드라마가 있다. 〈트윈 픽스〉였다. 1992년에 제작된 데이비드 린치 감독의 노작이다. 드라마이자 호러판타지, 미스터리 스릴러로 분류될 만큼 종잡기 어려운 작품이다. 평온한 시골 트윈 픽스에서 비닐에 싸인 소녀의 시체가 발견된다. 처음에는 단순한 사건처럼 보였지만, 시간이 지날수록 다른 살인을 부른다. 작은 마을에서 도저히 상상하기 힘든 추악한 이면이 하나둘씩 밝혀진다. 나는 후배들에게 평범한 사건 속에 '트윈 픽스'에서와 같은 충격적인 모습이 숨어 있을 수 있다고 강조한다. 만약 이를 폭로할 수만 있다면 평생에 남는 탐사 성과가 될 것이라고 말해준다.

평범해 보이는 사건 속에도 '트윈 픽스'가 숨어 있다.

2019년 봄, 대한민국 사회는 버닝썬 의혹으로 타올랐다. 이 사태는 내게 '트윈 픽스'로 다가왔다. 성매매 알선과 불법촬영물 유포 혐의로 한류 스타들이 줄줄이 포토라인에 섰다. 마약 사범과 클럽 관계자, 전현직 경찰이 구속됐다. 업계와 공권력의 유착 관계도 불거졌다. 급기야 연예계의 큰손이자 성공 신화인 YG의 양현석까지 불길에 휩싸였다.

그런데 이 거대한 불길은 한 청년의 억울함에서 비롯됐다. 다시 말해, 땅속에 묻혔던 한 개인의 외침이 폭로되면서 엄청난 위력을 발휘하게 된 사례다. 그런 면에서 "땅에 묻힌 진실은 더 큰 폭발력을 축적한다"는 에밀 졸라의 명언에 가장 맞는 사건이다. 아울러 탐사는 겉으로 보이는 현상에서 출발해 보이지 않는 뿌리를 찾아가는 여정임을 단적으로 보여주는 사례이기도 했다.

평범한 청년, 김상교씨를 만났다. 버닝썬의 태풍은 그의 입에서 시작됐다. 김씨는 2018년 11월, 서울 강남에 위치한 클럽, 버닝썬에서 벌어진 폭행 사건에 연루됐다. 그는 경찰이 자신을 폭행 피의자로 처분한 데 격분하고 있었다. 오히려 자신이 피해자라고 주장했다. 김씨의 인상은, 잘생겼지만 뭔가 집요해 보였다. 일성은 이랬다.

"저 같은 억울한 피해자가 없도록 진실이 밝혀졌으면 합니다."

지난 수개월 동안 그는 억울함을 외쳐왔다. 제풀에 지칠 수도 있었다. 하지만 투사와도 같이 맹렬하게 억울함을 호소했다. 눈빛에서도 현실에 결코 안주할 수 없다는 강한 에너지가 느껴졌다.

"제가 버닝썬 클럽에서 폭행을 당했는데, 가해자인 양 경찰지구대에 끌려갔습니다. 수갑을 차고요. 어머니가 와계셨어요. 그런데 그 앞에서 경찰들이 저를 조롱하는 겁니다. 가정교육을 못 받았네, 술 똑바로 처먹지, 그런 얘기를 했어요. 경찰관들이 웃으면서 저를 휴대전화로 찍는 걸 보면서 참을 수 없는 수치심을 느꼈어요."

'어머니'라는 대목에서 김씨의 음성은 떨렸다. 그때의 모욕감이 끝까지 갈 수 있는 힘이 됐다고 했다. 하지만 그것만이 전부가 아니었다. 폭행 사건 이후, 그는 버닝썬 같은 강남 클럽의 비리를 파헤치는 활동을 했다. 그의 외침에 적지 않은 제보가 들어왔다고 했다.

여러 제보 가운데 가장 가슴 아팠던 피해 사례가 있었다고 했다. 한 젊은 여성이 버닝썬에서 겪은 끔찍한 고통을 털어놓았다. 흔히 '물뽕'으로 불리는 GHB를 흡입하고 피해를 입은 것으로 보였다. 여성은 버닝썬에 놀러갔다가, 합석한 태국인이 권하는 술을 마시고 정신을 잃었다고 했다. 그리고 호텔방에서 성폭행을 당했다는 것이다. 이 여성은 후에 태국 방송에까지 출현하여 억울함을 호소한다. 김씨는 이 여성이 자신에게 고통스러운 경험을 털어놓으면서 연신 떨었던 '손'을 기억하고 있었다. 이런 억울한 피해자를 막기 위해서라도 버닝썬의 추악한 이면을 파헤쳐야 했다고 말했다.

김상교씨를 둘러싼 폭행 논란은 버닝썬 안에서 시작됐다. 버닝썬 측의 주장은 이랬다. 김씨가 클럽 내에서 한 여성을 성추행하려 했고, 이를 저지하기 위해 클럽 관계자들이 김씨를 끌고 나왔다고 한다. 클럽 앞에서 김씨가 심하게 저항해, 클럽 이사가 폭행했다는 주장이었다. 하지만 김씨의 주장은 전혀 달랐다. 성추행한 적이 없고, 밖으로 끌려 나가기 전에 클럽 안에서도 알려지지 않은 누군가에게 1차 폭행을 당했다고 강조했다. 이 1차 폭행자를 버닝썬 측이 비호하려 한다는 것이 김씨의 핵심 주장이었다.

그는 복수의 인물로부터 최초 폭행자가 버닝썬의 'VIP'라는 제보를 받았다고 주장했다. 승리, 정준영 같은 한류 스타와 '단톡'을 하는 인물이라는 것이다. 승리를 정점으로 정준영, 최종훈 등 총 8명이 참여한 단톡방은, 이렇게 버닝썬 게이트와 연결됐다. 김상교씨는 자신의 사건은 물론 버닝썬을 둘러싼 모든 의혹이 '채팅방 카르텔' 때문이라고 말했다.

우선 김씨가 만났다는 '물뽕' 피해 여성을 추적했다. 과연, 기억을 도려내는 끔찍한 약물이 강남 클럽에서 유통되고 있을까. 수소문 끝에 그 여성을 어렵게 만날 수 있었다. 준수하고 야무진 외모를 가진 젊은이었다. 신변 보호를 위해 가발을 쓰게 하고 인터뷰를 시작했다. 그는 한동안 손을 떨었다. 김상교씨가 본 대로였다. 우선 버닝썬에 가게 된 경위가 궁금했다.

"친구와 가볍게 즐기기 위해 갔다가, 지인의 권유로 여러 남성과 합석하게 됐습니다. 그 자리에는 태국인도 있었습니다."

사건은 태국인이 건넨 한 잔의 술에서 시작됐다. 순간적으로 정신을 잃었다. 눈을 떴을 때는 호텔 방이었다고 했다.

"어떻게 표현해야 할까요. 정말, 기억이 가위로 싹둑 잘려 나간 느낌이었습니다."

함께 있던 태국인 남성에게 성폭행을 당했다. 목숨을 위협받을 정도의 거친 폭행 피해도 입었다고 말했다. 호텔 방을 겨우 빠져나온 뒤 경찰에 신고했다. 그런데 괴이한 일이 벌어졌다고 했다. 술자리에 있던 지인에게 물어보니, 자신이 멀쩡해 보였다는 것이었다. 더욱 참담한 일이 벌어졌다. 경찰이 호텔 CCTV를 확보했는데, 영상 속에서 자신이 제 발로 들어가고 있었다!

"당시 휴대전화와 겉옷을 놓고 나올 만큼 완전히 기억을 상실했는데, 남들은 멀쩡하게 봤다는 겁니다."

경찰은 수사에 의지를 보이지 않았다. 태국인은 CCTV 영상을 토대로, 여성이 오히려 돈을 노리는 '꽃뱀'이었다고 주장하고 출국해버렸다. 여성은 '물뽕'이 아니면 자신이 당한 상황을 설명할 수 없다고 했다. 실제로 물뽕은 외국에서 '레이디 킬러'라는 악명으로 알려진 마약이다. 이런 끔찍한 약물이 실제로 악용되고 있다면 보통일이 아니었다. 이 여성에게 그날 밤은 완벽한 로스트 타임이었다. 긴급한 취재가 필요함을 직감했다.

김상교씨의 증언을 토대로 '채팅방 카르텔'을 추적했다. 과연 '8인의 단톡방'에는 무슨 내용이 담겨 있을까. 그 무렵, 한 방송사가 일부 채팅방 내용을 공개했다. 어떤 변호사가 국민권익위원회에 '정준영 휴대전화'의 포렌식 자료를 신고하면서, 추악한 단톡방의 민낯이 드러나기 시작한 것이다. 처음에 제시된 의혹은 불법촬영물 유포 혐의였다. 정준영씨가 누군가와 잤다고 고백하자 누군가 그 영상을 요청했다. 그는 영상을 올린다.

경찰과의 유착을 의심하게 하는 내용도 있었다. "어제 ○○형이 경찰총장이랑 문자한 것도 봤는데, 누가 찌른 것도 다 해결될 듯."

'경찰총장'이라는 괴상한 표현을 매개로, 드디어 유착 의혹이 폭발한다. 단톡방 카르텔에 경찰 간부가 추가된 것이다. 버닝썬 사건은 단순 폭행 사건에서 마약 사건, 불법촬영물 유포, 유착 사건으로 확산되고 있었다. 정준영 휴대전화가 기폭제가 됐다. 하지만 정작 더 끔찍한 '트윈 픽스'가 기다리고 있었다.

단테의 《신곡》〈지옥〉 편에는 7대 죄악이 나온다. 정욕, 탐식, 탐욕, 나태, 분노, 시기, 교만이 그것이다. 이 중 정욕의 지옥은 이렇게 묘사돼 있다. "이곳에는 사음의 죄를 범한 많은 무리가 지옥의 광풍과 칠흑 같은 어둠속을 헤맨다."

영국의 한 잡지가 세계 35개국을 대상으로 7대 죄악의 랭킹을 선정한 적이 있었다. 그 결과, 대한민국이 정욕의 나라 1위로 거론됐다. 그때는 타당성이 없다고 여겼는데, 이른바 '정준영 단톡방'을 보면서 틀린 선정이 아닐 수도 있다는 생각을 갖게 됐다. 그런데 방송을 통해 공개된 카톡 내용에는 다음과 같은 대목이 있었다. "수면제 먹이고 ×××하다가 ×××하다가…."

만약 수면제 성폭행이 사실이라면 불법촬영물 유포와는 차원이 다른 중대한 범죄가 된다. 이를 추적하던 중, 단톡방에 성폭력의 흔적이 남아 있다는 제보를 받았다. 시급히 방정현 변호사를 만나야 했다. 국민권익위원회에 정준영 휴대전화의 포렌식 자료를 넘겨 뉴스메이커가 된 인물이었다. 다행이었다. 〈이규연의 스포트라이트〉에

법률 전문가로 몇 차례 소개된 인연이 있어서 인터뷰가 성사됐다. 김현옴 작가가 세심하게 질문지 초안을 만들어주었다.

우선 방 변호사가 정준영 휴대전화의 포렌식 자료를 제보받은 경위가 궁금했다. 건장한 체격의 방 변호사는 율사답게 조심스럽고 논리적으로 이야기를 시작했다. 2019년 2월이었다. 누군가 방 변호사의 사무실에 서류 봉투를 놓고 갔다고 했다. 보안을 위해 이른바 '시크릿 테이프'로 감싼 봉투 안에 USB 메모리가 들어 있었다.

한 공익 제보자가 건넨 USB에는 2015년 말부터 10개월간, 정준영 등 8명이 나눈 대화와 파일이 고스란히 담겨 있었다. 30만 건의 대화! 방 변호사는 3일 밤낮을 꼬박 확인한 뒤 국민권익위원회에 자료 제출과 함께 신고를 결심했다고 했다. 내가 '수면제' 문제를 꺼내자 그가 의미심장한 말을 던졌다.

"그때까지 알려진 단순 몰카 촬영, 유포와는 전혀 다른 차원의 위험이 단톡방 안에 존재합니다."

방 변호사는 "마치 한국형 마피아를 연상케 한다"고 덧붙였다. 숨죽이며 얘기를 들어야 했다. 그는 강제 성폭행으로 추정되는 증거가 휴대전화 속에 남아 있다고 폭로했다. 잠을 자듯 누워 있는 여성에게 성행위를 했던 영상과 사진이 단톡방에 있다는 것이다. 그것도 한두 건이 아니라고 했다. 성폭행이라고 추정할 만한 사진과 영상이 10건 정도 된다고 증언했다. 하지만 사진이나 영상이 있다고 성폭행이라고 단정할 수 없었다. 그래서 언론에 공개하지 못하고 있었는데, 얼마 전 상황이 바뀌었다는 것이다.

정준영 휴대전화가 세상에 알려진 후, 방 변호사는 한 여성과 대면했다. 정준영 측과 합석한 적이 있다는 여성은 자신의 모습이 휴대전화가 남아 있는지 확인하고 싶다고 했다. 단톡방에 존재하는 자신의 사진과 영상을 보는 순간! 강한 충격을 받는다. 한동안 말을 잇지 못했다. 괴이하게도 자신의 성관계에 대한 기억이 전혀 없었다.

방 변호사에게 수 명의 여성이 더 찾아와서 기묘한 피해 경험을 털어놓았다. 강간당한 사실 자체를 대부분 몰랐다. 조작이라도 한 것처럼 기억이 까맣게 사라졌다. 심지어 술을 마시지 않았는데도 기억을 잃은 여성이 여럿 있었다. 방 변호사는 단톡방에서 가장 참담한 장면을 이렇게 설명했다.

"아예, 그냥 눈을 감고 정신이 없어요. 정신이 없는 상태고 몸도 다 처져 있어요. 축 처진 분을 강간한 거죠. 사실 명백한 강간이에요, 그건 진짜. 누가 봐도 강간이었습니다."

그 여성은 반사적인 움직임도 전혀 없어서 약물로 인한 피해자인 것 같다고 방 변호사는 말했다. 약이나 술에 취한 상태의 여성을 간음했다면 '준강간'에 해당했다. 심신 미약, 항거 불능의 여성을 간음한 준강간은 강간죄와 같은 처벌을 받는다.

방 변호사가 인터뷰에 응한 이유가 있었다. 방송을 보고, 더 많은 피해 여성들이 용기를 내 제보와 증언을 해주기를 바란다고 했다. 나는 엄밀한 보안을 유지하면서 제보를 함께 접수하자고 제안했다. '성폭행'과 '음란지옥'에 대한 의혹을 제기한 첫 번째 방송은 이렇게 마무리됐다.

1차 폭로로 큰 후폭풍이 일었다. 경찰은 단톡방 멤버 A씨를 강간 혐의로 입건하고 전방위 수사에 착수한다. 숨죽여 있던 피해 여성들이 하나둘씩 증언을 결심하기 시작했다. 드디어 한 피해 여성의 직접 증언을 들을 수 있었다. 이 여성은 지금도 악몽 속에 살고 있다고 했다. 악몽은 2016년에 시작됐다. 여성은 한 통의 전화를 받는다. 단톡방 멤버 중 일반인 A씨였다고 한다. 정준영 팬사인회에 초청한다는 내용이었다.

사인회 하루 전에 이 여성은 A씨와 만나기로 약속한 술집에 간다. 거기서 A씨 일행을 만난다. 낯익은 연예인들과도 인사한다. 예능 프로그램 활동을 병행하면서 당시 최고의 인기를 구가했던 뮤지션 정준영이 있었다. 또 다른 남성은 보이그룹 FT아일랜드의 최종훈이었다. 여성이 만난 5명 모두가 단톡방 멤버였다. 술자리에서 여성은 술에 취해 졸다 깨다를 반복했다. 일행은 술집에서 나와 호텔로 향했다. 기억은 거기서 끝이었다. 다음 날 아침, 눈을 떴을 때 당혹감과 두려움에 휩싸였다. 나체가 된 자기 옆에 5명 중 1명이 누워 있었다. 수치심에 도망치듯 나왔다고 한다.

솔직히 '정준영 단톡방' 내용을 보고 싶지 않았다. 하지만 눈으로 직접 확인해야 진상 규명이 가능했다. 그 기록이 버닝썬 게이트의 문을 열어줄 열쇠였다. 백방으로 수소문한 끝에 '정준영 단톡방' 기록을 전수 입수했다. 출처를 밝히기 힘든 제보자에게서 우연한 기회에 받은 것이라고, 에둘러 적어두고 싶다. 실제로 단톡방 대화를 본 날을 잊지 못한다. 내용은 상상 이상이었다. 단톡방 속에서 여성은 인격체가 아니었다. 성욕을 채워주는 도구에 불과했다. 그들 사이에 이런 대화가 오갔다. "번호 줘봐. 나도 하게", "뭐야 기절이잖아", "살아 있는 여자 보여줘", "강간했네 ㅋㅋ."

직접 인터뷰한 여성이 피해를 입은 다음 날의 기록도 단톡방에 남아 있었다. 멤버들은 단톡방에서 다시 뭉쳤다. "개 웃겼어"하며 후일담을 시작했다. 화두를 던진 인물은 한 스타였다. 그는 피해 여성을 언급하며 성적 비하 농담을 시작했다. 단톡방의 다른 멤버에게 "×× 영상 있어?"라고 물으면서 알 수 없는 말도 남겼다. "형이 ×× 플래쉬 터트려 걸린 거야 ㅋㅋ", "저 × 정신 들기 전에 ××(성관계) 했어야 했는데", "어 어제 ○○이랑 돌아가며 (관계) 했는데…."

한 여성을 상대로 2명 이상의 남성이 성폭행을 했을 가능성이 컸다. 피해 여성의 증언과 단톡방 내용을 하나하나 비교해갔다. 그 결과, 2명 이상이 합세해 집단 성폭행했다는 추정이 가능했다. 의식을 잃고 누워 있는 여성에게 1명이 유사 성행위를 시도하고, 나머지 1명은 사진 촬영을 했을 가능성. 2명 이상이 합동해 강간할 경우 특수강간에 해당한다.

단톡방 멤버 중 일부가 받은 음란물 촬영 및 유포 혐의는 5년 이하의 징역, 3천만 원 이하의 벌금형에 처해지는 범죄다. 특수강간은 무기징역까지 받을 수 있는 중대한 범죄였다.

단톡방의 내용은 차마 다 공개하지 못할 정도였다. 아마도 영원히 그럴 것이다. 영화나 드라마로 각색하면 모를까. 음란지옥의 묵시록과도 같았기 때문이다.

버닝썬 사건은 시간이 지나면서 날로 커져나간 대표적인 사건이었다. 사실, 김상교씨 폭행 사건이 벌어졌을 때만 해도 본격적으로 탐사할지 결정하지 못했다. 폭행 사건이 보도 가치가 없어서는 아니었다. 단편적인 보도는 얼마든지 할 수 있었다. 하지만 탐사는 좀 더

'정교한 중대성'을 가져야 한다. 보통 한 주제를 두고 30분에서 한 시간을 만들어야 한다. 그만큼의 가치와 스토리, 의미가 있어야 한다. 그렇지만 그 중대성을 처음부터 판단하기는 쉽지 않다. 버닝썬 사태에선 김상교씨와 방정현 변호사라는 핵심 인물을 발 빠르게 만난 것이 큰 도움이 됐다.

버닝썬 사건의 후폭풍은 계속되고 있다. 연예기획사의 성공 신화인 양현석씨가 소속 스타들의 마약 투여 사건을 숨기려 했다는 의혹이 제기됐다. 폭넓은 취재를 해온 이선우 PD가 제보자의 증언을 이끌어냈다. 〈이규연의 스포트라이트〉 장기하 팀장이 양현석씨를 직접 만나 입장을 듣기도 했다.

하루에도 수십, 수백 건의 사건이 터진다. 과연 어떤 사건이 매머드 이슈가 될까. 이는 탐사의 성패를 가르는 중요한 판단이다. 평소에 사건을 접할 때 이런 생각의 훈련을 할 필요가 있다.

앞으로 태풍으로 발전할 수 있는, 지금의 날갯짓은 과연 무엇일까.

가장 뛰어난 예언자, 과거

최순실의 국정 농단과 침묵의 카르텔

"조순제 녹취록을 철저히 검증했더라면…"
조용래

한국언론진흥재단 신문기사 DB인 〈빅카인즈〉에 '최순실'이라는 단어를 입력해본 적이 있다. 2016년 9월부터 '최순실'을 언급한 횟수가 부쩍 늘었다. 그 이전은 어땠을까. 그해 1~8월만 해도 1개월에 1~3건씩에 불과했다. 그나마 최순실 본인보다는 전남편인 정윤회를 언급하며 곁다리로 인용했다. 그해 9월 〈한겨레신문〉이 '최순실'을 적시하면서 관련 기사는 454건으로 급증했다. 이후 JTBC가 태블릿PC 보도를 터뜨렸던 10월, 1만 1천 건으로 수직 상승했다.

최순실이 대통령을 등에 업고 온갖 국정 농단을 부리는 사이에 대한민국의 거의 모든 주체는 침묵했다. 침묵의 유형은 2가지다. 국정 농단을 잘 알고 있었지만 외압이나 회유로 노출하지 않은 유형, 정말로 실체를 잘 모르고 있었던 유형이다. 전자라면 비겁하거나 타락한 것이고, 후자라면 무능한 것이다.

나는 어디에 속할까. 무능한 자에 가깝다. 최순실의 아버지 최태민의 존재나 전남편인 정윤회에 대해서는 어느 정도의 경계심을 갖고 있었다. 하지만 박근혜 정부 중반까지도 최순실의 존재감을 거의 알지 못했다. 물론 '무능한 자' 코스프레로 사회의 경종을 울려야 할 책임에서 벗어날 수는 없다.

최순실 게이트의 뿌리는 박근혜 전 대통령과, 최순실의 아버지인 최태민과의 부적절한 인연이다. 1990~2017년을 검색 조건으로 '최태민'을 〈빅카인즈〉에 입력해봤다. 역시 최순실 게이트가 터진 2016년에 2천 건 이상의 언급 기사가 나왔다. 흥미롭게도 그전에 우리 사회가 '최태민'에게 관심을 보인 시기가 있었다. 2007년에 800건 이상의 기사가 나온 것이다.

2016년 10월, 최순실 국정 농단의 서막이 올랐을 때였다. 나는 직감적으로 그 2007년에 주목했다. 한나라당 대통령 후보 경선이 있었던 해다. 이명박·박근혜 후보가 치열한 경쟁을 벌이던 시기였다. 이명박 캠프 측은 최태민이 박근혜 후보의 급소라고 보고 그들 나름대로 철저히 준비했다. 경선 초반에 수집된 정보를 조금씩 발표해가며 박근혜 후보 측을 압박했다. 하지만 대부분의 언론은 이명박 캠프의 발표와 박근혜 캠프의 반박을 무심한 관객 입장에서 짤막하게 보도했다. 경선 막판에 기세를 잡은 이명박 캠프가 네거티브 역풍을 의식해 폭발력이 있는 추가 자료를 공개하지 않았다. 언론도 더 이상 언급하지 않았다. 검증이 멈춰선 것이다.

JTBC 〈뉴스룸〉에서 '최순실 태블릿PC'를 공개한 직후였다. 나는 국정 농단 사태를 시간적·공간적 맥락에서 추적해야 함을 직감했다. 탐사 보도는 일반 뉴스보다는 '심층성'을 중요하게 여긴다. 탐사에서 심층성을 어떻게 정의하느냐는 무척 중요하다. 나는 이렇게 규정한다.

"심층성은 인과 관계와 시간적·공간적 맥락을 찾아내는 작업이다."

원인과 결과를 따지고, 과거와 현재를 연결해나가야 한다. 국정 농단 사건을 심층적으로 파고든다면 밝혀내야 할 핵심 문제는 자명했다. 최순실과 박근혜 전 대통령의 관계는 어떤 맥락에서 만들어졌을까.

탐사 과정에서 우리는 이른바 '조순제 녹취록'을 입수할 수 있었다. 김명환 제작팀장 등이 과거에 박근혜·최태민 진영에 관여했던 인물들을 추적하다가 한 인사에게서 얻은 문건이었다. 그대로 보도하기 힘든 적나라하고 충격적인 내용이 많이 포함돼 있었다. 그렇다면 최순실 게이트의 뿌리가 최태민에서 비롯됐음을 한눈에 알 수 있는 귀중한 기록임에는 틀림없었다.

우선 '조순제'라는 인물을 추적해야 했다. 1940년생인 그는 최태민의 의붓아들이다. 최태민은 5~6번 정도 결혼을 한 것으로 알려져 있다. 다섯 번째 부인이 임선이라는 인물이다. 당시 임선이는 전남

편파의 사이에서 난 아들을 데리고 왔는데, 그가 바로 조순제다. 최태민이 구국선교단과 새마음봉사단을 운영하던 1970년대, 조순제는 그 휘하에서 일했다. 조순제는 외모와 사고의 안전성 면에서 최태민 일가가 내세울 최고의 카드였다. 이런 점 때문에 최태민은 조순제가 의붓아들임에도 그를 중용한 것으로 추정된다. 조순제의 실체가 밝혀졌더라도, 입수한 문건이 '조순제 녹취록'인지 확인해야 했다. 우리는 이명박 캠프에서 이 문건을 작성했다는 정보를 입수했다. 당시 캠프 운영에 관여한 중견 정치인에게 출처 확인을 요구했다. 이 정치인은 처음에는 "확인해줄 수 없다"고 버텼다. 이에 "확인해주지 않더라도 주변 취재를 바탕으로 출처를 공개하겠다"고 통보했다. 결국 당시 이명박 캠프가 이 문건을 작성했다고 인정했다. 약속을 했기에, 이 정치인의 실명은 밝히지 않는다.

2007년 이전에 조순제는 최순실파에게 밀려났다. 조순제는 그해 8월 강재섭 당시 한나라당 대표에게 '박근혜 문제'에 대한 진정서를 제출했다. 그러면서 이명박 캠프 측 전직 언론인 2명에게 인터뷰 형식으로 자신과 박근혜 전 대통령, 최태민의 지난 세월을 폭로했다. 언론인 2명이 대화 내용으로 녹취록으로 만들었다. 조순제는 이명박 후보가 당선된 직후에 사망한다.

문건 출처가 밝혀졌더라도 어디까지 공개할지가 문제였다. 품격을 고려해야 할 내용이 적지 않았다. 숙의한 끝에 공익성이 명백한 것만 공개하기로 했다. 몇몇 내용을 소개하면 다음과 같다. 조순제는 박근혜 후보의 지도자 자질이 부족하다고 혹평한다.

"(박근혜와) 업무를 하면서 지내보면 완벽한 꼭두각시였다. 지금은 능력이 좀 생겼는지 모르지만 그 당시만 해도 완벽하게 아무것도 몰랐다. 아무것도 능력이 없는 것이 뭘 하겠다고 설치는지…."

"(박근혜가) 어떤 경향이 또 있냐 하면 결과적으로 잘못되면 책임을 전가하는 것은 완전 밥 먹듯이 쉽게…. 예를 들어서 영(남)대 관계만 해도 그렇잖아…. 지도자가 되려면 어느 정도 자기가 수긍할 건 하고 그래야지. (영남대 김 모) 총장이 무리한 짓을 할 사람이 아니거든요…. 잘못되니까 전부 몽땅 넘겨 불고 덤터기 씌우니깐…."

"내 국가관으로… 나라 안 잃으려고 하는 소리야…. 우선 나는 ○○(박근혜)는 안 되겠다 이거야."

최태민 일가의 천문학적인 재산 형성 과정에 대해서도 중요한 암시를 했다. 1970년대 중반까지 최태민 집안의 생계가 극도로 어려웠는데, 박근혜 전 대통령을 구국선교단 명예총재에 앉힌 뒤부터 최씨 집안의 경제 사정이 갑자기 나아졌다는 것이다. 조순제는 녹취록에서 "(당시) 돈 천지였다. 우리나라 재벌들이 돈 다 냈다. 돈은 최태민이 관리했다"고 했다. 그는 또 "10.26사태 이후 뭉텅이 돈이 왔는데 관리하는 사람이 있고, 심부름하는 사람이 있었다. 최순실이 심부름을 꽤나 했다"고 덧붙였다.

하지만 이명박 후보의 승리로 끝나면서 조순제 녹취록을 포함한 최태민 문제는 수면 아래로 내려갔다. 이 문제가 당시 고개를 든 시점은 2012년 대선을 앞둔 때였다. 2007년 이명박 캠프에서 '최태민 X파일'을 만들 때 직간접적으로 관여했던 인물들이 당시 문재인 후보 캠프를 찾아간 적도 있었다. 조순제 녹취록을 포함해 상당수 자료를 제시하며, 박근혜 후보의 최태민 문제를 검증해달라고 요청했다. 하지만 야당 캠프는 이를 거절했다. 네거티브 역풍이 불 수 있다고 판단한 것으로 보인다. 박근혜 진영에서는 손쉽게 최태민의 과거사를 털어버릴 수 있었다.

국정 농단이 한참 진행될 무렵, 최순실과 박근혜 전 대통령의 30년 관계를 증언해줄 중요한 목소리를 찾아냈다. 최태민의 손자, 즉 조순제의 아들이었다. 사업가이자 펀드매니저였고, 지금은 작가로 활동하는 조용래씨다. 그가 솔직하고 적극적인 증언을 해줄지가 문제였다. 설득 끝에 그를 만났다. 얼굴을 가리고 인터뷰할 수 있었다. 모든 것이 그의 선택에 달려 있었다. 뜻밖에도 그는 공개 인터뷰를 택했다.

국정을 소용돌이로 몰고 간 최순실 게이트였다. 하지만 그때까지는 국정 농단의 뿌리인 최태민 일가의 행적에 대해서는 알려진 것이 없었다. 평소 최태민은 은밀하게 움직였다. 사진 찍히는 것을 극도로 꺼렸다는 증언도 나왔다. 이런 상황에서 최태민 일가의 미공개 사진들을 들고 나타난 증언자가 바로 조용래씨다. 그가 제시한 사진 속에 최태민과 그의 아내 임선이, 젊은 시절의 최순실이 담겨 있었다.

조용래씨는 아버지 조순제의 얼굴도 공개했다. 조순제는 최태민에서 최순실로 이어지는 최씨 일가의 거대한 재산 형성에 관여했다. 박근혜 전 대통령과의 숨겨진 인연까지 낱낱이 아는 사람이었다고 했다. 조용래씨는 그 이야기를 책으로 남기기 위해 얼마 전부터 자료와 기억을 정리해왔다고 했다.

인터뷰가 시작됐다. 보안을 위해 서울 상암동의 지하 서점에서 진행됐다. "어찌 보면 어두운 가족사를 공개하시는 건데요" 하면서 증언을 결심한 계기를 물었다. "물론 아버지의 비리나 잘못도 다 포함되어 있겠지만 그래도 사람들이 각인할 수 있는 자료들을 남겨놓으면 미래에 도움이 되지 않을까 해서요. 잘못 알려진 것을 바로잡는 길이라고도 생각합니다."

박근혜 전 대통령과 조순제가 인연을 맺은 계기가 궁금했다. 1975년 9월에 열린 육영수 여사 1주기 추모 사진전을 통해서였다. 임선이의 요청으로 사진전을 기획했던 조순제는 이때부터 본격적으로 최태민의 일을 돕기 시작한다. 사진전이 끝난 뒤, 최태민이 창설한 구국봉사단 홍보실장 등으로 일하며 10년 넘게 최태민 곁에서 일을 도왔다. 그러면서 박근혜 전 대통령과 최씨 일가의 특별한 인연을 지켜보았다.

박근혜 전 대통령과 최씨 일가는 도대체 어떤 인연일까. 〈이규연의 스포트라이트〉 제작진은 최씨 일가와 박근혜 전 대통령의 관계를 생생하게 기억하는 인물을 조용래씨의 주선으로 만났다. 조순제의 부인이자 조용래의 어머니인 김 모씨였다. 김씨는 "박근혜 전 대통령과 나를 포함한 최씨 일가가 식구처럼 살았다"고 했다. 또 다른 가족이었다는 의미다. 임선이가 박근혜 전 대통령의 살림을 사실상 도맡았다. 김씨는 박근혜 전 대통령으로부터 많은 선물을 받았다고 했다. 백사白蛇가 들어간 꿀, 금박으로 문양을 새긴 고급 찻잔 세트, 청와대 봉황 문장이 선명하게 보이는 수건 등을 기억하고 있었다.

1979년 10월 26일. 유신이 종말을 맞으면서 박근혜 삼남매는 청와대를 떠난다. 그 시절, 박정희 전 대통령의 통치 자금에 대한 소문이 무성했다. 하지만 신군부가 집무실 금고에서 찾아낸 금액은 9억여 원에 불과했다. 과연 그것이 전부였을까. 조용래씨는 10.26사태 직후 포착된 수상한 움직임을 또렷하게 기억하고 있었다.

새벽, 최태민의 전화를 받고 조순제가 나간다. 한참 뒤 서류 보따리들을 들고 나타난다. 이것을 옆집에 부탁해 천장에 숨겼다. 내용물은 알 수 없었지만 중요한 물건임에는 틀림없었다고 조씨는 증언했다. 아버지 조순제는 나중에 옆집 사람들에게 편의를 제공했다고 한다.

다시 집을 나가 보름 만에 들어온 조순제는 동서에게 전화를 걸어 유단자를 모아달라고 했다. 장정 3~4명이 20~30개 상자를 옮겼다. 상자가 도착은 곳은 서울 강남의 한 창고였다. 은밀하게 외부로 옮긴 상자 안에는 무엇이 들어 있었을까. 훗날 조용래씨가 아버지 조순제에게서 들은 바로는 달러와 채권이었다. 특히 무기명 채권은 당시 비자금의 가장 큰 수단이었다.

1980년대 들어 최태민 일가는 살림이 눈에 띄게 윤택해졌다고 조씨는 증언한다. 벤츠를 몰 만큼 씀씀이가 커졌다. 하지만 최태민 일가의 인맥은 초라했다. 서울에서 대학을 졸업한 사람은 조순제가 거의 유일했다. 최태민은 의붓아들 조순제를 곁에 두고 활용하려 했다. 임선이의 역할을 최순실이 이어받으면서 조순제·조용래 부자와 최순실 일가는 소원해졌다고 한다.

박근혜 전 대통령은 10.26사태 이후 청와대를 나오면서 최태민 일가에 더욱 의지했던 것으로 보인다. 최태민의 집을 찾는 일도 잦아졌다고 했다. 박근혜 전 대통령은 그가 기도를 하러 온다고 생각했다. 최태민은 불교와 무속신앙을 결합한 영세교의 교주였다. 박근혜 보필에 정성을 들였다는 최태민과 임선이 부부. 특히 최태민의 모습이 인상적이었다고 했다. "집을 떠날 때 다른 사람들은 (박근혜가 탄) 차가 안 보이면 들어가잖아요. (최태민은) 차가 안 보일 때까지, 끝까지 서서 그 차가 동호대교를 다 넘어가 버릴 때까지 기다렸지요. 그만큼 위했고…."

조순제는 박근혜 이사장의 측근으로 영남투자신탁 전무로 근무하며, 영남대 실세 그룹을 구축할 만큼 막강한 영향력을 행사했다고 한다. 하지만 1988년 영남대 시위 사태로 관계가 흔들렸다. 시위의 도화선이 된 것은 교육기관 최초로 실시됐던 영남대 국정감사. 영남대 자산이 최씨 일가로 흘러간 흔적과 대규모 부정 입학 사실이 드러났다. 부정 입학생 명단에는 증언자인 조용래씨도 포함되어 있었다. 조씨는 스스로 이를 공개했다. "당시 일은 잘못된 것이고, 뒤늦게나마 사죄하고 싶다"고 했다. 이 사건으로 영남대의 오너나 마찬가지였던 박근혜 전 대통령은 영남대를 떠나게 된다. 그러면서 조순제는 최씨 일가와 멀어졌다고 한다.

2007년 한나라당 경선에서 조순제의 이름이 다시 등장했다. "영남투자금융 전무인 조순제씨와 아시는 사이입니까?"라는 토론자의 질문에 박근혜 후보는 이렇게 답했다. "모르는 분이고, 조순제씨가 제 비서 출신도 전혀 아니고…. 저도 모르니까 (최태민) 유족한테 확인을 해봤습니다. 그런데 조순제씨는 (최태민) 유족도 모른다고…."

폐암 말기 판정을 받고 투병 중이던 조순제는 자신을 부정하는 박근혜에게 분노했다고 한다. 최씨 일가와 박근혜 전 대통령의 관계는 물론이고, 자신의 어두운 과거를 기자 회견을 통해 밝히려 했다.

하지만 조용래씨를 비롯한 모든 가족이 그를 말렸다고 했다. 그래서 당시 한나라당 대표에게 진정서를 제출하는 것으로 마무리했다는 것이다. 진정서는 9쪽 분량이었다. 박근혜 전 대통령과 최태민의 관계, 자신과 최순실이 저지른 행위 등을 적었다고 했다. 마지막 쪽에는 국가지도자를 뽑는 일이니 철저한 검증이 무엇보다 중요하다고 강조했다. 가족들은 이 진정서 내용을 보고 조순제의 뜻을 존중하게 됐다. 아버지의 이야기를 증언으로 남기는 것에 가족들이 동의하면서 나온 것이 바로 '조순제 녹취록'이었다.

2007년에 만들어진 조순제 녹취록이 묻혀버린 이유는 뭘까. 녹취록 작성에 관여한 이명박 전 대통령의 측근을 만났다. 녹취록을 작성하고 증거를 모으려고 할 때쯤 한나라당 경선이 이명박의 승리로 막을 내렸다. 녹취록을 사용할 이유가 없어진 것이다.

조용래씨는 아버지 조순제가 녹취록을 남기려 했던 이유는 정치인 박근혜의 검증 필요성 때문이었다고 했다. 2007년 당시나 그 후인 2012년 대통령 선거 때 조순제 녹취록을 검증했더라면 최순실 게이트를 막을 수 있었을 것이라고 아쉬워했다. 만시지탄이었다. 최고의 권좌인 대통령 선거 과정에서 치열한 검증이 왜 필요한지, 큰 교훈을 조순제 녹취록은 일깨워준다. 바이런은 이 점을 간파했다.

가장 뛰어난 예언자는 바로 과거다.

눈 덮인 들판을
함부로 걷는 권력

십상시 문건이 고백하는 대한민국 권력 서열

"십상시는 내가 지어낸 말이 아니다"
박관천

◀◀

❚❚

▶

역사에 가정이란 없다. 그래도 가정해본다. 만약 그때 '십상시 문건'
을 땅속에 묻지 않았다면 역사는 어떻게 바뀌었을까.

박근혜 정부 2년 차인 2014년에 최순실의 국정 농단을 막을 기
회가 또 있었다. 이른바 '십상시(정윤회) 문건 파동'이 터졌을 때다.
그해 11월 한 언론이 청와대 공직기강비서관실 내부 문건을 폭로했
다. 국정을 농단하는 비선인 '십상시十常侍'가 존재하며, 이 십상시를
최순실의 전남편인 정윤회가 총괄한다는 내용이었다. 십상시 같은

난신적자가 권부에서 설친다는, 당시로선 믿기 힘든 정보였다.

이 보도 이후, 문건 작성자와 유출자가 줄줄이 수사를 받는다. 십상시 문건은 권력과 검찰에 의해 묵살된다. 상당수 언론은 심층 보도를 거의 하지 않았다. 청와대와 검찰 발표를 더 신뢰하며 문건의 허점을 들춰내고 유출 과정의 문제점을 지적하는 데 집중했다. 결국 이 사건은 몇몇 경찰관의 비위 사건으로 끝났다. 하지만 이후 보고서는 폭발력을 축적해갔다. 십상시 문건에 등장하는 표현의 백미는 다음과 같다.

"대한민국 권력 서열: 1위 최순실, 2위 정윤회, 3위 박근혜."

최순실 게이트가 본격적으로 점화한 2016년 가을이었다. 십상시 문건의 내용과 작성 경위를 추적하기 시작했다. 우선 문건의 진위를 따져보기로 했다. 여러 루트로 확인해봤다. 2013년 11월부터 작성돼 2014년 1월 공식 보고된 청와대 내부 보고서였다. 정보는 수차례에 걸쳐, 얼핏 아는 것보다 더 체계적으로 수집돼 있었다. 최순실의 남편인 정윤회가 문고리 3인방인 실세 행정관들과 서울 강남 모처에서 국정 의논을 해왔다는 것이다. 국정 농단의 실세들이 모두 등장하고, 특히 최순실의 이름이 처음 거론된 문건이었다. 청와대 내의 권력 서열을 암시한 묵시록이자 국정 농단의 예언서이기도 했다.

문건을 작성한 인물은 청와대 공직기강비서관실의 박관천 전 행정관이었다. 그를 만나봐야 국정 농단의 예언이 어떻게 출현했는지 정확히 알 수 있었다. 수개월에 걸쳐 그를 설득했다. 2017년 1월, 인터뷰 약속이 잡혔다. 하지만 그는 나타나지 않았다. 방송 출연을 가족들이 반대했기 때문이다. 충분히 이해가 갔다. 가족들이 받은 상처는 컸을 것이다.

1개월 뒤, 결심을 굳힌 그가, 드디어 연락을 해왔다. 짊어진 진실의 무게는 묵직했으리라. 십상시의 고변자, 박관천과 마주했다. 인터뷰 조건이 있었다. "인터뷰 내용을 있는 그대로 내보내달라, 공직자의 본분에 어긋나는 증언은 할 수 없다"는 것이었다. 3년 가까운 침묵을 깨고 인터뷰에 응한 취지부터 물었다.

"저 역시, 한때나마 대통령을 모시고 근무했던 사람으로서 일말의 책임감이 있다고 느끼고 있습니다. 그래서 왜 이런 사태까지 왔는가를 한번 되짚어봐야 할 필요가 있다고 생각했습니다."

십상시 문건 파동으로 박관천 전 행정관이 겪은 고통은 극심했다. 500일간이나 수감 생활을 했다. 잘나가던 경찰 간부가 하루아침에 중죄인으로 떨어진 것이다. 하루에도 몇 차례나 분노가 치밀었다고 한다. 하지만 다음과 같은 문구를 보이는 곳에 써놓고 마음을 다스렸다. "운명이다. 아무도 미워하지 말고 누구도 원망하지 마라."

수사 과정에서 그의 죄목은 차례차례 5개까지 늘어났다. 기소 때는 대통령기록물관리법 위반과 공용서류 은닉이었는데, 무고, 공무상기밀누설, 그 뒤에는 뇌물죄까지 더해졌다. 참담한 혐의는 대부분 벗어 집행유예로 풀려났지만 자신과 가족이 겪어야 했던 고통의 시간은 되돌릴 수 없었다. 국가를 위해 했던 일이 삶을 송두리째 무너뜨릴 줄은 몰랐다. 본격적으로 인터뷰가 시작됐다.

왜 굳이 '십상시'라는 표현을 문건에 썼을까. 중국 후한 말 때 조정을 장악했던 환관 10인을 이르는 말이다. 황제는 십상시에 휘둘려 나랏일을 게을리하면서 제국을 망하게 했다. 십상시는 부와 정치를 장악하면서 막강한 권력을 휘둘렀다. 소설《삼국지》의 첫 무대가 십상시 시대다. 박 전 행정관은 보고서에 쓴 '십상시'란 표현이 자신이 지어낸 게 아니라 그들 주변에서 떠돌던 말을 그대로 옮긴 것이라고 했다. 흥미롭게 다가왔다.

그렇다면 '최순실'의 존재는 언제 알았을까. 2013년 1월, 박근혜 정부 인수위 무렵이었다. 친분이 있던 공직자에게서 믿기 힘든 비밀을 듣게 됐다고 했다. '최순실'이라는 여인이 대통령을 움직인다는 정보였다. 박 전 행정관은 그 제보자를 다시 만나, 대체 어디서 들은 말인지 캐물었다. 놀랍게도 진원지는 문고리 3인방 중 한 사람이었다. 그 순간, 심상치 않은 정보임을 직감했다고 했다.

최순실이라는 여인이 수면 위로 떠오르기 전이었다. 박 전 행정관은 그림자 실세였던 정윤회씨를 직접 만나고는 했다. 정씨는 최순실의 전남편이었다. 박 전 행정관은 정씨를 가리켜 '어둠 같은 사람'이라고 표현했다. 정씨는 박 전 행정관에게 문고리 3인방은 자신이 세팅한 것이라고 밝혔다. 박 전 대통령은 1998년 대구 달성 보궐선거를 통해 정계에 입문했다. 정씨가 박근혜 의원의 비서로 있을 때, 안봉근은 밑에서 의전을 했고 이재만은 경제통 비서를 맡았고 정호성은 연설문을 작성했다는 것이다.

그렇다면 최순실 1위, 정윤회 2위라는 권력 서열은 어디서 나왔을까. 박 전 행정관은 정윤회가 최순실을 통제하지 못함을 여러 사례를 통해 알게 됐다고 했다. 특히 정윤회가 최순실과 사이가 벌어지고 이혼하면서, 정씨의 힘이 급격히 떨어졌다. 그러니 권력 서열 1위를 최순실로 본 것이다.

여기서 다시 궁금증이 생겼다. 십상시 문건은 왜 작성하게 됐을까. 2014년 1월, 박 전 행정관이 근무하던 청와대 공직비서관실에 날벼락이 떨어진다. 김기춘 당시 비서실장의 크게 노한 것이다. 한 일간지에 실린 '김기춘 실장 교체설' 때문이었다. 김기춘 전 실장은 긴급 기자 회견까지 하며 사실 무근임을 밝혔다. 그리고 불같이 화를 내며 보도 경위를 알아보라고 지시했다.

당시 박관천 행정관이 이를 맡게 된다. 확인과 수정을 반복하며 어느 때보다 신중하게 작성했다는 보고서였다. 주요 문건 내용은 이랬다. "최순실 측이 박지만 회장과 박 전 대통령의 거리를 두게 하고, 김기춘 실장을 2014년 초중순에 그만두게 할 예정이다." "대통령만 믿고 설치는 근본도 없는 놈"이라며, 이정현 홍보수석 역시 경질할 것이라는 내용도 있었다. 실제로 그해 6월, 이정현 수석은 청와대를 나왔다.

하지만 나중에 김기춘 비서실장은 자신이 조사를 지시한 사실 자체를 부인했다. 십상시 문건에 자신의 거취 문제가 적혀 있어 확인조차 하지 않았다고도 강조했다. 하지만 박 전 행정관은 김 실장이 시켜놓고, 최순실을 건드는 바람에 감당하기 힘들어지니 나중에 발을 뺀 것이라고 봤다.

"당시에 김기춘 비서실장의 와병 교체설에 관해서 정윤회씨가 이야기하고 다닌다는 정보를 한 번 보고했었죠. 그다음에 언론에 교체설이 나오니까 다시 알아보라 해 만들었던 정식 보고가 세상에 알려진 십상시 문건입니다."

김기춘 와병설이 퍼진 2013년 말, 첫 조사가 이루어졌다. 그때 작성한 1차 보고서에도 최순실의 존재가 적혀 있었다. 2번의 지시를 내리고 보고를 받은 김 실장이 십상시 문건의 내용을 확인하지 않았을 리 없다고 했다.

십상시 문건이 김 실장에게 보고되고 1개월 뒤, 당시 상관이던 조응천 비서관에게서 박 전 행정관은 뜻밖의 연락을 받게 된다. '할배'(김기춘)의 지시에 따라, 자신이 청와대를 떠나야 한다는 것이었다.

발령 통보를 받은 곳은 서울경찰청 정보1분실, 경찰 정보의 심장부라 불리는 요직이었다. 그런데 서울경찰청 발령은 취소되고 다시 국무조정실 공직복무관실에서 근무해달라는 연락을 받았다. 하지만 이마저 발령이 취소됐다. 최종 발령지는 서울의 한 지역 경찰서.

"나름대로 알아봤죠. 누가 그러더라고요. 당신이 쓰지 말아야 할 보고서를 쓴 것이 문제가 됐다고요."

십상시 문건은 세상에 알려질 수 없는 역린이었을까. 박 전 행정관의 좌천 뒤 2014년 4월 15일, 조응천 비서관이 청와대를 떠났다. 다음 날 온 국민을 충격에 빠뜨린 세월호 참사가 일어났다. 십상시 문건은 잊히는 듯했다.

2014년 11월 28일, 십상시 문건이 언론에 등장했다. 박관천 전 행정관은 세상의 주목을 받는다. 박근혜 전 대통령은 그해 12월 1일 청와대 수석비서관 회의에서 이례적으로 다음과 같이 강조했다.

"최근에 있을 수도 없고 있어서는 안 되는 일이 일어났습니다. 이번 문건을 외부에 유출하게 된 것도 어떤 의도인지 모르지만 결코 있을 수 없는 국기 문란 행위입니다."

청와대는 십상시 문건이 언론에 공개되자, 내용보다 유출 경로를 강조했다. 십상시 문건 작성 당시 공직비서관이었던 조응천 의원과 작성자인 박관천 전 행정관, 문건을 무단 복사해 언론에 유출한 것으로 지목된 서울경찰청의 경찰관 2명이 수사를 받았다. 십상시 문건을 언론사에 유포한 것으로 의심받던 최경락 경위는 구속영장이 기각되던 그날 극단적인 선택을 했다. 그의 유서에는 이렇게 적혀 있었다.

"그런 제의가 들어오면 당연히 흔들리는 것은 나도 마찬가지일 것이다. 이제라도 우리 회사(경찰)의 명예를 지키고 싶어 이런 결정을 한다."

민정수석실의 회유에 흔들리는 한 동료를 위로하며, 죽음으로 명예를 지키겠다는 마지막 글을 남긴 최 경위. 그의 죽음으로 문건 유출 과정은 풀리지 않는 의혹으로 남았다. 국정 농단 논란에 대해, 김기춘 비서실장은 2015년 1월 국회 운영위원회에 출석해 다음과 같이 밝혔다.

"우리 지금 박근혜 전 대통령께서는 역대 어느 대통령님보다도 청렴하시고 부정부패와는 전혀 관계가 없는 분이고 오로지 애국·애족하는 데 모든 것을 바치고 계신 분이기 때문에, 국정 농단은 없었습니다."

김기춘 전 실장의 당시 발언에 대해 박 전 행정관은 "손바닥으로 하늘을 가린 것"이라고 했다. 그가 가린 하늘은 2년도 안 돼서 모습을 드러냈다. 수년에 걸친 수사와 재판 과정을 통해 국정 농단을 고변한 십상시 문건의 신빙성은 상당 부분 사실로 드러났다. 하지만 박 전 행정관과 그 가족이 입은 정신적·물리적 고통은 회복되지 않고 있다.

십상시 문건은 어지럽게 걸어온 한 정권의 흔적이다. "눈 덮인 들판을 함부로 걷지 마라"는 서산대사의 명언이 떠올랐다. 하지만 권력은 항상 눈 덮인 들판을 함부로 걷는 속성이 있다. 탐사는 이에 주목해야 한다.

권력은 늘 눈 덮인 들판을 함부로 걷는다.
그 흔적은 항상 남아 있다.

논리적인 인터뷰 요령
논리적으로 묻고 답하려면?

2018년 여름이었다. 한 대학에서 교수와 여제자 간에 벌어진 '미투'를 제보받은 적이 있다. 제보자는 그 여제자였다. 교내에서 영향력 있는 교수에게 집요하게 성폭행을 당해왔다는 증언이었다. 나는 제보자와 교수 사이에 벌어진 1년간의 관계를 묵묵히 들은 뒤 몇 가지 중요한 질문을 제보자에게 던졌다.

필자   육하원칙 중 몇 가지 빠진 것이 있는데 좀 더 여쭤봐도 되겠습니까? 그 사건은 언제, 어디서 있었나요?

학생   (대답)

필자   그러니까 성추행으로 시작해 성폭행으로 이어졌고, 이후에는 연인처럼 지내게 됐다, 그렇게 보면 됩니까?

학생   예, 그런 셈입니다.

필자   핵심은 성추행과 성폭행 부분인데, 이를 입증하거나 짐작할 만한 문자, 음성, 증언 같은 근거가 있습니까?

학생   음성과 목격자는 없고, 카톡 내용은 갖고 있습니다.

필자   (문자를 본 뒤) 사제 간에 충분히 오갈 수 있는 내용도 있습니다. 또 일부 내용은 누가 봐도 충분히 부적절하게 느껴집니다. 1년간의 카톡 내용 중 성폭력으로 볼 수 있는 부분으로 한정하는 게 좋겠습니다.

학생   예, 카톡 메시지 중 비교적 명백한 부분만 골라, 제시하겠습니다.

필자   입에 담기 죄송한 말씀이지만, 해당 교수가 성폭행이 아니라 단순한 연인 관계였다고 반박해올 가능성도 있을 것 같습니다.

학생   지금도 그렇게 주장하고 있습니다. 하지만 초기에는 명백한 성추행과 성폭력이 있었습니다. 나중에는 자포자기의 심정이 됐지만….

'스테판 툴민의 논증 모형'이라는 것이 있다. 말이나 글에서 쓰는 단어, 표현, 개념을 근거로 논증의 수준을 파악하는 모델이다. 근거, 보장, 주장, 한정, 반박, 보강의 6가지 요소로 판단한다. 나는 인터뷰를 할 때, 보장의 낮은 단계인 보강을 뺀 5가지를 반드시 물어본다. 보장이란 한 사회가 공유하는 상식, 언론, 규칙 등을 이른다. 물론 양떼에서 이탈한 '양', 즉 빠진 육하원칙은 반드시 챙겨야 한다.

① 육하원칙 보강: "육하원칙 중 몇 가지 빠진 것이 있는데"
② 핵심 주장 정리: "그렇게 보면 됩니까?"
③ 근거 탐색: "입증하거나 짐작할 만한 문자, 음성, 증언 같은 근거가 있습니까?"
④ 보장 판단: "일부 내용은 누가 봐도 충분히 부적절하게 느껴집니다"
⑤ 주장 한정: "한정하는 게 좋겠습니다"
⑥ 반박 확인: "반박해올 가능성도"

3

강물이 화나면

배를 뒤집을 수 있다

순자

분노와 난폭의
차이

촛불혁명의 아주 멋진 순간

◀◀

❚❚

▶

〈교수신문〉은 매년 연말에 올해의 사자성어를 선정한다. '군주민
수君舟民水.' 촛불항쟁이 진행 중이던 2016년의 사자성어였다. 순자
를 인용한 말이다. "백성은 물이요 임금은 배이니, 강물은 배를 띄우
지만, 강물이 화나면 배를 뒤집을 수 있다."

사전에 나오는 화火의 의미는 몹시 못마땅하거나 언짢아서 나는
성질이다. 물질이 산소와 화합하여 높은 온도로 빛과 열을 내면서
타는 '불'의 뜻도 있다. 탐사 저널리스트로는 또 다른 의미로 다가온

다. '화'는 탐사 보도의 핵심 요소이기도 하다.

탐사 보도의 정의는 다양하게 존재하지만 가장 잘 알려진 개념이 있다. 1991년 프로테스 등이 말한 '분노 저널리즘the journalism of outrage'이다. 부정과 비리에 대한 폭로를 통해 사회 공분을 일으키고 그를 통해 사회 개혁을 이루어나가는 저널리즘으로 탐사 보도를 정의한다. 심재철 고려대 교수는 탐사 보도를 '분노 저널리즘'과 '난폭 저널리즘'으로 나눈다. 공공선을 수호하는 분노 저널리즘과, 가십과 루머에 초점을 맞춘 난폭 저널리즘을 구분했다. 개인적으로 심 교수의 견해에 동의한다.

2016년 말 대한민국의 대다수 시민은 대단히 화가 나 있었다. 최순실 국정 농단을 보며 '그게 정부냐'는 생각을 하고 있었다. 하지만 그 화를 난폭한 방식으로 표출하지 않았다. '분노'와 '난폭'의 차이를, 시민은 이미 알고 있었다.

폭로를 하되,

분노와 난폭을 구분하라.

2016년 겨울, 매주 2~3회 광화문 현장에 나갔다. 촛불정국이 워낙 급박하게 돌아가, 실내 스튜디오 촬영을 할 수 없었다. 스튜디오 대신에 광화문 KT 건물 앞에 세워둔 중계차 지붕에서 멘트를 했다. 그러면서 촛불 집회의 흐름을 자세히 지켜봤다. 그중에서 2016년 12월 중순의 촛불 집회를 잊지 못한다.

그때 집회 분위기는 이전과 뭔가 달랐다. 일부 과격 행동과 조롱이 있기는 했지만 다수의 시민이 그런 행동을 막았다. 평화 집회를 바라는 마음이 광화문을 지배했다. 경찰차에 꽃을 꽂는 방식으로도 피어났다. 현장에서 만난 한 경찰관은 "꽃무늬 스티커를 주는 심정을 저희 경찰도 충분히 알 수 있었다. 평화 시위를 바라는 국민의 의사에 공감했다"고 말했다. 모두는 아니지만 다수가 평화의 가치를 알았다. 이 다수의 평화적 가치가 '청와대 앞 촛불'이라는 기적을 만들어냈다.

이전까지 청와대 앞은 집회 불허의 성역이자 금단의 영역이었다. 세월호 유가족에게도 예외는 아니었다. 2015년 세월호 1주기 집회 때 유가족들은 광화문을 출발해 청와대로 향했다. 하지만 방패막에 막혔다. 청와대 인근 집회를 금지 통보한 경찰은 통보선을 넘으면 자식 잃은 부모도 폭도로 간주했다. 장정도 휩쓸어버리는 위력의 살수차에 유가족들은 맥없이 무너졌다.

2016년 12월 3일. 6차 집회는 시위의 판도를 바꾸었다. 가장 많은 사람들이 모였던 집회이기도 했지만 또 다른 의미가 있었다. 단한 번도 허용되지 않았던 청와대 앞 100미터까지 진출이 허용됐다. 어떻게 이런 일이 가능했을까. 전격 허용에는 우리가 미처 몰랐던 흥미로운 비사가 존재했다.

경찰의 금지 통보에도 번번이 길을 터준 것은 행정법원이었다. 결정문 전문을 모아봤다. 촛불이 청와대로 진격할 수 있었던 과정과 논리를 알아보기 위해서였다. 경찰은 6차 집회까지도 청와대 앞 집회를 금지했다. 경찰의 보루는 '집시법 제12조'였다. 서울 주요 도로의 16개 인근 장소들에서는 시위를 금지할 수 있다는 규정이었다. 서울 도심의 주요 도로가 사실상 이에 해당했다. 2015년 한 해에 세월호 집회 59건 중 무려 50건이 금지됐다. 역시 제12조 규정 때문이었다. 서울 시내에서 집회를 하려면 제12조의 벽을 넘어서야만 했다.

6차 촛불 집회를 앞두고 경찰은 여전히 청와대 인근 7곳에서의 집회를 모두 금지 통보했다. 이유는 '극심한 교통 혼잡' 우려였다. 그런데 흥미로운 자료를 발견했다. 역설적이게도 촛불 집회가 거듭될수록 광화문 소통은 원활해졌다. 경찰이 법원에 집회 금지를 요구하는 명분은 이랬다. "참가자 중에서 테러범이나 불순한 의도를 가진 사람이 접근할 수도 있다." 특히 청와대 앞에서 집회를 하면 정상 회담이나 국가 행사에 대통령이 참석을 하지 못할 수 있다는 논리였다.

이에 대한 법원의 결정은 놀라웠다. 청와대 100미터 앞까지의 행진을 전격 허용했다. 집회 당일에 청와대 주변에는 엄청난 수의 경찰차가 동원됐다. 청와대 100미터 앞, 차벽이 도로 절반을 차지했다. 어디에나 빼곡히 차벽이 들어서 있었다. 차벽에는 관광버스도 있었다. 지방에서 온 참가자인 줄 알았는데, 수상하게도 관광버스에서 경찰이 내렸다. 운전기사에게서 사정을 들을 수 있었다. 차벽을 완벽하게 쌓기 위해 지방 버스까지 동원한 것이다. 그런 상황에 대해, 법원은 결정문에서 이렇게 평가했다.

"경찰 또한 시위의 자유를 보장하면서도 본연의 책무를 충실하게 이행할 수 있는 의지와 역량이 있다."

불안한 촛불 정국은 수개월째 이어졌다. 해외 언론은 우리의 성숙한 시민의식에 주목했다. 이 시민의식이 법원의 기적을 만들어냈다. 광화문 일대 집회를 두고 경찰은 계속 집회를 불허했다. 집회 때마다 법원의 판단이 필요했다. 법원은 촛불 집회가 평화적으로 진행되는 한 막지 않으려 했다. 결정문에 '성숙한 시민의식'을 지목하는 내용이 들어간 것은 3차 때부터였다. 그때마다 조금씩 시민의식은 진화했다.

3차 집회 때였다. 그날 밤 청와대 입구 내자동에서 일부 과격한 시민이 등장했다. 위태로운 상황이었다. 이때 SNS에는 "판사의 마음을 이어 평화롭게 해야 한다"는 글이 퍼졌다. 그 파도는 집회 현장까지 이어졌다. 스스로 차벽 스티커를 떼내고 의경에게 건네는 따뜻한 손길까지, 그해 겨울에 광화문 광장에서 본 것은 기적이었다. 당시 법원 결정문에는 이런 내용이 포함돼 있었다.

"집회를 조건 없이 허용하는 것이 민주주의를 스스로 증명하는 것이다."

주최 측 추산 170만 명. 기록을 다시 갈아치운 6차 촛불 집회. 하지만 경찰은 훨씬 적은 33만 명으로 추산했다. 2002년 월드컵 당시, 같은 광화문 광장인데 경찰의 추산 인원은 135만 명이었다. 왜 이렇게 큰 차이가 났을까. 경찰은 3.3제곱미터에 들어가는 인원수를 토대로 집회 규모를 파악한다. 이를 9명으로 추산하고 집회 면적을 곱해서 집회 인원을 추정한다. 〈이규연의 스포트라이트〉 제작진은 3.3제곱미터에 최대한 몇 명이 들어갈 수 있는지 실험해봤다. 성인 남녀 15명 안팎이었다.

제작진은 정보통신과 물리학을 동원해 좀 더 과학적인 방법으로 집회 참여 인원을 밝혀보려 했다. 먼저 데이터 분석업체의 도움을 받아, 센서로 인원수를 세는 기계 60개를 확보했다. 기계 수에 맞춰

60명의 탐사단을 모집해 현장으로 출발했다. 데이터 수집의 원리는 이랬다. 기계에 달린 수신기가 반경 50미터 이내에 있는 휴대전화의 무선통신망을 잡아내 참가자를 세는 방식이다. 탐사단은 7시간 동안 정해진 자리를 지켜야 한다. 촛불 집회 막바지인 밤 10시에 탐사단이 임무를 마쳤다. 수신기계와 함께 가장 중요한 60개의 USB 메모리도 모두 안전하게 돌아왔다.

며칠 후, 결과가 나왔다. 5차 촛불 집회 참가 인원은 97만 명이었다. 그런데 뭔가 다른 특이점을 주변 CCTV를 통해 발견했다. 법원이 허용한 행진 반경이 넓어진 것이었다. 청와대 인근까지 엄청난 인파가 몰리고, 옆길에도 꽉꽉 들어차 있었다. 센서에 포착되지 않은 사각지대가 상당수 생긴 것이다. 이제 CCTV를 토대로 집회 면적을 다시 재볼 필요가 있었다. 지적측량 전문가를 찾아갔다. 이렇게 나온 5차 촛불 집회 면적은 26만 제곱미터였다. 경찰의 추산 면적은 10만 제곱미터였다.

남은 일은 사각지대까지 반영한 결과를 내는 것이었다. 〈중앙일보〉 사진부 기자의 도움으로 가장 해상도가 높고 화질이 선명한 사진을 얻었다. 물리학자인 박인규 교수를 찾아갔다. 새로 개발한 이른바 '캔들 카운터'가 있다고 했다. 캔들 카운터는 한순간에 촛불을 세는 방식이다. 우리가 준비한 고해상도 사진 중 일부분을 잘라 확대한다. 촛불 영역만 남기고 모두 지운다. 인간의 일은 다 끝났다. 컴퓨터에 사진을 입력하면 촛불의 총수가 나왔다. 이 사진 속에는 4,800개의 촛불이 있었다. 이를 전체 집회 면적으로 확장했다. 결과는 100만 개에서 130만 개였다. 당시 경찰 추산은 27만 명이었고,

주최 측은 150만 명이었다.

촛불 집회 내내 일부에서 제기된 의혹이 있다. 특정 집단, 특정 세력이 촛불을 주도했다는 주장이었다. 한 조사에 주목했다. 2008년 광우병 집회와 2016년 집회 현장에서 한 비교 조사였다. 5차 집회를 기준으로 집회 장소에 블록을 설정하고, 같은 시간대에 현장의 시민을 일대일 심층 조사한 결과였다.

2016년의 참여자가 누구와 나왔는지 확인해봤다. 친구나 직장 동료가 50퍼센트, 가족이 32퍼센트, '혼자 나왔다'가 13퍼센트. 정당이나 단체는 3퍼센트에 불과했다. 정당이나 단체 등의 회원들이 같이 나왔다는 답이 3퍼센트밖에 안 됐다는 점은 집회 참여의 자발성을 보여줬다. 80퍼센트 정도가 뉴스를 보고 혼자 판단해 나왔다고 답했다. 2008년 광우병 집회는 어땠을까. 참가자의 40퍼센트가 정치활동 경험이 있다고 답했다. 2016년 촛불 집회 때는 20퍼센트에도 못 미쳤다.

2016년 촛불 집회가 우리 현대사의 큰 흐름을 바꾼 역사적인 사건이라는 점은 분명했다. 우리 근현대사에 분출됐던 민주의 열망이었다. 촛불 집회가 우리 사회에 어떤 의미이고, 어떻게 기록될 수 있을지 궁금했다. 시대를 대표하는 역사학자, 행정학자, 정치학자 등이 2016년 촛불을 어떻게 규정하는지 알아봤다.

사학계 원로인 강만길 교수는 촛불 집회를 보며 인상적인 대목이 있었다고 했다. "원래가 학생은 대학생 중심이었잖아요. 그런데 2016년 집회 때는 중고등학교 학생이 나왔어요. 그만큼 우리 사회의 민주의식이 높아진 것입니다. 우리의 민주주의가 이제 이만큼 확대되고 높아졌구나, 이런 생각을 했어요."

강 교수는 2016년 촛불을 어떻게 평가할까. "정권을 무너뜨렸으니까, 하나의 정권이 완전히 무너져버렸죠. 그 정권이 가지고 있는 역사적인 속성마저도 날려버린 셈이죠. 뿌리까지 바꿨다는 의미에서 넓은 의미에서 보면 혁명이라고 볼 수 있어요. 하지만 문재인 정부가 촛불을 절대시하는 것은 위험해요."

김광웅 서울대 명예교수도 만났다. 정부조직과 의회 연구의 권위자다. 그는 아직 혁명이라고 규정하기 어렵다고 했다. "혁명은 기본적으로 헌법 체제를 무시해버리는 것이에요. 기존의 정부 형태, 무슨 사회 경제 체제를 반헌법적으로 바꾸는 것을 혁명이라고 본다면, 2016년의 촛불은 반헌법적으로 진행되지 않았지요."

"그렇다면 4.19하고 다르게 보는 것이냐"고 물었다. 이에 김 교수는 "4.19는 독재자 이승만 정권을 일주일 만에 내놓게 했다"며 "시위가 반헌법적이었다는 점에서 혁명이었다"고 했다. 2016년 촛불 집회는 헌법 체제의 틀 안에서 이뤄진 점이 차이라고 했다.

김 교수는 아직 '항쟁' 성격이 강하다고 했다. 대통령 직선제와 민주화를 요구하며 시민이 벌인 6월항쟁처럼, 민주화를 요구한 시민의 행동으로 인한 정치 변동이라는 것이다.

또 다른 시각도 존재했다. 정치학자인 강원택 서울대 교수는 6월항쟁과 그 속성은 같지만, 평화적 시위로 진행됐다는 점을 강조해야 한다고 했다. "처음부터 끝까지 시민의 자발적인 참여로 진행되어 왔죠. 그 때문에 그건 큰 의미에서 민주주의를 위한 국민의 요구가 표출되어 나온 하나의 운동이라고 볼 수 있겠죠."

짧지 않은 기간 동안, 수많은 사람이, 평화적인 형태로 변화를 열망한, 세계적으로 드문, 운동! 강 교수는 무엇보다 진정한 촛불의 요구를 생각해봐야 한다고 했다.

"촛불의 메시지를 받아서 한 단계 성숙된 민주주의로 갈 수 있는 정치제도를 만들 수 있는 정치 개혁, 그것이 매우 중요한 촛불의 요구였다고 생각이 됩니다."

3명의 학자 모두 그 의미를 찾아가는 길은 이제부터가 시작이라고 입을 모았다. 혁명, 항쟁, 운동으로의 정의는 우리의 미래에 따라 바뀔 수 있다는 것이었다.

나는 촛불혁명 1주년 현장에서 흥미로운 방식으로 촛불의 의미를 물어봤다. 시민들에게 게시판에 쪽지를 붙여보게 했다. 가장 많이 등장한 표현은 이랬다. '모두', '시작', '꾸준한 발걸음'….

감격이나 승리만이 아닌, 촛불의 미래를 많은 시민이 이미 알고 있었다.

신뢰와 신념의
가속도

정유라가 탄 말을 추격하는 기수들

◀◀

‖

▶

"김재규 의견서가 최순실을 생각나게 했다"
박창일

2017년 10월 28일, 촛불혁명 1주년 기념 집회가 열렸다. 광화문 일
대는 2016년 가을부터 2017년 봄까지 6개월간 무려 23회의 집회가
열린 장소였다. 그 힘으로 국정 농단의 실체가 드러나고 헌정 사상
최초로 대통령이 탄핵됐다. 촛불혁명 1년을 맞아 2명의 특별한 증
언자를 만났다. 첫 번째 인물은 안민석 의원이었다. 2014년, 국회에
서 안 의원이 대정부 질문을 한다.

"정 아무개 선수가 누군지 짐작하시죠? 황제 테니스도 아니고.

부모 잘 만나서 공주 승마를 하는 거 아닙니까?"

지금은 온 국민이 알고 있지만 그때는 2014년이었다. 전혀 몰랐던 뭔가가 폭로된 것이다. 승마 국가대표 선발전에 출전한 정유라가 2등에 그친 이후, 심판진이 수사를 받았다는 어이없는 의혹이었다. 더구나 이 사건에 청와대까지 개입했다는 의혹을 제기한 것이다. 박근혜 정부의 권력이 정점에 있었던 시기다. 첫 폭로 때는 당 내부에서조차 호응을 받지 못했다고, 안 의원은 회고했다.

"저희 당 의원들도 뭐 얼굴에 표정이 전부, 야, 안민석이가 저렇게 헛발질을 하네. 저거 감당할 수 있을까? 다들 믿지 못하겠다는 반응이었어요."

안 의원은 승마 비리 폭로를 통해 정유라의 부모인 정윤회·최순실의 존재를 알린다. 최순실의 존재가 드러나자 청와대는 발 빠르게 움직인다. 김종 당시 문체부 차관은 기자회견을 열었다.

"선발 과정에는 부정의 여지가 끼어들 리가 없으며, 이에 대한 의혹을 제기한 것도 무의미하다고 생각합니다. 중고등부에서 거의 독보적인 선수로서의 자질이 있다는 것이 승마계의 평이었습니다."

안 의원은 정부 여당이 전례 없는 공격을 하는 것을 보고 오히려 확신을 갖게 된다. 자신이 제기한 의혹이 사실이고, 그 이상 뭐가 더 있을 것임을 직감했다. 이후 안 의원의 추적은 시작됐다. 그는 추적의 근거가 된 뭔가를 보여주었다. 국정 농단의 퍼즐을 맞추는 데 결정적 역할을 했던 '제보 수첩'이다. 근 3년간 추적하면서 만난 사람들의 기록이었다. 500건이 넘는 각종 제보가 적혀 있었다. 안 의원의 수첩에서 한 제보자가 눈에 띄었다. 안 의원에게 최순실이라는 존재를 알려준 최초의 인물이었다. 박창일 신부님이다. 2014년 1월에 승마 비리와 최순실을 제보한 그 신부를 만나봐야 했다.

박창일 신부는 평화운동가로 유명한 분이다. 그렇다면 박 신부는 어떻게 은밀한 비리를 알게 됐을까. 박 신부도 처음엔 이렇게까지 갈 줄 몰랐다고 했다. 한 모임에 나갔다가 승마협회 내부에서 불거진 불미스러운 사건을 듣게 된다. 당시에는 문제의 선수, 그 아버지가 실세 정윤회라는 사실만 화제가 됐다고 한다.

어느 날 아침, 불현듯 뭔가가 떠올랐다고 한다. 정윤회가 아니고 최순실이라는 느낌이 확 왔다는 것이다. 사연은 이랬다. 10.26사태, 김재규 재판 때였다. 김재규의 항소이유서에는 최태민과 당시 영애였던 박근혜의 관계가 언급됐다. 박 신부는 당시, 천주교인권위원회 변호사들에게서 이 항소이유서의 내용을 들었다. 정윤회의 진정한 배후는 최태민의 딸 최순실임을 기억하고 있었던 것이다.

이렇게 최순실의 존재를 알게 된 시점은 2014년이었다. 그렇다면 그 이후에 한동안 최순실을 잊게 됐을까. 안타까운 비사가 있었다. 안 의원은 최순실의 딸이 이후 어떻게 풀렸는지 추적하지 못했다. 안 의원이 알고 있던 최순실 딸의 이름은 정유라가 아니라 '정유연'이었다. 개명한 사실을 몰라서 추적의 고리가 끊긴 것이다.

2016년 9월, 또 한 번의 반전이 벌어진다. 한 학회 모임에 나갔던 안 의원은 잠시 더위를 식히러 들어간 아이스크림 가게에서 우연히 추적의 단서를 잡는다. 최순실이란 사람이 이화여대에 찾아가서 난리를 피웠다는 대화였다. 안 의원은 심장이 딱 멎는 느낌을 받았다고 했다. 아, 그때의 정유연이 이화여대에 있구나!

그때 이화여대에서는 학내 문제로 분규가 진행되고 있었다. 때마침 교수 게시판에 입시 특혜 의혹이 불거진 것이다. 대상 학생은 정유라였다. 안 의원이 들었던 최순실의 이화여대 난동도 주목을 받게 됐다. 정유라 입학을 위해 학칙까지 바꾸고 총장까지 개입한 정황이 드러났다. 정유라의 특혜 입학 의혹으로 분노의 불길이 타오른다.

게시판에 문제의 글이 올라온 이후, 학생들의 시위는 절정에 이른다. 2016년 10월 초였다. 이화여대를 돌며 취재를 시작했다. 학생뿐만 아니라 상당수 교수까지 시위에 가세했다. 최순실의 난동이나 특혜 의혹도 추가로 확인됐다. 이제 이화여대 시위는 단순한 학내 분규가 아닌, 정권 투쟁으로 번지고 있었다. 교내 게시판과 벽면은 특혜 입학 규탄 글로 도배됐다. 그중 가장 재미있는 구호가 있었다. 정유라의 승마 입학을 빗대는 내용이었다. "말도 안 돼."

학교 당국의 무리수도 시위를 부추겼다. 경찰 병력의 학내 투입을 결정한 것이다. 학생들과 교수들은 분노했다. 학교 당국은 극소수가 됐다. 이화여대 사태는 얼마 가지 않아 마무리됐다. 총장과 보직 간부들이 퇴진했다. 하지만 이화여대 사태는 더 큰 폭풍을 예고하고 있었다. 이렇게 이화여대 분규는 최순실 국정 농단의 발화점이 됐다.

박창일 신부의 제보와 안민석 의원의 추적! 우연적인 필연으로 최순실 게이트는 모습을 드러냈다. 2016년 10월, 결정적 증거가 터진다. 이른바 스모킹 건이다. JTBC 〈뉴스룸〉의 태블릿PC 입수 보도였다. 태블릿PC 속에서 최순실 국정 농단의 흔적이 쏟아져 나왔다. 1천만 촛불의 기폭제가 됐다.

이 태블릿PC와 관련하여 특별한 인물을 만난 적이 있다. 중요한 역할을 한 분이면서도 방송 출연을 꺼려온 인물이었다. 태블릿PC, 그 진실의 문을 열어준 인물을 서울 모처에서 인터뷰했다. 태블릿 PC가 발견된 곳은 서울 강남 더블루K 사무실이었다. JTBC 기자가 찾아갔을 때, 그 사무실 문을 열어준 건물 관리인이 있었다. 노광일씨였다. 그가 없었다면 최순실 국정 농단은 쉽게 드러나지 않았을지 모른다. 노광일씨는 얼굴은 비공개를 부탁하면서도 실명을 그대로 써도 좋다고 허락했다. 자신의 뜻이 오해 없이 전달되기를 바란다고 했다.

대화는 태블릿PC 보도 직전으로 돌아갔다. 최순실 의혹이 증폭되면서, 더블루K 사무실에 언론의 관심이 집중되던 시절이었다. 2016년 8월이었다. 그 사무실에서 수상한 낌새가 있었다고 했다. 짤게 파쇄된 서류 뭉치가 무더기로 나왔다는 것이다. 평소에도 모든 서류를 파쇄해 재활용봉투에 넣어서 버렸지만, 그즈음에는 더 많이 버렸던 것이었다.

1개월 후였다. 더블루K 사무실은 원목 책상만 남겨두고 문을 닫았다. 노광일씨는 빈 사무실의 관리를 맡게 됐다. 이후 최순실의 비리가 터지면서 많은 기자가 찾아왔다. 하지만 노광일씨는 JTBC 기자에게 문을 열어줬다. 왜 JTBC였을까.

"그 방송을 신뢰했고 파급 효과도 클 것이라고 생각했습니다. 어떻게 해서라도 조금이라도 도움을 주고 싶었지요."

그의 자발적인 인도로 책상에서 발견된 스모킹 건이 태블릿PC다. 노광일씨는 이로 인해 3번의 검찰 조사를 받았다고 했다. 갈 때마다 JTBC의 입수 경위를 추궁당했다고 했다. JTBC하고 사전에 뒷거래를 했거나 짠 것 아닌가, 그런 뉘앙스로 계속 반복해서 물었다는 것이다. 그때마다 "진실을 규명하는 데 그 어떤 단서라도 됐으면 하는 그런 순수한 마음에서 제가 협조했다"고 답했다고 했다. 처음에는 더블루K 측에 자신의 역할을 숨겼다고 했다. 검찰 진술 이후에는 사실대로 말했다고 한다. 이에 더블루K 측에서 뜻밖의 주문을 했다고 말했다.

"내가 안 열어준 걸로 이렇게 진술하면 어떻겠느냐, 그래야 법정에 가서도 불이익을 당하지 않는다, 훔쳐간 걸로 해야 이게 법적 근거 능력이 없어지니, 그렇게 애길 하자고 하더군요. 그건 안 된다고 했어요. 내 개인적으로 불이익을 당하더라도 사실대로 진술할 수밖에 없다고요."

노광일씨는 나중에 최순실 측의 증인 신청으로 재판까지 갔다. 법정에서 재미있는 일이 있었다.

최씨 측 이경재 변호사가 "JTBC 외 다른 언론들은 못 믿겠느냐"고 물었다고 한다. "그렇다"고 답했더니, 이번에 최씨가 "빈 사무실에 이유도 없이 왜 들어갔느냐, 사전에 JTBC가 알고 온 것은 아니냐"는 식으로 질문을 했다. 노광일씨가 "이런 것은 모른다"고 답하자, 최씨는 특유의 말투로 "전 믿기 힘드네요. 이해가 안 가네요"라는 식으로 불만을 표현했다는 것이다.

끊임없는 조작 추궁에도 당당히 뜻을 밝혔던 이유가 궁금했다. "정의감이었느냐"고 물었다. 그의 대답은 묵직했다. "사회가 공정하고 좀 정의롭고 이렇게 되려면 언론의 역할이 중요하다고 평소에 생각해왔습니다. 언론이 바로 서면 나라가 바로 선다는 작은 신념이 있었죠."

노광일씨와 인터뷰를 마치며 이런 생각을 하게 됐다. 언론이 지켜야 할 가장 큰 가치는 무엇일까. 권위, 진실, 참신, 흥미, 특종….

아무래도 결론은 이럴 것 같았다.

첫째도 신뢰, 둘째도 신뢰, 셋째도 신뢰.

더블루K 건물 관리인이던 노광일씨의 본관은 '광주 노가'다. 같은 본관에 항렬까지 비슷한 또 다른 국정 농단의 폭로자가 있다. K스포츠재단의 부장이던 노승일씨를 촛불혁명 1주년 현장에서 만났다.

국정 농단 청문회가 시작되자 노승일씨는 거침없는 폭로를 이어갔다. 그는 돌직구를 날렸다. 한 여당 국회의원을 궁지로 몰아넣던 장면을 나는 잊지 못한다.

> **노승일** 제가 이렇게 폭로하는 이상, 비밀은 없습니다.
>
> **의원** 증인이 최순실씨 노트북에서 중요한 자료를 하나 카피했다고 했어요.
>
> **노승일** 네, 맞습니다.
>
> **의원** 최순실 동의 안 받고 했습니까?
>
> **노승일** 안 받았습니다.
>
> **의원** 동의 안 받고 남의 컴퓨터에서 카피하면 됩니까?
>
> **노승일** 처벌받겠습니다.

국회 청문회에서 이런 말도 했다. "저는 청와대, 박근혜라는 거대한 산과 싸워야 했습니다. 그다음에 박근혜 옆에 있는 거머리, 최순실과 또 삼성과 싸워야 했습니다."

노승일씨의 신념 또한 노광일씨와 크게 다르지 않았다. 위험을 무릅쓰고 국정 농단 실체를 밝히는 데 결정적 역할을 했다. 노승일씨는 재판을 보며 여러 생각이 들었다고 했다. 최순실은 법정에서도 진실을 외면했다. 재판 내내 '억울하다'는 전략만 썼다고 평했다. 노승일씨는 "최순실이 좀 더 솔직하게 나왔더라면 형량도, 국민의 분노도 조금은 낮아졌을지 모른다고"도 말했다.

노승일씨는 2014년 고영태의 소개로 최순실을 만났다. 한국동계 스포츠영재센터 설립 작업을 도왔지만 2개월 만에 해고당했다. 이후 2015년, 고영태의 연락으로 다시 최순실과 만나, 독일 스포츠회사 설립 업무를 맡게 된다. 독일 법인 설립 절차가 끝날 때쯤 또다시 최순실로부터 해고 통보를 받는다. 그때부터 본격적으로 최순실의 국정 농단에 관련된 각종 자료를 수집한다.

노승일씨가 〈이규연의 스포트라이트〉 제작진과 독일 취재에 동행한 적이 있다. 독일에서 그는 최순실이 어떻게 재산을 빼돌리고 정유라에게 어떤 지원을 했는지 폭로했다. 2016년 국회 청문회에서는 최순실과 통화한 노승일씨의 녹취 파일이 박영선 의원에 의해 폭로되기도 했다. 만약 그가 2번이나 최순실에 의해 '토사구팽'되지 않았다면, 그가 증거 수집을 꼼꼼히 하지 않았다면, 국정 농단의 불씨는 그렇게 크게 타오르지 않았을 수도 있었다.

한때는 최순실과 일했기에, 노승일씨는 사회에 진 빚이 크다고

했다. 불우 청소년의 체육지원을 하고 싶다고 했다. 노승일씨는 "미
래 청소년들이 체육을 발전시키는 것이 인생의 목표이자 짐이라고
생각한다"고 말했다.

부정과 은폐의
무게추

대통령 탄핵의 전말

◀◀

❚❚

▶

> "미국은 온 시간을 직무에 쏟을 수 있는 대통령과,
> 온 시간을 직무에 쏟을 수 있는 의회를
> 필요로 하고 있습니다"
>
> 닉슨

"한국전쟁 이후 가장 큰 사태라고 생각합니다."

2016년 11월, 서울 광화문에서 벌어진 4차 촛불 집회 현장에서 만난 한 외신기자는 박근혜·최순실 게이트를 이렇게 평했다. 그러면서 다음과 같은 멘트를 덧붙였다.

"대한민국에는 기적이자, 중대 위기일 겁니다."

초대형 인파가 모여 최고 권력자의 하야를 요구하는 정치 집회를 벌이는데도 평화적인 방식으로 진행됐다는 점에서는 기적이었

다. 세계사에서 찾아보기 힘든 장면이었다. 그렇다면 중대 위기라고 본 이유는 무엇일까. 만약에 평화적 열망이 좌절된다면 대한민국은 나락으로 빠져들 가능성이 크다는 것이었다. 특히 젊은 세대의 실망은 '절망loss hope' 정도가 아니라 '무망be no hope' 상태가 될 수 있었다고 언급했다. 기적일까, 중대 위기일까. 몇 달 후, 탄핵 심판 결과가 나왔다. 중대 위기에서 빠져나오는 순간이었다.

2016년 초겨울, 국회에서 박근혜 전 대통령에 대한 탄핵 발의가 막 이루어진 시점이었다. 청와대와 관련 있는 학자에게서 저녁을 하자는 전화를 받았다. 막걸리를 몇 잔 마신 뒤, 박근혜 전 대통령의 거취에 대해 의견을 듣고 싶다고 했다. 대통령이 어떻게 하면 덜 불명예스럽게 될 수 있을지 물어왔다. 청와대에 민심을 전하려는 의도로 읽혔다. 당시는 국회의 탄핵안 가결도, 헌법재판소의 결정도 있기 전이었다. 나는 "당장 직을 내놓는 것이 좋겠다"고 권했다. 이 학자는 내 말에 수긍하면서도 "청와대 입장은 좀 시간을 두고 질서 있는 퇴장을 염두에 두고 있는 것 같다"고 했다.

이분은 또 노무현 대통령처럼 헌법재판소에서 살아날 가능성이 있지 않느냐고 되물었다. 나는 "조건을 달면 국민에게 감동과 여운을 줄 수 없다"며 "조건 없는 퇴진이 좋겠다"고 했다. 닉슨의 행보를 따라야 할 상황이지, 노무현 때를 기대할 상황이 아니라는 점을 분명히 했다. 이 학자는 "청와대 수석들은 모르겠지만, 박근혜 대통령이 받아들일지 모르겠다"고 했다. 그리고 1개월 뒤, 국회에서 탄핵이 가결됐다.

국정 농단 게이트가 터졌을 때 나는 미국 사례를 유심히 들여다봤다. 바로 '워터게이트'다. 사건의 발단이나 과정, 결과가 서로 비슷했기 때문이다. 국정 농단과 사법 방해, 탐사 보도라는 공통분모가 있었다. 더 흥미로운 공통점은 거짓말이 권력자의 운명을 가른 대목이었다. 이재경 이화여대 교수가 워터게이트의 전개 과정과 의미를 설명해주었다. 이 교수는 헌신적으로 저널리즘 교육을 해온 분이다.

거대한 스토리의 발단은 1972년 6월, 미국 워싱턴DC 워터게이트호텔에서 벌어진다. 당시 민주당 대통령 선거 본부인 전국위원회가 이 호텔에 위치해 있었다. 배관공으로 위장한 정보부 요원들이 이 건물에 침입해 도청 장치를 심는다. 하지만 호텔 경비원이 외부인의 침입 흔적을 발견하고 경찰에 신고한다. 출동한 경찰은 현장을 수색하다가 5명을 체포한다. 이들은 도청 장치를 갖고 있었다.

체포된 현행범 중 1명은 닉슨 대통령 재선위원회의 수석 경호원으로 활동한 경력이 있었다. 또 다른 현행범은 전직 CIA 요원으로 드러났다. 하지만 닉슨 대통령 진영은 "3급 절도에 불과하다"며 연관성을 부인한다. 이 사건 자체는 대통령 선거에 큰 영향을 주지 못했다. 공화당 후보인 닉슨은 압도적인 표차로 재선됐다.

〈워싱턴 포스트〉의 초년병 기자인 밥 우드워드(사회부)와 칼 번스타인(정치부)이 이 사건에 흥미를 느끼고 탐사를 시작한다. 이 과정에서 우드워드는 '딥 스로트deep throat', 즉 은밀한 내부 제보자에게서 힌트를 얻으며, 정보부와 닉슨 진영이 이 사건의 배후일 가능성이 크다는 보도를 이어간다. 훗날인 2005년, FBI 부국장인 마크 펠트가 자신이 '딥 스로트'임을 밝힌다.

당초 불법 침입한 범인들은 자신을 '반공주의자'라고 주장했다.

나름대로의 애국심 때문에 범행을 저질렀다는 주장이었다. 기자들은 이들의 입 맞추기를 하나하나 깨면서 공화당의 불법 침입과 도청을 폭로해나간다.

하지만 미국 국민을 충격에 빠뜨린 건 도청 자체가 아니었다. 닉슨의 거듭된 거짓말이었다. 그는 회견에서 "백악관에서 진실 은폐는 있을 수 없다. 공직 생활 중 나는 한 번도 재판을 방해한 적이 없다. 나는 사기꾼이 아니다"라고 강변했다.

워터게이트는 2년간 미국 정계를 뒤흔든다. 닉슨은 그동안 어떻게 거짓말을 감출 수 있었을까. 박근혜 전 대통령에게 문고리 3인방이 있었다면, 닉슨에겐 이른바 '베를린 장벽'이라 불리는 최측근 3인방이 있었다. 백악관의 각종 인사를 좌지우지하고 워터게이트 수사를 방해했던 장본인이다. 비서실장, 민정수석, 법무부장관 등이었다. 이들을 베를린 장벽이라고 부른 이유가 있었다. 비서실장이나 민정수석 등을 통과하지 않고는 어떤 정보도 닉슨한테 전달되지 않는 구조였기 때문이다.

닉슨 진영은 법무부를 통해 FBI에 수사 압력을 넣지만 수사는 계속된다. 결국 관계자들이 기소됨에 따라 이듬해인 1973년 재판이 시작됐다. 그리고 재판 과정에서 닉슨의 최측근들이 도청과 사건 은폐에 관여했음이 드러난다. 닉슨 대통령은 은폐 사실을 직접 보고받았을까? 관련자들이 입을 다물면 밝혀내기 어려운 문제였다. 그런데 의회 조사와 재판 과정에서 뜻밖의 사실이 밝혀진다. 백악관의 모든 전화 내용이 녹음되고 있었다. 법원은 그 녹음 기록을 검사에게 제출할 것을 명령했다. 철저히 사건을 은폐했음에도 결정적 증거, 백악관 녹음테이프가 세상에 드러났다. 홀드만 비서실장과 닉슨의 통화 내역이었다.

> **홀드만** 저희 쪽에서 (FBI에) 전화해서, "이 사건에 더 이상 관여하지 말아요, 더 이상 일을 크게 만들 생각은 하지 마요"라고 할 수도 있습니다. 전혀 이상할 것 없으니까요. 그럼 모든 게 해결될 겁니다.
>
> **닉슨** 그럼 CIA가 전화해서 FBI가 워터게이트 사건을 수사하는 걸 막으라고 해.

이에 따라 닉슨이 직접 사건 은폐에 개입했음이 드러난다. 의회에서 탄핵 절차가 진행되자, 궁지에 몰린 닉슨 대통령은 1974년 8월 사임한다. 미국 대통령이 임기 도중 사임한 것은 최초의 일이었다. 불명예스러운 퇴임임에도 닉슨의 마지막 모습은 박근혜와는 달랐다. 퇴임 연설은 명문으로 기억된다.

> 임기가 끝나기 전에 그 자리에서 물러나야 한다는 것은 본능적으로 견딜 수 없습니다. 그러나 대통령으로서 저는 미국의 이익을 앞세우지 않을 수 없습니다. 미국은 온 시간을 직무에 쏟을 수 있는 대통령과 온 시간을 직무에 쏟을 수 있는 의회를 필요로 하고 있습니다. 내일 정오부터 저는 대통령직에서 물러나려 합니다.

지금까지 우리에겐 2번의 대통령 탄핵 가결이 있었다. 2004년과

2016년이었다. 같으면서도 완전히 다른, 탄핵 가결이었다. 당일에 두 대통령의 행보는 상극이었다. 2004년 창원 공단 순시 중 탄핵 가결 소식을 들은 노무현 대통령은 주저함 없이 입장을 밝혔다. "제가 직무 정지가 되거든요. 그런데 오늘 저녁까지는 괜찮을 겁니다. 아직 헌법재판소 재판이 남아 있습니다."

노 전 대통령은 왜 탄핵의 대상이 됐을까. 논란의 시작은 2004년 2월, 방송기자클럽 초청 회견에서의 발언이었다. "대통령이 뭘 잘해서 열린우리당에 표 줄 수 있는 일이 있으면 정말 합법적인 모든 것을 다하고 싶습니다."

이 발언이 나오고 2주 후, 아수라장 속에서 탄핵소추안은 가결된다. 탄핵을 주도했던 인물 중 하나인 김기춘 당시 법사위원장은 이렇게 말했다. "(국회도) 정부나 대통령이 잘못한 줄 알고도 가만히 있으면 직무유기고 비판받아야죠. 대통령 탄핵 심판이라는 이와 같은 중대한 사건은 우리 생에 다시 없을 겁니다."

그의 바람과는 달리, 탄핵 주도 3인방의 운명은 바뀐다. 탄핵 찬성표를 던졌던 야당 최고위원은 12년 후 탄핵 대상이 됐고, 탄핵 선봉장이던 법사위원장은 구속돼 재판을 받게 된다. 당시 국회는 밀치고 넘어뜨리고 강제로 쫓아내는 아비규환이었다. 열린우리당 의원들은 한 명 한 명 뜯겨 짐짝처럼 본회의장 밖으로 던져졌다. 대통령 노무현 탄핵소추안이 상정되고, 속전속결로 투표가 시작된다. 한나라당 최고위원이던 박근혜는 투표를 마치고 활짝 웃으면서 퇴장한다. 한쪽은 만세삼창, 한쪽은 통곡이었다.

2016년의 모습은 12년 전과는 사뭇 달랐다. 폭력도 없고 질서정

연했다. 같은 탄핵이지만 국민의 반응은 정반대였다. 2004년에는 65퍼센트의 민심이 탄핵을 반대했다. 하지만 2016년에는 국민의 다수가 탄핵에 동의했다.

헌법재판소의 탄핵 심판 전날이었다. 2통의 전화를 받았다. 한 사람은 박근혜 정부에서 일했던 인사였다. 그는 자신이 파악한 정보라며 "재판관 4대 4로 박근혜 전 대통령이 탄핵되지 않을 것"이라고 했다. 동수가 되면 인용되지 않는 것은 맞다. 하지만 심판은 내일인데 어디서 그런 정보를 들었을까. 그는 "그동안 헌재 재판관들의 발언이나 행동거지를 종합한 정보 활동의 결과"라고 했다.

또 다른 관계자의 전화가 왔다. 검찰 간부 출신의 변호사였다. 그도 청와대에서 들었다며, "4대 4가 나올 것"이라고 예측했다. 보수와 중도 성향의 재판관을 합하면 4명 이상이라는 것이다.

이 인사는 내 의견도 물었다. 국회에서 압도적인 표차로 가결된 점, 최순실 게이트의 범법성이 명백하게 드러난 점, 헌법재판소 심판에 박 대통령이 성실히 임하지 않는 점 등을 열거했다. "전원 일치나 압도적 차이로 인용될 것"이라고 말해주었다. 전화를 끊고 이런 생각이 들었다. '박근혜 정부가 막판까지 탄핵되지 않을 것이라고 굳게 믿고 있구나.'

2018년에 새롭게 드러난 사실이 있다. 기무사가 탄핵 불인용에 대비해 비상 조치를 세웠음이 문서로 드러났다. 지금 생각해보면 위험하고 아슬아슬한 시기였다. 그들의 말대로 탄핵이 인용되지 않았다면 시민은 가만있지 않았을 것이다. 평화적인 형태의 시위가 더 이상 계속되지 않았을 가능성도 크다. 혼란을 빌미로 군이 출동했을 수도 있다. 그랬다면 우리의 민주주의는 다시 군과 공안검사의 손에 유린됐을 것이다. 물론 그런 일은 없었다. 헌법재판관들이 그런 결정을 내리지 않을 것임을 나는 믿고 있었다.

2017년 3월 10일, 드디어 주사위는 던져졌다. 헌법재판소의 탄핵 심판이 있던 날이다. 나는 헌법재판소 앞에서 중계를 위해 인사동 입구로 접어들고 있었다. 안국역 앞에만 수백 명의 시위자가 진을 치고 있었다. 헌법재판소 주변은 전경 버스로 둘러싸여 있었다. 시위대는 대부분은 노년층이었다. 얼굴이 상기돼 있었다. 한 노인이 헌법재판소에 들어가려는 나에게 거칠게 말을 던졌다.

"너! 당신! TV에서 많이 봤는데!"

순간, 다른 노인들이 나를 노려봤다. 이곳을 빨리 빠져나가야 한다! 직감적으로 방향을 틀어서 나왔다. 뒷전에서 나를 부르는 소리가 났다. 헌재에서 멀찌감치 떨어져 사태를 지켜봤다. 빠져나오지 못한 다른 기자들이 멱살을 잡히고 맞는 모습도 보였다. 말리고 싶었지만 그런 행동이 분노에 기름을 붓는 격이 될 것 같았다.

드디어 오후 2시. TV를 통해 탄핵 심판이 생중계되기 시작했다. 결과가 나왔다. 재판관 전원 일치의 탄핵 인용이었다. 발표되는 순간, 시위대는 거칠어지기 시작했다. 어디에 그런 격한 열정이 숨어 있는지 모를 일이었다. 결국, 격한 열정은 참사로 이어지고 말았다. 그 참사는 탄핵 기간 중 현장에서 지켜본 가장 안타까운 장면이었다.

경찰은 만일의 사태에 대비해 안국역 일대에 차벽을 설치하고 병력을 배치한 상황이었다. 시위대는 헌법재판소 방향으로 진출을 강행하면서 경찰과 격렬한 몸싸움을 벌였다. 시위대는 모자에 선글

라스, 마스크를 쓰고 있었다. 일부 시위대는 위험하게도 차벽을 오르기 시작했다. 경찰을 잡고 구타하기도 했다. 맨주먹뿐만 아니라 막대기, 음료수병 등이 출현했다. 경찰 버스를 파손하고 밧줄을 걸어 차벽을 무너뜨리려고도 했다.

급기야 한 노인이 버스에서 떨어진 육중한 스피커에 맞아 숨졌다. 스피커가 추락한 것은 다른 시위대가 경찰 버스를 탈취해 차벽에 강하게, 반복적으로 충돌했기 때문이었다. 시위대는 경찰이 과잉 대응을 했다고 주장했다. 소요가 다소 진정되고, 시위대가 해산한 뒤 나는 탄핵 심판이 내려진 재판정에서 촬영을 허가받았다. 그리고 방송에 나갈 멘트를 정리했다. 그 내용은 이랬다.

드디어 주사위가 던졌습니다.
최후의 심판이 내려진 겁니다.
그 심판을 보며, 저는 다시금 태극의 정신을 되새겨봅니다.
조화, 그리고 상생.
최근 이 숭고한 정신은 퇴색됐습니다.
태극 망토와 성조기 속에, 대립과 양극의 의미가 부각됐습니다.
이제 정말, 주사위는 던졌습니다.
본래의 태극 정신 앞에 저와 여러분, 그리고 모두가, 정말 하나가 됐으면 합니다.

하지만 이런 바람은 이루어지지 않았다. 다수의 탄핵 찬성과 소수의 탄핵 반대의 대결은 끝나지 않고 있다.

권력의 비참한 말로는 부정 그 자체에서 오지 않는 경우가 많다. 워터게이트가 그랬다. 도청 장치의 설치라는 부정으로 닉슨이 하야 하지는 않았다. 닉슨이 도청 장치 설치에 직접 관여하지도 않았다. 하지만 정치적인 타격을 우려해 이를 은폐하는 과정에서 폭발력은 배가됐다.

박근혜 전 대통령이 몰락의 길로 들어선 초입에 최순실의 역할 을 숨기려 했던 거짓말이 있었다. 2016년 9월 청와대 수석비서관 회의에서 대통령은 "난무하는 비방과 확인되지 않은 폭로성 발언들 은 우리 사회를 뒤흔들고 혼란을 가중하는 결과를 초래하게 될 것" 이라고 주장했다. "특정 개인이 이권을 챙기고 여러 위법 행위까지 저질렀다고 하니 너무나 안타깝고 참담한 심정"이라며, '유체이탈' 화법을 썼다. 최순실의 역할을 '사적 영역의 주변 인물'로 축소하려 했다. 이는 국민의 분노를 축적시켰다.

박 전 대통령이 처음부터 최순실 수사를 검찰에 전적으로 맡겼 더라면 탄핵 발의까지 갔을까. 권력을 탐사할 때, 이런 금언이 유효 해 보인다.

부정 그 자체만이 아니라,
부정의 은폐에도 주목해야 한다.

지금도 이런 생각을 해본다. 국회에서 탄핵이 가결됐을 때, 우리 의 대통령도 닉슨처럼 결정을 했다면 어떻게 됐을까. 깨끗하게 정권 을 이양하겠다고 했다면 어떻게 됐을까. 역사에는 만약이 없다는 상투적인 표현이 있어도, 다시 한번 물어야 한다. "미국은 온 시간을 직무에 쏟을 수 있는 대통령을 필요로 한다"는 닉슨의 표현을 박근혜 전 대통령이 하고 물러났다면, 그의 운명은 어땠을까. 극단적인 불명예는 피할 수 있지 않았을까.

탐사 노트
3

탐사의 정의

탐사는 어떻게 정의해야 할까?

탐사 보도의 정의를 두고 크게 2가지 시각이 존재한다. 하나는 정의 · 분노 · 폭로의 저널리즘으로 보는 시각이다. 공익과 사회정의를 바로 세우고 사회적 소외층 혹은 경제적 약자를 보호하기 위해 사회 개혁의 실마리를 제공하는 보도라는 것이다. 이 입장의 지지자는 탐사 보도가 3가지 요건을 갖춰야 한다고 본다.

　① 악역: 폭로 대상
　② 피해자: 사회 비리에 따른 피해자
　③ 공분: 기사를 통한 여론 환기

다른 하나는 기사의 구성 요소나 취재 방식을 중시하는 시각이다. 미국탐사보도협회의 정의가 대표적이다. 이 협회는 탐사 보도의 조건을 다음과 같이 제시한다.

　① 기자가 독자적으로 취재할 것
　② 충분히 인정할 정도의 중요한 주제를 잡아 취재할 것
　③ 개인이나 기관의 은폐 시도가 있는 사안을 잡아 취재할 것

3가지 조건 가운데 '개인이나 기관의 은폐 시도가 있는 사안을 잡아 취재해야한다'에 대해서는 논란의 여지가 있다. 정부·단체·기업에서 인터넷 등을 통해 엄청난 양의 정보를 쏟아내더라도 대중이 미처 알아채지 못하는 사안이 늘고 있기 때문이다. 따라서 이를 넓게 해석해 '은폐 시도가 없더라도 대중의 시야에서 발견되지 않은 내용'을 탐사 보도의 범위에 넣는 추세다.

정의·분노·폭로의 저널리즘에 따라 탐사 보도를 정의하면 정치적 의제 설정 기능은 강하지만 다양한 보도가 출현하기 어렵다. 반면 기사의 구성요소나 취재 방식에 주목해 정의하면 다양한 보도의 출구는 열리지만 정치적 의제 설정 능력은 다소 떨어질 수 있다. 결국 2가지 시각을 적절히 융합하면 좋다. 〈이규연의 스포트라이트〉를 제작하면서 다음과 같은 6가지 요소를 눈여겨본다.

① 사회적으로 충분히 중요한 주제를 잡았나
② 개인·기관이 은폐하거나, 대중의 시야에서 아직 포착되지 않은 사안인가
③ 공분의 요소가 있나
④ 심층적으로 다룰 수 있는 주제인가
⑤ 흥미로운 요소가 있나
⑥ 적절한 취재가 가능할까

결론적으로 중요한 이슈를 독자적·심층적으로 취재하되 그 내용은 공익 추구, 약자 보호, 권력 감시라는 본분에 따라야 한다. 그리고 분노를 삼켜서 냉정을 내뿜어야 한다.

4

모든 접촉은

흔적을 남긴다

▋에드몽 로카르

음모론의
탄생 공식

〈세월X〉가 뚫은 물길

> "저도 아이를 키우는 입장입니다.
> 이런 참사를 대충 마무리하는 사회에서
> 아이가 살게 할 수는 없지 않습니까?"
> 자로

"음모론 = 대사건(부실 정보 × 국가 불신)"

사건 취재를 하며 터득한 음모론의 탄생 공식이다. 음모의 소재는 사람들의 주목을 끌 만한 큰 사건이다. 권력 기관의 은폐와 유명 인물의 사망, 역병의 창궐 등이 단골 재료다. 2008년 영국 〈이코노미스트〉가 선정한 세계 10대 음모론도 그랬다.

"9.11테러 미국 자작설, 엘비스 프레슬리 생존설, 외계인 거주설, 달 착륙 연출설, 세익스피어 가공인물설, 예수 결혼설, 파충류 지구

지배설, 케네디 암살 배후설, 다이애나비 사망 왕실 개입설, 에이즈 개발설.”

대사건이 벌어진다고 해서 모두 음모론이 득세하지는 않는다. 정부가 신뢰를 잃었거나 사회에 불신이 팽배했을 때, 그러면서 언론이 소통의 중재 역할을 제대로 하지 못할 때, 음모론의 텃밭은 일구어진다. 마지막 요소는 부실 정보다. 상식으로 이해하기 힘들거나 불충분하고 단편적인 정보가 나돌 때 음모의 씨앗은 결정적으로 발아한다.

우리의 뇌에는 이야기 회로가 있다. 뇌는 눈과 귀, 코와 입으로 수집한 정보를 조합해 논리적으로 이야기를 구성한다. 문제는 상식적으로 이해하기 힘들거나 불충분한 정보가 입력됐을 때 발생한다. 뇌는 짜증이 난다. 부조화에서 벗어나기 위해 이야기를 만들어 완성하려 한다. 음모론은 그 산물 중 하나다. 전문가들은 긍정적 피드백, 선택적 자각, 망각적 자각 같은 심리 용어를 동원해 이를 설명하기도 한다. 세월호 참사는 음모론을 어떻게 봐야 하는지 깊은 고민을 하게 하는 사건이었다.

2018년 8월 3일. 세월호 선체조사위원회 전원 회의가 열렸다. 침몰 원인을 두고 공방이 벌어졌다. 내부 결함과 외력 가능성을 두고 전문가들의 설전이 펼쳐진 것이다. 반드시 결판을 내야 하는 공방이었지만 결국 이견을 좁히지 못했다. 3일 뒤, 선체조사위의 마지막 기자회견이 열린다. 조사위원들의 입에서 “죄송하다”, “합의된 결론을 내지 못했다” 등의 발언이 나왔다. 침몰 원인을 두고 하나여야 할 보고서의 결론이 둘로 쪼개진 것이다. 선체 내부에 침몰 원인이 있다는 내인설과, 외력 가능성을 배제하기 어렵다는 외인설이었다.

세계에서도 유례를 찾기 어렵게, 정부 공식 보고서가 둘로 쪼개져 발표된 것이다. 왜 결론은 2개일까. 왜 내인설, 외력설일까.

그 맥락을 살펴보기 위해 2014년 그날로 돌아가야 한다. 4월 15일 밤, 세월호는 짙은 안개에 평소보다 늦게 인천에서 출항한다. 다음 날 아침, 진도 앞바다에 도착한다. 목적지인 제주도를 향해 순항 중이었다. 그런데 급격히 우선회한 뒤 배가 왼쪽으로 기운다. 이때까지만 해도 참사를 예견하지 못했다. 대형 여객선은 침몰하고 만다. 의혹의 핵심은 급변침과 급침몰이었다.

당시 박근혜 정부는 침몰 원인을 다음과 같이 밝혔다. 무리한 증축 및 과적과 조타수의 조타 미숙으로 인한 대각도 변침, 제대로 고박되지 않은 화물로 인한 복원성 상실이었다. 다시 말해 원래 복원성이 나쁜 데다 고박 불량 상태에서 조타 미숙으로 사고가 발생했다는 것이 당시 결론이었다. 하지만 가장 직접적인 원인이던 조타 미숙을, 대법원은 인정하지 않았다.

2017년 진실 규명의 염원을 담고 출범한 세월호 선체조사위는 인양 작업과 침몰 원인을 밝히는 활동을 시작했다. 사고 발생 1,073일 만에 드디어 물 밖으로 나온 세월호는 목포로 옮겨진다. 2018년 5월 10일에 선체는 직립한다. 모로 누워 있던 세월호는 1,486일 만에 바로 섰다.

선체조사위는 그간의 활동을 종합한 보고서를 내놓는다. 조타 미숙에 대한 입장이 궁금했다. 조사위원 대부분이 급변침의 원인을 조타 미숙으로 볼 수 없다고 판단했다. 4년 전, 박근혜 정부가 밝힌 설명의 뿌리가 사라졌다. 그렇다면 보통 선박에서 찾아보기 힘들었던 급변침의 원인은 무엇이었을까.

이를 두고 선체조사위의 결론은 둘로 나뉘었다. 그것도 선체조사위원 6명의 의견이 정확히 3 대 3으로 갈렸다. 전문가들이 수개월 동안 설전을 벌이고도 막판까지 결론을 못 내는 초유의 사태였다.

선체조사위의 발표를 앞두고, 나는 직립한 세월호 내부를 들어가 볼 수 있었다. 당시 세월호는 목포신항에 있었다. 미처 끝내지 못한 수습 작업이 진행 중이었다. 선체는 기관구역인 지하층, 기관실과 화물칸이 있는 1층과 2층, 객실인 3층과 4층, 그리고 조타실로 이루어져 있었다. 조사보고서와 현장 상황, 전문가들의 의견을 들어가며 침몰 원인을 재구성해나갔다.

우선 세월호에 실려 있던 차량의 블랙박스를 수집해 분석했다. 배는 분명히 갑자기 우선회로 급변침했다. 선체의 떨림이 감지됐다. 적재된 차량과 화물이 한쪽으로 미끄러졌다. 1분도 안 되는 짧은 시간 동안 생긴 급격한 변침이었다.

권영빈 선체조사위원을 만났다. 위원 간에 의견 대립이 있었고, 그래서 종합보고서는 결국 2가지로 정리됐다고 말했다. 가장 큰 입장 차이는 급변침의 원인이었다고도 덧붙였다.

먼저 기기 결함을 주장하는 내인설이 있었다. 2018년 2월, 인양해온 선체를 수색하던 조사위는 솔레노이드 밸브에서 수상한 점을 발견한다. 솔레노이드 밸브는 지하층 기관실에 있었다. 나는 밸브가 있는 어두운 바닥을 찾아들어갔다. 배의 방향을 잡아주는 조타 시스템의 핵심인 타기 펌프가 보였다. 솔레노이드 밸브는 그 안에 있는 장치였다. 2개의 밸브 중 1개가 고착화, 즉 딱딱하게 굳어서 작동되지 않았다는 것이다. 결과적으로는 기계 고장에 의해서 급변침이 일어났을 가능성이 있다는 가설이 나온 것이다.

배는 인천을 출발해 제주로 가는 길이었다. 병풍도 부근에서 약 5도 방향으로 튼 세월호에 갑자기 문제가 생긴다. 의도된 각도 이상으로 한쪽으로 배가 치우치기 시작한다. 이에 당황한 나머지 반대쪽으로 크게 타를 꺾자 배가 급격히 30도로 기운다. 솔레노이드 밸브 고착은 이 같은 이상 현상을 설명하는 가설이다. 박근혜 정부는 기기에는 문제가 없다며 조타 미숙이 침몰 원인이라고 못 박았다. 하지만 재판 과정에서 기기 결함 가능성이 나온 것이다.

선체조사위에서 이를 주장해온 교수들은 고착 현상은 명백한 사실이라고 봤다. 위원회는 일부에서 제기된 조타 시스템의 이상 여부를 조사하기 위해 타기 펌프의 솔레노이드 밸브를 분해했다. 그 결과, 2개의 밸브 중 1개가 이상이 있음을 확인했다. 오른쪽 밸브가 굳어 있었다.

조타기가 보내는 전기신호는 솔레노이드 밸브를 통해 전달된다. 조타기를 돌리면 전류가 흐르면서 밸브를 한쪽으로 밀어준다. 이때 유압이 생겨서 그 힘이 방향타에 전달된다. 이것이 배가 방향을 바꾸는 원리다. 2개의 밸브는 서로 압력을 주고받으며 조타기가 좌우 중립을 유지하도록 돕는다. 조타기를 돌려서 밸브가 움직였지만, 밸브가 단단하게 굳어 다시 중립으로 돌아오지 못했다는 주장이었다. 결과적으로 과도하게 유압이 계속 흘러 방향타를 쏠리게 만들면서, 급변침이 일어났다는 것이었다.

물론 내인설을 주장하는 사람들도 솔레노이드 밸브 자체의 문제만으로 침몰 원인을 국한하지는 않는다. 배가 기울면서 화물이 움직였고 복원성이 상실돼 결국 쓰러졌다는 것이다. 이 모든 것이 연쇄적으로 발생했다는 설명이다. 밸브 고장설을 주장하는 측은 배가 18도 이상 기울면서 문제가 커졌다는 것이다. 블랙박스 영상을 봤을 때 18도 정도까지는 잠잠히 가던 배에서 18도부터 소리가 들리고 화물 이동이 생겼다는 것이다.

하지만 반론이 만만치 않았다. 반론은 사고 당시 갑판 상황에 주목한다. 배가 거의 직각으로 기운 상황이지만 컨테이너는 분리되지 않고 여전히 묶여 있었다. 2016년 당시 검경도 고박 불량 때문에 화물이 쏠려서 복원력을 상실했다고 발표했다. 하지만 여러 고박 장치 덕분에 화물이 한쪽으로 많이 쏠리지 않았다.

하나의 새로운 가설인 외인설은 이랬다. 선체조사위 조사가 종반으로 접어든 2018년 4월 13일이었다. 그날의 전원 회의는 그야말로 대전환이었다. 음모설의 하나로 여기던 외인설을 선체조사위라는 공식기구가 정식으로 공론화하기로 결정한 순간이었다. 일부에서 그토록 공격했던 가설이 정식 조사 대상이 된 것이다.

'외인설' 입장인 권영빈 위원은 선체 내부 영상 하나를 회의에서 공개했다. 좌현 핀 안전기실을 처음으로 들어가 봤는데, 프레임에 붙어 있는 철근이 휘어 있었다. 휜 곳은 균형을 잡아주는 배의 날개인 스테빌라이저 부분이었다. 특히 왼쪽의 스테빌라이저 부분이 오른쪽보다 손상이 커 보인다는 것이다. 권영빈 위원은 배 중앙 부분에 생긴 움푹 들어간 흔적들도 지적했다.

선체조사위는 외력 검증을 위한 TF팀을 따로 구성하고 조사를 진행했다. 인양 후 수거된 차량 블랙박스 영상도 외인설의 한 증거였다. '쿵' 하는 단음이 포착됐다. 그러나 소리가 난 후 화물의 움직임은 전혀 없다. 차량이 미끄러지기 시작하는 것은 그로부터 10여 초 후였다. 이동식 크레인이 넘어가고 차량들이 밀려가는 것을 볼 수 있었다. 그리고 이 대규모 화물 이동은 10초 만에 모두 끝난다.

선체조사위는 2017년 8월, 외부 손상 상태에 대해 '외력이 없다'고 잠정 결론을 내렸다. 하지만 이것은 선체가 인양되기 전의 일이었다. 제대로 배가 바로 서면 이런 의혹은 말끔히 씻길 것이라고 모두 생각했다. 선체가 인양되던 날, 선체조사위 관계자는 육안으로 봐서 외부 충돌은 없어 보인다며 잠정 결론을 내린 듯 말했다. 성급한 단정 보도도 잇따랐다. 하지만 직립 이후, 선체 내부를 조사하는 과정에서 수상한 흔적들이 나오기 시작했다.

선체 외부를 직접 확인해봤다. 선체 바닥 부분에서 10미터 이상 되는 큰 손상 부위가 발견됐다. 인양 당시에는 조개비와 리프팅 장비에 가려 드러나지 않았던 부분이다. 〈이규연의 스포트라이트〉 제작진은 부산에서 한 선박 도장 전문가를 만났다. 훼손의 이유는 무엇일까. 그가 눈여겨본 것은 일정한 문양이었다. 전문가는 "문양 간격이 일정하다. 페인트가 자연스럽게 뜯겨나간 상처는 100퍼센트 아니다"고 말했다. 이렇게 확신하는 것은 선박 도장의 특수성 때문이라고 한다. 외력이 아니라면 이 정도의 상흔은 생기지 않는다고 했다.

내인설과 외인설, 2가지 결론을 낸 선체조사위에 비판이 일었다. 결론이 2개라고 해서 활동 전체를 비난하는 것은 가혹해 보였다. 그동안 선체조사위는 세월호를 인양했고 직립했으며 일부 미수습자의 유해도 찾았다. 박근혜 정부의 은폐와 조사 방해가 4년 후인 2018년, 조사 결과의 한계를 만들어냈다는 측면도 있지 않은가.

2016년 12월의 성탄절을 잊지 못한다. 큰 화제를 몰고 온 자로의 다큐 〈세월X〉가 공개됐다. 자로는 그간의 침몰 원인을 조목조목 반박하며 새로운 가설을 내놓았다.

다큐 공개를 앞두고 자로를 만날 수 있었다. 자로는 필명이다. 한 지인의 소개로 그가 근무하는 장소로 갔다. 접선하듯 그와 만날 수 있었다. 그가 만들었다는 다큐를 함께 봤다. 〈세월X〉 다큐 중 상당 분량은 박근혜 정부 때 발표된 사고 원인, 즉 과적, 고박 불량, 조타 실수, 복원력 부실을 반박하는 것이었다. 그리고 4분의 1 정도를 '외력 충돌설'에 할애하고 있었다. 나노과학 전문가인 김관묵 이화여대 교수가 자로의 과학 자문을 맡고 있었다.

자로에 대해서는 지금도 밝힐 수 없다. 가족의 반대가 심해 신분을 노출할 수 없다고 자로는 말했다. 《논어》에 공자의 제자인 자로가 등장한다. 이를 두고 '자로'가 유교 계통에 일하는 사람으로 생각할 수 있지만 그렇지도 않다. 그는 다른 사람의 마음과 정신을 살펴주는 일을 하고 있었다. 또 그가 '네티즌 수사대'인 점을 들어 10~20대로 알려졌지만 이도 아니었다. 장년층이었다.

아무튼 공개 전에 다큐를 함께 본 뒤 검찰의 침몰 원인을 반박한 점은 상당한 설득력이 있다고 판단했다. '외력 충돌설'을 어떻게 처리하느냐가 문제였다. 자로는 기존의 침몰 원인이 제외된다면 외부 충돌설을 주장할 수 있고, 외부 충돌설이 맞다면 '잠수함'일 가능성이 있다고 봤다. 검찰 발표를 반박하는 것까진 가능해도 잠수함 충돌설까지 주장하는 것은 위험해 보였다.

한 제작진을 불러, 자로와 '접선'시켜 주었다. 그리고 기존의 검찰 발표를 반박하는 내용은 자세히 내보내되, 외부 충돌설은 아주 신중하게 다루라고 했다. 특히 잠수함 부분은 비판적인 시각을 담되, 짧게 처리하라고도 당부했다.

〈세월X〉 다큐는 2016년 12월 25일 아침 유튜브 공개가 예정돼 있었다. 방송은 그날 밤에 편성돼 있었다. 유튜브 선공개를 전제로 사전에 영상을 받아 제작 준비에 들어갔다. 그런데 문제가 생겼다. 자로의 유튜브 영상 게재가 늦어졌다. 러닝타임이 8시간에 가까워서 영상을 올리는 데만 엄청난 시간이 걸린 것이다. 영상은 다음 날 아침에야 올라갔다. 이 때문에 〈이규연의 스포트라이트〉가 먼저 공개하는 모양이 됐다. 또 다른 문제가 발생했다. 예기치 않은 에러가 발생해 편집 단계에서 제작 사고가 났다. 제작 일정을 너무 급하게 잡은 내 불찰이 무엇보다 컸다. 방송이 40분이나 지연됐다. 내용 역시 매끄럽지 못했다.

예고를 해놓고 방송이 나가지 않자 여기저기에서 의혹이 제기됐다. 누군가에게서 압력을 받은 것이 아니냐는 설까지 등장했다. 이런 궁금증 때문인지 10퍼센트에 가까운 시청률이 나왔다. 시청률은 '대박'이었지만 분명한 방송 사고였다.

자로의 다큐는 상당 부분이 기존 검찰 발표에 합리적·과학적으로 의문을 제시하는 내용이었다. 그리고 검찰 발표가 맞지 않다면 그것을 '외력설'로 설명할 수 있다는 논리 구조를 갖고 있었다. 자로가 주목한 것은 세월호 생존자들이 들었다는 '쿵' 소리였다. 이는 나중에 정식 세월호 선체조사위 일부 위원들의 지지를 받았다.

자로는 "세월호가 기울기 전에 충격음을 들었거나 혹은 동시에 들었다는 사람들은 쿵! 쾅! 꿍! 식으로 단음을 많이 들었다"며 "이는 외력이 개입되지 않고는 해석이 불가능하다"고 주장했다. 자로의 주장은 그날의 영상을 근거로 했다. 배가 기울기 직전, 편의점과 로비 모습이 그랬다. 한 생존자가 라면을 먹기 위해 3층 편의점에서 4층 로비로 향하고 있었다. 배가 좌현으로 기울면서 떨어졌다. 그는 18미터가량 추락해 갈비뼈 5대가 부러지는 중상을 입었다.

근거는 또 있었다. 사고 15분 전, 아직 시신조차 찾지 못한 양승진 선생님의 모습이었다. 3층 로비 소파에 있던 그는 튕겨서 바다로 떨어졌다. 세월호가 기울기 전 엄청난 충격을 말해주는 대목이다. 자로는 "나중에 발견한 자료를 보니 몸만 날아간 게 아니라, 거기 앉아 있던 소파까지 날아갔다"며, 보통 충격이 아니었다고 주장했다.

외부 충격이 있었다면 암초에 부딪친 것은 아닐까. 하지만 해경과 세월호 관계자는 암초는 없었다고 증언했다. 그리고 나중에 확인된 바로도 이 지역에 암초는 없었다.

자로는 세월호 청문회 때 배의 키를 조종했던 조타수의 증언에도 주목했다. 조타수 조준기는 "배의 날개 부분에 약간의 충격을 받은 느낌이 있었다"고 증언했다. 세월호 일등기관사인 손지태 역시 재판에서 세월호의 사고 원인은 '충돌'임을 단정적으로 증언했다. 자로는 "쿵 하는 단음을 들었던 2명은 좌현 선수 쪽에 있었다"며 "배의 밑바닥과 가까운 쪽, 좌현 선수 쪽에 무언가 충격이 있지 않았을까 하는 강력한 확신을 가지고 있다"고 했다.

자로는 진도 VTS가 보관하고 있던 레이더 영상을 충돌의 근거로 들었다. 이는 심상정 의원실을 통해 JTBC가 공개한 영상이었다. 참사 당일 8시 49분에 레이더에 기이한 장면이 잡힌다. 주황색의 괴이한 정체가 등장한다. 배가 지나고 나서 그 뒷부분에 주황색 표시가 나타난다. 당시는 주황색 물체가 세월호에서 떨어진 컨테이너로 추정됐다. 세월호가 우측으로 급하게 방향을 바꿔 컨테이너가 떨어졌다는 것이다. 그런데 자로는 반박한다. 그 근거를 인근을 지나던 둘라에이스호의 영상에서 찾았다. 자로의 과학 자문인 김관묵 교수는 이 부분에 결정적 의혹이 생겼다고 했다.

"그것을 보는 순간에 저렇게 배가 급하게 돌 수 있다는 것이 이해가 안 갔고, 그 물체가 아무리 봐도 컨테이너라고 생각이 안 됐죠. 그다음부터 계속 파고들어 간 것이죠."

주황색 물체가 절대 컨테이너가 아닐 것이라는 자로 측의 근거는 이랬다. "레이더 영상에 잡힌 괴물체는 세월호의 6분의 1 정도 되는 엄청난 크기였습니다. 세월호는 6천 톤급이죠. 컨테이너 100개를 합쳐 놓아도 그만한 RCS 값을 가지기가 힘듭니다."

RCS는 레이더 반사 면적을 말한다. 레이더 영상에 큰 영향을 미치는 요소는 탐지되는 물체의 레이더 반사 면적의 크기다. 자로가 주목한 것은 세월호와 컨테이너의 레이더 반사 면적이다. 컨테이너가 레이더에 잡히기 위해서는 1천 개의 이상이어야 한다는 것이다. 해경 확인 결과, 세월호에 있던 컨테이너 개수는 45개 안팎이었다. 배가 기울어져 있을 때 남은 컨테이너들은 20개였다. 바다에 떨어진 컨테이너들은 25개로 추정되고 괴물체의 크기가 세월호의 6분의 1인 점을 감안한다면 컨테이너 25개로는 레이더에 잡힐 수 없다는 것이다.

하지만 다른 전문가의 반론이 있었다. 정부에 자문했던 관제 시스템 전문가가 그랬다. 다른 물체가 어느 정도 근접 거리에 있을 때 분리해낼 수 있는 능력을 분해능이라고 하는데, 당시 관제센터의 레이더의 분해능은 30미터 정도였다고 했다. 따라서 컨테이너 박스가 우르르 한곳에서 떨어졌다면 각각의 컨테이너로 인지하는 것이 아니라 큰 덩어리로 레이더에서 감지했을 것으로 봤다.

컨테이너일 가능성이 있다는 전문가의 반론에 대해, 자로 측은 재반박했다. 컨테이너는 면적이 작기 때문에 레이더에 잡힐 수 없다는 것이다. 그는 그 근거를 미국 해양 전문가 교육 자료에서 찾았다. 40피트의 컨테이너는 반사 면적이 낮아 레이더 탐지가 불가능하다는 것이다. 심지어 세월호에 실렸던 컨테이너들의 면적은 40피트보다 작은 10피트였다.

크기가 작은 컨테이너는 정말 레이더에 잡히지 않는 것일까. 세월호 청문회 당시 정부 자문을 담당했던 레이더 전문가에게 다시 확인해봤다. 세월호의 사고 위치가 레이더 관측 장소에서 6킬로미터가 채 안 되는 아주 가까운 거리에 있어 컨테이너들이 충분히 레이더에 잡힐 것이라고 주장했다.

과학자들의 입장은 이렇게 엇갈렸다. 나는 당시 자로에게 초보적인 질문을 던져봤다. "세월호를 넘어뜨릴 만한 엄청난 괴력을 가진 어떤 물체가 있었다면 승객들이 목격하지 않겠어요?"

자로는 이렇게 말했다. "세월호는 J자 모양의 항적을 그리면서 왼쪽으로 기울어졌습니다. 괴물체 위치는 배의 바닥 쪽이었습니다. 각도로 봐서, 볼 수 없었죠."

김관묵 교수는 괴물체의 정체에 대해 조심스러운 추측을 내놓았다. 이 정도 크기의 물체는 사실상 잠수함이나 선박 정도밖에 없다는 것이다. 세월호 청문회 당시에는 잠수함 가능성을 묻는 질의가 있었다. 이에 대해 국방부는 "세월호가 잠수함과 충돌하여 침몰했다는 의혹은 전혀 사실이 아니다"며 "이곳은 수심이 얕아서 잠수함이 다닐 수 있는 곳이 아니다"고 밝혔다.

이에 대한 자로의 반론도 있었다. 처음에 알려진 사고 해역의 수심이 최대 37미터라는 점 때문이다. 자로는 자신의 주장의 근거를 찾기 위해 수심이 표시된 해도 위에 레이더 영상을 겹쳐봤다. 그 결과, 세월호가 급변침했던 곳의 수심은 기존에 알려졌던 것과 다른 것으로 드러났다. 새로운 급변침 지점의 수심은 50미터였다. 자로의 주장은 나중에 다른 조사를 통해 밑받침되기도 했다. 적어도 잠수함이 드나들 수 없는 곳은 아니었다. 그렇다고 잠수함이 드나들었다는 의미는 아니었다. 나와 자로는 이런 대화도 나눴다.

필자   잠수함이었다면 충돌 때 잠수함도 큰 타격을 입었을 텐데요.

자로   그럴 겁니다.

필자   그럼, 그 잠수함은 어디로 갔을까요?

자로   군이 밝혀야 할 대목이죠.

필자	그 정도 충돌이라면, 세월호가 인양되면 세월호에 충돌
	흔적이 남아야 하는데요.
자로	아무래도 그럴 겁니다.

자로는 인터뷰에서 충돌 지점을 세월호 좌현 하단의 스테빌라이 저 부분이라고 추정했다. 스테빌라이저는 배에 균형을 잡아주는 장치다. 이 인터뷰가 있고 1년 4개월 만에 세월호는 모습을 드러냈다. 세월호 선체조사위의 일부 위원은 좌현 스테빌라이저 부분에서 충격 흔적을 발견했다. 자로의 주장을 일정 부분 받아들였다.

자로의 주장은 그 나름대로의 근거가 있었다. 물론 근거가 있다고 진실은 아니다. 과학적 논쟁을 벌일 가치가 있다는 의미다. 자로의 주장과 다른 전문가들의 주장을 비교하는 방식으로 방송을 제작했다. 잠수함 충돌설은 1~2분 정도로 짧게 다루었다. 그것도 비판적인 시각을 담았다.

보도 이후 반응은 뜨겁다 못해 폭발적이었다. 일주일도 안 돼, 〈세월X〉는 400만이 넘는 조회 수를 기록했다. 관심만큼이나 내용을 둘러싼 논란 또한 뜨거웠다. 일부 신문은 음모론으로 매도했다. 더 가슴 아픈 대목은 시청률을 의식해 선정적인 보도를 했다는 비난이었다. 방송 사고로 궁금증이 폭발하면서 시청률이 치솟은 점을 지적한 것이다. 다음 회차 방송을 통해 제작 지연의 이유를 설명하고 시청자에게 사과했다. 하지만 무분별하게 음모론을 제기했다는 비난에는 동의하기 어려웠다. 음모론을 제기한 매체들은 과연 세월호의 침몰 원인에 대해, 독자적인 시각으로 다루어본 적이라도 있는가.

때에 따라 대중의 상식에 반하는 내용도 보도해야 한다. 그것도 탐사 보도의 운명이다. 공정성과 균형성을 잃지 않고 사실 확인을 꼼꼼히 하는 과정을 거치는 것을 전제로 말이다.

누군가 세상의 진실을 자세히 밝히려고 할 때,
이것을 방해하려는 자들이 들이대는 논리가 음모론이다.

권력이 부패하고, 정보가 부실하고, 언론이 제 역할을 하지 못할 때는 놈 촘스키의 촌철살인이 빛을 발할 것이다. 이 글을 쓰는 현재까지, 내인설과 외인설 모두를 받아들이면서, 동시에 모두를 의심한다. 앞으로 침몰 원인을 진지하게 탐사할 기회가 더 왔으면 한다.

자로의 일부 주장을 비판적으로 보더라도, 그가 다큐 제작에 들인 근 2년의 노고만큼은 인정해야 했다. 그는 "다시 만들라고 하면 엄두가 나지 않을 정도로 제작 과정이 어려웠다"고 했다. 왜 생고생하면서 이런 영상을 만들었을까. "참사의 비극성을 다른 사람보다 더 강하게 공감한 측면이 있다"며, 가장 직접적인 계기는 자녀 때문이었다. 뒤이어 소상한 사연을 들었지만, 여기에 자세히 밝히는 것은 적절치 않다고 생각한다. 자로는 이런 말로 인터뷰를 마쳤다.

"저도 아이를 키우는 입장입니다. 이런 참사를 대충 마무리하는 사회에서 아이가 살게 할 수는 없지 않습니까?"

미래의 재난을
상상하는 힘

재난의 올바른 수습이 필요한 이유

1993년 10월 초순, 군산 공설운동장에 있었다. 시신의 수를 집계해 서울의 편집국에 보고하는 일을 맡았다. 군산 인근 위도에서 서해훼리호가 침몰해 현장 출장을 갔던 것이다. 하루이틀이면 끝날 사건으로 봤다. 첫날 40여 구가 도착했다. 둘째 날은 그 수가 100구를 넘어섰다. 일주일간 시신은 끊임없이 밀려들었다. 서해훼리호의 공식 탑승 정원은 220명, 생존자는 70여 명 있었다. 사망자가 150명을 넘지 않는 것이 정상이었다. 하지만 최종 사망자는 예상의 2배인 292명이나 됐다. 당시 기준으로, 역대 최악의 해양 사고로 기록되는 순간이었다.

시신을 제대로 쳐다보기 힘들었다. 물에 빠져 숨진 모습이 얼마나 처참한지 알게 됐다. 공설운동장의 기억은 가끔씩 몸이 좋지 않을 때 '총천연색 꿈'으로 나타나고는 한다. 소주 한잔에 참상을 잊었다고 생각했지만, 결코 잊힌 것이 아니었다. 나중에 알게 됐다, 그것이 '트라우마'였음을.

사고 원인이 하나둘씩 드러났다. 정원보다 141명을 더 태웠다. 사망자가 많았던 것은 불법 승선 때문이었다. 배 앞부분에는 짐이 가득 실려 있었다. 비만해진 배는 높은 파도에 중심을 잡지 못해 뒤집어지고 말았다. 선장은 초속 13미터의 강풍이 몰아치는데도 출항을 감행했다. 승무원들도 규정의 절반만 탔다. 책 1권 분량의 문제점이 수집될 정도로 부실투성이었다. 12년이 흐른 2005년, 〈중앙일보〉 기자가 그날의 생존자 Q씨를 인터뷰한 적이 있다.

바다는 사람들의 아우성과 생존을 위한 몸부림으로 요동쳤다. 자동으로 터졌어야 할 구명정은 4개 중 1개만 작동했다. 운 좋게도 그 하나의 구명정에 올라타 살 수 있었다. 2년 넘게 악몽에 시달렸다. 지옥을 봤기 때문이다.

Q씨는 이런 말도 했다. "우럭 낚시를 하러 같이 갔던 동료 7명을 잃었습니다. 유족들에게 죄인 아닌 죄인이 됐어요."

서해훼리호 사건 이후 해양 사고 대책은 확 바뀌었다. 운행 지침이 전면 개편되고 정원 초과 단속이 깐깐해졌다. 처벌 수위 역시 크게 높아졌다. 그 이전과 이후 시대로 나눌 만큼 수많은 해양 사고 방지책이 쏟아져나왔다. 다행히 한동안 끔찍한 대형 해양 사고는 발생하지 않았다. 적어도 해양 사고 후진국의 명단에서 코리아는 빠진 줄 알았다. 하지만 대단한 착각이었다.

1994년 발간된 서해훼리호 침몰 사고 백서를 본 적이 있다. 겉표지 부제부터가 수상하다. "우리는 그 참사, 이렇게 극복했다." 백서라면 '사고 원인과 대응' 정도이어야 정상 아닌가. 분량도 부록을 빼면 150쪽 정도로 얄팍하다. 목차는 부제보다 더 요란하다. 제2장 '혼신의 구조활동', 제4장 '하나로 뭉친 도민의지', 제5장 '해 뜨는 우리 위도'….

'백서白書'라는 말은 영국 정부가 국민에게 알리는 정책 보고서의 겉표지가 흰색인 데서 유래됐다. 사고 백서는 원인을 찾아내 자세히 기록해놓음으로써, 비슷한 참사를 되풀이하지 않기 위해 만드는 공적 보고서다. 그런데 292명을 수장한 서해훼리호의 백서는 '자랑스러운 극복기'였다.

2014년 4월 16일 오전, 당시 〈중앙일보〉 논설위원이던 나는 사설 회의를 준비 중이었다. 오전 10시 30분쯤, TV에서 자막이 떴다. 진도 앞바다에서 대형 여객선이 침몰 중이라는 것이었다. 다시 자막이 떴다. 다행히 "전원 구조됐다"는 내용이었다. 사설 회의가 시작됐고, 간단하게 사설을 쓸지, 판단을 잠시 유보하기로 했다. 11시 40분, 회의를 끝내고 나온 세상은 달라져 있었다. '전원 구조'는 오보였다. 미증유의 참사가 나를 기다리고 있었다. 수백 명의 사람들이, 그것도 어린 학생들이 차가운 바다에 잠긴 것이다.

세월호 참사의 파장이 확산될 무렵이었다. 이런 대참사를 앞으로 어떻게 막을지 고민할 때였다. 한 연구소에서 세월호 사건을 어떻게 보았고, 어떤 교훈을 얻었는지 발제를 해달라는 제안을 받았다. 며칠을 고민하다가 암축적인 표현을 찾아냈다. '단원 성장'이었다. 단원고 학생들의 희생을 계기로 사회 혁신을 해보자는 구상이었다. 당시 발제한 글의 제목은 '단원 성장에 부쳐'였다.

단일 사건으로 가장 큰 인명 피해를 낸 사건은 1995년 일어난 삼풍백화점 붕괴 사고다. 모두 502명이 사망했다. 그럼에도 세월호 참사의 비극성은 건국 이래 최고라고 할 수 있었다. 이렇게 판단한 근거로 대충 4가지였다.

첫째, 희생자의 대다수가 어린 학생이었다. 미처 피어보지 못한 고등학생의 죽음 앞에 대한민국의 슬픔은 배가됐다. 둘째, 국민 모두가 여객선이 천천히 침몰하는 과정을 지켜봤다. 사고 직후, TV를 통해 수백 명이 수장되는 광경을 생생하게 목격하면서 바로 자신의 일로 받아들이게 됐다. 셋째, 충분한 시간이 있었음에도 구조하지 못한 점이다. 사고를 사전에 막지는 못했더라도 대응만 잘했더라면 살릴 수 있는 생명을 희생시켰다는 자괴감을 사람들은 갖고 있다. 넷째, 단원고라는 한 학교에서 집중적인 피해자가 나온 점이다. 안산 단원고를 중심으로 집중적으로 안타까운 소식과 광경이 흘러나오면서 비극성은 증폭됐다.

이런 건국 이래의 최고의 비극성 때문에 우리 사회는 일찍이 경험하지 못한 집단 분노와 집단 우울증에 빠졌다. 주체할 수 없는 분노와 한숨이 떠돌아다녔다. 둘만 모이면 개탄의 장이 됐다. 이런 상황에서 누구나 실수하면 호된 지탄을 받았다. 대통령, 국무총리, 안행부장관, 해경, 선사 오너, 민간잠수업체, 국회의원이 비판의 도마 위에 올랐다. '기레기'(기자쓰레기)는 말이 공공연히 나올 만큼 언론도 큰 불신을 받았다.

세월호 참사의 대응 과정에서 드러났듯이, 신뢰 위기의 가장 큰 책임은 공적 영역에 있었다. 엉터리 구조 정보를 발표한 재난 본부, 참사 현장에서 기념사진을 찍고 국민 애도 분위기에서 골프를 친 고위 공무원, 위기 리더십을 발휘하지 못한 청와대·국회가 '신뢰 자본'을 잡아먹었다.

신뢰의 기본은 투명한 소통이다. 정부와 시민 사이에 깨끗한 정보가 원활하게 오가야 사회 믿음은 축적된다. 세월호 참사를 계기로 국가 재난 대응 체계를 손질하고 책임자를 엄하게 처벌하면서 관리·감독을 강화하자는 목소리가 커졌다. 그렇지만 이런 조치의 궁극적인 지향점은 신뢰 살리기다. "정치에서 가장 중요한 것이 무엇이냐"는 제자의 물음에 대한 공자의 가르침은 지금, 우리 시대에도 의미심장하다.

"국방·경제·신뢰가 중요하며, 그중에서도 신뢰가 으뜸이다. 백성이 믿지 않으면 되는 일이 없다."

세월호 참사를 계기로 성장을 해야 했다. 슬픔을 슬픔으로만 소비하면 미래의 또 다른 슬픔을 낳게 된다. 철저한 반성과 진상 규명을 바탕으로 대책을 내놓아야 했다.

2008년 2월, 숭례문 방화 사건을 계기로 사고 백서 실태를 탐사해본 적이 있다. 1993년 문민정부 출범 이후 일어난 20개 대형 재난을 검증 대상에 올려놓았다. 취재는 초동 단계부터 어려움을 겪었다. 재난 백서를 모아둔 기관이 단 1곳도 없었다. 백사장에서 유리조각 찾는 심정으로 쫓아다니며 한두 권씩 모았다. 취재가 마무리되면서 대한민국의 한심한 민낯이 드러났다. 재난 20건 중 12건은 백서가 아예 없었다. 8권을 모아 방재 전문가들에게 감정을 의뢰했다. 성수대교와 삼풍백화점 붕괴 사고를 제외하고 6권은 백서로 보기 어렵다는 진단이 나왔다. 서해훼리호 백서의 평점이 가장 낮았다.

21년 뒤 닮은꼴의 세월호 참사는 이때 예고된 것이나 마찬가지였다. 우리 사회나 언론이 아직 선진이라고 할 수 없는 점이 있다. 바로 '실패학'이 없다는 점이다. 너무 쉽게 잊는다. '실패는 성공의 어머니'라는 명언은, 적어도 그런 면에서 수정돼야 한다. 반성 없는 실패는 실패의 어머니다. 재난 탐사에서 기억해야 할 대목이 있다.

현재의 재난 위에
과거와 미래의 재난을 포개놓아야 한다.

세월호만은 길고 진한 반성의 시간을 가졌으면 했다. 민간 중심으로 거국적 진상조사위원회를 구성하길 바랐다. 몇 년이 걸려도 좋았을 것이다. 참사의 문제점과 원인을 이 잡듯이 잡아내 꼼꼼한 대책을 수립해야 했다. 부패하고 무능한 기업과 관료가 꼼짝 못할 구체적이고 실질적인 대안을 내놓아야 했다. 미국은 9.11테러 이후 여야 모두가 힘을 합쳐 2년여 동안 200만 쪽 이상의 백서를 작성하지 않았는가.

당시 박근혜 정부는 대단한 표현을 썼다. 개혁도, 혁신도 아니었다. '개조'라는 표현을 썼다. 총체적으로 뜯어내 다시 만든다는 의미다. 지금의 체계를 부수고 전혀 다른 모습으로 바꾸려 할 때나 맞는 표현이었다. 세월호 참사의 수습책을 두고 '시스템 혁신', '패러다임 쇄신', '내각 사퇴' 같은 표현은 나왔다. '국가 개조'는 이를 훨씬 뛰어넘는 거대하고 야심찬 단어다. 도산 안창호 선생의 민족개조론을 떠올리게 한다. "모든 것을 다 개조하여야 하겠소. 우리 교육과 종교도 개조하여야 하겠소. 우리 농업도 상업도 토목도 개조하여야 하겠소. (…) 심지어 우리 강과 산까지도 개조하여야 하겠소."

도산은 1919년 중국 상하이에서 민족 개조론을 편다. 반복 표현에서 비장함이 느껴진다. "일제에 나라를 빼앗긴 참담한 현실을 이겨내려면 힘을 키워야 하는데 이를 위해 우리의 모든 것을 바꿔야 한다"고 선생은 절규한다. 이명박 전 대통령은 재임 시절 도산의 개조론을 수차례 인용했다. 2009년 1월 전국 시장·군수·구청장과 만난 자리에서 이렇게 말했다.

"4대 강 살리기는 경제위기 극복을 위해 지자체가 바로 시작할 수 있는 사업이다. 도산 안창호 선생도 우리의 강산 개조론을 강조하실 정도로 선견지명이 있었다."

그 후에도 이명박은 4대 강 사업이 개조론의 일환임을 누누이 밝혔다. 녹색 뉴딜의 권위를 도산의 사상에서 찾으려는 데 못마땅한 시선이 많았다. 과연 4대 강의 밑바닥에 도산 개조론 같은 시대의 절실함이 흐르고 있었을까.

김영삼 정부인 1993년에도 국가 개조론이 불쑥 튀어나온다. 건국 이래 최대 재난이 몰아쳤던 해다. 항공기가 추락하고 열차가 탈선하며 여객선이 침몰해 수천 명의 사상자가 발생했다. 그러자 여권 실세의 입에서 "건국하는 심정으로 나라를 개조하자"는 주장이 나왔다. 이후 재난 대응 시스템을 확 바꾸겠다면서 현란한 대책을 잇따라 쏟아냈다. 2014년에 출현한 국가 개조론의 의미와 미래는 어땠을까. '국가 개조'의 의미에 맞는 비장함을 갖고 있었을까.

'단원 성장'과 '국가 개조'는 일장춘몽에 지나지 않았다. 세월호 참사 이후의 상황은 오히려 그 반대로 흘렀다. 거국적 진상조사단 설치는 무산됐다. 국가 개조 수준의 안전 개조도 물 건너갔다. '개조'는 구두선에 불과했다. 그보다 더 무서운 미래가 도사리고 있었다. 세월호 조사 활동을 방해하고 유가족을 저주하고 조롱하는 행위였다.

세월호 참사를 둘러싼 개조론을 보면서 이런 생각을 했다. 도산 안창호가 썼던 '개조'는 민족의 절실함을 담고 있었다. 이명박 전 대통령이 4대 강 개발을 추진하면서 쓴 개조는 개발의 절실함을 표현했다. 그리고 박근혜 전 대통령의 그것은, 정치적 수세 탈출의 절실함에서 비롯됐다. 3명의 리더가 쓴 '개조'는 이렇게 달랐다.

팩트 없는
진상의 허상

다시 가라앉은 세월호

"진상 규명이나 배상이 아니라,
조롱과 탄압의 문제다"
세월호 유가족

강물이 화나면 배를 뒤집을 수 있다. 그렇다면 2016년 배를 뒤집은 탄핵의 화火는 어디에서 비롯됐을까. 수많은 사람들의 가슴에 분노를 폭발하게 한 '산소'의 정체는 무엇이었을까. 2016년 말에서 2017년 초까지 이어진 촛불 집회의 집결지는 광화문이었다. 세월호 유족의 항의 시위가 2년 넘게 이어져온 장소다.

촛불 집회 중에 수많은 세월호가 등장했다. 아이들의 손바닥에 등장하는 작은 종이배에서 여러 명이 들어야 하는 커다란 모형까지 다양했다. 사람들의 가슴에 분노를 폭발하게 한 '산소'는 최순실 국정 농단과 함께, 세월호 참사였다고 생각한다. 세월호 유족이 당한 참담한 그 뭔가가 많은 사람의 가슴에 불을 질렀다. 2014년 세월호 참사에서 2017년 박근혜 전 대통령 탄핵까지, 나는 광화문에서 '그 뭔가'를 줄곧 지켜봤다.

2014년 9월 초 저녁. 서울 광화문광장 이순신 동상 앞이었다. 세월호 유가족 농성장에 수백 명이 모여 있었다. 한쪽에서는 진상 규명과 세월호특별법 처리를 촉구하는 집회가, 다른 쪽에서는 유족을 지지하는 동조 단식이 벌어지고 있었다.

한구석에서 집회를 지켜보고 있을 때였다. 가벼운 배낭을 메고 선글라스를 쓴 사내가 구호와 탄식이 난무하는 광화문광장에 슬그머니 들어왔다. 한 손에는 흰 비닐봉투를 들고 있었다. 사내는 농성장에서 멀찌감치 떨어진 곳에 자리를 잡고 봉투 안에서 작은 종이박스를 꺼내 들었다. 상자에는 '○○치킨'이라고 적혀 있었다. 사내는 치킨 조각을 입에 물어보기도 전에 주섬주섬 짐을 정리해 자리를 떴다. 농성장에서 여러 명이 날리는 차가운 눈총을 알아챘으리라. 경광봉을 들고 주변을 순찰하던 의경이 분위기를 전했다.

"10일 전부터 광화문광장은 요지경입니다. 갑자기 수상한 행동을 하는 사람이 출현해서요. 자리를 깔아놓고 맛있게 치킨 한 마리를 다 먹고 자리를 뜹니다. 치킨 조각을 들고 셀카를 찍는 사람도 있고요. 며칠 전에는 어르신들이 치킨 상자를 쌓아놓고 시위를 벌이기도 했습니다."

광화문광장에서 철수한 '치킨 사내'는 사거리를 건너 청계광장으로 향했다. 보수단체 회원들이 농성을 벌이는 곳이었다. 광화문광장 농성장과 직선으로 100미터 떨어진 장소였다. 사내는 동료에게 뭔가를 열심히 설명했다. 청계광장 농성장에는 3가지를 요구하는 현수막이 걸려 있었다.

'세월호특별법 반대, 국회선진화법 반대, 국회 조기 해산.'

노년의 보수단체 회원을 청계광장에서 만났다. '김진요'(김영오에게 진실을 요구합니다) 팻말을 목에 건 그는 유족에 대한 불만을 토로했다. "수사권, 기소권을 요구하는 건 지나치지 않나. 세월호 유족 김영오씨가 40일 넘게 단식을 했다는데 말이 되나. 기네스북에 오를 일이다!" 그는 특히 "세월호 유족이 우리 대통령을 욕보이는 걸 더는 두고 볼 수 없다"며 "그러니 정의감에 불타는 일부 회원이 (광화문광장으로) 넘어가 응징한 것"이라고 자신 있게 설명했다.

유족이 광화문광장에서 청와대로 가겠다며 삼보일배에 나선 날, 어버이연합은 청계광장에서 규탄 집회를 열었다. 이들은 광화문광장을 향해 "추석도 다가오는데 송편이나 빚어라", "우리는 먹으면서 싸운다"고 목청을 높였다. 한 보수 학생단체는 김영오씨의 단식 농성에 맞서 '폭식 투쟁'을 예고했다가 김씨가 단식을 중단하면서 취소하기도 했다.

가수 김장훈씨가 광화문광장에서 2번 단식 농성을 벌이면서 또 다른 '블랙코미디'가 등장했다. 박근혜 전 대통령 동생의 남편 신동욱씨가 '김영오 허구'를 입증하겠다며 실험 단식에 돌입한다. 청계천에 진을 치고 물과 소금만 먹고 얼마나 버티는지 '생체' 실험을 하겠다고 나섰다. 신씨는 가수 김장훈에게도 함께 실험 단식을 해보자고 제안한다.

　그날 밤, 청계천 주변의 노천 카페에서 한 무리의 직장인을 만났다. 광화문 근처에 직장이 있는 40대 여성은 1개월 사이의 변화를 이렇게 전했다.

　"재·보선이 끝난 직후 현장 분위기가 급속도로 거칠어졌습니다. 단식을 패러디한 '치킨 단식', '황제 단식' 같은 표현이 등장했죠. 유족 요구에 동의할 수 없는 측면이 있더라도 자식을 잃은 부모들인데, 최소한의 예의라는 게 있지 않습니까." 이 여성은 "조롱을 참지 못하는 사회가 돼버렸다"며 "유족들의 가슴에 분노가 쌓일 텐데" 하며 걱정했다.

　밤 11시, 청계광장 나라의 불빛은 사라졌고 광화문광장 나라에서는 희미한 불빛 아래 단식 농성이 이어지고 있었다. 인근 청계천 변은 늦은 시간에도 초가을의 정취를 느끼려는 사람들로 붐볐다. 하지만 이들에게 광화문광장의 탄식은 들리지 않았다. 한가위 보름달이 여무는 밤에 이순신 장군만이 '두 나라' 사이를 흐르는, 검고 푸른 울돌목을 조용히 내려다보고 있었다.

　2년 후인 2016년, 광화문의 촛불은 더 크게 타올랐다. 최순실 국정 농단 사태가 보도되면서 집회 규모와 열기가 수직 상승했다. 2014년과 2016년 사이에 가끔 광화문 집회장을 찾았다.

　세월호 유가족과 진보 시민단체의 농성은 폭염과 한파를 이겨내고 계속됐다. 초인적인 농성의 에너지가 궁금했다. 한 유족은 "우리가 직면해온 문제는 진상 규명이나 배상 차원이 아니라, 조롱과 탄압의 문제"라고 말했다. 보수단체들의 몰상식적인 '폭식 투쟁'에 시달려야 했고, 누가 봐도 세월호조사위원회의 활동이 제대로 진행되지 않았다고 했다. '조롱과 탄압의 문제'라는 대목이 절절하게 가슴에 와닿았다.

2016년 12월 9일, 국회에서 탄핵안이 가결되는 날이었다. 청와대는 겉으론 조용했다. 박근혜 대통령의 입장 발표는 없었다. 오히려 뜻밖에 일정이 있었다. 탄핵이 가결된 오후 4시 10분에서 직무가 정지된 오후 7시 3분 사이, 대통령이 기습 인사를 단행한다. 새 민정수석으로 조대환 변호사를 임명했다.

사임을 밝혀온 최재경 민정수석의 후임이었다. 그는 박근혜가 국회의원 시절 설립한 싱크탱크 '국가미래연구원'에 발기인으로 참여한 이후, 박근혜 대통령직 인수위원회 전문위원, 세월호 특별조사위원회 부위원장으로 활동했다. 문제는 세월호 조사위원회 때 그가 보인 행보였다. 2014년에 박근혜 정부에서 민정수석을 지냈던 고 김영환씨의 업무일지가 2016년 말에 공개됐다. 이 업무일지에는 대통령이나 비서실장 등이 지시한 내용이 적혀 있었다. 조 변호사와 관련된 내용이 나온다.

"세월호 특조위 부위원장에 정치 지망생을 임명하는 게 좋겠다."

이후 세월호 특별조사위원장 부위원장으로 임명된 인물이 조대환 변호사였다. 그런 인물이 박근혜 정부의 마지막 민정수석이 됐다. 박근혜 정부에서 세월호 정국과 촛불 정국은 이렇게 이어졌다. 그의 임명은 세월호 참사를 두고 축적됐던 분노의 계단을 한층 더 높였다.

그는 새누리당이 추천한 부위원장으로 활동하면서 여러 차례 마찰을 일으켰다. 박근혜 정부 입장에서는 왕성한 활동을 보인 것이다. '적절한' 시점에 세월호 특조위가 독단적으로 운영되고 있다는 변을 남기고 사퇴했다.

그 무렵, 〈이규연의 스포트라이트〉 제작진은 그가 특조위를 사퇴할 때 위원들에게 보낸 메일 전문을 입수했다. '결근투쟁의 당위성'이라는 제목의 한글파일로, A4 6쪽 분량이었다. 주요 내용은 이렇다. 세월호 진상 규명과 특별조사위원회의 존재 이유에 대한 입장을 적었다. "공연히 존재하지도 않는 별개의 진상이 존재하는 양 떠벌리는 것은 혹세무민이며, 이를 위해 국가 예산을 조금이라도 쓴다면 세금 도둑이 분명합니다."

이에 대해 특조위 관계자는 "세월호 특조위가 출범하기 시작할 때부터 붙여진 악랄한 프레임이 바로 세금 도둑"이라며 "조사관들이 조사를 시작하기 전부터 이런 방해 공작이 벌어졌다"고 평했다.

사실 세월호 진상규명특별법 제정은 참사 원인을 투명하게 규명하겠다는 박근혜 전 대통령의 약속에서 출발했다. 그는 "특별법을 만들고 검경 수사는 물론 국정조사, 특검도 해야 된다고 생각한다"고 밝혔다. 조 부위원장의 '세금 도둑' 프레임은 박 대통령의 당초 입장과 배치되는 시각이었다. 조 부위원장은 조사 대상에 대해서도 이런 의견을 내놓는다. "툭 하면 해수부 등의 공무원들이 조사 대상자라고 주장하는데, 이것은 해당 부처 전체 공무원들을 명예 훼손하는 위법 행위다. (…) 유가족들은 명백한 조사 대상자다."

참사에 책임이 있는 부처에 대한 조사는 명예훼손이고, 유가족이 명백한 조사 대상이라고 규정했다. 조사 인력 채용에 대한 불만도 적어놓았다.

"민간 별정직 채용 절차는 위원장이 독재했고 결과는 사회단체 출신으로 채워 특조위의 독립성이 없어졌다." 조직과 예산 타령만 하는 것은 처음부터 일할 의지가 없다는 증거다. 이순신 장군처럼 '신에게는 아직 열두 척의 배가 있습니다'라는 의지만 있었다면 이미 업무가 상당 부분 진척될 수 있었을 것이다.

이순신 장군까지 동원하는 부분은 누가 봐도 정도를 넘어섰다. 조 변호사가 사표 수리 직후 다른 위원들에게 보낸 메일을 통해서는 "세월호 특조위는 기울어진 운동장이며 전리품 잔치를 하는 곳"이라고 맹비난했다. 여기서 전리품은 특조위가 채용한 별정직 공무원인 것으로 추정된다.

세월호 특조위는 1년이 채 되지 않는 공식 활동 기간 내내 조직적으로 방해를 받았다. 예산도, 인원도, 수사권·조사권도 제대로 주지 않았다. 정부는 당초 약속한 28명을 추가 배정을 하지 않았고, 조사 활동에 가장 핵심적인 역할을 하는 조사국장을 임명하지 않았다. 결과적으로 탄핵 사유인 세월호 참사와 관련, 특조위를 제약했던 인물을 민정수석에 앉힌 박 대통령의 행동은 촛불 집회의 분노를 더 크게 하는 또 다른 '산소'가 됐다.

왜 박근혜 전 대통령은 그토록 세월호 참사에 눈 감고 유가족을 차갑게 대했을까. 여기에는 결정적인 계기가 숨어 있다. 2014년 세월호 참사 당시, 검찰 간부를 지낸 분을 알고 있다. 세월호 조사에도 관여한 인물이다. 그는 "참사 직후만 해도 청와대가 세월호 조사에 거부감을 표하지 않았다"고 했다. 그런데 어떤 시점을 지나면서 민감하게 돌변했다고 한다. 바로 '세월호 7시간'이 진보 진영에서 나왔을 때였다. 이 시점 직후, 윗선의 견제와 수사 방해가 시작됐다고 했다. 세월호 조사에 관여했던 상당수 검사들이 좌천되는 시련을 겪었다. '세월호 7시간'에 대한 조사 요구가 박 대통령의 분노에 불을 지피는 불씨가 됐을 가능성이 크다.

세월호 참사 당일, 박근혜 전 대통령은 뭘 하고 있었을까. 2016년 11월 대국민 담화에서 박 대통령은 이런 말까지 했다. "제가 사이비 종교에 빠졌다거나 청와대에서 굿을 했다는 이야기까지 나오는데, 이는 결코 사실이 아니라는 점을 분명히 말씀드린다."

나는 방송을 통해 "안 했다, 안 했다만 말하지 말고 뭘 했는지를 얘기해달라"고 요구했다. 탄핵안이 가결되기 1개월 전, 청와대는 자체 페이지에 게시판을 신설했다. 그 제목은 '오보 괴담 바로잡기. 이것이 팩트입니다'였다. 팩트를 바탕으로 국민에게 진실을 알린다는 취지였다. 모처럼 반가운 반응이었다. 청와대 홈페이지에는 세월호 참사 당일, 시간대별 조치 상황이 적혀 있었다. 내심 이제야 '7시간의 비밀'이 일부라도 풀릴 것이라는 기대를 가졌다. 하지만 공개 내용은 그런 기대를 박살냈다.

박 대통령이 머물렀던 공간의 성격을 분명이 해두어야 했다. '이것이 팩트입니다'는 대통령이 주로 관저 집무실에서 업무를 봤다고 주장했다. 관저 집무실의 성격을 알아봐야 했다. 관저는 공직자의 생활공간이다. 청와대 관저는 본관에서 차로 2~3분 거리에 있는 한옥이다. 과연, 관저에 집무실이라는 장소가 있을까. 전 정권 관련자들을 만나봤다. 관저에는 집무실이 없다고 했다. 대통령이 '집무실'

이라고 부르는 공간은 서재라는 것이다.

역대급 참사가 터졌는데, 대통령이 계속 관저에 머문 행위는 정당할까. 김대중 정부 관계자는 "심각한 문제였다고 생각하면 대통령이 빠져나와야 했다. 당연히 대통령이 있어야 할 자리, 즉 지하 벙커나 본관 집무실에 있어야 했다"고 말했다.

휴전 이래 최초로 민간 거주 구역이 공격을 받았던 연평도 폭격 사건을 예로 들어보자. 보고를 받자마자 이명박 대통령은 지하 벙커, 즉시 국가위기관리센터에서 긴급 회의를 소집한다. 15~20분 만이었다. 국방장관이 국회에 있었는데, 대통령이 화를 내면서 당장 오라고 지시했다.

전직 청와대 관계자의 얘기를 들어보면 '관저 집무실'이라는 개념은 분명 수상했다. 김기춘 비서실장의 공개 발언은 혼란을 가중했다. "아침에서 일어나서 주무실 때까지가 근무 시간이고 어디에 계시든 간에 집무를 하고 계시고 관저도 집무실의 일부인 것이 틀림없습니다."

고 김영한 민정수석의 비망록을 살펴봤다. 세월호 참사 3개월 후인 2014년 7월, 김 실장은 수석들에게 '청와대 내 계신 곳이 집무 장소'라는 가이드라인을 제시했다. 청와대가 왜 '관저 집무실'이라는 표현을 썼는지 짐작이 가는 대목이다.

유독 서면 보고를 좋아했다는 박근혜 전 대통령, 청와대가 내놓은 해명 자료에도 그 7시간 동안, 서면 보고가 무려 11회나 등장한다. 과연 정상일까. 이명박 정부 시절의 한 수석비서관은 "청와대의 기본적인 운영 방식은 대면 보고를 받는 것"이라고 했다.

청와대가 내놓은 '이것이 팩트입니다'를 검증하기 위해, 세월호 참사 특별조사위원회 사무실을 방문했다. 학계·사회단체·법조·언론 등 각계 전문가들로 구성돼 있었다. 2016년 6월 30일부로 해산됐지만 해산이 활동 종료를 의미하지는 않았다. 특조위 조사관들은 그날 이후에도 서울 서교동에 임시로 마련된 이 작은 사무실에서 무임금으로 참사 진상 규명 활동을 이어가고 있었다. 이들과 함께 그날을 다시 꼼꼼하게 검증해보기로 했다.

청와대가 세월호 침몰 사실을 처음 안 시점은 그날 오전 9시 19분이었다. 20분에 청와대는 해경본청 상황실에 연락한다. 38분에는 청와대가 해경에 현지 영상을 강력하게 요청하기 시작한다. 대통령 보고서에 한 줄을 더 채우기 위해서였다. 위성 영상은 분명 청와대 벙커에 전송되고 있었는데 대통령은 청와대 벙커에 모습을 드러내지 않았다. 관저에서 청와대 벙커는 불과 3분 거리였다. 청와대의 해명을 그대로 받아들이더라도 뭔가 부적절한 행동이다.

이전에 청와대가 특조위에 제출한 자료를 보며 타임라인에서 한 가지 이상한 점을 발견했다. 원래 없던 '오전 10시 22분' 일정이 생긴 것이다. '국가안보실장에게 대통령이 전화를 했다'는 일정이었다. 특조위가 제출받았던 타임라인에 따르면 10시 15분 대통령이 안보실장에게 전화로 지시한 것으로 돼 있다.

청와대 게시판에는 '11시 23분. 안보실로부터 유선 보고'라고 돼 있다. 그런데 보고 내용은 기록돼 있지 않다. 이상한 점은 또 있다. 11시 34분에 대통령이 외교안보 수석실로부터 유선 보고를 받는데도, 이후 11시 43분, 12시 50분에 '자율형 사립고 관련 보고', '기초연금법 국회 협상 진행 상황 관련 보고'까지 세월호 침몰과는 전혀 상관없는 보고들을 한다. 촌각을 다투며 수백 명의 목숨이 위태로운 국가 위기 상황에서 상식적이지 않는 행동이다.

10시 30분, 세월호가 뱃머리만 남기고 완전히 침몰되던 그 시각. 이때까지도 대통령은 계속 서면 보고만 받고 있었다. 다시 청와대가 공개한 타임라인대로 따라가봤다. 세월호가 완전 전복된 이후, 대통령에겐 13회의 보고가 있었다. 4시간이 지나는 동안 대통령의 명백한 지시는 없었던 것이다. 그때 대통령은 도대체 뭘 하고 있었을까.

다시 청와대 주장에 따르면 오후 2시 11분 대통령이 국가안보실장에게 전화했다. 하지만 어떤 내용을 전달받았는지는 아무도 모른다. 2시 50분, 박근혜 전 대통령은 국가안보실장에게서 해경청이 잘못 보고한 것이라는 보고를 받았다고 했다. 이후 오보를 질책하기까지 다시 7분의 시간이 걸린다. 만약 대통령이 직접 통화를 했다면 7분이나 걸릴까. 승객들이 생사의 사투를 벌이고 있을 때, 청와대는 언론 오보 타령만 한다. 늑장 대응의 핑계를 언론에 떠넘긴다.

오보 질책 3분 후 박 대통령은 중앙대책본부 방문을 지시한다. 이후에도 청와대의 시간은 긴박하게 돌아가지 않았다. 대통령이 중앙대책본부에 모습을 드러낸 시점은 오후 5시 15분이었다. 3시부터 5시 15분까지 2시간 15분이나 걸렸던 사정도 궁금했다. 그리고 7시간 만에 모습을 드러낸 대통령은 기본적인 상황도 파악하지 못한 발언을 한다. "다, 그렇게 구명조끼를 학생들은 입었다는데 그렇게 발견하기가 힘듭니까?"

결과적으로 '세월호 7시간' 의혹을 잠재우기 위해 발표한 박근혜 정부의 '이것이 팩트입니다'는 더 큰 분노의 축적을 가져왔다. 팩트는 주장을 연결하는 고리가 아니다.

팩트는 진실을 구성해나가는 고리여야 한다.

탐사의 구성

글이나 영상을 좀 더 흥미롭게 구성할 방법은?

2018년 10월, 히말라야 14좌를 완등한 김창호 원정대가 원인 불명의 사고로 모두 숨지는 사고가 벌어졌다. 김창호 원정대는 베이스캠프에서 잠을 자다가 봉변을 당했다. 대개 베이스캠프는 안전한 곳에 설치된다. 게다가 김창호 대장 같은 베테랑이 베이스캠프에서 참변을 당했다는 것은 세계 산악계에 미스터리가 아닐 수 없었다. 나는 역시 14좌 완등자인 김미곤 대장과 함께 히말라야로 출장을 떠났다. 그러면서 다음과 같은 순서로 1시간짜리 다큐 영화를 만들 수 있었다.

① 핵심 문제 추출: "베이스캠프에서 왜 집단 조난이 일어났을까?"
② 핵심 문제 의미 부여: "베테랑 산악인이 왜 안전한 베이스캠프에서 참변을 당했을까?"
③ 증언과 현장 추적 시작: 히말리야와 베이스캠프 도착, 관련 자료와 증언 수집 등
④ 중요 단서 포착: 히말라야 베이스캠프에서 무너진 얼음덩어리 촬영 등
⑤ 미처 몰랐던 사실이나 시각 제시: 얼음 붕괴로 발생한 엄청난 바람이 베이스캠프 기습

⑥ 핵심 문제 정리: 대안 제시, 여운 남기기 등

나의 집무실 칠판에는 이와 같은 같은 구성 단계가 항상 적혀 있다. 앵커와 기획자인 나뿐만 아니라 PD나 기자도 위의 6가지 절차를 기본으로 구성을 하자는 취지에서다. 그 6가지가 하늘에 뚝 떨어진 나만의 비법은 아니다. 이미 기원전에 쓰여진 호메로스의 〈오디세이〉를 뼈대로, 탐사 보도에 맞게 살을 붙인 것이다.

모험의 '출발-항해-역행-해결-귀환'이라는 이야기 구조는 수천 년 동안 변하지 않았다. 모든 흥미로운 이야기의 출발지는 여전히 〈오디세이〉다.

악행 그 자체보다

악을 보고도 아무것도

하지 않는 사람들 때문에

세상은 파괴된다

| 알베르트 아인슈타인

방관의 다리는
언제나 튼튼하다

독을 뿜어낸 가습기

◀◀

❚❚

▶

"나쁜 어른들 때문에 내 목에 구멍이 났어요"
성준

2012년 봄, JTBC 보도국장 시절이었다. 경기도 수원에서 오원춘 살인 사건이 발생했다. 중국 동포 오원춘이 골목을 지나던 젊은 여성을 집으로 끌고 들어가 잔혹하게 살해한 사건이었다. 시신을 잘게조각 낸 뒤 마치 쓰레기처럼 봉투에 담아놓았다. 이런 범죄 행각 자체보다 더 충격적인 점이 있었다. 여성이 숨지기 전, 112에 신고해 살려달라고 애원했는데도 경찰이 제대로 대응하지 않았다. 이 사건에 책임을 지고 조현오 경찰청장 등 무궁화들이 줄줄이 옷을 벗었다. 여성의 절규에 귀를 기울이지 않은 것은 주변의 목격자들도 마찬가지였다. 비명을 듣고도 부부싸움인 줄 알고 그냥 흘려보냈다.

보도국장이던 나도 사후의 방관자였다. 오원춘이 체포될 무렵, 경찰이 늑장 대응했다는 정황이 제기됐는데도 한동안 주목하지 않았다. "최선을 다했지만 범행을 막지 못했다"는 경찰의 주장을 그냥 받아들인 탓이다. 실수의 밑바닥에는 "경찰이 모든 신고를 다 경청할 수 없지 않나" 하는 안이한 생각이 깔려 있었다. 잠깐 정신을 놓은 사이에 방관의 틀에 말려들어갔다.

모든 잊힘과 억울함 뒤에는
방관의 다리가 있다.

악인이나 악행이 횡행하는 배경에는 팔짱을 낀 채 다리에 서서 지켜만 보는 행동이나 태도가 존재한다. 악행 그 자체가 아니라, 악을 보고도 아무것도 하지 않는 사람들 때문에 세상은 파괴될 것이라고 설파한 아인슈타인의 주장은 호소력이 있다.

사회가 복잡하고 조밀해질수록
방관의 다리는 더 많이, 더 높게 만들어진다.

이 명제를 깊이 새겨준 참사가 있다. 바로 가습기 살균제 대참사였다. 나는 분명 상당히 오랫동안 방관의 다리에서 팔짱을 낀 채 조망하고 있었다.

탐사를 하면서, 다양한 악을 대면한다. 그럴 때마다 이런 생각을 갖게 됐다. 악은 어떻게 탄생하는가. 평범한 사람도 끔찍한 악인이 될 수 있을까. 이런 궁금증을 가지고 자주 대화를 나누는 지인이 있다. 안민호 숙명여대 교수다. 늘 명쾌한 이론의 틀을 제시해주는 학자다. 가습기 살균제 대참사를 취재하면서 안 교수의 조언이 많은 시사점을 줬다.

대한민국 수립 이후 2015년까지 가장 사상자가 많았던 3대 참사를 뽑아봤다. 세월호 참사의 사상자는 304명, 대구 지하철 화재 참사의 사상자는 343명이었다. 1위는 삼풍백화점 붕괴 사고로 1,444명이 숨지거나 다쳤다. 이런 통계는 2015년까지의 기록이다. 2000년대 초반부터 발생한 가습기 살균제 대참사는 모든 기록을 갈아치웠다. 2018년 말까지 2천 명 넘는 사상자가 나왔다. 글을 쓰는 2019년에도 추가로 피해자가 집계되고 있다.

1990년대에 가습기 살균제라는 악마의 물질이 이 땅에 탄생한 뒤 근 20년 가까이 우리는 그 위험을 미처 알지 못했다. 전 국민의 22퍼센트가 이 악마의 물질을 썼다. 임산부나 신생아가 다수였다. 대참사를 둘러싸고 수많은 이해관계자가 존재한다. 19곳 이상의 기업, 9곳 이상의 정부기관, 국회의 3개 상임위와 2곳 이상의 대학이 관여돼 있다.

참사의 징후는 2000년대 중반에 포착됐다. 그럼에도 언론은 이 문제에 크게 주목하지 않았다. 한국언론진흥재단이 운영하는 신문기사 데이터베이스인 〈빅카인즈〉를 통해 20년간 가습기 살균제 보도 건수를 분석해봤다. 정부가 공식적으로 가습기 살균제가 참사의 원인이라고 밝힌 2011년 8월 이전에는 보도를 거의 찾아볼 수 없었다. 특히 2016년 들어 검찰이 본격적인 수사에 착수하기 전까지도 크게 주목하지 않았다.

이 문제에 대해 주목한 것은 2016년 봄이었다. 너무나 긴 로스트 타임이 있었다. 피해자 가족 10여 명을 회사로 초대해 피해 상황을 들어봤다. 그 내용은 놀랍고 참혹하고 참담했다.

특히 윤희씨의 사연에 가슴을 짓눌렀다. 만 2세가 안 된 아들 준원이를 하늘나라로 떠나보냈다. 2008년 6월이었다. 어두운 그림자가 찾아온 것은 그 2개월 전이었다. 준원이는 감기에 시달렸다. 동네 병원을 다 돌았지만 낫지 않았다. 혹시 다른 원인이 있을까 종합병원을 찾았다. 그런데 너무 늦었다. 호흡 곤란이 오더니 바로 중환자실로 들어갔다. 아이의 폐는 무섭게 굳어갔다. 그것이 마지막이었다. 이별 인사도 없이 영원히 작별해야 했다. 준원이를 죽음으로 몰고 간 것이 아이의 건강을 위해 머리맡에 틀어주었던 가습기 때문이었다는 사실을 안 것은 생이별 3년 뒤였다.

가습기 살균제로 폐가 망가져 10년 넘게 산소 호흡기를 끼고 살아가던 성준이를 만난 것도 그때였다. 출산 직후 아이는 건강했다. 생후 14개월 때 호흡 곤란으로 중환자실에 입원하게 됐다. 숨을 쉬지 못해 심폐소생술로 살아난 적도 있었다. 성준이는 퇴원 후 10년 넘게 줄곧 목에 산소 튜브를 꽂고 살아야 했다.

언론인으로서, 그것도 탐사 저널리스트로서 어떻게 이런 참담한 사태를 방관했을까. 스스로 무너져내림을 느껴야 했다. 뒤늦게나마 작은 결심을 했다. 그 결심은 2016년 5월 〈이규연의 스포트라이트〉 가습기 살균제 대참사 3부작으로 나타났다. 1부는 '대한민국, 침묵의 합창', 2부는 '국가의 침묵', 3부는 '천사의 눈물과 악마의 대변인'이었다. 사실 60분짜리 3부작을 연속해서 만드는 일은 여간 어려운 일이 아니다. PD, 작가, 기자 들이 모두 동의해주지 않으면 불가능한 일정이었다. 지금도 취지에 동의해준 〈이규연의 스포트라이트〉 식구들에게 감사한다.

방송 내용을 1권으로 정리해 《가습기 살균제 리포트》로 출간했다. 2016년 9월이었다. 가습기 살균제 피해자인 성준이 어머니에게 증정했다. 2017년 문재인 정부가 들어서고 몇 달이 지난 시점이었다. 문 대통령은 국가를 대신에 피해자에게 사과했다. 그리고 피해자들을 청와대에 초청했다. 성준이 어머니는 "피해자들의 마음이 고스란히 담긴 것"이라며 《가습기 살균제 리포트》를 대통령에게 전달했다. 어처구니없는 대참사는 어떻게 가능했을까. 이 책을 내며 대참사의 원인을 3가지로 정리했다. 방관자 효과, 관료주의, 블랙박스 이론이었다.

첫 번째, 방관자 효과. 목격자가 많으면 책임감이 분산돼 반反인류적인 행위를 보더라도 방치하는 심리 현상이다. 미국 뉴욕에서 발생한 '제노비스 사건'에서 유래했다. 1964년 주택가에서 제노비스라는 여인이 강도에게 살해됐다. 30분 넘게 진행된 범죄 행각을 자기 집 창가에서 지켜본 사람은 38명이었다. 어느 누구도 여인을 도와주지 않았다고 〈뉴욕 타임스〉는 보도했다. 영화 〈38인의 목격자〉가 나올 만큼 현대사회의 냉혹한 단면을 보여준 사건으로 잘 알려져 있다. 나중에 당시 목격자 중 일부가 신고한 것으로 밝혀졌다. 보도 과정에 허점이 드러나기는 했다. 하지만 '제노비스 사건'은 책임 분산으로 인한 무책임 현상을 상징하는 사건으로 여전히 기억된다.

방관자 효과는 한 나라가 선진국으로 커가는 과정에서 두드러진다. 일종의 문턱 현상이다. 전통적 공동체의식이 무너지고 개인주의가 고개를 든다. 경쟁에서 살아남으려 자기보호 심리도 강해진다. 자유의 방패를 든 구경꾼은 주변의 비명에 귀 기울이지 않는다. 무정無情도시가 탄생하기 십상이다.

방관자 효과는 사람들이 어려움에 처한 사람을 돕는 행위를 '더 잘 알고, 더 잘 하고, 더 책임감 있는' 가상의 누군가에게 미루기 때문에 발생한다. 가습기 살균제 대참사에서 공무원, 검찰, 법원, 국회의원, 언론 등은 가상의 누군가에게 책임을 미루며 방관의 다리에서 있었다. 그것은 수천 명이 숨지거나 손상을 입는 치명적인 결과로 나타났다.

두 번째, 관료주의. 막스 베버는 "관료에게는 영혼이 없다"고 했다. 관료들은 어느 정부에서나 그 정부의 철학에 맞춰 일하게 된다는 의미다. 직업적 공무원제의 특성을 설명하는 표현이다. 관료주의는 영어로 'Bureaucracy'다. 프랑스어 'bureau'(책상)와 그리스어 'kratos'(지배)를 합친 단어다. 이를 직역하면 '사람을 지배하는 책상물림' 정도일 것이다. 언제부터가 관료주의는 대한민국 사회에서 정부를 비판하는 수식어가 됐다.

관료제의 '효율'은 관리직들이 윤리적이고 합리적이며 성과지향적이라는 전제하에서 존재할 수 있다. 개인의 윤리성·합리성·성과지향성이 결여된다면 반공동체적인 모습이 나타난다. 비효율적인 탁상행정, 책임 전가를 일삼는 부서 이기주의, 간단한 과정도 복잡하게 만들어버리는 형식주의와 같은 병폐가 생겨난다.

위계질서는 관료제의 주요 특징 중 하나다. 하지만 권력 피라미드에서 높은 위치를 차지하는 사람이 유능하고 합리적이지 못하면 자칫 재앙에 가까운 결과를 낳을 수 있다. 무능력한 상사는 잘못되었거나 효력이 없는 해결책을 내놓는다. 결국 실질적인 효용은 하나도 없이 인력 자원만 낭비하게 된다. 무능력한 관료들은 효과적인 해결책을 내놓지 못한 채 권한을 운운하며 다른 단체에게 책임을 떠넘기려 한다. 책임 소재가 명확하여 신상필벌이 확실하다는 관료제의 장점이 때로는 단점이 되기도 한다. 관료제는 자칫 상황이 악화될 수 있는 일들에 대해서는 책임을 최대한 회피하기 위해 다양한 태도를 취한다. 이 중 하나가 복지부동이다.

가습기 살균제가 처음 만들어졌을 때, 정부는 약품의 성분에 대한 직접 검사를 실시하지 않았다. 약품 살균 성분을 해외에서는 문제가 되는 PHMG 물질로 바꿀 때도 세밀하게 안전 검사를 하지 않았다. 기업 측에서 대학교수들에게 청부한 연구결과만으로 PHMG가 안전하다는 평가를 내렸다. 안이한 평가로 국민은 폐질환 유발 물질에 노출됐다. 2016년 사건의 전말이 드러나자 정부는 기업들에 책임을 묻기 바빴다. 탁상행정과 책임 전가 자세로 일관했다. 최고의 비효율을 보이는 철밥통 관료제로 전락했다. 윤리를 잃어버리고 껍데기만 남은 채로 굴러가는 관료제는 19세기의 베버가 가장 우려했던 결과다.

가습기 살균제 대참사의 재판이 진행 중일 때였다. 이 사건을 맡은 판사 한 분이 이런 얘기를 전해왔다. "방송 3부작을 모두 다 봤는데, 공무원들을 어떻게 처분해야 할지 고민이 된다"는 내용이었다. 나는 당연히 윤리성·합리성·성과지향성을 갖지 못한 공무원들을 처벌해야 한다고 말했다. 하지만 그렇게 안 될 것임을 알고 있었다. 공무원들은 빠져나갈 구멍을 다 만들어놓았다. 그리고 결과는 짐작대로였다. 대한민국의 주인은 누구인가. 국민인가, 정치인인가, 아니면 공무원인가.

세 번째, 블랙박스. 우리는 매일 음식을 섭취한다. 이 음식이 하루 종일 활동할 에너지를 만들어낸다는 사실을 안다. 하지만 음식이 에너지로 변환되는 과정을 소상히 알고 있는 사람은 드물다. 생화학자가 아니라면 굳이 그 과정을 알려고 고민하지도 않는다. 과정을 이해하려면 큰 노고가 필요한 데다, 그 과정을 안다고 해도 개인적으로 큰 보상이 돌아오지 않는다. 이 사례에서 음식이 에너지로 변화되는 과정을 '블랙박스black box'라고 부를 수 있다. 입력(음식)과 출력(에너지)은 알지만 그 처리 과정은 무의식의 세계, 즉 어두운 박스에 담겨 있다.

블랙박스는 고대와 중세에도 있었다. 하지만 근대 이후 현대사회가 복잡해질수록 더 주목을 받게 됐다. 과학기술이 발달하고 네트워크가 촘촘해지면서, 우리가 알려고 해도 알 수 없는 복잡한 과정이 생겨난다. 21세기의 기술 집적체이자 생활필수품이 되고 있는 스마트폰을 예로 들어보자. 우리는 매일 스마트폰 스크린을 터치한다. 반응이 일어나는 과정을 전자·기계 공학 전공자가 아니면 알기 어렵다. 세상이 복잡해질수록 사람들은 점점 블랙박스에 익숙해졌다.

세상은 점점 접속의 시대가 돼가고 있다. 세상 어디에나 인터넷과 인공지능이 퍼져 있다. 마음만 먹으면 언제든지 검색해볼 수 있다. 스마트폰과 차세대 통신망의 보급으로 현대인은 어디서든 전문 지식까지도 찾아볼 수 있다. 정보 습득 자체는 큰 문제가 되지 않는 것이다. 설사 '블랙박스'가 존재한다 하더라도 "세상이 다 그렇게 복잡하지"하며 대수롭지 않게 여긴다. 굳이 구체적인 과정을 알 필요 없이, 맥락만 파악하면 된다는 생각이 현대인의 머릿속에 자리 잡게 된다.

한번 생겨난 블랙박스는 더욱 파악하기 어렵다. 블랙박스 스스로 시간이 지날수록 점점 많은 정보를 입력받아 처리하기 때문이다. 그 정보라는 것이 시시각각으로 극변하기도 한다. 우리는 이를 따라잡기도 수정하기도 어렵다. 따라서 모든 과정을 이해하기보다 더 효율적으로 원하는 결과를 얻어낼 방법을 모색하는 것이 현명하다. 복잡하고 바쁜 사회에서 블랙박스를 적절하게 두는 것은 어쩔 수 없는 선택이라고 하겠다.

하지만 블랙박스에는 함정이 존재한다. 만약에 입력과 출력 사이에 거치게 되는 복잡한 여러 단계에서 한 과정만 잘못돼도, 그렇게 복잡계가 엉망이 돼도 이를 바로잡기 어렵다. 아날로그 기계는 잘못된 부품을 찾아내 교체하면 재작동하지만, 현대의 복잡한 전자기계에서는 그 원인을 찾아내기 어렵다. 고치는 것도 쉽지 않다. 또 중요한 점이 있다. 복잡한 과정 중 단 한 가지만 잘못되어도 엄청난 피해가 생길 수 있는 것이다. 복잡계를 제대로 감시하지 못하는 국가와 기업은 큰 위기에 처한다. 권위를 내세우는 전문가에게 자신들의 복잡계를 맡겨 처분을 기다릴 수밖에 없는 상황이 된다.

가습기 살균제 대참사는 블랙박스 사건이라고 할 수 있다. 가습기 살균제 제조업체들은 어린아이에게도 안전한 성분만을 사용하여 살균제를 만들었다고 홍보했다. 정부는 '청부 연구'의 결과를 받아들여 안전성을 인정해주었다. 언론도 전문가들의 말을 인용했다. 가습기에 균이 번식하면 어린아이의 호흡기에 문제를 일으킬 수 있다고 보도했다. 국민은 가습기를 '안전하게 살균해주는 마법의 물질'을 신뢰하고 사용했다. 이렇게 살균 과정과 성분의 정체는 블랙박스 안에 놓였다. 수많은 소비자, 수많은 부모가 그 '마법의 물질'에 치명적인 성분이 포함된 사실을 전혀 모른 채 살균제를 썼다.

현대 사회학계의 큰 봉우리, 울리히 벡이 2015년 별세했다. 나는 벡의 추종자였다. 지난 수십 년간 국내외에서 그만큼 이름을 알린 사회학자도 드물 것이다. 그가 《위험사회》를 펴낸 것은 1986년이었다. 그의 저서가 본격적으로 국내에 소개될 무렵인 1990년대 초반, 국내에서는 대형 참사가 연이어 터졌다. 서해훼리호 침몰, 성수대교 붕괴, 여객기 추락, 삼풍백화점 붕괴 등 굵직굵직한 재난이 그때쯤 벌어졌다. 개발도상국에서 막 벗어나는 단계에서 압축 성장에 가려져 있던 부실이 고개를 쳐든 것이었다.

참사가 날 때마다 한국 언론은 벡의 '위험사회'를 습관적으로 거론하며 그 원인과 배경을 설명하려 했다. 벡과 위험사회는 지구촌 어느 곳보다 한국에서 이름을 날리게 됐다. '위험사회'라는 표현이 주는 매혹 때문에 그다지 맞지 않는 사고에도 끌어다 쓸 정도였다. 벡의 생각은 단순 사고의 사용설명서로 쓰기에는 묵직한 내용을 담고 있다.

　벡은 외형적 성장과 개발을 통한 선진국화만 추구한 탐욕스러운 자본주의를 통렬히 비판한다. 자본주의가 위험과 안전의 문제를 소외시키고 있다는 것이다. 그는 일부 전문가 집단과 기업의 독점이 심화되면서 위험이 더 가중된다고 봤다. 기업들은 연구를 청부하여 유리한 정보만 내세우며 거짓된 사실을 유포한다. '신뢰'를 가장한 기업은 그럴듯한 브랜드를 내세워 유해한 상품을 대중에게 판매한다. 벡은 크게 3가지 가정을 타파하면서 위험사회의 윤곽을 잡았다.

가정 1　현대 과학기술은 인류를 더 안전하게 하는가. 아니다. 고도 기술이 고도 위험을 만든다. 원자력 발전처럼 거대한 기술 복합체가 인류에 더 큰 위험을 안겨준다.

가정 2　위험은 통제할 수 있는가. 아니다. '첨단기술로 위험을 막을 수 있다', '확률적으로 도저히 일어나기 어렵다'는 예측이 번번이 빗나간다. 일본 쓰나미가 대표적이다.

가정 3　위험에 국경이 있는가. 역시 아니다. 세계화 진전과 사고의 대형화로 위험의 경계는 무너진다. 일본 원전 사고의 여파는 동아시아 전체를 위협한다.

　인류의 자랑스러운 업적으로 여기던 근대성을 근본적으로 되돌아보자는 것이 핵심이다. 벡은 위험사회의 대표적인 사례로 원자력 사고를 꼽는다. 체르노빌 사고처럼 현대의 위험은 그 자체만으로도 사회를 파멸로 치닫게 할 수 있다고 봤다. 체르노빌 사건으로 인한 사망자는 6천 명이 넘고, 수많은 주민이 삶의 터전을 잃었다. 시민은 식품 안전에 대한 신뢰를 상실했다. 누구도 예상치 못한 재앙이었던 만큼 아무도 그것을 피하지 못했다.

벡이 내한 강의에서 이런 질의응답을 한 적이 있다. "한국을 위험사회로 보느냐"는 질문에, 그는 "대표적인 위험사회"라고 답했다. 기술화·세계화·근대화 속도가 빠르기 때문이라고 덧붙였다. 사실 그의 진단보다 한국은 더 위험한 상황일 수 있다. 거대한 무선망으로 촘촘히 연결된 초정보사회이면서 성장이나 근대성에 대한 성찰은 극히 약한 우리만의 위험성이 존재한다.

울리히 벡의 위험사회 모형으로 가습기 살균제 대참사를 얼마나 설명할 수 있을까. 위에서 제시한 위험사회의 3가지 가정을 가습기 사태에 적용해보자.

가정 1 현대 과학기술은 인류를 더 안전하게 하는가. 가습기 살균제라는 첨단 화학기술의 산물이 한국 사회에 큰 위험을 안겨줬다.

가정 2 위험은 통제할 수 있는가. 정부와 기업은 가습기 살균제의 위험을 통제할 수 있다고 주장했지만 거짓으로 드러났다.

가정 3 위험에 국경이 있는가. 가장 많은 희생자를 낸 가습기 살균제를 제조, 판매한 회사는 영국계였다. 그들은 국경 저 너머에서 책임을 회피하고 있다.

다행히 노련한 사회학자는 겁만 주지는 않았다. 위험사회를 탈

피하기 위해 산업사회를 해체하고 새로운 사회를 구성해야 한다고 봤다. 벡은 이를 '성찰적 근대화의 과정'이라고 불렀다. 경제 성장과 이익 측면에서 다소 손해를 보더라도 위험을 철저히 봉쇄하는 것이 우선돼야 한다는 것이다. 개인과 기업, 정치권력은 경제적 피해와 불편함을 감수하지 않으려고 할 것이다. 어떻게 이를 혁파해야 할까. 그는 위험사회로 치닫지 않기 위해 튼튼한 민주주의를 세워야 한다고 주장한다. 강하고 독립적인 법정, 비판적인 언론 매체를 유지해야 한다. 권력 스스로 자기비판이 가능하도록 정치 체제를 발전시켜야 한다.

벡은 '세계 시민주의'라는 처방전을 함께 제시했다. 공공성·다양성·책임성을 발휘하는 세계 시민이 많아지고 그들의 입김이 강해질수록 극단적 위험에서 멀어질 수 있다고 밝혔다. 세계 시민이라는 든든한 방패에 들어가는 강력한 소재 중 하나가 건강한 탐사 보도이리라.

움직이지 못하는
초인의 꿈

루게릭병 환자와 나눈 편지

◀◀

‖

▶

"난다시돌아왔다"
박승일

2002년, 미국의 내러티브 기사에 몰두해 있었다. '내러티브narrative'
란 사건이나 인물을 상세하게 추적해 소설처럼 쓰는 논픽션 기법이
다. 그해 미국탐사보도협회 총회에 참석했다. 총회에서는 여러 보도
사례가 발표되었다. 특히 눈에 띈 기자의 작품이 있었다. 〈시애틀 타
임스〉의 제임스 네프의 기사다. 그는 소설식으로 글을 써서 퓰리처
상을 수차 받은 저명한 언론인이었다. 당시 국내 신문사에서 소설식
으로 기사를 쓴다는 것은 용납되지 않았다. 기사를 잘못 썼을 때 신

문사 편집국 선배들에게 듣는 욕이 있다. "이게 기사냐, 소설이냐."

제임스 네프가 썼던 기사를 받아들고 며칠 밤을 새워가며 읽고 또 읽었다. 흥미진진했다. 일반 기사 형태보다 더 탄탄한 취재가 밑받침돼 있었다. 탐사 보도 기사는 일반 기획 기사보다 대개 더 길다. 구성과 문체가 흥미롭지 않으면 독자가 끝까지 읽기가 부담스럽다. 내러티브 스타일은 돌파구가 될 수 있으리라.

성공적인 탐사는
흥미진진한 스토리로 구현된다.

세월이 흘렀다. 2005년 1월이었다. 〈중앙일보〉 탐사기획팀장 시절이었다. 기존의 언론사 특별취재 조직의 이름은 기획취재팀이나 특별기획취재팀이었다. '기획'이라는 표현이 대세였다. '탐사'라는 표현은 당시로선 생소했다. 기획의 상대어는 '발생'이다. 출입처에서 발생하는 보도를 제외한 기사를 기획 보도라고 칭한다. 탐사 보도의 상대어는 현상 보도쯤일 것이다. 원인을 깊게 들여다보고 파괴력 있게 전달하자는 의미에서 '탐사'를 고집했다.

8명의 부원을 받았다. 모두 취재를 잘하는 선수급이었다. 부원들이 취재한 내용을 점검하고 수정하는 시간이 늘었다. 현장 취재가 적어질 무렵, 내러티브가 생각났다. 제임스 네프식의 기사에 맞는 소재나 주제를 찾아다녔다. 마음에 확 닿는 사례는 좀처럼 찾기 어려웠다. 우연히 인터넷에서 루게릭병 환자들의 사연을 알게 됐다. 국내외 환자 모임과 접촉해 몇몇 환자를 소개받았다. 그중 한 사람이 박승일이다. 연세대 선수와 현대모비스 코치를 지낸 장신의 박승일. 루게릭병이 그의 농구 인생을 앗아갔다.

승일의 집에 연락한 것은 그해 여름이었다. 얼마 전까지 방송에 나와 루게릭병 환자들을 도와달라는 호소를 하던 그였다. 승일의 어머니 손복순씨에게 전화를 받았다. 간단한 인사를 나눈 뒤 용건을 밝혔다. 승일의 이야기로 기사를 쓰고 싶다고 했다.

며칠 후 메일이 왔다. 50여 자의 짧막한 분량이었다. 처음에는 장난 편지인 줄 알았다. 루게릭병 환자는 근육이 마비돼 글을 쓸 수 없다. 문법도 엉망이었다. 그런데 그는 상상하지 못한 '미디어'를 갖고 있었다. '안구 마우스'였다. 루게릭병 환자들이 가장 마지막까지 움직일 수 있는 근육은 안구 주변에 있다. 컴퓨터 자판에 눈을 마주쳐 글자를 쓰는 소프트웨어였다. 이 미디어를 통해 몇 달 동안 나와 승일은 메일을 주고받았다. 메일과 함께 가족, 친구, 의료진 인터뷰를 바탕으로 독특한 형태의 기사를 작성했다. 소설이나 희곡처럼 등장인물도 배치했다.

기사를 작성하던 중에 이런 두려움이 앞섰다. 동료들이 '드디어 소설을 썼구나' 하면 어쩌지? 독자들은 어떤 반응을 할까? 하지만 탐사 보도의, '대중이 몰랐던 뭔가 새로운 관점을 제공한다'는 측면에서 보면 한번 도전해볼 일이었다.

2005년 11월 9일 자 〈중앙일보〉에 내가 쓴 독특한 형식과 내용의 글이 1면 톱기사로 나갔다. 지면을 거의 모두 채운 파격적인 기사 배치였다. '신문은 결국 에디터가 만든다'는 언론계의 격언이 있다. 김수길 편집국장의 과감한 판단이 없었다면 나오기 힘든 지면이었다. '루게릭 눈으로 쓰다'라는 제목의 이 기사는 한국기자협회가 주는 그해의 한국기자상을 받았다. 문체로 그 상을 받은 예는 적어도 그때까지는 없었다. 당시 게재된 기사 내용을 소개한다.

우리는 가끔 정신이 육체에 갇히는 꿈을 꾼다. 몸부림쳐도 사지를 움직일 수 없는 가위 눌림. 아주 드물지만 이것을 현실로 받아들여야 하는 사람들이 있다. 운동신경만 서서히 파괴돼 결국 의식이 또렷한 상태에서 죽음을 맞이해야 하는 '세상에서 가장 잔인한 병'에 걸린 이들. 키 2미터 2센티미터의 농구인 박승일(전 연세대. 기아차 선수 및 현대모비스 코치)씨도 그런 사람이다. 그가 올 7~10월 기자에게 보내온 40여 편의 이메일은 띄어쓰기 없이 군데군데 철자가 빠지고 틀려 있었다. 다음은 메일 중 발췌한 내용.

여름엔모기가내가보는앞에서
당당히내피를포식해도
불난집구경하듯
바라만볼수밖에없다.

어느 여름날. 승일의 길고 가는 팔에 모기가 날아와 앉는다. 따끔한 느낌. 몹쓸 곤충이 피를 빨아먹는데도 그는 바라만 볼 수밖에 없다. 축 늘어진 팔다리를 뒤척일 수도 없는, 그러면서도 감각은 끔찍할 정도로 완벽하게 살아 있는 루게릭병 환자의 비극적 운명. 순간 그는 독백한다. 이건 지상 지옥이다.

정말하루24시간1년열두달을

항상바뀜없제자리에서

눈에벗어남없

굳건히자릴고수하고있는

지긋지긋한방배경

승일은 침대에 누워 항상 같은 사물을 바라본다. 정면에 TV와 컴퓨터, 왼쪽에 화장대, 오른쪽에 어항과 화초. 3평 남짓한 공간이 그가 볼 수 있는 전부다. 정신이 지배할 수 있는 육신은 오른손 약지 끝마디와 얼굴의 일부 근육뿐. 그는 가끔 조물주에게 기도한다. 눈꺼풀을 움직이고 눈동자를 굴릴 수 있는 힘만은 남겨주세요. 그의 소통 수단은 '안구 마우스'라는 특수 장비. 이 장비를 이용해 눈동자를 움직이고 눈을 깜박거려 메일을 쓴다.

비장애자였을적엔

1분에늦어도2백타가넘었는데

이제는1분에다섯글자도버겁다.

'눈'으로 쓰는 데 걸리는 시간은 '손'으로 쓸 때보다 40배 이상. 맞춤법과 띄어쓰기를 지키지도, 오탈자를 고치지도 못할 정도로 고통스러운 작업이다. 간단한 메일 1통 보내는 데 3시간이 걸린다. "눈이 벌겋게 충혈되고 눈물이 나지만 글을 쓸 수밖에 없습니다." 그는 거의 매일 자신의 인터넷 팬카페에 글을 올려 "루게릭병 환자를 도와달라"고 호소한다. 기자에게 메일을 보내온 것도 "언론을 통해 루게릭병 환자의 실상을 알리기 위해서"라고 한다. 하지만 그를 초인超人으로 만든 동력은 다른 데 있다. 세상에서 고립되면 더 이상 인간일 수 없다는 깨달음.

응급실에가지까지
난사람들과눈을최대한많이마주칠려했
집에와그순간의기억을다시꺼내면서
내지루한시간을달레는거

어쩌다 병원에 갈 때 그는 최대한 많은 사람을 보고 많은 사물을 기억하려 한다. 또 매일 아침 눈을 뜰 때 자신에게 외친다. "나 여기 살아 있다." 국내 최연소(당시 31세) 프로농구 코치. 그가 갖고 있는 타이틀이다. 지구에서 최초로 루게릭병에서 벗어난 인간. 그가 도전하는 또 하나의 타이틀이다. 하지만 그는 이미 다른 기록 하나를 만들었다. 움직이지도, 말하지도, 인공호흡기 없이는 숨 쉬지도 못하면서 세상과 소통한 최초의 인간. 우리는 그의 이메일을 통해 삶과 죽음의 경계에 서 있는 인간의 내면을 처음으로 탐사할 수 있었다.

루게릭병의 공식 병명은 '근위축성 측삭경화증'으로 운동신경 세포가 파괴돼 근육이 서서히 마비되는 병이다. 1930년대 미국의 유명 야구선수 루게릭이 이 병으로 38세에 요절하자 이런 이름이 붙었다. 아직까지 발병 원인이나 치료법이 밝혀지지 않았다. 영국의 천체물리학자 스티븐 호킹 박사도 비슷한 근육병 환자다. 그는 21세 때 진단을 받았지만 블랙홀에 관한 활발한 연구를 계속해 세계를 놀라게 하고 있다.

루게릭병 환자는 자신의 의지대로 몸을 움직일 수 없다. 초기에는 젓가락질이 힘에 부치는 등 손의 악력(쥐는 힘)이 약해진다. 나중엔 휠체어나 침대에 의지해야 하고 인공호흡기가 없이는 숨쉬기가 힘들다. 그러나 후각, 청각, 촉각, 미각 등의 감각 신경과 의식은 그대로다. 살아 있는 감각과 의식을 굳은 몸속에 가둔 채 평생을 사는 셈이다. 이 병이 '세상에서 가장 잔인한 병'이라고 불리는 이유다. 한양대 의대 신경과 김승현 교수는 "착하고 잘 웃는 사람이 잘 걸리는 병이라는 얘기가 많다"고 말했다. 한국루게릭협회에 따르면 국내에는 1,500여 명의 환자가 이 병으로 고통받고 있다.

2005년 7월 1일, 승일이 드디어 첫 번째 이메일을 보내왔다. 기자가 그의 가족들에게 근황을 물은 데 대한 답변이었다. 지난해 초만 해도 휠체어에 앉은 채 분주히 매스컴에 출연해 루게릭병의 참담함을 호소하던 그다.

반갑네요
제목소리(루게릭홍보)가첨보다많이작아저
겨우몇카페분들만귀기울뿐이었는데

난수표亂數表 같은 문장. 이게 정말 최연소 프로농구 코치가 될 정도로 영리했던 그가 보낸 건가. 몸 상태를 알게 되면서 혼란은 더 커졌다. 지난해 늦봄부터 병세가 나빠져 호흡기를 포함해 전신이 마비됐다는 것이다. 그렇다면 메일은 어떻게 보낼 수 있었던 걸까. 메일 교환이 거듭되면서 의문이 풀려갔다. 3년 6개월 전, 그는 자신이 루게릭병 환자임을 세상에 알리고 이 병의 홍보대사를 자처했다. 하지만 지난해 초 손과 입이 모두 굳어버려 침대에 눕게 됐고, 인터넷 팬카페 활동마저 중단해야 했다. 세상과 완전히 단절된 운명. 그는 당시 심정을 이렇게 적는다.

한동안희망은어디도없어보였다

기적은 갑자기 찾아왔다. 눈동자를 움직여 컴퓨터 화면에 글을 써 보내는 '안구 마우스'로 세상과 소통하게 된 것이다. 이 장비를 쓰는 데 엄청난 고통이 따르기 때문에 메일의 맞춤법을 고칠 여유가 없었다. 그가 '눈'으로 쓴 첫 문장은 짤막했다.

난다시돌아왔다

기적만큼이나 불행도 갑자기 찾아온다. 미국 야구선수 루게릭은 '방망이에 힘이 떨어지면서', 천체물리학자 스티븐 호킹은 '신발 끈을 잘 맬 수 없게 되면서' 불길한 예감을 받았다. 승일은 인생의 정점을 앞두고 신호를 받았다. 농구코치를 꿈꾸던 2001년 미국에서 근육 강화 훈련을 하던 중이었다.

벤치프레스에누어

가벼운바벨봉을쥐고들어올리는순간

왜이리도무거운지

2002년 봄, 현대모비스 농구코치로 발탁돼 귀국했다. 부모의 만류를 뿌리치고 농구 유학을 떠난 그였다. 문경은, 이상민, 우지원, 서장훈 등 잘나가는 동료 선수들 틈에서 무명으로 보낸 연세대 시절과 짧았던 프로선수(기아차 농구단) 생활에서 쌓인 한이 이제야 풀리나 싶었다. 외아들의 농구 뒷바라지에 평생을 바친 어머니 손복순씨와 아버지 박진권씨도 감격했다. 하지만 봄날은 너무 짧았다. 2002년 6월 4일을 승일은 잊지 못한다. 서울대병원 신경과 이광우 교수의 방. 다리는 이미 얼마 전부터 심하게 후들거리고 있었다. 하루 동안 근조직, 혈액, 소변, 뇌척수액 검사가 이어진 뒤 그의 진료 차트에 'ALS'라는 글자가 적혔다. 근위축성 측삭경화증Amyotrophic Lateral Sclerosis. 루게릭병의 의학명이다.

듣도보도못한병… 머리를강타당한듯했다

그를 코치로 영입한 최희암 당시 현대모비스 감독(현 동국대 감독)은 진단 결과를 처음 전해 듣는 순간에는 장난인 줄 알았다. 그 다음 생각은 "남에게 미움받을 일 없이 살아온 사람인데 어쩌다…"였다. 그날 이후 승일의 인생은 병마가 이끄는 대로 추락했다. 2개월 뒤 장애진단서가 나왔고, 11개월 뒤 걷지 못해 휠체어를 탔으며, 20개월 뒤에는 침대에 누워야 했다. 승일은 오전 9시에 일어나 배에 꽂힌 호스로 액체 영양식을 섭취한다(그는 '밥을 넣는다'는 표현을 쓴다). 세면하고 잠시 쉬고 난 뒤 컴퓨터를 켜 세상과 만난다. 오후 2시쯤 다시 밥을 집어넣고 스트레칭을 한다. 몸이 굳는 것을 막기 위해서다. 저녁 식사를 하고 나면 TV 시청을 한 뒤 자정쯤 잠을 청한다. 이 모든 하루 일과 중 승일이 스스로 할 수 있는 일은 아무것도 없다.

어머니가 항상 곁에 붙어 수발을 한다. 병마는 승일의 몸을 촛불처럼 태워 들어갔다. 지난해 5월 그의 목에 인공호흡기가 꽂혔다. 호흡기관마저 마비돼 목소리를 잃게 된 것이다. 침묵과 암흑의 세월이 일곱 달간 계속됐다. 석고처럼 굳은 육체 속에서 정신은 오히려 또렷하고 예리해졌다. '세상에서 가장 잔인한 병'을 속으로 곱씹어야 했다. 지난해 12월, 드디어 어둠 속의 독백을 마칠 수 있었다. '안구 마우스'를 누나들이 어렵게 구해온 것이다. 잘 알려지지 않은 고가(600만 원) 수입 장비여서 승일과 다른 근육병 환자, 두 사람만 국내에서 쓰고 있다. 이 장비를 이용해 세상과 소통한다. 중증 루게릭병 환자로선 감당하기 어려운 일이다. 하지만 그 속에서 새로운 꿈을 찾았다.

병을 알리자
이데로삶을포기하기란절대있을 수 없다

승일은 자신이 숨지면 장기를 기증하겠다고 기자에게 밝혀왔다.

오래전 방송에서 장기를 구하지 못해 생사를 다투는 사연을 보고 결심했다고 한다. "어차피흙으로돌아갈육신으로도움을주는건인데당연한일"이라는 것이다. 이를 아버지, 어머니에게 차마 직접 밝힐 수 없다고 했다.

얼마 전부터 그는 인터넷 팬카페에서 홍보 활동도 재개했다. 매일 세 시간을 메일을 쓰는 데 보낸다. 이번엔 루게릭병 홍보 말고도 목표가 하나 더 생겼다. 세상과 단절되면서 깨달은 소통과 일상의 소중함을 사람들에게 알리는 일이다.

말할수있다는그자체가
얼마나큰축복인가를
잃고난지금에야깨닳았고…

그는 팬카페 게시판에 글도 올렸다. "왼손에장애가있더라도장애로할수없는일보다할수있는일이더많으니당신은지금행복한사람입니다." 문득 루게릭이 1939년 양키스타디움의 은퇴 무대에서 외친 말이 떠올랐다. "난 지금 세상에서 가장 복 받은 사람입니다."

이 보도 이후, 박승일은 그의 누나 박성자씨와 함께 루게릭병 환자를 후원하는 '승일희망재단'을 조직했다. 가수 션이 공동대표로 참여하고 있다. 루게릭병 환자들이 편히 쉬고 치료를 받을 수 있는 요양기관을 만드는 꿈을 꾸고 있다. 승일은 세상에서 가장 불행한 사람이자, 가장 복 받은 사람 중 하나일지도 모른다.

정서적 사다리를
제공받을 권리

난곡의 2가지 가난

◀◀

⏸

▶

"교수님(선배님)은 탐사 보도의 주제나 소재를 어디서 얻나요?"

대학이나 대학원에서 강의를 하다 보면 학생이나 후배 언론인에게서 자주 듣는 질문이다. 사실 탐사 아이디어는 어디서든 나올 수 있다. 식구나 친구의 수다나 길거리의 광고판, 인터넷 댓글 등 주위의 사소한 것에서 출발할 수 있다. 세상을 향해 귀를 최대한 열어놔야 한다. 아이디어를 찾아내기 위한 몇 가지 생활 태도를 꼽아 학생이나 현직 언론인에게 제시한다.

첫째, 제보를 소중히 다뤄라. 제보나 우연히 알게 된 취재 단서를 확인 없이 버리지 말라. 믿을 만한 전문가에게 전화를 걸거나, 자료실이나 도서관에서 제보의 진위 여부를 확인해야 한다.

둘째, 정보원을 확보하라. 각 분야에 다양한 의견을 가진 믿을 만한 정보원들을 만들어놓아라. 그들과 정기적으로 만나 해당 분야의 얘기를 들어야 한다.

셋째, 다른 매체를 읽어라. 좋은 탐사 저널리스트는 매일 다른 매체에 귀를 기울일 줄 알아야 한다. 유력 신문과 잡지를 읽고, TV 및 라디오의 주요 시간대 뉴스를 청취해야 한다. 또 관련 기관이나 단체에서 발간하는 소식지를 받아봐야 한다.

넷째, 파괴력 있는 뉴스는 파일화하라. 속보는 반드시 파일에 담아 나중에 확인하라.

다섯째, 세상을 자주 뒤집어보라. 기존 보도나 제보 내용을 다른 각도에서 생각하라. 새로운 얘기가 나올 수 있다.

위 5가지보다 훨씬 더 중요한 수칙이 있다. 영순위는 '시대 문제'를 읽는 것이다. 문제란 무엇인가. 정책학이나 언론학에서는 상당수 사회 구성원이 해결해야 할 사안이라고 정의한다. 따라서 '시대 문제'는 그 시대 사회구성원이 반드시 해결해야 할 사안이라고 할 수 있다. 탐사 보도가 다루어야 할 핵심 대상이다. 정치인이나 작가, 시민활동가도 마찬가지다. 큰 작품이나 성과는 시대 문제를 건드리는 데서 나왔다고 굳게 믿는다. 그 대표적인 사례가 '난곡 리포트'였다.

2000년, 한국 사회는 여전히 우울했다. 1997년 말 외환위기로

IMF 관리 체제에 들어간 후였다. 사회와 경제는 구조적 수술을 당해야 했다. 그 여파로 실업자와 파산자가 거리로 쏟아져 나왔다. 겉으로는 임시처방으로 경제위기에서 벗어나는 듯했다. 하지만 사실상 더 구조적인 위험이 밀어닥치고 있었다. 바로 빈익빈 부익부, 빈부격차의 심화였다. 당시 나는 〈중앙일보〉 기획취재팀의 소팀장이었다.

미국에서 탐사 보도를 공부하고 막 들어온 시절이었다. 가장 큰 시대 문제로 떠오르고 있던 빈부 문제를 탐사하고 싶었다. 팀원들을 설득해 가난의 구조적 측면을 파고들어 보기로 결정했다. 2001년 1월 말에서 4월 초 서울 관악구 신림동의 '난곡' 지역에서 현장 밀착 취재에 들어갔다. 당시 난곡은 서울에서 가장 큰 저소득층 밀집 지역, 달동네였다. '난곡 리포트'는 특정인의 제보나 자료 제공이 아닌, 이렇게 시대의 흐름을 진단함으로써 탄생했다.

외환위기로 촉발된 빈부격차가 시간이 지날수록 더욱 커질 것이라고 봤다. 그런 병폐가 뿌리 깊게 박힌 달동네를 탐사함으로써 가난의 대물림 실상을 파헤쳤다. 이전까지 빈곤 기사는 연말연시에 사회의 따뜻한 온정을 바라는 연성 기사가 주종을 이루었다. 실태와 원인, 대안을 심도 있게 진단하며 빈곤 문제를 직면한 보도는 없었다. 하지만 취재는 처음부터 벽에 부딪혔다. "가난은 나라도 못 구한다."

정치인이나 관료는 물론이고 언론조차 이런 명제를 갖고 있었다. 취재기획안을 냈을 때 사내에서도 부정적인 반응이 나왔다. 또 하나 걸림돌이 있었다. 그때만 해도 가난의 구조적 문제를 다룬다고 하면 진보좌파로 몰리기 십상이었다. 2019년에 그렇게 몬다고 하면 극우로 취급받는 세상이 됐지만 말이다. '삐딱한 놈'으로 찍힐 수 있었다.

든든한 응원군이 옆에 있어 다행이었다. 이춘성 기획취재팀장이었다. 직속 상관이었던 이 선배가 기획의 수호자가 돼주었다. '가난은 나라도 못 구한다'고 규정하면 정의는, 민주는, 행복은 어떤가. 과연 우리는 무엇을 할 수 있을까.

그럼에도, 희망을 잃게 하는
명제와 맞서야 한다.

우려의 시각이 있었기에 좀 더 단단한 논리, 꼼꼼한 취재가 필요했다. 양극화가 대한민국의 가장 큰 시대 문제임을 강조하기로 했다. 취재진은 현장감이 살아 있으면서도, 날카로운 분석이 담긴 조사 보도를 하자는 데 합의했다.

달동네의 대명사는 서울 관악구 일대였다. 탐사 대상으로 점찍은 곳은 난곡으로, 신림 3, 7, 13동에 걸쳐 있었다. 박정희 정부의 판자촌 철거 정책 이후 대방동과 용산역, 서울역의 판자촌 주민이 이주해 오면서 형성된 곳이다. 2천여 세대가 살고 있었다. 꽃과 나무로 둘러싸인 정겨운 마을이기도 했다.

시민단체와 종교단체 관계자를 만나 협조를 부탁했다. 김기찬, 이상복 기자의 현장 취재가 없었다면 불가능했을 것이다. 우선은 주민의 마음을 여는 게 중요했다. 이상복 기자가 비탈길을 오르는 주민의 짐을 들어주고 양말을 사들고 찾아갔다. 구조적인 가난을 조명하기 위해 여러 사회과학적 방법을 동원했다. 취재진은 구조적 빈곤을 파헤치기 위해 크게 4가지 방법을 썼다.

첫째, 주민 수백 명을 대상으로 소비 수준, 가족관계 등을 면접 조사하기.

둘째, 3대가 모여 사는 20가구의 가계를 추적하기.

셋째, 빈곤과 복지 관련 전문가들을 인터뷰하기.

넷째, 구청이나 동사무소, 복지관의 주민 자료를 분석하기.

이 중에서 가계 추적 사례인 박순자 할머니를 소개한다. 당시 작성한 기사에서 발췌한 내용이다.

본인부터 증손자까지 4대가 난곡에 사는 박순자 할머니의 가족사에는 빈곤의 모든 가능성이 녹아 있다. 한국전쟁 전 박 할머니의 시집은 충남의 유지였다. 그러나 전쟁으로 집과 재산을 모두 잃고 논 아홉 마지기만 남게 됐다.

1960년대 중반 박할머니 부부와 자녀들(3남 2녀)은 일자리를 찾아 '무작정 상경'을 했다. 서울 흑석동 국립묘지 옆 한강변에서 천막 생활을 하다가 "대통령이 시찰을 나오시니 다른 곳으로 옮겨라"라는 공무원들의 성화(도심 빈민촌 철거정책)에 정부 트럭에 태워졌다. 그래서 옮겨온 곳이 바로 난곡. 구청 직원이 분필로 그어준 8평에 천막을 치고 시작한 난곡 생활이 30년 넘게 이어졌다.

박 할머니의 5명의 자녀 중 2명은 무학, 3명은 초졸이다. 남자들은 나이가 차면 기계적으로 공사판에 나가 돈을 벌어야 했다. 손자, 손녀도 야간대학을 나온 1명을 제외하곤 모두 초중고만 나왔다. 불행은 겹쳐서 온다고 했던가. 전쟁 때 입은 상처에 속병을 앓던 남편은 1970년에 숨졌다. 알코올중독이 심했던 큰사위는 12년 전 간암으로 죽었다.

큰딸은 오는 11월 제대하는 아들만 생각하면 잠이 안 온다. 국민기초생활보호법상의 수급권자 혜택이 '부양자가 생겼다'는 이유로 박탈되기 때문이다. 1997년 공고 자동차과 졸업반이던 아들은 외환위기로 직장을 구하지 못했다. 아들은 "내가 군대라도 가야 어머니가 정부 생계 보조금을 받을 수 있다"며 자원 입대했다.

박 할머니 일가에게 가난은 벗어나기 힘든, 크고도 깊은 수렁이었다. 증손자까지 4대 여섯 가구가 난곡에 살고 있는 박 할머니 일가. 가족 29명 거의 모두가 최저생계비(3인 가구 기준 월평균소득 76만 원) 이하 생활자다.

대졸자는 단 한 명(손자), 유일한 정규직 취업자다. 한국전쟁 때 가난의 늪에 빠진 뒤 외환위기를 거치면서 이들은 '저학력-저소득-노동력 마모'라는 '사슬'에 걸려들었다.

취재팀이 난곡의 성인 남녀 200명을 면접 조사한 결과, 65퍼센트가 97년 이후 단 한 번도 직업(공공근로 제외)을 갖지 못했다. 특히 근로 능력이 왕성한 20~40대 중 62퍼센트가 4년간이나 실업의 수렁에서 빠져나오지 못하고 있다. 정부가 각종 자활·재취업 사업을 벌이고 국민기초생활보장제를 도입했으나 이들을 일터로 끌어내는 데 실패한 것이다. 실제로 주민의 68퍼센트는 '정부의 자활 정책이 전혀 도움이 안 됐다'고 생각했다.

기획 단계부터 사진기자를 참여시켰다. 박종근 기자였다. 이는 대단한 성과를 만들어냈다. 취재 의도와 기사에 꼭 맞는 사진을 얻을 수 있었다. 박종근 기자는 시간이 날 때마다 난곡에 가서 카메라 셔터를 눌렀다. 비장하면서도 아름다운 사진을 찍을 수 있었다. 그중 한 점을 거실에 걸어놓았다. 박 기자가 사진전을 열었을 때 구입한 것이다. 초봄, 갑작스럽게 내린 눈에 시야가 흐려진 마을의 모습이다. 사진이 아니라 추상화처럼 보인다. 취재는 70여 일간 진행됐다. 취재가 마무리될 무렵, 기사 작성에 들어갔다. 뭔가 다른 리드를 쓰고 싶었다. 그래서 탄생한 것이 다음과 같은 묘사형 리드였다.

> 산꼭대기의 파란색 공동화장실, 소방차가 올라갈 수 없는 평균 경사 35도의 골목길, 주로 소주, 라면만 팔리는 동네 가게, 옛 삼성전자 로고가 남아 있는 1970년대식 거리 간판, 아직도 두 집에 한 집꼴로 연탄을 쓰는 곳. 여기는 2001년 4월 서울 관악구 신림동 산 101 난곡.

기사가 나간 뒤 정부와 사회각계에서 큰 관심이 쏟아졌다. 빈곤 정책의 기초 자료로 쓰겠다는 지방자치단체와 복지기관도 있었다. 미국 뉴저지 한 한인교회는 난곡에 청소년의 집을 연 뒤 80만 달러를 투입하겠다는 의사를 밝혀왔다. 실제로 이 교회는 약속을 지켰다.

'난곡 리포트'는 나를 포함한 취재진에게 분에 넘치는 영광을 안겨줬다. 한국기자협회가 주는 한국기자상과 한국신문방송인클럽 한국언론대상, 성균관대 언론대상 등을 연거푸 받았다. 이 기사가 모태가 돼 2005년에는 미국탐사보도협회 특별상을 받았다.

한 신문방송학과 교수는 언론 전문 잡지에 난곡 보도와 관련된 글을 썼다. 현장 사례를 부각하다 보니 대안 제시가 다소 부족했다고 그는 지적했다. 타당한 지적이었다. 그러면서도 그는 "난곡 리포트는 지금까지 우리의 언론 보도에서 쉽게 찾아보기 어려운 조사 보도 기법을 이용한 기사였다"고 평했다.

지금 기준으로 보면 '난곡 리포트'는 허점이 적지 않았다. 조사 방법이나 가계 추적 방식에서 어설픈 곳이 있다. 하지만 다양하고 체계적인 조사 방법을 동원했고 구조적인 가난 대물림을 집중 조명했으며 70여 일간의 현장 취재를 했던 점은 이전 보도에서 보기 힘든 포인트였다.

난곡에서 만났던 한 아이를 다시 만난 적이 있다. 2014년, 그 아이의 삶을 추적해 다음과 같은 칼럼을 썼다.

여기 깊은 함정이 있다. 가운데에 긴 사다리가 걸쳐져 있다. 사다리를 통해 함정에서 벗어날 수는 있다. 하지만 사다리는 삐걱대고 계단도 드물고 성기게 놓여 있다. 누구나 사다리에 오를 수 있지만 끝까지 가는 사람은 흔하지 않다. 이 쓸쓸한 연극무대 같은 현실에서 가끔 씩씩한 주인공이 나온다. 26세, 정부위탁 복지기관의 직원이다. 남을 돕는 일을 평생 하고 싶어 하는 여성이다. 지금 그의 미래는 힘차 보인다. 10여 년 전 취재 도중 봤을 때와는 처지가 딴판이다. 이제 2002년을 호출한다.

서울 최대 달동네였던 관악구 난곡의 중2. 할아버지와 할머니, 어머니, 동생 둘과 방 두 칸짜리 반지하 셋집에서 살고 있다. 아버지가 병치레를 하다가 운명을 달리하면서 가장은 어머니가 됐다. 24시간 해장국집에서 야간 서빙을 해 번 돈으로 가족을 돌봤다. 소득계층별로 보면 명백한 빈곤층이다. 중위소득(전체 소득자를 일렬로 늘어놓았을 때 중간 수준)의 50퍼센트에 못 미치는 가정이었다.

몇 번이나 학업을 포기하려 했다. 하지만 소녀의 곁에는 꿋꿋한 성격의 어머니가 있었다. "반드시 공부해서 지금을 넘어서야 해." 흔들릴 때마다 사다리를 잡아준 존재는 또 있었다. 지역 신림사회복지관이었다. 이 복지관은 '호퍼hopper'라는 청소년 지원 프로그램을 운영하고 있었다. 이를 통해 공부를 도와줄 대학생을 소개받았다. 전시회·영화·뮤지컬 등 문화행사도 자주 접했다. "가난하지만 정서가 메마르지 않아 나중에 어려움을 이겨낼 수 있었던 것 같다"고 2014년의 그는 회고한다.

우여곡절 끝에 수능을 봤다. 만족스럽지는 않지만 수도권 중위권 대학에 갈 수 있는 성적이 나왔다. 학비 조달이 문제였다. 주변 도움을 받아 겨우 등록금을 마련했다. 하지만 한 학기 만에 휴학했다. 어머니에게만 의존할 수는 없었다. 복지기관 아르바이트, 문서 정리 보조…. 점점 학업에서 멀어져갔다.

소녀에게는 재미동포 멘토가 있었다. 복지관이 연결해준 후원자였다. 이 동포를 '언니'라고 불렀다. 휴학 중에도 '언니'와 자주 편지를 주고받았다. 언니는 2가지를 거듭 강조했다. "무슨 일이 있어도 공부는 계속해야 해." "좋아하는 일을 해야 성공한다." 격려에 힘입어 소녀는 2년간의 방황을 접고 다시 사다리에 오른다. 마침 국가장학금 혜택이 넓어진다. 중상위 학점을 받으면 학비를 면제해주는 제도가 생긴 것이다. 학업에 집중했고 무사히 졸업할 수 있었다. 원하던 직장도 잡았다. 어머니도 작은 식당을 차렸다. 이제 막 빈곤층에서 벗어나고 있다.

그의 사연을 보며 이런 말을 하고 싶은 충동이 생길지 모른다. "봐라. 개인이 노력하면 얼마든지 가난의 굴레에서 벗어날 수 있어." 충분히 교훈적이기는 하지만 현실적이지 않다. 그는 운이 좋은 편이었다. 개인의 노력 외에 건실한 지역복지관이 있었고 현명한 멘토도 있었다. 그들이 고비 때마다 사다리를 잡아주었다.

우리 사회의 함정은 깊어졌는데 사다리는 허약해졌다. 사회적 배려도 꼴찌 수준이다. 우리는 어떤 사다리를 준비해야 할까. 답변자격이 충분한 그에게 물었다.

"빈곤층 아이들이 좌절하는 건 꼭 돈 문제 때문만은 아닙니다. 정서적 지지가 약해 바람에 잘 흔들립니다. 지금까지는 경제·복지 지원에만 주력해왔는데 교육과 정서, 특히 정서적 사다리를 만들어주는 데 좀 더 주목했으면 합니다."

그는 지난달 첫 월급을 받았다. 가족이 모여 삼겹살 파티를 했다. 그 자리에서 여러 사람의 배려가 풍선처럼 피어올랐다. 그날의 삼겹살은 유난히 고소했으리라.

탐사 노트
5

공직자 인터뷰 요령
공직자가 핑계를 대며 답변을 회피한다면?

1990년대 말, 미국 미주리대학교의 저널리즘스쿨에서 객원 연구원으로 연수할 때였다. 탐사 보도 기자 출신으로, 당시 미국탐사보도협회 회장이던 브랜트 휴스턴의 강연을 들은 적이 있다. 이 강연 주제는 '공직자가 취재를 피할 때 대처 요령'이었다. 경험에서 우러나온 매우 실무적인 팁이었다. 그의 강연 내용에 내 경험을 합쳐, '미꾸라지 공직자'에게 말대꾸하는 요령을 정리해본다.

① 모른다고 둘러댈 때

공직자 난 그 일에 대해 모르고, 어떻게 하는지도 모른다.

A1 그렇다면 당신이 무엇을 어떻게 하는지, 알려달라.

A2 그럼, 그 일을 알 수 있는 사람이 누구냐.

A3 당신의 상관을 만나고 싶다.

② 시간 핑계를 댈 때 1

공직자 처리하기엔 시간이 너무 늦었다.

A1 그렇다면 내일은 몇 시에 일을 시작하느냐.

| A2 | 일을 처리하는 데 시간이 많이 걸리지 않을 것이다. |
| A3 | 당신이 지금 무슨 일을 하고, 그것이 언제 끝나는지 알려달라. |

③ 시간 핑계를 댈 때 2

공직자	확인해주는 데 시간이 너무 걸린다.
A1	금방 끝날 수 있는 일이다.
A2	당신 생각엔 얼마나 걸릴 것 같나. 그때까지 기다리겠다.

④ 담당자가 부재할 때

공직자	담당 직원이 휴가(출타) 중이다.
A1	업무 대리자가 누구냐, 그와 얘기하고 싶다.
A2	만약 당신 상관이 그 자료를 요청한다면, 그 일을 어떻게 처리할 것이냐.
A3	오래 그 자리를 비워놓으면 행정 공백이 일어나지 않느냐.

⑤ 보안 문제를 부각할 때

공직자	그 자료를 줄 수 없다. 영리를 위해 활용할 수도 있지 않나.
A1	자료가 어떤 식으로 상업적으로 이용될 수 있는지, 설명해달라.
A2	그것이 대외비 자료인가, 아니라면 윤리에 따른 문제다.

⑥ 책임을 다른 곳으로 돌릴 때

공직자	관계 기관의 동의를 얻어야 한다.
A2	언제까지 가능한지 알려달라.
A2	그 관계 기관이 어디인가.

⑦ 기사를 문제 삼을 때

| 공직자 | 당신의 기사 의도가 마음에 들지 않는다. |

A1   당신의 직책과 역할이 무엇인가.

A2   당신이 그런 판단을 할 수 있는 지위인가.

⑧ 정보의 외부 유출을 걱정할 때

공직자   당신이 요청한 자료에는 대외비 내용이 들어 있다.

A1   왜, 그 부분이 대외비인가.

A2   좋다, 그 부분만 삭제하고 달라.

⑨ 내용이 복잡하다고 할 때

공직자   내용이 복잡하다. 당신이 이해할 수 있다고 생각하지 않는다.

A1   무슨 근거로 이해할 수 없다고 말하나.

A2   당신들이 우려하는 바가 이것 아니냐. 다 알고 있다.

A3   의문이 생기면 당신에게 연락하겠다.

악인을 비난하기는 쉽지만

이해하기는 너무 어렵다

표도르 미하일로비치 도스토옙스키

죄의 미미한 시작과
창대한 끝

이영학이 쓴 인간의 가면 벗기기

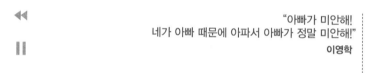

파리 루브르박물관에서 〈미로의 비너스〉의 뒤태를 찍어봤다. 정면
과는 확실히 다른 느낌이 났다. 앞과 뒤의 모습을 종합해보면 미로
의 비너스는 새롭게 다가온다. 이처럼 탐사를 오래하면서 사건이나
인물을 뒤집어 보는 습관이 생겼다. 하지만 아무리 뒤집어봐도, 가
끔은 도저히 이해할 수 없는 범죄나 범죄인과 직면한다. 이상범죄자
인 이영학이 그랬다.

"끔찍한 살인을 저지른 40대 남자가 검거됐습니다. 서울 중랑경

찰서는 오늘 오전 자신의 딸의 친구에게 수면제를 먹인 다음 성폭행을 시도하고 목 졸라 살해한 이 모씨에 대해 살인 혐의 등으로 구속 영장을 신청하고….”

2017년 10월 초였다. 모처럼의 평화로운 아침이 끔찍한 뉴스로 깨졌다. 중랑구에서 살던 때였다. 집에서 버스 두 정류장 거리의 가정집에서 끔찍하고 괴이한 사건이 벌어졌다. 교회와 유치원, 학원, 작은 음식점이 모여 있는 지역이었다. 범행 장소 바로 앞에 좋아하는 밥집이 있어서 가끔 가는 골목이었다. 이영학이 그해 9월 30일 범행 장소인 자택에서 딸의 친구에게 수면제를 먹인 뒤 성폭행하고 살해한 것이다. 딸의 친구를 성폭행, 살해했다는 점도 엽기적이지만, 캐면 캘수록 풀리지 않은 의혹이 계속 드러나는 이상한 사건이었다.

이영학이 체포된 뒤 수상한 CCTV 영상이 공개됐다. 이영학의 집 앞에서 촬영된 것이었다. 〈이규연의 스포트라이트〉제작진은 풀영상을 구해 분석해봤다. 살해 사건이 일어나기 20여 일 전의 장면이었다. 영상 내용은 대충 이랬다.

아침 6시 40분, 고급 차량과 함께 한 남성이 등장한다. 차에서 내리자마자, 붉은빛이 감도는 바닥을 물청소한다. 바로 그때 등장한 또 다른 남성, 이영학이다. 청소하는 남성에게 돈을 주고, 다시 한번 꼼꼼히 주변을 치운다. 중학생 딸과 함께 건물 위를 주시한다.

놀랍게도, 이영학의 아내가 집에서 뛰어내린 현장을 치우는 모습이었다. 이영학과 그의 딸은 그날, 그 장소에서 왜 그런 행동을 했을까. 20여 일 뒤 이영학은 딸의 친구 김 모양을 살해한다.

희귀병인 거대백악종을 앓고 있는 이영학과 그의 딸은 방송에도 함께 자주 출연해 인기를 얻었다. 투병의 고통과 극도의 가난에도 꿋꿋이 가정을 지켜가는 거룩한 아버지의 모습. 그는 방송에서 딸에게 이런 말을 했다. "아빠가 미안해! 네가 아빠 때문에 아파서 아빠가 정말 미안해!" "아빠가 꼭 낫게 해줄게! 약속할게! 사랑해!"

그의 부성은 사람들의 마음을 흔들기에 충분해 보였다. 하지만 그는 어린 딸의 친구를 성추행하고 살해 유기까지 한 냉혹한 킬러였다. 극단적 두 얼굴을 어떻게 해석해야 할까. 현장 검증을 참관했다. 관할 경찰서 강력계장이 이영학에게 뭔가를 주문하고 있었다. "여기서 딸의 친구를 죽였느냐." "어떻게 죽였느냐, 실제로 그렇게 해보라."

이에 이영학은 범행 사실을 순순히 인정하고 연신 "죄송하다"는 말만 반복했다. 강력 사건 취재 시 통상 3가지에 주목한다. 범행동기, 자백, 증거다. 자백과 증거는 완성됐다. 남은 것은 범행동기였다. 왜, 이영학은 딸의 친구인 여중생을 살해했을까.

살해된 여중생의 부모를 만나봤다. 여중생은 인기그룹 '엑소'를 좋아하고 친구와 잘 지내는 아이였다. 유달리 정의감도 강했던 막내딸이었다. 김양의 부모는 "할 수만 있다면 시간을 9월 30일(범행 추정일) 오전으로 되돌리고 싶다"고 했다. 김양은 그날 오전 11시 55분, 집을 나섰다. 초등학교 동창인 이영학의 딸을 만났고 좋아하는 연예인이 출연하는 영화를 보기 위해 이영학의 집으로 들어갔다. 그때부터 김양의 흔적은 사라진다. 김양의 어머니는 그날 저녁에 딸한테 전화를 했지만 전화기가 꺼져 있었다. 평소 친하게 지내던 이영학의 딸에게 연락을 취한다.

이영학의 딸은 너무나 소름끼치는 반응을 보인다. 웃음기까지 섞어가며 "오후 2시쯤 헤어졌고, 그 이후로는 모른다"고 응답했다. 물론 거짓말이었다. 딸은 아버지의 범행에 적극적으로 가담했다. 이영학의 지시로 친구 김양을 집으로 유인했다. 김양에게 수면제가 들어 있는 음료수 병을 직접 건네기까지 했다. 다시 이영학의 지시로 잠든 친구를 집에 홀로 남겨두고 외출을 한다. 그사이 이영학은 김양을 추행한다.

김양 부모는 속이 타들어갔다. 어머니는 밤 11시 20분 실종 신고를 했다. 지구대를 찾아가 다시 이양에게 전화를 한다. 그때라도 이양이 진실을 말해주었다면 결과가 이토록 참혹하지 않았으리라. 하지만 이양은 시치미 뗐다.

이양이 외출한 사이, 김양은 잠에서 깨어나 반항을 했다. 그런 아이를 이영학은 넥타이로 목 졸라 살해했다. 김양 사체를 가방에 넣고 딸과 함께 외출했다. 이후 몇 분간의 상황은 건물 앞 CCTV에 찍혀 있다. 이영학은 집 출입문 앞에 주차하기 시작한다. 차에서 내려 차와 문 사이 거리까지 확인한다. 되도록 가깝게 주차를 한다. 4분 뒤 부녀는 커다란 여행 가방을 들고 나온다. 김양의 시신이 들어 있는 가방을 차에 싣고 출발한다. 이영학과 딸은 강원도 영월의 한 야산으로 향한다. 한적한 도로 옆 절벽에 김양의 시신을 유기한다. 며칠 뒤 이영학은 은신처에서 딸과 함께 검거된다. 검거 당시, 딸과 함께 다량의 수면제를 복용한 상태였다. 그리고 수사 과정에서 이영학의 엽기성이 본격적으로 드러난다.

왜 이영학은 딸의 친구를 납치했을까. 이영학은 딸에게 "엄마가 죽었으니 엄마 역할도 필요하다. 네 친구인 김양이 착하고 예쁘니까 그 아이를 데려와라"고 했다. 사망한 아내를 대신할 대상으로 딸 친구를 택했다는 것이다. 그는 "이 모든 것이 숨진 아내 최씨의 빈자리 때문"이라고 진술했다. 이영학이 김양 시신을 유기하고 오는 길에 차 안에서 촬영한 유서 형식의 동영상도 입수됐다. 이영학은 먼저 아내를 찾으며 애정을 표한다. "여보, (울음) 진작 당신을 따라갔어야 되는데, 당신이랑 나랑 어떻게 사랑을 나누고 어떻게 살았는지 우리만 알아."

이영학은 운전을 하며 동영상을 촬영했다. 그런데 그 표정이 이상했다. 분명 울고 있는데, 시선은 운전을 위해 정확히 앞을 향했다. 과연 이런 이중적인 모습은 뭘 의미할까. 이웃은 모든 것이 이영학의 연극이며, 부인 최씨가 극도의 억압 속에서 살았다고 증언했다. 인근 식당 주인은 "이영학이 항상 먼저 앞에 가고 부인은 따라갔다"며 "사이가 좋아 보이지도 않았고 남자는 딱 보면 완전 건달이었다"고 했다. 또 다른 주민은 "성욕을 채우고 살해까지 한 추악함을 아내에 대한 그리움이란 가면으로 가리려 했을 것"이라고 했다.

〈이규연의 스포트라이트〉 제작진은 이웃에게서 뜻밖의 얘길 듣는다. 9월 6일, 최씨가 사망한 뒤 그의 죽음을 둘러싼 의혹이 주민 사이에 떠돌았다는 것이다. 사망 당일에 태연하게 물건을 사 갔던 최씨가 1시간 뒤 죽었다는 것이다. 사망 당시 최씨의 윗옷은 가슴 위까지 올라가 있었다. 아내 추락 4분 뒤 뛰어 내려온 이영학은 바로 최씨의 자세를 바꾸고 옷을 내리며 오열하는 듯했다. 119대원의 만류로 자리에서 비켜난 뒤 이영학은 계속해 전화 통화에만 집중한다. 딸 이양은 엄마의 시신 앞에서 동영상 촬영이라는 기이한 행동을 한다. 119의 조치가 끝난 뒤에도 부녀는 그 자리에서 움직이지 않는다.

수상한 점은 이뿐만이 아니었다. 사건 발생 6시간 뒤, 최씨의 투신 현장을 치운 남자가 있었다. 최씨와 함께 떨어진 피 묻은 휴지를 치우고, 물을 뿌려 핏자국을 지운다. 경찰이 표시해둔 폴리스라인까지 제거한다. 현장에서 이영학의 돈을 받았던 남자, 이영학의 형이었다. 아내가 투신한 뒤 이영학이 형에게 돈까지 주면서 급하게 현장을 청소를 한 이유는 무엇일까.

우리는 이 의혹도 추적해봤다. 현장에 가장 먼저 출동한 소방대원을 만나봤다. 이영학은 소방대원에게 아내가 화장실 창문으로 스스로 뛰어내렸다고 진술했다. 하지만 창문은 한 사람이 겨우 통과할 정도로 작았다. 더구나 그곳에서 최씨의 추락 지점은 대각선 방향이다. 위화감이 드는 현장이었다. 하지만 경찰은 단순 추락사가 맞다는 결론을 내렸다. 추락하면서 몸이 간판에 부딪치면서 대각선 방향으로 떨어졌다고 추정했다. 이영학도 치사 혐의를 부인했다.

이영학의 엽기성은 좀 더 이어진다. 이영학은 아내의 자살이 최씨를 성폭행한 자신의 계부 때문이라고 주장했다. 하지만 최씨의 이마에서 추락 직전에 생긴 것으로 보이는 상처가 발견되면서, 추락 직전에 폭행이 있었음을 이영학이 자백했다. 두 사람 사이 다툼이 생겼고, 감정이 격해져 이영학이 아내를 폭행했다. 모기약 스프레이 통으로 이영학이 아내의 머리를 때려서 피가 났다. 최씨는 화장실에 들어간 뒤 피 묻은 휴지와 함께 창밖으로 떨어져 사망했다.

이영학의 이상범죄의 동기가 돈인지 성적 문제인지를 밝히는 것이 먼저라고 생각했다. 이영학은 최씨 사망 다음 날 새벽, JTBC에 제보 아닌 제보를 해온다. 그의 멘트는 이랬다.

"아내를 떠나보내며, 제 아내를 위해 많은 곳에 기사 송출과 후원 부탁드립니다. 제 아내는 강간 등을 (계부에게) 8년을 넘게 당하고 추가 고발을 하고, 그날 아내는 저와 딸의 마지막 저녁을 차리고 5층에서 투신했습니다." 아내의 성폭행 사건을 언급하며 억울함을 호소하고 경제적인 도움까지 요청했다. "이제 제겐 딸과, 병원비 장례비, 딸 수술비 등이 남아 있습니다. 경제적 도움을 요청합니다."

그리고 그는 충격적인 장례식장 영상을 첨부했다. 사망 직후 최씨의 모습이었다. 영상에서 이영학은 아내의 시신에 입을 맞추며 애정을 표한다. 염하는 장면이었다. 이영학은 장례식장 직원에게 "자신이 아내 입관을 하겠다"고 우겼다. 그리고 몰래 셀프 촬영을 했다. 이영학은 "우리 예쁜 아내" 하면서 마치 인형을 닦는 것같이 염을 했다. 그런 영상을 경제적 도움을 언론에 청하는 메일에 첨부했다. 이 영상을 본 프로파일러 표창원 의원은 "아내의 마지막 순간까지 돈벌이 수단으로 활용한 것"이라고 평했다.

최씨는 18세 어린 나이에 이영학을 만나 딸을 낳고, 희귀병이 걸린 남편과 딸을 돌보았다. 최씨가 자살을 선택한 것이 맞다 해도 17년간 노예 생활을 했으며 성매매를 강요당했다. 사망 직전까지 폭행당했다. 그 시작과 끝에 괴물 이영학이 있었다. 프로파일러들은 이영학이 사이코패스라는 데 동의했다. 다만 좀 독특한 형태인 '성도착적 사이코패스'일 가능성이 크다고 했다.

평소에 이영학은 짱구탈을 쓰고 거리 등에서 모금 활동을 했다. 희귀병에 걸린 딸을 살려달라고 호소했다. 그의 곁에는 아픈 딸을 지키던 어린 아내도 있었다. 서로를 끔찍하게 아끼던 가족의 모습은 대중에게 감동으로 다가왔다. 그 가면 뒤의 실체를 찾아 이영학의 어린 시절로 추적했다.

이영학과 한 건물에 살았다는 이웃을 만났다. 레미콘 회사를 운영하던 이영학의 친아버지는 4층짜리 건물을 소유할 정도로 부유했지만 성격이 무척 포악했다고 했다. 외제차 트렁크에 야구 방망이를 꽉 채워 싣고 다녔다는 것이다. 이영학은 어린 시절에도 희귀병을 앓는 장애인이라기보다는 소년범의 성향을 드러냈다. 한 이웃은 그가 중학교 2학년 때 오토바이를 훔쳐서 문제가 됐다고 증언했다. 이뿐이 아니었다. 지금 들어도 섬뜩한 범죄 행위가 있었다. 이영학의 중학교 시절 교사는 "여학생을 강제로 어떻게 했는지 그 여학생의 피를 묻히고 와서 애들한테 떠벌리고 자랑했다"고 했다. 중학교 2학년생으로서는 상상하기 힘든 행각이었다.

이영학은 처벌받은 적이 없었다. 학교 운영에 참여하던 어머니가 외제차를 타고 나타나 매번 돈으로 해결했다. 그러다 친아버지 사업이 부도를 맞자 부모는 이혼하고 가족도 뿔뿔이 흩어진다. 이영학의 '인간 가면'은 이때쯤 만들어졌을 가능성이 컸다.

이영학은 돈과 성, 모두에 집착했다. 취재 도중에 아내를 돈벌이 도구로 쓴 흔적이 포착된다. 경찰은 조사 과정에서 성매매 동영상 하나를 확보했다. 동영상 속에 여자는 부인 최씨로 추정된다. 실제 영상이 촬영된 오피스텔을 찾아갔다. 문은 굳게 닫혀 있었다. 주변에서 이영학의 전화번호가 찍힌 전단지를 발견했다. 성매매 업소를 일반 마사지숍으로 교묘하게 둔갑시킨 것이다. 거주 기간이 의미심장했다. 최씨가 사망한 날(9월 6일) 직후 퇴실했다. 이영학 집 근처 차고지에서는 성인용품이 쏟아져 나왔다.

이영학은 아내가 죽기 전날에 아내와 자신의 계부가 성관계를 가졌다고, 오랫동안 계부가 아내를 성폭행했다고 주장했다. 최씨는 계부를 고소했고, 그 증거까지 제출했다. 사건이 있었던 영월로 갔다. 관할 경찰은 성폭행은 아니라고 판단하고 있었다.

아내가 죽기 전, 이영학은 아내를 데리고 영월 집으로 왔다. 어머니와 계부가 사는 집이었다. 이영학은 어머니를 태우고 외출한다. 집 안에 아내와 계부를 남겨둔다. 성폭력 피해자가 자발적으로 가해자 집에 찾아온 것이 되고, 그런 피해자인 아내를 가해자와 남겨두고 나왔다는 이영학의 주장은 설득력이 떨어진다고 경찰은 설명했다. 결국 협박의 증거를 만들기 위해 아내에게 계부와의 성관계를 강요했다는 추정이 가능했다. 이웃 사람들은 "이영학이 부유한 계부에게서 돈을 뜯어내기 위해 수작을 부렸다"고 추측했다. 계부는 이영학의 살인 행각이 세상에 알려진 보름 뒤에 자택 비닐하우스 안에서 목을 매 숨진 채 발견된다.

이영학에게 돈과 성의 도구가 된 또 다른 존재가 있었다. 바로 딸 이양이었다. 이영학에게 성적 도구가 될 친구를 데려오고 시신 유기를 도왔다. 이양은 "우리 아빠가 죽이지 않았다"고 울부짖었다. 엄연한 범죄 공모자였다. 이양을 면담한 프로파일러의 얘기를 들어봤다.

"아버지가 말을 하면 그것에 대해 어떤 판단을 하지 않고 맹목적으로 믿는 그런 상태였거든요. 아버지께서 좋았다고 하면 딸이 좋았다고 똑같이 표현을 하는 식이었죠. 아버지에 대해 좋은 기억밖에 얘길 안 하고, 학대 가능성 같은 걸 질문을 하면 굉장히 화를 내고 격한 감정 반응을 보였습니다."

우리는 또 다른 이상한 점을 발견한다. 바로, 이영학이 받은 지적 정신장애 2급 판정이었다. 지적 정신장애 2급은 지능지수 50 이하, 초등학교 1학년 지능 수준이다. 교묘한 이영학의 범행이 과연 초등학교 1학년 지능으로 가능할까. 그를 가까이서 본 이웃 주민도 "절대로 그 정도의 저능은 아니었다"고 했다. 어떻게 된 일일까.

이영학은 2005년 방송에서 자신의 희귀병을 물려받은 딸을 살리려는 부성애를 보여주며 유명해졌다. 일명 '어금니 아빠'라는 애칭도 얻었다. 그는 "딸의 병원비가 수억 원"이라며 시청자에게 온정의 손길을 구했다. 반지하방에 살던 이영학은 방송에서의 인기로 후원금이 들어오자 고급차부터 샀다고, 당시 집주인은 전했다. 실제로 딸에게 온 후원금 13억 원 가운데 딸 치료비는 1억 원대였다. 10억 이상의 돈을 이영학이 어디에 썼는지 의문이다.

이렇게 영악한 이영학의 지능지수가 50 이하라니. 2011년 지적장애 3급 판정을 받았지만 정상 생활에 지장이 없는 수준이었다. 사실 이 3급 판정도 따져보면 수상한 구석이 없지 않다. 이후 간질 병력이 더해지면서 지적장애 등급이 2급으로 올라갔다.

'어금니 아빠'에서 흉악한 살인자로 10년이 넘는 시간 동안 이영학의 '인간 가면'을 아무도 눈치채지 못했다. 되돌려보면 그를 먼저 검증하고 피해자 김양을 살릴 기회는 많았다. 천사로 포장된 사이코패스! 우리가 방심한다면, 제2, 제3의 이영학은 반드시 나타난다. 이영학 사건을 추적하면서 〈탈무드〉의 명언이 떠올랐다.

죄는 처음에는 거미집의 줄처럼 가늘다.
그러나 마지막에는 배를 잇는 밧줄처럼 강해진다.

아무리 보도라도, 인물이 사건의 중심이다. 사건을 추적하면서 인물의 과거를 추적해야 한다. 이를 서양 언론은 '백그라운드 체크'라고 한다. 이영학 취재는 백그라운드 체크의 결과물이었다.

백그라운드 체크로
새로운 스토리를 만들 수 있다.

실험실 밖에서
과학이 지켜야 할 예의

황우석 신화와 과학 정치화의 덫

많이 배우고 많이 가진 사람들은 범죄를 덜 저지를까. 탐사를 할 때마다 이런 의문이 솟아오른다. 어딘가에는 그런 통계나 연구가 있겠지만 굳이 찾아볼 필요는 없을 것 같다. 범죄 유형에 따라 다르기 때문이다. 지능이 높은 사람이 단순 범죄를 저지를 가능성은 다소 낮다. 하지만 지능형 범죄라면 어떨까. 단순한 사람이 그런 범죄를 저지를 가능성은 다소 낮을 것이다. 권력형 범죄라면 양상이 다를 것이다.

비리는 학력, 재산, 명예,

그 어떤 것과도 관련성이 없다.

탐사 보도를 하다 보면 선인과 악인을 모두 만나게 된다. 다수의 행복을 지키기 위해 최선을 다하는 선인! 자신의 탐욕을 위해 남을 속이고 해치는 악인! 문제는 선인과 악인을 구분하기 쉽지 않다는 점이다. 상당수는 선과 악, 두 모습을 모두 갖고 있다. 물론 그 비율이나 선행과 악행 정도에는 차이가 난다. 적어도 사회적으로 중대한 해악을 끼치지만 않는다면 악인이라고 규정하긴 어려울 것이다. 그런데 이것으로 문제가 사라지지 않는다. 악이 선의 가면을 쓰고 있는 경우도 적지 않다. 이를 가려내는 일이 여간 어려운 게 아니다.

과학언론 전공으로 문학박사 과정을 밟을 때였다. 과학철학 과목을 수강했다. 과학철학자 칼 포퍼의 주장이 흥미로웠다. 그는 과학과 사이비 과학의 감별법을 제시했다. "반증할 수 없으면 과학이 아니다."

칼 포퍼는 마르크스주의를 사이비 과학이라고 진단했다. 마르크스주의가 들어맞는다는 사례는 무수하게 제시할 수 있다. 하지만 그의 주장이 잘못됐다는 사례는 찾을 수 없다는 것이다. 신화 역시 과학이 아니다. 놀랍게도 한동안 비판 대상이 아닌, 선한 얼굴의 신화적인 인물이 우리 사회에 등장한 적이 있다.

기억은 1993년에 시작된다. 사회부 기자를 하면서 서울대를 출입하던 때였다. 한 수의대 교수의 연구 성과가 발표됐다. 축산업계의 혁신을 일으킬 '시험관 송아지'가 국내에서 처음으로 생산됐다는 내용이었다. 체외에서 소의 난자와 정자를 수정시켜 288일 만에 시험관 송아지를 탄생시켰다고 했다. 시험관 송아지의 성공으로 우량종의 수정란을 몇 만 원 값으로 축산 농가에 보급하는 길이 열렸다는 평가도 덧붙여 있었다. 연구진은 '황우석 연구팀'이었다.

황우석 박사는 순수한 얼굴을 하고 있었다. 눈망울이 크고 밝아서 송아지를 연상시켰다. 송아지와 함께 있는 그는 분명, 전형적인 농업과학자 분위기였다. 언변 역시 신뢰가 갔다. 그는 나 같은 젊은 기자에게도 친절했다. 수의과학자 황우석에 대한 첫인상이 좋지 않을 이유가 없었다.

6년 후, 황 박사는 또다시 주목받는 연구 결과를 발표한다. 세계 최초로 체세포 복제 방식으로 '영롱이'라는 젖소가 탄생했다는 내용이었다. 경기도 이천의 한 목장에서 황 교수는 장화 차림으로 송아지를 껴안고 있었다. 역시 순수하고 선한 얼굴에 밝은 미소를 보여줬다. 황우석 신화의 시작이었다. 그는 수의학에서도 '산과', 의학으로 보면 산부의과 분야의 학자였다. 그런데 황 박사팀은 젖소뿐만 아니라 개를 복제해 세상에 선보였다. 맘모스 같은 멸종 동물도 복제해내겠다고 밝혔다. '쥬라기 공원'을 예고한 것이다.

황 박사의 성공 질주는 본격화했다. 2004년에는 세계를 발칵 뒤집어놓는 연구 성과를 내놓는다. 사람의 체세포를 복제한 배아줄기세포 배양에 세계 최초로 성공했다고 〈사이언스〉에 발표했다. 그는 수의학 산과 교수에서 의학이나 분자생물학 분야의 권위자가 돼가고 있었다.

황우석 박사가 한마디만 하면 모두 진실이자 미래의 지침이 됐다. 기자들은 쫓아다니며 그의 입에서 흘러나오는 내용을 그대로 실었다. 현장 기자도, 데스크도 무비판적으로 받아들였다. 노무현 정부의 일부 청와대 인사와 여권 핵심 인사도 황 박사와 같은 배를 타고 있었다. 여야, 보수와 진보 할 것 없이 황 교수의 편이 돼갔다. 여기에 합리적 의심을 해야 할 언론 역시 황 박사 앞에서는 맹인이었다.

내가 결정적으로 황우석 교수를 의심하게 된 장면이 있다. 그는 루게릭병 등 난치병을 앓고 있는 어린이와 가족들을 찾아서 병을 낫게 해주겠다고 격려했다. 못 걷는 사람을 일으켜 세우는 예수의 모습을 하고 있었다. 누가 봐도 그런 난치병은 간단히 치료할 수 없는 것이었다. 획기적인 줄기세포 기술이 당장 나와도, 치료 단계까지는 한참 시간이 걸릴 터였다. 더구나 수의학 교수의 입에서 나올 소리는 아니었다. 나는 그날 과학자가 아닌 교주의 형상을 봤다.

순진한 눈망울을 가졌던 과학자가 10년 만에 신화가 되었다. 국무총리실을 출입할 때였다. 보건이나 농업과 거리가 먼 분야를 담당했다. 하지만 서울대 출입 기자를 오래한 터라, 여러 얘기를 전달받고 있었다. 연구 과정의 비윤리성에서 연구 성과의 진실성까지 한두 가지가 아니었다. 일선 취재 기자와 간부에게 내 의심을 전했지만 허사였다. 한 원로 과학자에게서 이런 말까지 들었다. "우리나라는 잘나가는 사람 뒷다리 잡는 게 문제다."

그냥 넋두리를 하는 방관자가 돼가고 있을 때였다. 그런데 한 방송에서 도발적인 보도가 시작됐다. 이때부터 미디어 연구자 입장에서 황우석 현상을 탐구했다.

2005년에 황 박사는 살아 있는 '과학 대통령'이었다. 대통령 선거에 나서도 밀리지 않을 기세였다. 그 신화에 〈PD수첩〉이 도전했다. 2015년 2월, 황우석 검증 보도를 주도한 최승호 PD를 인터뷰했다. 저널 〈신문과 방송〉에 기고하기 위해서였다. 최 PD는 황우석 사건을 어떻게 정리하고 있을까.

"황 박사의 주전공은 줄기세포가 아니었습니다. 분자생물학 영역에서 전문 지식을 쌓아온 인물이 아니었습니다. 특히 수의학과 교수로서 인간 배아줄기세포에 풍부한 식견을 갖고 있지 않습니다. 재판 과정에서 스스로 이를 인정하기도 했습니다. 일부 황 박사 지지자들은 여전히 이를 믿지 않았습니다. 아직도 일부 일간지조차 황박사를 한국의 생물공학 산업을 영도해줄 영웅으로 여깁니다. 과학의 정치화가 남긴 부작용이죠."

당시 정치권은 황우석 브랜드를 통해 정치적인 목적을 달성하려했다. 노무현 정부는 생명공학을 정보통신에 버금가는 주력 산업으로 육성하고 싶어 했다. 그러다 보니 대중 스타인 황 박사를 영웅으로 띄우려 했다. 청와대, 장관, 국회가 황 박사를 치켜세웠다. 야당의 유력 인사들 역시 황 박사의 실험장과 목장을 찾아가 인증 사진을 찍었다. 청와대와 정부가 보도에 비판적인 자세를 보인 데에는 스스로 만들어놓은 영웅을 부정할 수 없는 속사정이 있었다.

최승호 PD는 취재 과정을 간략히 전했다. 추적은 한 게시판에 올라온 글에서 시작됐다고 한다. 제목은 "황우석 교수 관련 건입니다." 2005년 6월 1일 오후였다. 내용은 도발적이었다.

"황우석 교수는 국민적 영웅 수준으로 떠올라 있으며, 국가의 지원과 여론의 존경을 한 몸에 받고 있습니다. (…) 부정한 방법으로 쌓은 명성은 한 줌 바람에 날리고 진실은 언제가 밝혀진다는 신념 하나로 이렇게 편지를 띄우니 부디 저버리지 마시고 연락 부탁합니다."

노무현 정부 인사들과 주류 언론에 절대적인 지지를 받고 있던 황우석을 검증하는 것은 정권 실세를 다루는 것보다 더 위험한 도전이었다. 〈PD수첩〉은 그 어려운 선택을 하지 않을 수 없었다. 시청자에게 선언한 약속이었다. 이 제보가 들어오기 전날, 〈PD수첩〉은 15주년 특집 '상식이 통하는 사회를 위하여'를 내보냈다. 당시 최승호 CP는 그 방송을 마무리하며 "〈PD수첩〉은 능력이 모자라서 제대로 비판하지 못한 적은 많았지만 압력 때문에 사안을 피해간 적은 없었다"고 말했다. 제보자는 이 방송을 보고 글을 올렸음이 틀림없었다. 한학수 PD가 제보자를 만났다고 한다. 황 박사와 함께 일했던 제보자는 황우석 박사의 업적이 과장 또는 조작됐다고 말했다.

취재 5개월 만에 첫 보도가 나왔다. 생명윤리법 위반 사실과 석연치 않은 연구 과정에 의혹을 제기했다. 즉각 정치권과 과학계, 주류 언론에게서 비난이 쏟아졌다. 광고 불매 사태가 벌어졌다. 한때 〈PD수첩〉은 대한민국의 왕따가 됐다. 하지만 시간이 지나면서 황 박사의 가면은 서서히 벗겨졌다. 2, 3, 4, 5탄 보도가 이어질수록 혐의는 짙어졌다. 급기야 생명윤리법 위반뿐만 아니라 논문 조작, 횡령 사실이 드러났다. 가장 충격적인 대목은 국가 미래의 먹거리로 여겼던 배아줄기세포가 아예 존재하지 않는다는 사실이었다.

검증은 계속됐다. 황 박사 연구 성과의 허구를 확증하기 위해서는 국정원의 보호를 받던 서울대 수의대 실험실의 줄기세포가 있어야 했다. 처음에는 접근 자체가 불가능했다. 겨우 서울대 실험실 밖에 있던 일부 줄기세포 샘플을 구해 기초 테스트를 할 수 있었다. 시료를 전문가에게 보내 검증했다. 이를 통해 황 박사의 연구 성과가 허구일 가능성이 크다는 심증을 갖게 됐다. 그리고 미국에 있는 김선종씨를 찾아갔다. 황 박사 지휘하에 줄기세포를 배양했던 연구원이었다. 그에게서 황 박사가 줄기세포 2개를 11개로 부풀리라고 지시했다는 충격적인 증언을 확보했다.

〈PD수첩〉이 처음 난자 의혹을 보도했을 때 주류 매체들은 황 박사를 옹호하고 방송을 강하게 비판했다. 황 교수에 대한 비난 여론이 거세지고 일부 혐의가 드러나자 방관자로 바뀌었다. 이후 황 박사가 일부 혐의를 시인하자 격렬한 비난을 퍼부었다. 당시 정황으로 봐서, 적어도 대부분 주류 매체들은 황우석의 거짓말을 알지 못했다. 황우석의 신화를 굳게 믿고 있었다. 그렇더라도 면죄부가 될 수 없다. 황 박사는 분명 실험실을 나와 정치적 행보를 하고 있었다. 정치화한 거물에 대해서는, 그가 아무리 과학자라도 합리적인 의심을 해야 한다.

과학 정치화의 덫을 결정적으로 청산한 이가 과학계의 거물이 아닌 소장 학자들이었던 점은 매우 흥미롭다. 〈PD수첩〉이 코너에 몰려 있을 때다. 소장 학자들이 황 박사 논문에 실린 사진에 문제가 있다는 편지를 취재진에 보내왔다. 이들이 생물학 내부 공유망을 통해 이 사실을 폭로함으로써 황우석 신화는 결정적으로 금이 갔다. 보도가 개시자였다면, 종결자는 소장 학자들이었다.

대법원은 황 박사가 서울대 총장을 상대로 낸 파면 처분 취소 소송 상고심에서 파면은 정당했다는 최종 판결을 내렸다. 황 박사는

2004년과 2005년 〈사이언스〉에 발표한 줄기세포 논문이 조작된 것으로 드러난 2006년 4월, 서울대에서 파면됐다. 황 박사가 데이터 조작을 지시했다고 본 것이다. 대법원은 연구비 7억 원을 횡령하고 생명윤리법을 위반한 혐의도 인정해 징역 1년 6개월에 집행유예 2년을 선고한 원심을 확정했다.

과학은 언론 검증의 대상일까. 저널리즘의 상식으로 당연히 그렇다. 각 분야가 고유한 전문성을 방패로 검증을 피해 간다면 저널리즘은 설 땅이 없다. 문제는 그런 경험이 거의 없던 한국 풍토에서 당연한 명제마저 논란의 대상이 됐다는 점이다. 일부 과학계는 방송 보도에 맹렬한 공격을 퍼부었다. 감히 아무것도 모르는 언론이, 고도의 전문성을 가진 과학적 성과물을 폄하했다는 것이다. 과학계는 그렇더라도 상당수 신문이 과학자의 편에 섰다. 기고와 사설이 넘쳐났다. 감히 방송사가 정밀과학에 비판의 잣대를 들이대는 것을 용납할 수 없다는 논조였다. 칼 포퍼 같은 철학자의 말을 빌리지 않더라도 과학은 반증할 수 있어야 한다. 그렇지 못한 명제라면 과학이라고 할 수 없다. 우리 사회는 '과학은 객관이고 사실'이라는 신화에 갇혀 있었던 것이다. 과학도 언론 탐사를 대상일까. 황우석 사태를 통해 강한 믿음이 생겼다.

과학도 탐사의 영역이다.
아니, 탐사의 영역이어야 한다.

민주사회일수록 선진국일수록, 사회는 언론에 강한 윤리를 요구한다. 이를 예민하게 받아들이지 않으면 아무리 훌륭한 취재 결과를 얻었더라도 비난으로 둘러싸인 광장에 외롭게 서게 된다. 황우석 취재가 그랬다. 〈PD수첩〉이 적대적인 정치권, 언론계, 과학계와 맞서 자신의 존재를 입증해냈지만 취재 윤리의 덫에 걸리고 말았다. 한학수 PD는 김선종 연구원을 취재하는 과정에서 검찰 수사가 곧 시작될 텐데 진실을 얘기하면 도움을 줄 수 있다는 취지의 발언을 했다. 취재 기법이지만 시각에 따라 취재원에 대한 부당한 압박과 회유로 보일 수 있다. 이를 계기로 최승호, 한학수 PD는 징계를 받았다. 이에 대해 최승호 PD는 나에게 이렇게 말했다.

"당시나 지금이나 억울한 감정은 없습니다. 취재 일정의 압박을 받아 욕심을 부린 것은 사실이니까요."

과도한 '국익 프레임'에 대해 지적하지 않을 수 없었다. 〈PD수첩〉 보도에 대해 상당수 언론이 '국익에 저해되는 보도'라는 프레임을 갖고 있었다. 황 박사의 본색이 드러났음에도 이 프레임은 한동안 작동됐다. 국익은 무엇인가. 사전적으로 보면 국가의 이익이다. 그렇다면 진실이 아닌 연구 성과에 예산을 퍼붓는 것은 국익인가. 보도를 통해 허위 논문을 조기에 바로잡음으로써 더 큰 국가 망신을 예방한 것은 국익에 부합하지 않는가. 무엇보다 민주사회의 보편적인 가치가 있지 않은가. 어느 경우라도 국익이 국민의 알 권리를 압도해서는 안 된다.

황우석 파동 이후 1년이 지났을 때였다. 박재영 고려대 교수와 공동 연구를 한 적이 있다. 기자 출신인 박 교수는 항상 나에게 자극을 주는 분이다. 박 교수에게 황우석 보도 이후 우리 언론의 보도 태도가 어떻게 바뀌었는지 탐색하는 연구를 제안했다. 현역 언론인을 인터뷰하고 신문 기사를 내용 분석했다.

흥미로운 결과가 나왔다. 황우석 보도 이후, 우리 언론이 과학 보도에 소극적인 태도를 보이고 있다는 내용이었다. 과학 기사를 1면 등 주요 면에 배치하지 않았다. 과학 분야를 깊게 다루지 않고 회피하려는 경향도 나타났다. 어떻게 하면 정확하고 균형 있게 보여줄지 고민하기보다는, 과학과 거리를 두는 길을 선택했다. 자라 보고 놀란 가슴, 솥뚜껑 보고 놀란 식이었다.

절대악의
칼에 베인 21년

지존파의 살인공장 혹은 지옥

> "누워 있으면 이불 속으로 뭔가 스윽 들어온다.
> 발걸음 소리가 들린다. 누군가가 팔목을 잡고서
> 꼼짝 못하게 한다. 목을 누른다"
> 이수정

사람은 본디 선할까, 악할까. 순자는 사람이 본능적으로 욕망에 주목하며 이를 통제하지 못하면 사회가 혼란스럽게 된다고 설파했다. 반면 맹자는 사람에게는 본디 덕목이 있으니 이를 잘 가꾸어주면 된다고 했다. 나는 성선설을 믿는다. 성악설이 인간에게 과도한 통제를 가할 명분을 줄 수 있기 때문이다.

고도성장에 취해 있던 1994년 한가위 연휴 첫날. 믿을 수 없는 뉴스가 전해진다. 기획취재부에서 일하고 있을 때였다. 전남 영광의 시골 마을에서 20대 청년들이 붙잡힌다. 허름한 집, 그 마당엔 지하로 내려가는 죽음의 계단이 있었다. 철창으로 된 감옥, 시신을 훼손하기 위한 소각로였다. 이곳은 말 그대로 '살인공장'이었다. 시체를 분해할 수 있는 도구들도 쫙 정리되어 있었다. 세상을 경악케 한 이들은 바로 '지존파'였다. 두목을 '지존'처럼 떠받들었다 해서 경찰이 붙인 이름이다. 1993년에 조직을 결성한 후 무시무시한 강령을 만들었다. "가진 자들의 것을 빼앗고 죽인다."

타락한 부유층 2세를 일컫는 '오렌지족'이 설치고 대규모 입시부정이 벌어지던 시절이었다. 가난한 청년들의 일그러진 분노는 고급 승용차를 겨냥하려 했다. 하지만 희생자는 대부분 서민이었다. 납치와 감금, 살해와 암매장. 차마 표현할 수 없는 엽기적 범행에 세상은 공포로 얼어붙는다. 살인공장의 냉장고에는 인육이 들어 있었다.

악몽의 살인공장에선 오직 한 여성만이 살아남았다. 납치된 지 8일 만에 가까스로 탈출해, 지존파의 존재를 세상에 알린 이수정씨(가명)였다. 1994년 10월 〈시사저널〉과, 같은 해 12월 MBC 〈뉴스데스크〉 인터뷰를 마지막으로 사라졌다. 꼭 21년 만인 2015년, 수정씨는 한 신문에 기고를 했다.

지존파를 검거한 고병천 반장이 그 이유를 알려왔다. 사건 직후, 수녀원에 수정씨를 피신시키는 등 특별한 인연이 있는 고 반장. 수정씨는 한동안 연락이 뜸하다가 1년 전 갑자기 전화를 해서 도와달라고 했다는 것이다. 월 15만 원짜리 월세를 사는데 그마저 3개월치나 밀려 있고, 암이 2곳에 발생했는데 수술비가 없다는 내용이었다. 고 반장은 개인적으로 돕다가 사회적 후원 방법을 찾고 있다고 했다. 고 반장을 통해 인터뷰를 요청했다. 한동안 답은 오지 않았다. 포기할 무렵, 뜻밖에 걸려온 전화. 수정씨였다.

인터뷰 조건이 있었다. 인터뷰는 2번만 진행한다, 얼굴은 철저히 가린다, 사는 곳과 이름에 관해선 묻지 않는다. 이런 조건을 내건 이유가 궁금했다.

드디어 1차 인터뷰 약속이 잡혔다. 보안이 유지되는 사무실에 수정씨가 나타났다. 카메라를 경계하는 듯 머뭇거렸다. 우리 역시 당황했다. 철저하게 얼굴을 가렸던 것이다. 모자에 뿔테 안경, 눈 밑까지 끌어올린 분홍 마스크, 손은 가죽 장갑으로 감췄다. 자그마한 체구에 오똑한 콧날. 화면에 담을 수 있는 모습은 여기까지다. 나는 "나오시기까지 조건이 많으셨는데" 하며 운을 뗐다. 수정씨의 대답은 이랬다. "굳이 나를 알아보고 저한테 그때 그 사건의 그 여자지, 하는 사람은 없었어요. 제 스스로 위축되고 제 스스로 주눅이 들어가지고요."

낯선 시선이 두렵다는 수정씨. 21년 전, 악몽의 8일간을 떠올린다. 1994년 가을 새벽. 수정씨는 친하게 지내던 악사樂士와 함께 양수리로 향한다. 그런데 갑자기 수상한 차량이 나타난다. 화물차와 승용차가 수정씨가 탄 그랜저를 앞뒤로 가로막았다. 차에서 흉기를 든 5명이 내렸다. 수정씨는 주먹에 얻어맞고 쓰러진다. 순간적으로 영화야, 꿈이야 하는 생각이 들었다고 했다.

눈을 가린 채 끌려간 곳은 전남 영광의 불갑산 근처의 한 농가였다. 외벽을 분홍색으로 곱게 칠한 곳이었다. 그 마당 지하에, 바로 죽음의 공간이 숨겨져 있었다. 그곳에 들어서자마자 곧 닥칠 일을 직감했다는 수정씨. 그들의 아지트를 보는 순간, 쉽게 체념이 됐다고 한다. '이곳에서 100프로, 살아서 나갈 수 없을 것 같다.'

지하 감옥에 갇힌 수정씨는 첫날부터 몹쓸 짓을 당한다. 다음의 일은 더욱 엽기적이다. 함께 붙잡힌 동료 악사를 수정씨의 눈앞에서 살해한 것이다. 직접 목을 조르라고 위협까지 했다.

"장갑을 주길래, 장갑을 낀 상태에서 비닐봉지 씌운 그 입을 누르고 있으니까, 따뜻한 체온이 느껴지더라고요. 그래서 제가 손을 한 번 뗐더니 김현양이 다시 확 잡아가지고 계속 누르게 했어요."

그러자 범인 중 1명인 문상록이 이렇게 반응했다. "저년 마음에 안 들어. 저년도 오늘 같이 해치우자." 이에 김현양이 "왜, 잘하고 있잖아 지금"하고 방어해주었다. 지존파 행동대장 격인 김현양은 다른 조직원과 다투기까지 하면서 이상하리만큼 수정씨에게 친절했다. 앞으로 무슨 일이 벌어질 것이라는 귀띔도 김현양이 해주었다고 했다.

수정씨를 납치한 지 5일째. 지존파는 2차 범행에 나선다. 혼자 두기가 불안했는지 수정씨도 데려갔다. 경기도 성남의 한적한 공원묘지. 지존파는 추석을 앞두고 벌초를 하던 중년 부부를 사냥감으로 삼았다. 그랜저를 소유하고 있었다. 대낮, 그것도 성묘길에 어느 누가 상상이나 했을까. 흉기로 위협당한 채 끌려온 소현오, 박미자 부부. 이들이 두 번째 납치 피해자다. 조그만 공장을 운영하던 소씨는 구두닦이부터 시작해 자수성가한 사업가였다.

"돈은 또 벌면 되니까, 아까워하지 않겠다." 몸값을 요구하는 지존파에게 각서까지 쓴 소 사장. 그러나 그들을 지켜본 수정씨는 알고 있었다. '돈을 주더라도 당신들은 죽을 텐테…' 목구멍에서 이런 말이 나오고 있었지만 차마 내뱉지 못했다.

납치 6일째. 수정씨는 소사장과 함께, 몸값을 받을 장소까지 동행한다. 사람들의 왕래가 많은 버스터미널이었다. 8천만 원을 들고 돌아온 소사장. 지존파는 곧 풀어주겠다며 부부를 안심시켰다. 그러나 다음 날 새벽은 참혹했다고 수정씨는 증언한다.

"6시쯤 되니까 자기들끼리 '슬슬 시작하자'고 말하더군요. 조금 있다가 '수정씨 내려오세요'라고 해서 갔더니, 부부는 녹초가 된 상태였어요."

김현양은 수정씨에게 공기총을 쥐여주고 소 사장을 겨누게 했다. 조직원에게 믿음을 줄 마지막 기회라고 했다.

"제가 총을 못 쏘고 있으니까, 김현양은 걸쇠에 손가락을 걸게 했어요. 제가 조준을 못 해 첫 발은 빗나갔어요. 김현양이 소리를 꽥 뭐라고 지르면서 '다른 애들에게 보여줄 수 있는 마지막 믿음의 기회이니 실수하지 마라'고 다시 방아쇠 걸쇠에 걸게 했어요."

결국 총을 쏘고 말았다고 한다. 충격이 가시기도 전, 믿을 수 없는 광경이 눈앞에서 펼쳐진다. "그들이 커터 칼을 이용하고 도끼로 찍고, 주방 칼을 가져오고, 안 되니까 톱을 가져오고…. 사지를 절단한 겁니다. 모든 게 10분 안에 이루어졌죠."

훼손한 시신은 불태웠다. 이후 드러난 소각로의 실체는 세상을 경악케 했다. 냄새를 숨기기 위해 일부러 마당에서 삼겹살을 구워 먹었다. 이들은 엽기적이고 잔혹하며, 지능적이었다. 가공할 만한 극악 범죄! 이 모든 것을 수정씨는 목격했다.

소 사장 부부가 살해된 잔인한 밤. 수정씨는 잠을 이루지 못한다. 다음은 분명 '자기 차례'라는 공포가 엄습했다고 한다.

"앉았다, 일어났다, 누웠다를 계속하는데 방법이 없더라고요, 제가 이 대문 밖을 나갈 방법이. 고민을 하다가 김현양이라는 사람이 내일 병원에 갈 것 같다는 얘기를 들은 생각이 났어요."

8일째, 드디어 뜻밖의 기회가 찾아왔다. 전남 영광의 한 병원. 수정씨가 탈출을 감행한 현장이다. 김현양은 조직원끼리 다툼으로 부상을 입는다. 기회를 엿보던 수정씨는 동행을 조른다.

"나는 지금 나가는 순간부터 다시는 이 집으로는 안 돌아올 것이다, 죽어도 밖에서 죽을 것이고 절대 이 집으로는 안 돌아올 것이다, 그렇게 다짐했습니다."

병원에 도착한 두 사람. 돈과 휴대전화를 맡긴 김현양은 진료실로 들어갔다. 마침내 혼자가 된 순간! 수정씨는 무작정 밖으로 내달렸다. 택시를 타고 처음에는 해남경찰서로 가자고 했다. 땅끝 해남으로 가는 것이 가장 안전하다는 생각 때문이었다. 하지만 도중에 내려 산속의 한 농가에 숨어들었다. 농가 주인이 올 때까지 웅크리고 있던 8시간. 그 8시간이 8일, 80일처럼 느껴졌다고 한다.

간신히 서울에 도착한 수정씨. 지존파가 자신을 쫓고 있다는 생각에 집으로 갈 수 없었다. 지인에게 전화했다. 그 지인은 서울 서초경찰서에 믿을 만한 분이 있다고 했다. 그때 만난 형사가 바로 고병천 반장이다. 고 반장은 수정씨의 신고 내용을 어떻게 받아들였을까? "처음에는 약에 취한 게 아닌가, 도저히 믿기지 않았어요, 무슨 이런 만화, 소설 같은 이야기를 하고 있나, 그랬죠. 내용을 하나하나

되짚어서 확인을 했어요."

경찰서 안에서도 겁에 질려 있었다는 수정씨. 유치장 안에 넣어달라고, 아무도 못 들어오게 그곳에 넣어달라고 부탁했다. 특히 휴대전화 벨 소리는 공포 그 자체였다. 탈출할 때 가지고 나온 김현양의 휴대전화. 지존파는 돌아가며 수정씨에게 전화를 걸었다.

탈출한 지 4일째, 드디어 지존파가 검거되고 살인공장의 실체가 만천하에 드러난다. 그러나 수정씨는 여전히 겁에 질린 상태였다. 마땅히 머물 곳도 없었다. 고 반장은 하는 수 없이 집으로 데려갔다고 한다. 고 반장은 아내에게 당부를 했다. 안정을 시켜주고 다른 것은 묻지 말아달라고.

반쯤 넋이 나간 상태로 숨어 지냈던 수정씨. 그러나 세상은 자신에 관한 뉴스로 들끓었다. 생지옥을 넘나든 악몽의 8일. 아무리 어쩔 수 없는 상황이라고는 해도 수정씨가 살해에 가담한 것을 두고 큰 논란이 벌어졌다. 결국 불기소 처분으로 법적 처벌을 면했다. 저항할 수 없었고 누구보다 큰 피해자라는 점이 받아들여졌다.

1995년 11월 지존파 전원에게 사형이 집행됐다. 대법원 확정 판결 이후 사형까지는 불과 7개월. 문민정부 끝자락에 갑자기 벌어진 일이다. 형장의 이슬로 사라진 김기환, 강동은, 김현양, 문상록, 백병옥, 강문섭. 세상은 극악무도한 사건을 지웠다. 모두가 일상으로 돌아갔다. 단 한 사람, 수정씨만은 예외였다.

사건 당시로 되돌아가는 듯한 재경험, 연상되는 장소를 피하는 회피, 수면 장애나 놀람 등 지나친 각성. 심각한 충격을 받았을 때의 스트레스 증상이 수정씨에게 나타났다. 누워 있으면 이불 속으로 뭔가 스윽 들어온다. 발걸음 소리가 들린다. 누군가가 팔목을 잡고서 꼼짝 못하게 한다. 목을 누른다….

칼을 지니고 다닐 정도로 집밖을 나서기가 두려웠다. 순간순간 분노도 치밀어 올랐다. 인터뷰 도중 수정씨는 토막 시신을 너무도 담담하게 묘사해, 우리를 당혹스럽게 만들었다.

하지만 이상한 증상은 이것만이 아니었다. 회피가 아닌 '집착'도 나타났다. 수정씨는 사건 직후부터 지존파 기사를 꼼꼼히 챙겨 봤다. 관련 신문기사를 스크랩까지 했다. 더 이상한 행동도 보였다. 남의 시선이 두려웠다는 그가 수감 중인 김현양을 3번이나 찾아갔다. 면회뿐만이 아니었다. 사형 집행 전까지 편지도 주고받았다. 꼭 듣고 싶은 말이 있었다고 했다.

"김현양에게서 제가 가해자라는 말을 들으려고 했었는지도 몰라요. 죄책감에서 벗어나기 위한 무의식이라고 할까요."

김현양은 2번의 살해 가담을 지시하면서 "살기 위해선 해야만 한다"고 말했다. 극한의 생존 딜레마를 안겨준 장본인이다. 김현양은 끝내 "수정씨가 가해자"라고 말하지 않았다. 여전히 피해자인지 가해자인지 모르겠다는 수정씨. 우리는 이 혼란의 원인을 찾기 위해 전문가의 의견을 들어봤다. 범죄학자인 염건령씨는 이렇게 말했다.

"피해자도 아니고 가해자도 아니고 지금 둥둥 떠다니는 소위 말하는 해파리 상황이 발생한 거죠. 심리적 표류 상황이라고 할까요."

이런 혼란을 겪었지만 사회적 치유 과정은 없었다. 차라리 처벌이라도 받았으면 자신에게 면죄부를 줄 수 있는데 스스로 면죄부를 끝내 못 준 것이다. 죄책감은 오롯이 수정씨의 몫이 된다. 상황은 더 나빠진다. 전문가들은 담담하게 말하는 수정씨의 상태가 오히려 심각하다고 진단했다. 우리는 1차 인터뷰 당시 수정씨에게 검사지를 작성하게 했다. 분석 결과는 충격적이었다. 입원이 필요할 정도로 심리 상태가 좋지 않다는 것이다.

과거 사건이라고 해도 피해자의 오늘이 고통스럽다면 뭔가 방법이 있을 것이다. 1994년에 일어난 지존파 사건은 심리 지원만 가능한 상태다. 범죄피해자보호법이 만들어진 건 2005년이었다. 지존파 사건 당시에는 시스템조차 없었다. 우리는 수정씨와 함께 여러 심리 치료실을 전전했다. 당장 입원이나 치료가 필요한 상태라고 했다. 수정씨의 형편으로는 감당하기 어려운 일이다. 심리적 상처도 상처지만 암과 투병하고 있지 않은가. 인터뷰를 끝내고 석촌호수 주변에서 헤어졌다. 수정씨는 옛날 생각이 났는지 웃음을 터뜨렸다. "어린 시절 기억으로 돌아가면 웃음이 나고 그런 부분들이 있어요. 아버지랑 손잡고 극장 갔던 것, 동물원 갔던 것, 전철 타러 갔던 거 뭐 이런 것들…."

짧은 만남이었지만 생존자는 영특했다. 언어 감각도 있었다. 악인들을 만나지만 않았다면 그도 의미 있는 사회인으로 살아가고 있었으리라. 그가 1994년 이전으로 돌아가기를 바랐다.

성선설을 지지하더라도
절대 악이 존재한다고 보아야 한다.

부패 기관 탐사 요령
냄새나는 기관을 탐사하고 싶다면?

/

폭로하고 싶은 기관이나 공직이 있다면 다음과 같은 8가지를 확인해보자.

① 조직·자리의 목표와 임무를 따져보자

그 부처의 목표가 무엇인지 찾아보라. 예를 들어 경찰청의 목표가 "경찰은 시민의 안전을 보장한다"라고 하자. 과연 그 목표에 맞게 경찰청이 돌아가는지 판단해본다.

② 부패 가능성을 체크하자

어느 조직이든 부패 가능성을 안고 있다. 외부의 로비와 조직원의 자발적인 독직에 의해 오염될 수 있음을 염두에 두자. 로비에 의한 공직 부패는 선거자금이나 선거운동의 추적을 통해 확인할 수 있다. 정치인에게 선거자금을 기부한 단체나 개인은 그 정치인을 부패시켜 자신의 목적을 이루려고 할 것이다. 따라서 후원금 기부자들과 관련된 공무 집행을 추적하다 보면 공직의 부패와 만나게 된다. 때에 따라 공무원들이 적극적으로 개인이나 기업에 돈을 요구할 수 있다.

③ 고위직이 사적 이윤을 추구했는지 들여다보자

고위 공직자가 외부에서 월급을 받거나 공직 이후 몇 년간 사기업 취직 금지 조항을 어긴 경우 등이 대표적이다. 또 민간기업 출신의 공직자가 공무를 수행하면서 출신 회사의 이해관계에 개입할 수 있다.

④ 기관장의 행보를 추적해보자

설사 부패가 없더라도 기관장의 업무 스타일이나 능력 때문에 조직이 비효율적으로 돌아갈 때가 많다. 기관장이 업무를 제대로 파악하지 못하고 지나치게 정치적이며 괴팍한 성격을 가져 비효율을 가져올 수 있다. 대통령 등 권력 핵심에서 내려오는 지침, 기관장 자체 지시는 반드시 체크해야 한다. 기관장의 연설이나 회의 발언록은 바로 정책에 반영될 수 있기 때문에 중요한 점검 항목이다.

⑤ 외부 단체를 정보원으로 활용하자

한 조직을 좀 더 깊게 파고 들어가기 위해 외부 단체의 자료나 인맥을 이용할 줄 알아야 한다. 정부 산하 단체는 물론이고 사회단체나 대학 등이 모두 이에 해당한다. 해당 기관에서 찾기 어려운 자료나 정보를 이들은 갖고 있다.

⑥ 예산을 자세히 들여다보자

예산이나 회계는 탐사 저널리스트의 중요한 정보원이다. 조직의 활동 상황, 평가, 계획 등 거의 모든 내용이 숫자로 담겨 있기 때문이다. 일반 행정기관의 경우 세입은 크게 일반적인 세금과 각종 수수료, 범칙금, 수익사업 이윤 등으로 나눠진다. 만일 세입의 일정 항목이 전년에 비해 크게 늘어나거나 축소됐다면 그 이유를 따져봐야 한다. 외부에 특혜를 주기 위해 수수료를 적게 징수했는지, 방만한 수익 사업으로 세입이 크게 줄었는지 등을 점검해야 한다. 세출은 세입보다 더 중요하다. 세출 내역을 보면 정부기관이 중점을 두고 있는 사업을 알 수 있다. 세출 과정에서 많은 비리가 저질러질 수 있다. 정부 공사나 납품을 따내기 위해 수많은 로비와 뇌물이 오간다. 따라서 정부가 특정 기업이나 개인에게 특별히 많은 납품이나 공사 계약을 주었다면 의심해볼 만하다.

⑦ 조직원의 근무 태만이나 낭비는 없었는지 살펴보자
조직원들이 사적으로 사용한 돈을 공금에서 충당하는 경우가 많다. 국제전화비 영수증, 여행 경비, 카드 영수증을 업무 집행 중 생긴 경비로 처리하는 경우다. 장기 결근하고도 월급을 그대로 다 타먹는 경우가 있다. 친척 등을 교묘하게 공무원으로 채용하기도 한다.

⑧ 감사 자료를 들여다보자
어떤 기관이든 감사 기능이 있고 감사 자료를 낸다. 감사 자료는 크게 관리와 재정(회계) 부문으로 나눠진다. 전자는 효율성에 초점을 두고 조직원의 활동 내용을 점검하는 것이다. 후자는 예산 계획서, 회계 자료 등을 검토함으로써 낭비나 부정부패가 없었는지를 살펴보는 것이다.

7

우리는 언제든

모비딕과 마주칠 수 있다

┃ 소설 〈모비딕〉

'기레기'가 풀어헤친
그날의 기록

5.18 보도와 기자의 진실

"요즘 언론을 '기레기'라고 비하하지만
그 근원은 5.18 당시 보도 행태 때문입니다. 하지만 기자들이
침묵만 하지 않았다는 것을 보여주고 싶습니다"

이민규

"1980년 당시 우리는 언론 조치를 언론 개혁이라고 불렀습니다. 건전 언론 육성을 위한 불가피한 조치였지요."

1980년의 언론통폐합 조치를 주도한 '3허' 중 1명인 허문도씨는 1988년 국회 언론 청문회에서 이렇게 강변했다. 삼청교육대처럼 사회 정화 차원에서 추진한 사회 개혁의 일환이었다고 주장한 것이다. 지방을 중심으로 사이비 기자의 폐해가 심했고 매스컴의 상품화를 비판하는 의견이 각계에서 자연스럽게 제기됐다는 논리였다. 신군부가 저질

렀던 언론통폐합 조치는 한동안 우리 사회에서 이렇게 사회 정화 차원의 개혁으로 받아들여졌다. 그런데 언론통폐합을 실질적으로 집행한 곳은 민간이 아니었다. 군 정보기관인 보안사였다.

1993년이었다. 〈중앙일보〉 기획취재부에서 가칭 '1980년 시리즈'를 취재하게 됐다. 나는 입사한 지 얼마 되지 않은 취재팀 막내였다. 1980년에 신군부에 의해 저질러졌던 삼금삼과 5.18, 언론통폐합 등을 파헤치는 프로젝트였다. 결국 여러 이유로 취재 내용이 나가지 않았지만 '1980년'에 대해 폭넓게 이해할 수 있었던 기회였다. 언론통폐합을 주도한 허문도씨에게 인터뷰를 몇 차례 요청했지만 거절당했다. 허문도씨는 이때까지도 언론통폐합이 사회 개혁이었다고 공공연히 주장하고 있었다.

고려대에서 언론학을 가르치던 김민환 교수를 만난 것은 행운이었다. 김 교수는 일제 군국주의 시절에 단행됐던 언론통폐합에 대해 연구한 적이 있다. 1930년대 독일 나치의 선전계몽부 장관이던 괴벨스는 '신문편집지침법'을 만들어 나치에 동조하지 않는 신문사 1천여 곳의 문을 닫게 했다. 또 보도 지침을 통해 언론을 권력의 충실한 시녀로 만들었다. 이런 위험한 언론관이 일제로 넘어갔고 1980년에 한국에서 등장했다는 것이다. 신군부의 언론 조치는 형식과 내용 면에서 일제의 언론 통제술과 쌍둥이라고 볼 수 있다고 김 교수는 평가했다.

일제는 중일전쟁을 앞두고 통신사들을 하나로 묶었다. 이어 지방지를 1현에 1개만 두게 했고 중앙일간지도 5개로 줄였다. 신문통폐합 조치는 일본 신문회의 '자율결의' 형식으로 진행됐다. 신군부의 조치는 이를 그대로 따랐다. 통신사를 하나로, 지방지는 1도1사로, 중앙지는 6개로 각각 통폐합했다. 한국신문협회가 자율적으로 결의하는 형식을 취한 것도 같았다. 노태우 정권 들어 언론의 자유는 확대되지만, 이후에도 신군부들의 정화 개혁 프레임은 계속됐다.

언론이 자율성을 상실했을 때 어떤 폐해가 벌어질 수 있는지, 뼈저리게 느낄 수 있었던 한 사태가 5.18이다. 이 기간 중에 보안사가 실질적으로 주도한 언론 검열은 흑을 백으로 만들고, 민주주의의 기본 질서에 깊은 상처를 남겼다. 다 알다시피 당시 보안사령관은 전두환씨였다. 나는 2명의 선배 언론인과, 한 언론학자의 증언과 노고를 통해 이를 생생하게 깨달았다.

2019년 4월, 5.18민주화운동기록관에서 상영회가 열렸다. 72분짜리 영상이었다. 군과 대치한 사람들, 가두 방송을 하는 여인의 뒷모습, 무장한 시위대 한가운데 총기를 들고 있던 앳된 남성, 태극기에 덮인 채 줄지어 늘어선 관들, 미처 수습하지 못한 처참한 시신까지…. 1980년 5월의 광주가 생생하게 담겨 있었다. 광주민주화운동을 기록한 영상은 아주 드물다. 그렇다면 5.18기록관은 어디서 이 자료를 구했을까. 2017년 12월에 누군가가 영상을 소장하고 있다는 소식을 접했다고 한다. 그 소장자와 접촉을 해, 이를 확보할 수 있었다는 것이다. 이날은 수집된 영상 중 일부를 분석해 세상에 선보인 자리였다. 그렇다면 과연 이 영상은 누가 촬영했을까. 뜻밖에도 주변에 있었다.

2011년, JTBC가 개국을 준비하던 때였다. 초대 보도국장 시절이다. 영상취재 부문을 맡고 있던 김창훈 TBC 기자가 내 방으로 들어왔다. 그는 영상취재 분야의 원로였다. 다소 상기된 얼굴이었다. 중앙일보사의 지하창고를 정리하다가 빛바랜 필름들을 발견했다고 했다. 당시 서울 서소문의 중앙일보사 사옥은 옛 TBC 건물이었다. JTBC는 TBC의 전통을 잇고자 했다. 31년 만에 세상에 모습을 드러낸 영상은 17분 분량이었다. 그것은 5.18기록관에서 분석한 영상의 일부였다. 신군부의 언론통폐합으로 문을 닫아야 했던 TBC였다. 개국 준비를 하면서 우연히 옛날의 영상이 발견된 것이다.

더한 우연은 지금부터다. 바로 김창훈 전 기자가 국내 방송사로는 단독으로 5.18을 동영상으로 담은 인물이었던 것이다. 광주민주화운동 당시 신군부의 보도 검열 때문에 취재도, 보도도 자유롭게 할 수 없었다. 방송사로는 유일하게 TBC가 80년 광주의 모습을 영상카메라에 담을 수 있었다. 김 기자는 TBC만 촬영하게 된 배경을 이렇게 설명했다.

"그때 주요 중앙방송사는 KBS, MBC, TBC밖에 없었습니다. 성난 시위대에 광주KBS는 불탔고 MBC는 촬영 도중에 시민에게 붙잡혀 장비와 필름을 모두 빼앗겼어요. 그래서 유일하게 찍은 곳이 TBC밖에 없게 된 겁니다."

그렇다면 김창훈 기자가 광주에서 취재를 하게 된 사연은 뭘까. 1980년 5월 18일, 광주 상황이 심상치 않다는 첩보가 본사에 들어온다. 막내급이었던 김창훈 기자가 위험을 무릅쓰고 취재 현장으로 갔다. 19일 광주로 간 김창훈 기자의 촬영은 다음 날부터 시작됐다. 처음으로 카메라를 들고 나갔다. 버스 유리창은 물론 뒤이어 있는 택시들의 유리창 역시 모두 깨져 있었다. 시간이 지날수록 상황은 더 거칠어갔다. 정상적인 취재가 불가능했다. 21일이 밝았지만 김

기자를 포함한 취재기자들은 밖으로 나갈 수 없었다. 전남도청 앞에서는 무장한 군인과 시민군 사이에 일촉즉발의 대치가 벌어지고 있었다. 김 기자는 여관에서 창밖으로 카메라를 내밀고 가끔씩 셔터를 눌렀다. 이것조차도 목숨을 위협받는 행위였다.

5월 21일 오후, 도청 앞에서 총소리가 울려 퍼지기 시작했다. 여관 밖은 전쟁터가 됐다. 김 기자가 카메라를 여관 창문 틈으로 밀어 넣었을 때였다. 끔찍한 광경이 카메라에 포착됐다. 도청 위에 배치된 공수부대의 저격수가 여관 앞에서 시위를 구경하던 한 시민을 조준 사격해 쓰러뜨린 장면이었다. 이 시민의 시신을 주변 사람들이 끌고 골목으로 들어가는 참담한 모습이 카메라에 잡힌 것이다. 5.18 당시 가장 치열했던 20, 21, 22일의 상황을 이렇게 목숨을 걸고 촬영한 것이다.

그렇게 촬영한 분량은 20분가량이었다. 본사로 들어와 군인들이 나온 건 가능하면 죄다 빼고, 시위하는 시민 위주로만 편집을 했다. 계엄령에 따라 언론 검열이 진행 중이었다. 그대로 검열반에 가져갔다가는 통째로 압수당해, 어렵게 촬영한 기록이 없어질 수도 있었다. 이렇게 편집한 분량이 2, 3분 정도 됐다고 한다. 하지만 정작 보도에 나간 분량은 10초 정도였다. 김 기자는 당시 심정을 이렇게 전했다.

"제대로 보도되지는 않았지만 그나마 훗날을 기약할 수 있다는 점에 위안을 받았습니다."

김창훈 기자와 함께, 동영상이 아닌 사진을 찍은 인물이 있었다. 2019년 개봉한 영화 〈김군〉의 모티프를 제공한 한 장의 사진이었다. 5.18기념관에도 걸려 있는 한 젊은 시민군의 모습을 촬영한 인물이다. 〈중앙일보〉 사진부에서 30년을 일하고 퇴직한 이창성씨였다. 그는 5.18 당시, 370여 장의 사진을 찍었다. 광주 주재 기자가 상황이 심각하게 돌아가고 있음을 본사에 알렸고, 이 기자는 자원해서 광주로 갔다고 한다. 19일 밤, 광주 고속버스터미널 부근에서 화염이 올라오는 장면을 시작으로 시민과 진압봉을 쓴 공수부대와의 충돌 등을 사진으로 담았다. 집단 발포가 있던 21일 전남도청 앞에서도 있었다. 시신 2구를 손수레에 싣고 군부대에 항의하는 시민의 모습은 지금도 가슴에 남아 있다고 했다.

이렇게 생생한 장면을 담았지만 며칠 후인 25일, 사회 2면에 작은 사진 하나만 나갔다. 그것도 공수부대의 만행은 거의 다루지도 않고 최루탄이 터진 것을 보고 있는 시민의 뒷모습이 다였다. 광주에서 찍은 370여 장의 사진은 거의 모두 사장됐다. 5.18의 진면목을 보여줄 수 있는, 보도 가치가 있는 것은 하나도 내보낼 수 없었다.

제대로 된 보도가 없었던 5.18은 언론 불신의 대표적 출발점이었다. 신문들은 처음엔 학생의 데모가 과격해지고 있다고 보도했고, 집단 학살이 벌어진 5월 21일의 상황은 대학생, 깡패, 폭도 등이 벌인 난동으로 묘사했다. 도청 진압 작전 이후에는 군의 수습으로 광주가 안정을 되찾았다고 보도했다.

이런 생각을 해봤다. '볼펜기자'들은 역사적 현장을 정말 기록으로 남기지 않았을까. 남겼다면 그날의 기록은 어디로 갔을까. 만약에 그날의 기록을 찾을 수 있다면, 5.18를 둘러싼 숱한 의혹을 현장 기록으로 일부 규명할 수 있을 것이다.

그런데 이런 갈등을 풀 기회가 우연히 찾아왔다. 39년 전 사라져 버린 언론 검열 기록을 모두 갖고 있는 인물이 있었다. 그것도 나와 가까운 분이었다. 한국언론학회장을 지낸 이민규 중앙대 교수였다. 탐사 저널리즘의 이론적인 토대를 세운 분이다. 그때 사라졌던 언론 검열 기록을 주변에서 입수해 논문을 준비 중이었다. 이 교수는 내가 5.18에 관심이 많다는 것을 알고 자신이 입수한 기록을 공개하기로 결심했다고 한다.

그가 가지고 나온 자료는 A4 용지 500여 장 정도의 공문서였다. 흥미롭게도 신군부 시절 보도되지 못한, 검열된 기사 목록이었다. 신군부의 언론 검열로 39년간 묻혀 있던 기사들이 그 안에 존재했다. 그동안 언론 검열 기록이 부분적으로 간간이 공개되기는 했지만, 500여 장에 달하는 검열 기사가 모두 공개되는 것은 처음이었다. 방송, 신문, 통신을 대상으로 이루어진 검열 기록이 고스란히 남아 있었다. 그날의 기록은 그동안 이어온 신군부의 주장을 정면으로 반박하고 있었다.

검열 기록에는 광주 상황이 악화일로로 치닫던 5월 20일, 광주의 상황을 기록한 기사들이 무수히 남아 있었다. 한 석간신문은 시민을 데모대로 표현하고, 과격한 행동을 강조해 폭도로 몰아갔다. 하지만 광주에서 쓴 현장 기사는 정반대였다. 진상을 밝혀줄 내용이 검열 과정에서 대부분 삭제된 것이다. 원래 기사는 그런 내용이었다.

"군중은 이날 새벽 6시 피투성이가 돼 숨진 채 발견된 ○○○씨에 관한 얘기를 듣고 흥분하기 시작했다."

20일에 이창성 기자가 찍은 사진이 있었다. 당연히 당시엔 보도

될 수 없었다. 공수부대원의 손엔 진압봉이 들려 있고, 시민은 배를 움켜진 채 쓰러져 있었다. 누가 봐도 변명의 여지가 없는 과잉 진압이었다. 한 석간신문은 5월 21일 자에 이런 기사를 실었다.

"광주 지역 소요가 악화되어 극심한 난동 현상을 보이고 있는 원인은 학원 소요 주동 학생 및 깡패 등 현실 불만 세력이 유언비어를 날조하여 퍼뜨린 데 기인됐다."

신문은 시민의 시위가 깡패와 현실 불만 세력 때문이라고 보도했다. 이런 보도는 광주 시민들을 분노케 했다. 특히 방송에 대한 불신이 컸다. 광주의 KBS, MBC 건물은 시위대에 의해 불에 탔다. 집단 발포, 조준 사격 논란이 이어진 5월 21일에 대한 보도는 특히 진상과 거리가 멀었다.

한 신문은 "흥분한 데모대는 기독교방송국 건물 경비를 맡은 계엄군 1개 중대를 완전포위, 무장해제시키고 인질극을 벌이려다 30분 만에 풀어주었다"며 "유혈 사태로 번진 광주 데모에 대해 진압에 나선 군경이 부드럽게 대하고 진압에 나섰다"고 보도했다. 부드럽게, 부드럽게 진압했다고 표현했다. 하지만 지워진 기록 속엔 전혀 다른 이야기가 적혀 있었다.

"계엄군에게 발포 명령이 내려진 것은 21일 오후 1시. 계엄군은 애국가 소리를 듣자 곤봉을 버리고 메고 있던 M16으로 데모대 전열을 향해 일제히 사격을 시작했다."

집단 발포 상황이 상세히 기록돼 있었다. 지금도 전두환씨는 발포 명령 자체를 부인하고 있지만 그날의 기록은 그렇지 않다고 말한다. 검열로 사라진 기사에는 이런 내용까지 나온다.

"40대 시민 한 명은 방송국 건너편 5층 건물 옥상에 있던 계엄군이 조준 사격한 총에 맞아 그 자리에 쓰러졌다."

"외과의사 장 모씨에 따르면 도청 앞에서 총격전이 벌어진 21일 오후 3시 이후 들어온 환자들은 거의 머리, 복부 등에 총탄 관통상을 입었다고 말했다."

지워진 기록 속에는 당시의 피해 상황이 생생하게 담겨 있다. 특히 사망자 가족들의 애통함이 절절하게 녹아 있었다.

"70세 김열수 할머니가 이씨의 맏아들 1세 이두선 군을 등에 업고 도착해 울음바다를 이루었다. 유씨의 부인 서명숙씨는 마지막 유언도 들어보지 못한 채 죽은 남편을 보게 돼 말문을 열지 못하겠다고 말했다. 김씨의 부인 반영자씨도 죽이더라도 얘기를 하고 죽여야지라며 밀도살한 것이 아니냐며 원통해했다."

21일 밤, 숙소로 이동한 기자들은 깊은 고민에 빠진다. 밖은 전쟁터나 마찬가지였다. 군도, 시위대도 취재에 협조해줄 분위기가 아니었다. 그렇다고 취재를 접을 수도 었다. 김창훈 기자는 "아무것도 안하고 그냥 올라간다는 거는 너무 무책임하고 비겁하지 않나, 그런 생각이 들었다"고 했다. 이창성 기자는 기자로서 왜 여기에 와 있는지, 의문이 들었다고 했다. 스스로에게 이런 질문을 던졌다.

누군가가 훗날에 당신은 그때,
그 현장에서 무엇을 했냐고 물으면,
나는 뭐라고 답할 것인가!

이창성 기자의 말은 훌륭한 탐사 금언으로 남았다. 기자에게 중요한 것은 거창한 역사의식이나 사명감이 아닐 것이다. 내가 기록하지 않는다면 훗날에 뭐라고 변명할 수 없기에, 지금 기록하는 것이 아닐까.

2명의 기자는 22일 새벽, 시민군이 장악한 도청을 찾아간다. 시민군 지도부를 만나 울면서 하소연했다고 한다.

"내가 취재를 하더라도 신문에 보도는 아마 못 할 것이지만 이번 사태를 꼭 남겨 훗날에 알릴 것임을 약속했습니다. 그러면서 취재를 부탁했습니다."

이러한 설득이 시민군 지도부의 마음을 움직였다. 1980년 5월 22일, 시민군의 협조를 받아 시내 촬영을 시작했다. 군과의 충돌로 시내는 엉망이 되었지만, 시민들의 표정은 조금 평화로워졌다. 집에서 음식을 들고 나와 주먹밥을 나누어 먹으며 허기를 채우는 모습도 보였다. 시민군이 제일 먼저 촬영해달라고 부탁했던 곳이 있다. 병원 영안실이었다. 눈조차 감지 못한 죽음을 고스란히 영상에 담았다. 감정이 북받쳐 촬영하기가 굉장히 힘들었다고 한다. 시신 훼손이 굉장히 심했다. 대부분 총상이었다. 공수부대가 당연히 조준 사격을 한 흔적이라고 확신하게 됐다. 김창훈 기자가 느낀 가장 인상적인 장면이 있었다.

"금남로 쪽에 금은방도 많고 은행들이 있었어요. 그런데 한 군데도 약탈이 안 된 것을 보며, 성숙한 광주 시민의 정신을 짐작할 수 있었죠."

보도 검열 기록에는 5월 24일 자에 삭제된 기사가 있었다. 편파,

왜곡 보도에 대한 항의가 이어지고 있음을 기자 스스로 기록했다.

"광주 지역에는 지난 21일부터 신문, 라디오, TV 등이 보도가 끊겨 온갖 유언비어가 나돌았으며, 23일 오후 6시부터 복구돼 광주 사태를 집중 보도했으나 시민들은 보도 내용이 편파적이라고 흥분하기도 했다."

언론 검열은 신군부의 보도 지침에 따라 진행됐다. 이민규 교수는 5.18 기간 중 새로운 보도 지침이 추가로 만들어졌다고 했다. 흥분한 시민군의 모습을 강조하고, 당국의 간첩 검거 소식을 적극 보도하라는 내용이었다. 실제로 5월 26일 자 신문에는 간첩 사건이 대대적으로 보도됐다. 이른바 '독침 사건'이었다. 도청에서 독침을 맞아 사람이 쓰러졌다는 내용이었다. 북한 간첩의 소행임을 의심할 만한 사건이었다. 그런데 삭제됐던 원래 기사는 달랐다.

"25일 아침 상황실에서 발생한 독침 사건은 조작극이었으며, 조작극을 벌인 범인 2명 중 1명은 검거했다고 밝혔다."

외신 통제가 심했음이 이민규 교수가 공개한 내용에 나와 있다. 일본 〈요미우리신문〉은 5.18을 6.25 이후 최대 비극이라 평하며, 원인에 대한 의심을 제기했다. 그 내용을 국내 신문들은 다음과 같이 전하려 했다.

"〈요미우리신문〉은 광주 사태는 6.25동란 이후 최대의 민족적 비극이라고 규정했다. 무엇이 이와 같은 사태를 낳게 했는지가 의심스럽다고 논평했다. 전두환 장군과 그의 추종 세력은 북한 공산주의자들에 관한 주장을 구실로 삼아 5.17사태를 일으켰다."

영국의 〈타임〉은 신군부가 북한을 이용하고 있다고 지적했다. 물론 외신을 받아 작성된 국내 기사는 모두 삭제됐다.

신군부에 의해 검열당한 기사 건수는 얼마나 될까. 이민규 교수는 1979년서부터 1981년 초까지 정확히 455일 동안 약 27만 건이 검열당했다고 했다. 그중에서도 가장 심했던 시기는 광주민주화운동 기간 중이었다. 1980년 5월 17일부터 6월 1일까지 1만 1천 건 정도가 난도질당했다. 광주민주화운동을 기점으로 신군부는 언론을 완전히 장악한다.

결국 기자들이 들고 일어난다. 검열 철폐를 요구하며, 제작 거부에 들어간 것이다. 한 기자는 이를 다음과 같이 기사화했다.

"독자들에게 진실을 알리기보다 왜곡된 사실을 전달한다. 신문 발행을 중지시키는 것이 기자들의 최소한의 양심이라는 데 의견의 일치를 보고 제작 거부에 들어갔다."

하지만 이런 움직임 역시 전체 삭제된다. 이민규 교수는 나에게 언론 검열 기록을 공개한 진짜 이유를 이렇게 말했다.

"5.18은 언론 불신의 시작점이었습니다. 요즘 언론을 '기레기'라고 비하하지만 그 근원은 광주 때 제대로 보도하지 못했기 때문이죠. 당시의 보도 결과만 보면 분명 그렇습니다. 하지만 기자들이 침묵만 하지 않았다는 것을 보여주고 싶었습니다. 최대한 이는 바로잡아야 합니다."

그렇다. '기자쓰레기'라고 불려도 기록하는 것이 우리의 직업이다!

국민의
포기할 수 없는 권리

감시 사회를 감시하는 자

◀◀

❚❚

▶

탐사를 할 때, 다양한 유형의 갈등 상황에 처한다. 이 중 가장 심각한 갈등은 국가 안보와 언론 자유의 충돌이다. 세계의 어느 정보기관도 정직하거나 솔직하지 않다. 그렇게 도덕적이지 않아도 용서를 받는 이유는 간단하다. "국익을 위해, 안보를 위해 음지에서 일한다"는 명분이 있기 때문이다. 그렇다고 이런 명분이 성경이나 불경이될 수는 없다. 시민의 자유와 권리를 심각하게 침범할 경우, 그 거룩한 명분도 빛을 잃는다. 언론은 2가지 가치 사이에서 번민하는 존재다. 폭로와 정의의 대열에 서 있는 탐사 보도의 경우 더욱 그렇다.

'빅 브라더'는 오래된 소설의 주제가 아닌, 우리 세계의 살아 있는 고민이다. 세계 곳곳에서 국가 안보를 명분으로 정보 수집 권한을 강화하려는 정보기관과, 인권 침해를 염려해 정보기관의 권한을 줄이려는 시민 세력이 대립한다. 제도권의 언론은 때론 정부의 편에 섰다가, 때론 시민사회의 편에 선다. 감시 강도와 시대 상황에 맞게, 언론은 그 딜레마를 풀어나가야 한다. 초연결사회이면서 북한과 대치 중인 대한민국에서는 더욱 민감한 이슈다. 정부와 시민사회, 언론이 현실 감각과 윤리 감각을 상실하면 국가 안보와 자유 인권의 균형은 무너진다.

2013년 6월, 영국의 〈가디언〉은 메가톤급 비리를 폭로한다. 미국 국가안보국NSA 등 정보기관들이 민간인의 통화 기록을 수집하고 비밀 감시 프로그램인 '프리즘'을 운영한다는 내용이었다. 첫 보도의 출처는 익명의 제보자였다. 미국 언론은 잠시 고민에 빠진다. 자국의 정보기관이 국가 안보를 위해 행한 '은밀한 행위'를 보도해야 하나. 보도해야 한다면 어디까지 폭로해야 하나. 더구나 익명의 제보자가 아닌가.

많은 미국 언론이 망설이고 있을 때, 〈워싱턴 포스트〉가 발 빠르게 추적 보도의 대열에 나섰다. 〈워싱턴 포스트〉는 감시 기록을 유출한 제보자가 4년간 NSA와 계약했던 IT업체의 직원, 에드워드 스노든임을 밝혀낸다. 〈워싱턴 포스트〉는 스노든과 인터뷰에 성공한다. 인터뷰 기사에 실린 다음과 같은 스노든의 말이 인상적이다.

"정보 유출로 인해 내가 위험에 빠지겠지만, 이것은 올바른 일이라고 생각합니다."

스노든은 또 이런 말을 남겼다. 훌륭한 탐사 금언이다.

국민은 정부에게 질문할 수 있어야 하고,
그것을 포기해서는 안 된다.

이후 〈가디언〉과 〈워싱턴 포스트〉는 스노든의 폭로를 계기로 서로 경쟁적이고 끈질긴 탐사 보도를 내보낸다. 특종 보도는 〈가디언〉이 했지만 이를 미국 사회에서 이슈화한 것은 〈워싱턴 포스트〉의 노고였다. 결국 미국 정부는 감시 방식과 관련된 대부분의 사실을 시인하고 재발 방지책을 세우겠다고 밝혔다.

미국에서는 2015년 6월 새로운 정보관련법이 발효됐다. 9.11테러 직후 제정된 애국법을 근거로 정보기관은 민간인을 마음대로 도감청할 수 있었다. 애국법은 국가 안보와 직접 관련이 없는 시민의 통신 기록을 수집할 수 있는 법적 토대였다. 미국은 스노든과 언론사의 폭로 이후, 무차별적인 통신 기록 수집을 금지하는 것을 주요 내용으로 하는 자유법을 제정했다. 통화 정보 등 개인 데이터를 받으려면 테러와 관계있는 사람이나 단체임을 명확히 밝혀야 한다.

스노든에게서 비밀 정보를 받아 첫 보도한 〈가디언〉의 기자는 2014년 5월《더 이상 숨을 곳이 없다No Place to Hide》라는 책을 발간했다. 전자 감시의 위험성과 폭로 과정, 정보기관에 대한 비판이 상세하다. 영광은 특종 기자의 몫으로 보였다. 하지만 2014년 퓰리처 상위원회는 〈가디언〉과 함께 〈워싱턴 포스트〉 기자들도 그해 대상 수상자로 지목했다. 특종만큼이나 소중한 판단력을 인정한 것이다.

풀리처상위원회는 〈가디언〉의 기사에 대해 "정부와 시민사회 사이에 국가 감시 논란을 일으킨 보도였다"고 평했다. 어젠다 설정과 확산의 역할에 높은 점수를 준 것이다. 그런데 〈워싱턴 포스트〉 보도에 대한 심사평은 독특했다.

좀 더 큰 국가 안보가 무엇인지를
대중에게 이해시켰다.

아무리 국가 안보라는 명분이 중요하더라도 편법적으로 민간을 감시하는 행위는, 더 크게 봤을 때 나라의 안보를 해칠 수 있다는 의미다. 이는 우리 사회에도 엄중한 메시지를 던진다. '더 큰 국익'은 국가 안보와 자유 인권 사이를 이어주는 다리처럼 나에게 다가왔다. 또 다른 탐사 금언을 발견한 순간이기도 했다.

1990년, 노태우 정부 때였다. 보안사가 작성한 대규모 민간인 사찰 내역이 공개된다. 그 파장은 그야말로 태풍급이었다. 무소불위의 권력인 보안사의 간판을 내리게 한 대사건이었다. 민간인 사찰을 폭로한 주인공은 24세의 윤석양 이병이었다. 군사정권의 뿌리가 살아 있던 시절이었다. 〈한겨레신문〉에서 최초로 사찰 기록이 폭로됐다. 다른 언론들은 확인하기에 바빴다. 나도 확인 작업에 투입됐다. 딜레마가 있었다. 공개된 사찰 기록의 구체성은 인정되지만 확인할 길이 없었다. 무엇보다 윤석양 이병을 만날 방법이 없었다. 대부분의 언론은 한동안 후속 보도를 할 수 없었다. 이후 사찰 기록이 모든 언론에 전달되면서 겨우 늑장 보도를 했다.

윤석양 이병은 진보 기독교단체의 보호를 받고 있었다. 기자회견 역시 일부 언론과 한밤에 진행됐다. 자세한 내막은 알기 힘들었다. 당시 심정은 '닭 쫓던 개'였다. 정확히 말해 '닭의 그림자'도 밟지 못하는 상태였다. 폭로 직후, 윤석양 이병은 종적을 감추었다. 시간이 꽤 흐른 뒤 그는 검거됐다. 복역 직후 언론 인터뷰를 한 적이 있지만 그것이 전부였다.

그 윤석양씨를 27년 만에 인터뷰할 기회가 생겼다. 국정 농단에 대한 국민의 분노가 한창 끓어오를 무렵이었다. '윤석양 이병'이 생각났다. 그의 행방을 수소문했다. 그는 서울에서 조용히 살고 있었다. 윤석양씨에게 인터뷰 의사를 타진했다. 그동안 모습을 드러내지 않은 것으로 봐서는 응할 가능성은 희박했다. 뜻밖에도 그가 인터뷰 의사를 밝혀왔다. JTBC와 〈이규연의 스포트라이트〉의 애청자라고 했다. 하지만 인터뷰에는 '조건'이 있었다.

인터뷰는 2017년 서울 대학로, 조용한 카페를 빌려 진행했다. 20대 청년이 50대가 돼 있었다. 하지만 청년의 모습은 그대로 남아 있었다. 체중에도 큰 변화가 없어 보였다. 그의 목소리는 예상대로 차분했다.

필자　　그동안 어떻게 지내셨습니까?

윤석양　저 나름대로 필요한 일을 좀 했고 나머지는 생활인으로 지냈어요.

필자　　기자회견을 했던 곳(한국기독교교회협의회), 여기에 27년 동안 한 번도 안 오셨더라고요.

윤석양　서빙고 대공분실에 있을 때 제 잘못이 컸기 때문에…. 저
한테 자긍심, 이런 것들을 불러일으키지 않죠.

1994년, 한 일간지 인터뷰를 끝으로 윤석양씨는 언론과 접촉을
피해왔다. 그가 제시한 인터뷰 조건은 이것이었다.

"나를 양심 고백자로만 부각하지 말아달라."

조건치고는 의외였다. 당연히 이 조건을 받아들일 수밖에 없었
다. 이렇게 윤석양씨의 증언이 시작됐다.

"제가 1985년도에 대학을 입학하고 학생운동을 했는데요. 그때
제가 조금 지쳐서 군대를 가게 됐죠. 그리고 학생운동을 한 것 때문
에 보안사의 조사를 받게 됐습니다."

입대와 동시에 끌려간 곳은 서빙고 대공분실이었다. 1980년대를
살아온 대학생이나 시민운동가에게는 공포의 대상인 장소다. 보안
사가 학생 운동권을 무너뜨리기 위해 총력을 다하던 시절이었다. 운
동에 관여했던 윤 이병이 표적이 됐다. 취조가 시작되자 동료 명단
을 대라며 압박이 왔다고 했다.

"서빙고 대공분실에 의자가 있다, 의자의 버튼을 누르면 그 밑에
있는 바닥이 열리고 한강으로 바로 연결된다, 그렇게 수사관들이 위
협했죠."

그의 증언은 솔직했다. 엄청난 고문을 당한 것은 아니었다고 했
다. 그런데 그런 단순한 위협이 두려움으로 다가왔다고 했다. 결국 공
포를 이기지 못해 동료 명단을 털어놨다. 그 동료는 어떻게 됐을까?

"잡혔죠. 저 때문에 잡힌 분들은 대개 감옥에 갔죠. 제가 나약했기 때문에 그런 협박에 제가 굴복한 것입니다."

취조가 끝난 뒤 수사관들은 서울 관악구 서울대 앞 '모비딕'이라는 술집으로 그를 데려갔다. 지금은 없어졌지만 서울대입구사거리 부근에 있는 술집이었다. 윤 이병은 그 술집에서 낯익은 얼굴들을 보게 됐다. 서빙을 보는 종업원들이 서빙고 대공분실에서 봤던 사람들이었다.

"운동권에도 프락치가 있으니까, 그런 프락치들이 자기 동료나 선후배를 술집에 데리고 온다고 하더라고요. 커튼이 내려진 칸막이가 돼 있는 독립된 공간에서 비밀스러운 얘기를 하면, 그 대화를 도청하는 것이죠."

보안사가 운동권을 사찰하기 위해 만든 술집인 모비딕. 미국의 소설가 허먼 멜빌이 1851년에 지은 장편소설의 제목이다. '모비딕'은 거대한 흰고래다. 인간이 어떻게 해볼 수 없는 존재다. 모비딕은 무소불위의 보안사를 상징하지 않을까.

한동안 동료를 배신한 자책감에 시달렸다는 윤 이병. 보안사에서 보고 들은 것을 놓치지 않고 기억하려 했던 것도 죄책감 때문이었다고 했다. 윤 이병은 우연한 기회에 민간인 사찰 파일의 존재를 알게 된다. 폭로를 계획한 것도 그때부터라고 했다.

"그때는 죽을 수도 있는 시대였죠. 그런데 두려움이 하나도 없었어요. 두려움이 없었던 이유는 제가 다른 사람보다 용기가 많아서가 아닙니다. 죄의식이 커서 그랬던 것이죠."

서울 서빙고 대공분실에 억류된 지 80일쯤 되는 때였다. 윤 이병에 대한 경계가 어느 정도 풀어진 상태였다. 계속 기회를 엿보고 있었다.

"정문 있지 않습니까. 정문에 위병소가 있죠. 낮에 경비 병력이 교대를 합니다. 그런데 다음 근무자를 깨우고 교대하는 과정에 위병소가 잠깐 빈다는 사실을 알게 됐죠."

미리 봐두었던 2층 캐비닛. 파일 몇 권과 플로피디스켓 한 뭉치를 집어들고 도주했다. 윤 이병은 대학교 학보사 동기를 찾아갔다. 언론인을 소개해달라고 부탁했다고 한다. 훗날, 노무현 정부에서 청와대 비서관을 지낸 양정철 당시 〈언론노보〉 기자를 알게 된다.

첩보전을 하듯, 약속 장소를 3~4회 바꿔가며 비밀리에 만난다. 점심시간을 한참 넘겨 중국집에 나타난 윤 이병은 플로피디스켓 40장과 몇 권의 서류철을 양 기자에게 꺼내 놨다. 양정철 전 비서관은 이렇게 회고했다.

"지금 생각해보면 윤석양씨에게 미안하지만 반신반의했어요. 그래서 은밀한 분들과 상의한 후 연락하자고 하면서 헤어졌죠. 몇 사람이 그날 밤을 새워가면서 서류를 분석했어요. 열어보니까 상상을 초월하는 수준이었죠."

그때의 정치 상황으로 감당하기 어려운 내용이었다. 결국, 믿을 만한 언론사에 자료를 넘기기로 결정한다. 윤 이병의 신변을 보호했던 곳은 한국기독교교회협의회였다. 도처에 깔려 있던 안기부와 보안사 직원, 종교단체 역시 감시를 받고 있었다. 윤 이병을 찾기 위해 정보기관은 혈안이 돼 있었다. 늦은 밤, 보안사 직원들이 철수하는 시간을 기다렸다가 전격적으로 이루어진 기자회견. 참석 언론도 신문사 1곳, 방송사 1곳으로 제한했다.

윤 이병이 가지고 나온 자료는 민간인 사찰 자료의 일부였다. 더 많은 자료가 캐비닛에 남아 있었다. 민주화운동기념사업회 자료실에는 윤 이병이 들고 나온 민간인 사찰 카드가 보관돼 있다. 40장의 플로피디스켓에 들어 있던 자료들이다. 박원순 서울시장, 정진석 추기경, 문재인 대통령의 색인카드도 있다. 야당 정치인과 종교, 언론, 학계에 이르기까지 총 1,303명의 색인카드가 저장돼 있었다.

3당 합당을 통해, 노태우 정권에 협조했던 고 김영삼 전 대통령과 김종필 총재조차 사찰 대상이었다. 카드의 용도는 뭐였을까? '청명계획'의 일환이었다. 청명, 깨끗이 청소해서 밝은 세상을 만들겠다, 그런 뜻이었다.

청명계획은 계엄령을 대비해 미리 만든 일종의 체포 계획이었다. 반정부 인사를 사전에 검거하기 위해 작성된 카드였다. 청명계획 카드에는 고유번호가 붙어 있었다. 집 약도까지 표시돼 있었다. 예비 검속을 위해서 실제로 부대가 출동하면 어느 지점으로 출동을 해야 하고, 예상 도주로가 어디일지 등을 확인해두고 있었다.

청명카드에 등록된 인물들은 A, B, C 등급으로 분류됐다. A라고 적힌 청명카드는 비상계엄을 수행하기 전에 반드시 체포해야 할 대상으로 지목된 인사였다. 고 노무현 대통령, 이해찬 전 국무총리, 고 문익환 목사, 임종석 전 비서실장 등이었다. 다시 말해 정부에 반대하는 인사에 대한 사찰을 강화해 이들을 유사시에 영장 없이 체포, 구금하겠다는 구상이었다. 청명계획은 윤석영 이병의 폭로로 종료됐다.

노태우 정부는 국방부장관과 보안사령관을 경질하며 진화에 나섰다. 정권 퇴진을 요구하는 목소리는 거세졌다. 폭로 15일 만에, 노태우 정권은 보안사 개혁안을 내놨다. 보안사의 명칭을 바꾸고 서빙고 대공분실을 폐쇄한다는 발표였다. 민간인 사찰을 근절하겠다고 집권당은 공언했다.

사찰 대상자들에게 배상하라는 법원 판결이 나왔다. 민간 사찰이 불법임을 인정한 것이다. 그러나 반성은 없었다. 사찰을 했던 수사관, 사찰을 명령한 지휘관 중 어느 누구도 사법 처리를 당하지 않았다. 반면 윤 이병에겐 수배령이 떨어졌다. 윤석양씨는 2년간 도피 생활을 한다. 도피 기간 중 모자와 안경을 쓰고 지방에서 기자로도 일했다. 자주 접촉하던 경찰도 그를 알아보지 못했다고 했다. 결국 체포돼 2년형을 선고받았다. 군부 시대가 막을 내리고 그사이 정부가 6번이나 바뀌었다. 청년 윤석양씨는 어느새 중년이 됐다. 윤석양씨는 이렇게 회고했다.

"우리가 흔한 말로 사람은 잘 안 바뀐다고 말하는데 제가 경험한 바에 따르면 사람은 오히려 바뀌는 것 같아요. 저도 많이 바뀌었고, 그런데 사회나 체제는 오히려 잘 안 바뀌는 것 같더라고요."

윤석양 이병의 폭로 이후, 보안사는 '국군기무사령부'로 명칭이 바뀌었다. 노태우 정권은 보안사의 성격을 완전히 바꾼 것이라고 주장했다. 하지만 실제로 바뀐 것은 거의 없었다. 윤석양씨는 "사실 서빙고 대공분실의 폐쇄는 폭로 이전에 계획된 것"이라고 했다. 이후 기무사는 지속적인 민간인 사찰 의혹으로 논란의 대상이 됐다.

윤석양씨의 인터뷰를 끝내며, 나는 일종의 '힐링'을 느꼈다. 윤석양씨보다 훨씬 초라한 행위를 민주화운동으로 포장해 정치 발판으로 삼은 사람들을 적지 않게 봐왔다. 윤석양씨는 그런 삶과 거리를 두고 살아왔다. 오히려 한동안 죄책감을 느끼며 지냈다. 앞으로도 그렇게 살라고 강요할 권리는 누구에게도 없다. 그가 좀 더 행복하게 살기를 기원하며 인터뷰를 마쳤다.

정보기관의
변신은 유죄

만들어진 간첩들

"2002년 월드컵 축제 때,
나는 간첩이 됐습니다"
피해자

◀◀

❙❙

▶

1990년대, 윤석양 이병의 폭로로 '청명계획'은 공식적으로 사라졌다. 계엄 상황에서 반정부 인사들을 초법적으로 검거하는 계획이었다. 보안사 간판이 사라지고 '국군기무사령부'라는 새로운 명칭이 등장했다. 돌이켜보면 군사 반란으로 정권을 찬탈한 신군부의 거점은 보안사였다. 전두환, 노태우 2명의 전 대통령은 보안사령관 출신이다. 쿠데타에 성공할 수 있었던 이유도 보안사령관이기에 가능했다. 군 조직인 보안사는 민간인인 정치인이나 학생, 시민운동가를 데려다가 고문하고 조사했다. 그렇다면 기무사 시대를 맞아 과거 보안사의 그림자는 탈색됐을까. 적어도 민간인 사찰의 고리가 끊어지길 바랐다. 하지만 세상은 그렇게 순탄하게 흘러가지 않았다.

2018년이었다. 〈이규연의 스포트라이트〉 제작진은 한 기무사 방첩수사관의 증언을 확보했다. 전 수사관은 자신이 작성해온 업무 수첩을 공개했다. 사찰 명단과 사찰 방식이 담겨 있었다. 사찰 대상의 일상을 시간대별로 기록해뒀다. 누구의 일상을 기록했을까. 수사관의 증언은 놀라웠다. 사찰 대상이 대부분 민간인이었다.

전 수사관은 국가보안법 위반으로 유죄를 선고받은 고 한단석 교수가 자신의 사찰 대상이었다고 했다. 한 교수는 2016년에 세상을 떠났다. 칸트 철학의 거장으로 평생 교육에 헌신한 공로로 정부훈장까지 받았다. 말년에 국보법으로 구속돼 간첩 누명을 썼다. 1994년부터 무려 5년 동안 그를 사찰했다는 것이다. 전 수사관은 이런 고백을 했다.

"집중 관찰을 하는 동안 한 교수가 간첩이라는 확신이 서지 않았습니다. 한 교수에게 미안했죠."

그가 지켜봤던 사람들을 정리해둔 수첩에는 고 신영복 교수, 아름다운재단의 박상증 목사, 진관 스님, 김두관 의원도 있었다. 멀리서 지켜보기만 한 것이 아니었다. 열쇠 담당이 따로 있었다. '해정'이라는 사람들로, 열쇠공에게 교육을 받았다고 했다. 명절에 사찰대상의 빈집을 열고 들어가 수색을 했다는 것이다. 증거를 확보하기 위해서였다. 영장이 없었으니 합법이 아니었다. 주로 2000년대 초반까지의 일이다.

이명박 정부 들어서는 새로운 모습으로 바뀌었다고 했다. 사이버 공간이 주요 활동 무대가 됐다. 악성 댓글 유포자를 들여다봤다는 것이다. 전 수사관은 이렇게 말했다.

"통수권 보필 차원에서 사이버상의 악성 댓글에 대해서는 끝까지 추적해서 그 원인을 조명하라는 지시가 내려왔어요. 그래서 각급 부대별로 한 많게는 10명, 적게는 3~4명씩 사복을 입고 PC방에 가서 사이버 발굴 활동을 했습니다."

군 정보기관의 민간인 사찰 부분은 이승만, 박정희 정권 시절부터 해오던 일이었다. 그 자체가 불법이지만 군 정보기관 내부에서는 잘못이라고 생각하지 않는 것이 문제였다. 처벌받는 경우도 거의 없으니 무신경하게 계속돼온 것이다.

2017년이었다. 작은 여행사를 운영하는 A씨를 인터뷰한 적이 있다. 서울대를 나와 한때 강단에도 섰던 전도유망한 디자이너였다. 하지만 2000년대 초, 그의 인생은 풍비박산 났다. 2002년 간첩으로 기소됐다. 그는 이렇게 말했다.

"한동안 사람을 안 만났어요. 사람 만나는 게 싫어지고, 그래서 아예 현장에서 노가다를 뛰었어요. 이제 50대가 되다 보니까 취직하는 것도 그렇고 이제 쉽지 않아요."

폐인처럼 살았던 10여 년. 여행사를 시작한 건 불과 1년 전이다. 10평 남짓한 사무실이 그의 집이자 일터였다. 중년의 나이에 남아 있는 것은 사무실 한 칸이 전부였다. 나는 그와 인터뷰를 하며 강한 전율을 느꼈다. '아하! 간첩이 이렇게 만들어질 수도 있구나.'

2002년, 모두가 붉은 악마로 변신해 월드컵 축제를 즐기던 때였다. 5월 8일 어버이날이었다. 그는 초등학교 4학년 딸, 아내와 함께 저녁 외식을 하기 위해 나왔다. 지하철 개찰구를 막 빠져나온 순간, 한 무리가 A씨 가족을 향해 걸어왔다.

"아무도 없는데 일렬횡대로 우리 가족을 향해 왔어요. 그러고는 갑자기 저에게 수갑을 채웠어요. 딸까지 있는데…."

창문 하나 없는 비좁은 방 안. 끌려간 곳은 대공분실이었다. 수사관에게 받은 첫 질문은 이랬다.

"김일성 유일사상과 통일연방제에 관한 사상 교육은 누구에게 받았나? 어디서 총기를 탈취해서 어떤 요인의 암살 계획을 세웠는지 자백해!"

182일간의 구속 수사. 6개월 만에 몸무게가 26킬로그램이나 줄어들었다. 혐의는 국가보안법 위반, 군사기밀법 위반 등 무려 4가지였다.

"제가 구속되고 나서 아내는 몇 년을 우울증에 시달렸죠. 딸아이는 쇼크를 받아서 몇 달 동안 초인종이 울리면 이불 속으로 들어가서 나오지 않는다는 편지를 받았어요."

간첩 혐의를 받은 가장家長. 최선의 선택은 이혼이었다. 그는 80년대 학번이었다. 날마다 시위가 벌어지던 대학가. 그는 시위에 눈길조차 준 적이 없었다고 했다. 그런데도 간첩 혐의를 받게 된 현실을 받아들일 수 없었다. 대학 다닐 때 학군단을 선택하기도 했다. 그렇다면 그는 어떻게 간첩으로 지목됐을까. 그는 "조사 초기에는 도무지 이해할 수 없었는데, 변호사가 넘겨준 수사 기록을 보고 깜짝 놀랐다"고 했다.

A씨를 간첩이라고 제보한 최초의 인물은 A씨와 함께 장교로 복무했던 친구였다. 당시 기무사 소령이던 친구의 제보로, 그가 내사 대상이 됐다는 것이었다. 빌미가 된 대목이 있었다. 대학에 다닐 때 '조선장학회'라는 기관에서 장학금을 받았다. '조선'이라는 말이 북한을 연상케 한다. 그래서 자신도 알아봤는데 그런 단체가 아니었다고 했다. 확인해보니 실제로 민단과 조총련이 함께 운영하는 정상적인 장학재단이었다.

제보가 접수된 날은 1999년 3월, 그가 구속된 날은 2002년 5월이었다. 3년 넘게 군 수사 당국은 민간인 A씨를 사찰했다. 기무사가 민간인은 사찰하는 것이 불법이다 보니, 일단 내사를 해서 어느 정도 증거가 수집되면 국정원이나 경찰에 자료를 넘긴다. 기소 직전에 기무사가 뒤로 빠진다.

기무사로부터 합동수사 의뢰를 받았던 경찰 수사관을 설득 끝에 만났다. 그의 증언은 놀라웠다. 일본 내 A씨 활동을 추적해봤는데, 별다른 내용이 나오지 않았다고 했다. 한국과 일본을 오가며 1년 가까이 내사를 했지만 혐의를 발견하지 못했다는 것이다. 기무사 요원들과의 수사회의에서 "입수한 첩보가 잘못된 것 아니냐"고 지적하기도 했다. 수사관은 2001년 3차 일본 출장에서 돌아와 최종 내사 결과를 보고했다. "간첩 혐의가 없다"고 결론을 내렸다. 그런데 괴이한 일이 벌어졌다.

"오히려 저를 의심하더라고요. 나를 수사하려 한다는 정보가 경찰 대공분실에서 전달됐어요. 찜질방 같은 데를 전전하면서 굉장히 압박을 느꼈어요."

이 수사관이 경찰을 떠난 후 A씨는 구속된다. 간첩 증거를 일부러 만들어가기 위해 함정수사 등 무리한 방법이 동원됐다. 여기서 A씨를 간첩으로 지목한 또 다른 친구가 등장한다. 그와 친했던 서울대 학군단 동기였다. 그렇다면 2명의 친구는 왜 그를 간첩으로 지목했을까.

기무사 소령이던 친구가 사건의 기획자라면, 특전사 소령이던 친구는 기획 사건의 배우였다. 2001년 특전사 친구가 A씨에게 일본 여행을 제안한다. 그 여행에서 그는 조총련계 인사와 사진이 찍힌다. 검찰은 이 사진을 증거물로 제출한다. 특전사 친구가 제안했던 일본 여행은 기획 수사의 일환이었다.

특전사 친구는 검찰에서 A씨가 먼저 일본 여행을 권유했다고 주장했다. A씨가 이념을 초월해 사람을 소개하겠다며 대남공작원과의 만남을 주선했다는 것이다. 하지만 실제 녹음된 내용을 보면 특전사 친구가 먼저 일본 여행을 유도했는데 이를 악의적으로 왜곡하고 짜깁기했다고 A씨는 말했다.

일본 여행을 떠나기 전, A씨는 특전사 친구와 횟집에서 만났다. 그때 나눈 대화를 기무사가 감청하고 있었다. 대화 녹취록을 직접 확인해봤다.

> **친구** 이번에 가면은 쓸데없는 애들을 좀 소개해주지 말고, 뭔가 민족적인 애들을 만나게 해주라.
>
> **A씨** 응, 알았다.
>
> **친구** 요번에 가면 이상한 놈들 다 만나는 거야?

A씨	이상한 놈들?
친구	대한민국 기준으로 해서 이상한 사람들 다 만나는 거야? 나는 민단계 필요 없고 조총련계….

녹취 내용은 특전사 친구의 검찰 진술 내용과 사뭇 달랐다. 학창 시절부터 가깝게 지냈다는 친구는 왜 A씨를 간첩이라고 증언했을까. A씨가 짐작하는 이유는 뜻밖이었다. 간첩 적발은 진급이 걸린 문제였을 것이라고 말했다.

A씨는 1심에서 징역 1년 6개월에 집행유예 3년을 선고받았다. 정보를 조총련계에 준 간첩죄치고는 유죄가 인정됐어도, 매우 낮은 형량이었다. 2년 후, 2심에서 A씨는 간첩 혐의를 벗었다.

A씨가 기소된 2002년, 김대중 정부는 군 개혁을 시도한다. 사찰의 최대 피해자였던 고 김대중 대통령은 국보법에 시달려왔다. 정권의 의지에도 사찰의 폐단은 멈추지 않았다.

A씨는 일단 간첩 혐의는 벗었지만 잃어버린 10년은 되돌아오지 않는다. 한 디자이너의 인생을 파괴한 행위! 혹독한 피해를 입은 사람이 그만이 아니라는 데 문제의 심각성이 있다. 한번 간첩 낙인이 찍힌 사람은 평생 후유증을 앓아야 한다. 나중에 무죄나 결백을 인정받아도 사회의 따가운 시선은 좀처럼 사라지지 않는다. 그의 인생을 돌이켜보며 또다시 '로스트 타임'을 절감했다. '만들어진 간첩'에게 우리는 어떤 로스트 타임을 주어야 할까.

2017년 헌정사상 첫 대통령 탄핵이 결정된 무렵이었다. 기무사령부에서는 위험천만한 문건을 작성한다. '전시계엄 및 합수업무 수

행방안'이라는 8쪽짜리 보고서와 67쪽에 달하는 세부 계획이었다. 2018년 3월, 군인권센터 임태훈 소장이 이들 문건을 공개했다. 그는 다음과 같이 군내 쿠데타 모의 의혹을 제기했다.

"이 문건을 구체적으로 뜯어봤습니다. 12.12와 5.18이 혼합된 문건이라고 저희는 판단하고 있습니다."

전두환, 노태우 등의 신군부가 정권을 장악했던 12.12쿠데타, '전국 비상 계엄령'을 선포한 5.18 때와 비슷하다는 주장이었다. 신군부는 계엄령, 즉 국가 비상시 군사권을 발동해 치안을 유지한다는 명목으로 정권을 장악했다. 2017년 '계엄령' 문건에서 당시와 유사해 보이는 불순한 의도가 엿보인다는 심상치 않은 주장이었다. 임소장은 이렇게 주장했다.

"집회가 폭력 소요 사태로 변질될 것이라고 예단합니다. 그 예단 위에 군이 정치에 개입하려는 욕구를 투영해놓고 있는 것입니다. 12.12쿠데타와 거의 같은 맥락이죠."

대통령 탄핵을 외치며 촛불 집회에 참여했던 시민들은 세계적으로 유례없는 평화 시위를 벌였다. 문건은 이 시위를 국가 안보를 위협하는 집회로 규정하는 듯했다. 임 소장은 이렇게 덧붙였다.

"계엄 수행군을 미리 상정해놨다는 것이 가장 위험하다고 봅니다. 전국적으로 어디에 배치하고, 서울은 어디어디에 배치하겠다는 계획이 구체적으로 마련돼 있습니다."

시국 안정을 위한 계엄령 선포와 동시에 국회의사당과 헌법재판소에는 물론, 청와대와 촛불 집회가 이루어지는 광화문에 군대를 배치하겠다는 내용이 적혀 있었다. 이 문건에는 내란 음모가 숨겨져 있는 것일까, 아니면 경비 차원의 출동 계획일까.

2018년 7월, 국회 국방위원회 회의가 열렸다. 드디어 문건 작성자들이 출석했다. 기무사령부 TF팀이 작성한 계엄 문건의 탄생 과정이 드러난다. 당시 한민구 국방장관이 조현천 기무사령관에게 지시했고, 이에 따라 조 사령관이 문건 작성을 주도했다는 내용이었다. 조 사령관은 내란음모 등의 혐의로 고발됐다. 이후 군검 합동수사단이 꾸려져 조사에 착수했다. 하지만 조 사령관은 2017년 12월 미국으로 출국한 뒤 종적을 감췄다. 한 해외동포 단체는 조 사령관에 대해 1만 달러의 현상금까지 내걸었다.

기무사의 업무는 '방첩·군사보안·군 또는 군 관련 첩보 수집·안보사범 수사'로 규정돼 있다. 계엄 문건의 필요성이 인정되더라도 국방부 산하 합동참모본부 계엄과에서 작성해야 맞다. 결과적으로 작성 주체가 적절하지 않았다는 점에 대해서는 공감대가 형성됐다. 그렇다면 국방부가 본연의 업무가 아닌 '계엄령 문건' 작성을 지시한 이유는 뭘까. 한 전직 기무사 간부는 한민구 장관의 수상한 지시의 이유를 기무사 조직의 특성에서 찾아야 한다고 말했다.

"기무사의 분위기는 절대 충성, 절대 충성입니다. 육해공군 장교 중 우수한 인재들이 가죠. 그러면서도 진급 경쟁이 치열합니다. 진급 경쟁은 절대 충성으로 이어질 수밖에 없습니다."

절대 충성의 대상이 일반 국민이나 민주주의가 되는 날이 온다면 우리는 보안사의 그림자에서 완전히 벗어날 수 있지 않을까.

2018년 청와대는 "기무사를 근본적으로 개편해, 과거와 역사적으로 단절된 새로운 사령부를 창설하도록 문재인 대통령이 지시했다"고 밝혔다. 대통령의 요구에 따라 기무사 개혁이 추진된다. 이후 군사안보지원사령부 창설이 발표된다. 정부는 "기무사가 27년 만에 해체했다"고 선언했다. 정치적 중립을 선언하고 상부의 부당한 지시를 거부할 수 있는 근거 조항을 신설했다. 하지만 과거는 미래의 점쟁이다. 과거만 보면 미래가 믿음직스럽지 않다.

속지 마라.
정보기관의 변신은 간판 바꿔 달기일 가능성이 크다.

언제나 권력은 정보에 굶주려 있다. 그런 바다에서 '모비딕'은 언제나 출몰할 수 있다.

명예 훼손 책임의 단서
내 주장이나 글이 명예 훼손에 걸리지 않으려면?

헌법 제21조(표현의 자유)는 언론과 출판, 집회와 결사의 자유를 인정하면서도 그 한계를 명확히 하고 있다.

> 모든 국민은 언론·출판의 자유와 집회·결사의 자유를 가진다. 언론·출판에 대한 허가나 검열과 집회·결사에 대한 허가는 인정되지 아니한다. (그러나) 언론·출판은 타인의 명예나 권리 또는 공중도덕이나 사회윤리를 침해하여서는 안 된다.

여기서 갈등과 분쟁이 생겨난다. 언론의 자유를 추구하다 보면 명예훼손죄에 걸리기 십상이다. 엄밀하게 따져보면 타인의 명예나 권리를 침해하지 않는 주장이나 비판이 얼마나 있으랴. 그래서 명예 훼손 책임에는 단서가 붙는다. 피해자가 명시돼야 할 뿐만 아니라, 그의 사회적 평판을 저하할 만한 사실들이 구체적으로 적시돼야 한다. 설사 특정인의 사회적 평판을 적시했다고 해도, 책임이 면책되는 경우가 있다. 걸리지만 걸리지 않는, 이른바 '조각阻却 사유'는 다음과 같이 3가지다.

① 지적한 사실이 공공의 이해에 관한 사회의 정당한 관심사일 경우
② 공익을 위한 목적일 경우
③ 지적한 사실의 중요한 부분이 진실인 것이 증명된 경우, 또는 진실이라
   믿을 만한 상당한 이유가 있는 경우

1998년에 벌어진 '포르말린 통조림 사건'은 조각 사유를 보여주는 단적인 사례다. 서울지검은 기자실에서 '유해식품사범 단속 결과'를 브리핑했다. 시중에 유통되는 통조림에서 몸에 해로운 포르말린이 검출됐다는 내용이었다. 보도 이후 시중에 통조림이 팔리지 않아, 관련 업체가 도산 위기에 몰릴 만큼 파장은 엄청났다. 하지만 나중에 관련 업체들이 무죄 판결을 받는다. 당연히 업체들은 국가와 언론사들을 상대로 소송을 제기했다.

법원은 국가의 책임을 인정하면서 언론에는 책임을 물을 수 없다고 판단했다. 그 이유는 이랬다. 우선 국민의 생명에 직결되는 유해식품에 관한 사안은 사회의 정당한 관심사였다. 또 언론들이 사익이 아닌, 온전히 공익을 위해 보도했다. 아울러, 지적한 사실이 진실은 아니었지만, 진실이라고 믿을 만한 '상당한 이유'가 있다고 봤다. 부장검사가 출입 기자들을 불러놓고 수사 검사가 배석한 상태에서 최종 수사 결과를 브리핑한 상황이어서, 진실이라 믿은 데에 상당한 이유가 있다고 본 것이다.

개인이나 기관을 비판하는 행위는 교도소 담장 위를 걷는 것이다. 그렇더라도 3가지의 '조각 사유'를 명심하고 있으면 교도소 담장 안으로 굴러떨어질 확률은 극히 낮다.

8

두 도시는

다른 방향으로 걸어갔다

▌ 소설 〈두 도시 이야기〉

떠오르려는
해를 사로잡는 법

10년 만의 평양 취재

◄◄

II

►

2018년 1월 4일, 〈이규연의 스포트라이트〉는 10년 가까이 남측에 알려지지 않았던 평양 모습을 전했다. 타이틀은 이랬다.

'단독 공개! 21일간의 평양'

언론계에서는 다소 놀랄 일이었다. 그해 1월 1일, 북한 김정은 위원장이 남북 대화를 재개하고 평창올림픽에 참여할 수 있음을 선언했다. 불과 1개월 전까지만 해도 핵실험과 미사일 발사로 한반도에 전운이 감돌았다. 미국은 전쟁 가능성을 언급했고, 북한도 맞받아쳤다. 30년 만에 최대의 한반도 위기론이 나오는 상황이었다.

이런 면에서 2018년 김정은 위원장의 신년사는 북한 전문가들도 전망할 수 없는, 급작스러운 내용이었다. 보통 60분짜리 시사 프로그램을 만들려면 1개월 이상이 걸린다. 그런데 1월 1일 신년사 이후 3일 만에 '평양 취재기'가 나온 셈이다. 회사 안팎에서 "어떻게 화해 무드를 예측했느냐"는 질문을 많이 받았다. "김정은 위원장과 '내통'했느냐"는 농담도 나왔다. 근 10년간 철저하게 막혀 있던 남북 아닌가. 비법 아닌 비법이 있었다.

KAIST 미래전략대학원에서 공부할 때다. 서용석 교수의 강의에서 흥미로운 영향을 받았다. 이머징emerging 이슈, 즉 떠오르는 이슈의 중요성이었다. 흔히 방송인이든, 사업가든, 정치인이든 트렌드trend를 중시한다. 트렌드는 이미 큰 추세로 굳어진 흐름이다. 그 흐름에 맞춰 프로그램과 사업, 정치 공약을 내놓는다.

하지만 미래학에서는 트렌드보다 '이제 막 떠오르는 이슈'에 더 주목해야 한다고 서 교수는 강조했다. 떠오른 태양은 아니지만 태양이 떠오르기 전에 지평선에서 보이는 희미한 빛줄기 같은 존재다. 이머징 이슈가 트렌드가 되지 않을 수 있다. 그렇지만 트렌드가 될 이머징 이슈를 전망할 수만 있다면 더 많은 기회를 얻을 수 있다. 이머징 이슈는 탐사에서도 일종의 금맥이 될 수 있다.

중천에 솟은 태양보다,

이제 막 떠오르려는 해를 보라.

김정일 위원장이 사망한 뒤, 김정은 체제는 핵과 미사일 개발에 열을 올렸다. 이는 미국을 자극했고 급기야 중국까지 참여하는 강력한 대북 제재가 탄생했다. 트럼프 미국 대통령은 취임 이후, 김정은 위원장에 대해 적대적인 표현을 쓰고 있었다. 2017년 말, 국지적인 북한 폭격설까지 나오는 판이었다. 당시 트렌드는 '대결 격화'였다. 2017년 가을쯤이었다. 나는 이런 생각을 했다.

'전쟁설까지 갔다면, 갈 때까지 간 것 아닌가.'

2가지 시나리오가 가능했다. 더 격한 대결이 벌어지거나, 아니면 대화의 길로 들어서거나. 다수의 언론인이 '더 격한 대결' 시나리오에 대비하고 있었다. 이 시나리오에 내가 뛰어들어봤자 얻을 게 거의 없었다. 하지만 '대화의 길' 시나리오라면 달랐다. 거대한 공론의 장이 열릴 것이다. 다수의 언론은 이 시나리오에는 대비하지 않고 있었다. '남북과 북미 대화'라는 이머징 이슈를 준비하기로 결심했다. 북한 전문가 몇 분을 만나보기 시작했다.

그 무렵이었다. 서울 마포의 허름한 고깃집에서 언론인 출신이자 정치인인 문학진 전 의원과 술자리를 하게 됐다. 〈중앙일보〉에서 함께 근무했던, 미디어학자이자 독일 전문가인 김택환 경기대 교수가 주선한 자리였다. 김 교수는 나의 좁은 시야에 거시적인 안목을 던져주는 분이다. 그런데 처음 보는 분이 함께 앉아 있었다. 〈한겨레신문〉 사진기자 출신인 재미언론인 진천규 기자였다. 그는 얼마 전 평양 취재를 하고 돌아왔다고 했다. 이 글을 쓰는 2019년 9월 현재에도 국내 언론인이 북한 취재를 하기는 여간 어렵지 않다. 그때는 더욱더 그랬다. 이명박, 박근혜 정부 기간에 방북 취재는 극도로 제한

됐다. 진천규 기자는 해외동포이기에 가능했다. 그에게 전해 듣는 평양 소식은 흥미진진했다.

진 기자는 우리가 모르는 사이에 평양이 몰라보게 달라졌다고 했다. 북한의 다른 지역은 몰라도, 평양에선 큰 변화의 조짐이 있다는 것이다. 몇 시간이 금방 지나갔다. 자리에서 일어날 때, 나는 진 기자와 구두 약속을 했다. 방송사에서 취재를 지원하고, 진 기자가 평양 모습을 카메라에 담아보자는 내용이었다. 1개월 후, 진 기자는 평양으로 들어갔다. 그리고 우리가 주문한 영상을 촬영해 보내왔다. '단독 공개! 21일간의 평양'은 이렇게 나올 수 있었다. 이제부터 그 얘기를 풀어보려 한다.

이명박 정부 시절에 벌어진 금강산 관광객 피격과 천안함 사건, 박근혜 정부 때의 개성공단 폐쇄로 남북 관계는 꽁꽁 얼어붙었다. 남북 사이에 "더 이상의 협력은 무의미한 일"이라는 발언이 여기저기서 나오는 상황이었다. 단절과 긴장 속에 이루어진 21일간의 평양 취재는, 그래서 더 특별했다. 〈이규연의 스포트라이트〉에 나갔던 내용을 간추리면 다음과 같다.

취재는 북한과 중국을 잇는, 중국의 접경도시 단둥의 '조중우의교'에서 시작됐다. 철교 하나만 건너면 북한 신의주다. 중국은 북한의 가장 중요한 무역 파트너다. 매일 수많은 화물트럭이 오간다. 차량만이 아니라 기차도 다닌다. 기차로 북한에 들어가려면 단둥역을 통해야 한다. 단둥역에서 북한 사람들을 만났다. 그들 곁에 어김없이 큰 짐이 있었다. 단둥에서 구입한 물건들이었다. 역 안으로 들어가자 여행객이 무리 지어 지나가고 있었다. 외국인이 많이 보였다.

북한으로 가는 단체 배낭 여행객이 많았다. 평양행 기차의 탑승구는 2층에 있었다. 우리에게는 어려운 북한행이, 외국인에게는 열려 있었다.

진 기자는 〈이규연의 스포트라이트〉 카메라와 함께 열차를 타고 북한으로 향했다. 단둥-평양 국제열차! 우리에게 거의 개방되지 않은 미지의 루트였다. 카메라는 열차 안의 모습을 담기 시작했다. 기차에 올라 좁은 복도를 통과하자, 가슴팍에 김일성, 김정일 배지를 단 북한 사람들이 보였다. 김일성, 김정일 배지는 북한에서는 특권층의 상징으로, '쌍상', '겹상'으로 불린다. 이 배지는 쌀 몇 가마니와 맞먹을 정도로 귀한 대접을 받는 것으로 알려져 있다. 단둥 등지에서 이 배지를 무단 복제한 '짝퉁'이 나돌고 있었다. 짝퉁 배지는 1~2달러만 주면 살 수 있었다.

열차 안에서 안내원 없이 자유롭게 북한 승객을 촬영했다. 여기서 미처 몰랐던 모습이 찍혔다. 10년 동안의 단절 때문에 북한 주민들이 우리를 극히 경계할 것으로 여겼다. 의외였다. 영상 속에서 진 기자와 평양 주민은 자연스럽게 대화를 나누고 있다.

기자   얼마나 걸리나요, 평양까지?

주민   평양까지 한 4시간 걸립니다. 혹시 중국에 사십니까?

기자   평양에 취재 들어갑니다.

주민   그럼 기사 쓰는 거죠?

기자   네네, 그렇습니다.

주민   지금 트럼프다 뭐다…. 뭐 어떻게 될 것 같습니까?

기자 글쎄, 좀 잘 풀려야 할 텐데. 선생님은 어떻게 생각하세요?

주민 우리 입장을 잘 지키면서, 어쨌든 잘 풀리면 좋겠죠.

'트럼프'를 서슴없이 언급하는 북한 주민의 모습이 신선했다. 열차는 압록강을 지나 신의주세관에 도착했다. 입국 절차가 궁금했다. 여권에 비자 스탬프를 찍지 않았다. 별지로 '비자 서류'를 받아서 입국 도장을 찍고, 출국할 때 회수하는 방식이었다. 별지의 비자에는 '국적: 남조선, 목적지: 평양'이라고 적혀 있었다.

열차는 평양역에 도착했다. 북한의 최고층 건물. 105층의 류경호텔이 한눈에 들어왔다. 완전히 개관하지 못한 상태였다. 호텔이 개관하지 못하는 이유가 궁금했다. 구조와 외경은 모두 완성됐는데 인테리어 자재를 대지 못하고 있다는 것이다. 이렇게 큰 호텔을 유지하는 데 엄청난 전력도 필요하리라. 다소 놀라운 광경을 영상 속에서 보게 된다. 일부 도로에서 차량 정체가 목격됐다. 지난 10년간 평양 시내의 차량은 급격히 늘었다. 서울과 비교할 바는 아니지만, 일부 구간에서는 러시아워가 존재했다.

평양시는 대동강을 중심으로 동쪽을 동평양, 반대편을 서평양이라고 부른다. 뜻밖에도 평양 시내의 모습은 우리가 생각하는 것보다는 '회색 도시'가 아니었다. 북한의 도시와 건축을 연구한 안창모 교수에게 우리가 찍은 영상을 보여주었다. 안 교수는 그 영상 속에서 뭔가, 놀라운 걸 발견해냈다. 10년 전과 건물의 색감이 많이 달라졌다는 것이다. 꽃단장을 하고 칠을 해서 도시가 밝아졌다.

이런 변화를 어떻게 봐야 할까. 카메라는 평양 핫플레이스인 여

명거리로 향했다. 현대적인 디자인이 눈에 띄었다. 변화의 정점에 있는 곳이다. 가장 높은 건물은 73층. 주상복합 아파트다. 여명거리는 판교 같은 신도시 격이다. 2017년 봄에 완공됐다. 4,800여 가구를 수용할 수 있다. 김일성종합대학 교원, 연구사, 철거민이 입주해 있었다. 평양의 신도시는 대개 대학을 중심으로 펼쳐진다. 역시 주상복합건물이 즐비한 '미래과학자거리'는 김책공대 부근에 조성됐다.

국제사회의 제재 속에 강행된 신도시 사업. 여명거리를 둘러싸고 일부 우리 언론에는 이런 보도가 나오기도 했다.

"유령도시다, 당 간부만 살고 있다."

사실과 거리가 멀었다. 취재진은 고층아파트 안으로 들어가봤다. 승강기를 관리하는 사람이 있었다. 전력난을 반영한 듯, 운행 시간이 따로 있었다.

여명거리 살림집 입사증에는 난방 형식이 지열로 기록돼 있었다. 지하에 설비가 다 있었다. 이 집뿐 아니라, 평양의 신축 빌딩은 거의 지열을 활용한다고 했다. 석유가 부족한 상황에서 재생에너지를 활용하려는 흔적을 곳곳에서 찾을 수 있었다. 단열 효과가 좋은 이중유리를 사용하고 있었다. 아파트 창문에는 뭔가 매달려 있었다. 태양광 발전 시설이다. 자력갱생의 틀을 만들려는 노력이 엿보였다.

평양의 밤은 서울에 비해 어두웠다. 하지만 지난 10년간 거리 곳곳에 네온사인이 많이 켜졌다. 북한 정책과 문화에 대해 연구하는 정영철 교수는 2007년에 촬영한 평양을 우리에게 공개했다. 주체탑, 김일성 동상 등을 제외하고 불빛이 거의 보이지 않았다. 천둥번개가 칠 때만 잠깐 밝아지면서 어렴풋이 도시의 형체가 드러났다. 한국은행에 따르면 북한의 2016년 전기·가스·수도업 성장률은 22.3퍼센트로 1990년 이후 최고치다. 2011년 위성사진에는 불빛이 평양에만 집중돼 있다. 2014년에는 원산과 다른 지역으로 퍼지고 있었다.

평양은 평양이다. 다른 도시의 격차가 있다. 도시와 농촌 사회의 차이도 분명하다. 하지만 주목해야 할 점이 있다. 영상에 나타난 변화의 흐름이었다. 평양을 새로 건설한다는 것은, 그 발전이 뒤이어 지방도시들로 이어질 수 있다는 뜻이기도 했다.

진 기자는 한 대형마트로 갔다. 사람들로 붐비고 있었다. 물건을 고르는 모습도 익숙해 보였다. 제법 많은 물건이 진열대에 있었다. 제재 국면이어서 물건이 귀하다거나 부족할 줄 알았는데 예상 밖이었다. 아이와 함께 온 주민도 많았다. 국가 배급으로 공급받기도 하지만 부족한 것은 시장에서 살 수 있다. 상품의 색감도 몰라보게 달라졌다. 계획경제 체제에서는 계획 수량을 맞추는 데 초점을 둔다. 하지만 지금은 팔아야 하니까, 사람들의 기호에 맞출 수밖에 없어 보였다.

평양동물원 영상도 눈길을 잡았다. 여가를 즐기는 광경이 낯설지 않았다. 원숭이를 안고 있는 남자를 만날 수 있었다. 남자는 손님들에게 원숭이를 빌려준다. 검은얼굴원숭이의 새끼라고 했다. 한 어린 학생이 원숭이와 함께 사진을 찍었다. 동물원에서 기념사진을 찍어주고 돈을 받고 있었다. 추억을 기록하는 현장에서도 미묘한 변화를 볼 수 있었다.

동물원에 온 사람 상당수는 자신의 손전화, 즉 휴대전화로 사진을 찍고 있었다. 우리 통계청 자료에 따르면 2016년 기준으로 북한에 360만 대의 휴대전화가 보급돼 있다. 2018년에 평양에서 만난 북한 관계자는 "올해 기준으로 600만 대가 보급돼 있다"고 소개했다. 정확한 수치는 확인할 수 없지만 급속하게 확산되고 있는 것만은 분명했다. 길거리에서 휴대전화를 쓰는 모습은 흔한 광경이 됐다. 모바일 시장의 확대는 IT기술 전반의 발전을 가져왔다고 한다.

북한에선 내부 인트라넷을 쓰고 국제 접속이 차단된다. 원칙적으로 인터넷에 접속할 수는 없다. 해외 관광객이 많은 일부 호텔에서는 외국인 전용으로 인터넷을 하루에 1시간씩 개방한다.

평양 취재 1탄을 내보내면서 사실 걱정이 많았다. 10년 만에 평양을 그대로 보여주는 것이어서 여간 조심스럽지 않았다. 냉전 세력에게 꼬투리를 잡히지 않기 위해 한 장면 한 장면을 주의 깊게 점검했다. 북한을 과도하게 자극할 만한 내용이 없는지도 살펴봐야 했다. 제작은 12월 마지막 주에 끝났다. 2018년의 북한 신년사를 초조하게 기다렸다. 김정은 위원장이 신년사에서 '전쟁 불사론'을 펼 경우를 대비해 다음 편을 준비해두는 비상 전략도 세웠다. 그리고 '이머징 이슈'가 트렌드로 바뀌는 극적인 신년을 맞이했다.

승부 없는
통일을 위해

대동강 변의 변화 탐사

"어린 청소년의 발이
10년간 막혔던 남북을 열었다"
김경성

2018년 여름이었다. 우리와 제휴해 평양 취재를 했던 진천규씨에게서 연락이 왔다. 방북기를 책으로 내려 하는데 손석희 사장의 추천사를 부탁한다는 것이었다. 책 제목이 흥미로웠다.

'평양의 시간은 서울의 시간과 함께 흐른다.'

손 사장은 흔쾌히 추천사를 써주었다.

"이 책의 제목은 당연히 중의적이다. 남과 북의 정서적, 아니 역사적 시간은 결국 함께 흘러가야 한다는 것. 진천규가 만난 북의 시간과 공간은 어떤 것인가. 끊임없이 의구심을 갖고 잊게 되는 것은 내가 아직도 냉전적 사고에서 벗어나지 못하기 있기 때문이 아닌가? 두껍지 않은 책이면서도 던져주는 고민은 참으로 두껍다. 그러나 결국 의구심을 걷어내기로 한 것은 그가 단지 호기심이 아니라 애정으로 그 땅 위 변화를 받아들이려 하고 있다는 믿음 때문이다."

정말 평양과 서울의 시간은 함께 흐를까. 이에 동의하지 않는 인사의 강연을 들은 적이 있다. 전 영국주재 북한공사인 탈북민 태영호씨였다. 태영호씨는 진천규씨를 직접 거명하지는 않았지만 다음과 같이 잘라 말했다. "평양의 시간은 서울의 시간과 결코 함께 흐르지 않습니다."

적어도 진 기자의 책 제목은 본 것이리라. 북한의 심각한 인권 문제를 거론하며, 평양의 실상을 좀 더 파고들어 가봐야 한다고 주장했다. 탈북민으로서 북한 주민의 인권 측면만 본다면 서울과 평양의 시간이 절대 같을 수 없을 것이다. 두 인사의 서로 다른 시각은 나에게 적지 않은 시사점을 주었다. 탐사 저널리스트는 항상 2가지 점에 주목한다.

우리가 미처 몰랐던 사실과,
지금보다 더 나은 세상을 지향한다.

이를 남북 보도에 적용해봤다. 남이 북에 대해, 북이 남에 대해 미처 몰랐던 사실을 찾아낸다. 그리고 장벽과 오해를 풀어내는 보도를 한다. 서울과 평양의 시간이 같이 흐르는지는 보는 각도에 따라

다를 것이다. 다만 서울과 평양의 시간이 함께 흐르도록 촉진하는 역할을 해야 한다.

2018년 8월 중순이었다. 평양에서 9박 10일의 긴 취재를 할 기회를 얻었다. 남북스포츠교류협의회 김경성 이사장의 초청으로 국제유소년 축구대회를 취재하게 됐다. 항공이 아닌, 육로를 통해 개성을 거쳐 평양으로 들어가는 파격적인 방식이었다. 정부 차원이 아닌, 민간 교류단이 10년 만에 처음으로 육로로 들어가게 된 것이다. 김 이사장은 이렇게 말했다.

"어린 청소년의 발이 10년간 막혔던 남북을 열었다."

김 이사장은 북측 스포츠계에서 신뢰하는 인물이다. 이명박, 박근혜 정부 때도 여러 어려움을 뚫고 남북 유소년 축구 교류를 꾸준히 추진했다. 북한 축구 발전에 기여했다. 이 과정에서 국가보안법 위반 혐의로 수사를 받는 고초를 겪기도 했다. 육로 방북을 성사시킨 힘은 그냥 나온 것이 아니었다.

제작 감각이 좋은 김재훈 PD가 취재에 동행했다. 평양에 가 있는 동안, 서울에서 김정연 작가가 솜씨 좋게 취재 동선을 짜주었다.

방북단은 선수단을 포함해 150명이었다. 버스를 타고 개성-평양 고속도로를 통해 4시간 만에 서울에서 평양으로 갈 수 있었다. 호텔은 대동강 변에 있는 양각도 호텔이었다. 평양 취재 첫날 바깥으로 나갔다. 지척에서 평양 시민을 대면했다.

"안녕하세요. 아침마다 이렇게 청소하시나 봐요?"

"아침에 기상해서 운동 삼아 청소하고, 깨끗한 환경에서 살라니까 청소하고…."

청소하시는 아주머니의 반응은 부드러웠다. 호텔을 조금 벗어났다. 평양의 젖줄인 대동강 강가였다. 오전 7시 30분, 학생과 직장인이 대동강 변을 따라서 출근이나 등교를 하고 있었다.

어떻게 프로그램을 만들까. 제작 방향을 고심하다가 대동강에서 묘안이 떠올랐다. 대동강을 중심으로 평양에서 일어난 미묘한 변화를 잡고 싶었다. 스포츠, 의료, IT 등 각계 인사들이 포함된 방북단 인사들에게도 주목했다. '전문가와 함께한 대동강 탐사'는 이렇게 시작됐다.

첫 탐사지는 대동강 변에 위치한 미래과학자거리였다. 최근에 조성된 주상복합건물이 들어선 거리다. 거리 곳곳에 이런 구호가 붙어 있었다. "최첨단을 돌파하라"

거리는 이름처럼 과학자를 위해 조성된 단지였다. 특정 직업을 위한 건물이라니, 우리에게는 낯설었다. 이 단지는 김정은 위원장이 건설을 지시한 지 1년 6개월 만에 완공됐다. 아파트를 과학자에게 우선 제공했다. 이곳에서 제일 높은 건물은 55층. 이 건물의 모양은 원자핵을 형상화했다. 의식주가 이 안에서 모두 가능하도록 만들어졌다. 거리에선 외국 영화도 상영되고 있었다. 영화관 앞에는 인도 영화의 제목, '비노드 요원'이 붓글씨로 써 있었다. 특수요원을 주인공으로 한 영화였다.

나는 김정은 시대와 함께 시작된 이른바 '만리마 속도전'에 주목했다. 2012년부터 평양 일대에 건설 붐이 일어났다. 물론 국가 주도다. 북한의 첫 뉴타운인 창전거리를 시작으로, 미래과학자거리, 평양의 명동인 여명거리까지. 이런 생각이 들었다. 속도전, 과연 붕괴 위험은 없을까. 북한 건축 전문가인 안창모 경기대 교수에게 그 궁금증을 전했다.

"무너질까 걱정을 많이 하는데, 우리가 생각하는 아주 높은 수준의 공업화는 아니지만 공기를 단축시킬 수 있는 여러 방법이 있죠. 밖에서 틀을 짜, 레고처럼 끼우는 거죠. 붕괴 위험을 걱정할 수준은 아닙니다."

과학기술 중시 정책에 토건 정치를 합친 김정은 위원장의 경제 코드. 적어도 대동강 주변 스카이라인을 바꾸어놓은 것만은 분명해 보였다.

대동산 수산물 식당을 찾았다. 입구 현판을 봤다. 김정은 위원장이 북미정상회담 3일 전에 다녀간 곳이었다. 뒤로도 또 다녀갔다. 뭔가 이유가 있을 것이다. 3층 규모의, 우리로 보면 종합수산센터였다. 수영장만 한 수족관이 눈에 들어왔다. 길이 2미터의 철갑상어가 헤엄치고 있었다. 수족관은 왜 그리 클까. 봉사원에게 물었더니 바로 답이 나왔다.

"큰 공간에서 헤엄치는 것을 건져가지고 잡수시면 몸에도 더 좋고, 감상할 때 기분은 더 좋고, 손님이나 인민한테 더 좋은 기쁨을 줄 수 있지 않습니까."

과거에는 평양 갈 때 반드시 챙겨가야 할 물품이 있었다. 설사약이다. 평양 음식을 먹고 배탈이 나는 경우가 잦았기 때문이다. 절대로 먹어선 안 되는 음식도 있었다. 생선회다. 식중독 위험이 커서였다. 이렇게 평양 한복판에 대규모 수산센터가 생긴 것은 전력이 안정적으로 공급되고 보관이나 유통에 자신이 생겼다는 의미다.

내가 방문한 뒤 평양 정상회담이 열렸다. 그때 문재인 대통령은 김정은 위원장과 함께 이곳에서 식사를 했다. 그만큼 위생 관리에 자신이 생긴 것이다.

평양에서는 식당마다 현관에 철갑상어 수족관이 있다. 왜 철갑상어 천지일까. 2000년대 후반부터 여러 양어장에서 철갑상어 인공번식을 시도했다. "우리의 위성은 하늘을 날고 철갑상어는 바다로 나간다."

본격적인 경제 개발의 신호탄으로 철갑상어를 부각시켰다. 철갑상어가 발전의 상징이 된 것이다.

2층으로 올라가봤다. 수산물 마트가 있었다. 판매 중인 수산가공품은 40여 가지였다. 안으로 들어가자 냉동 연어 대가리가 보였다. 봉지당 우리 돈으로 1천 원. 냉동 광어는 1킬로그램당 2천 원대였다. 상당히 저렴했다. 방북단 중에 20여 차례 북한을 다녀온 서민원 PD가 있었다. 그는 마트를 보고 다소 놀라는 표정이었다. "좀 놀랍죠. 사실 북쪽 분들이 이런 시장들을 잘 보여주지 않았습니다. 물품 자체가 많지 않았기 때문이었죠. 그런데 지금 이 모습은….'

여기서 흥미로운 단어를 포착했다. 바로 '낙지'였다. 그런데 실제로는 오징어였다. 북한에서 오징어를 낙지로 부른다. 통조림 몇 개를 샀다. 계산대 앞에서 기다리면서 장을 보러온 평양 주민과 잠시 얘기를 나눌 기회가 있었다. 제법 많은 물건을 사고 있었다. 집안 행사가 있어서 큰 장을 본다고 했다. 계산대에서도 흥미로운 것을 발견했다. 직원이 통조림에 센서를 들이대고 뭔가를 찍고 있었다. 바로 바코드였다. 과거에 없었던 자동화 시스템이다. 그만큼 물건들이

다양해졌다. 중국산이 대부분이었지만 최근 국산 육성 정책으로 북한산 제품이 늘었다고 한다.

포장지에서 흥미로운 표식을 발견됐다. ISO, 국제규격 기준이다. 제품의 질을 본격적으로 신경 쓰기 시작한 것이다. 디자인도 세계에 팔릴 수 있게 바뀌고 있었다. 김정은 위원장은 북미정상회담에 앞서 이곳을 찾아서 "세계 여러 나라 음식들도 맛보게 하며, 외국 손님들에게도 봉사하도록 하라"고 지시했다. 외국 관광객 유치를 염두에 둔 지시였다. 식당 역시 종합 식사실, 동양 식사실, 서양요리 식사실로 글로벌하게 나누어져 있었다.

단체 관광객을 위한 이색적인 퍼포먼스도 등장했다. 이른바 도미노 칵테일이다. 맥주와 소주로 만든, 100잔의 폭탄주 퍼포먼스였다. 한곳에서 소주잔을 떨어뜨리면 연쇄적으로 100잔의 폭탄주가 만들어지는 행사였다. 서비스 마인드가 엿보였다.

모란봉 기슭에 위치한 김일성 경기장에 갔다. 동원된 학생들이 밀려오듯 들어왔다. 일반 시민도 자리를 채웠다. 이곳에서 남북유소년축구대회가 열렸다. 경기장에도 달라진 개방의 흔적이 남아 있었다. 바로 '에이보드'라는 광고판이었다. 2년 전만 해도 그냥 하얀 판이었다. 지금은 한방약과 술 광고 등이 자리 잡고 있었다.

북한 주민을 직접 만나 인터뷰하는 것은 극히 이례적인 기회다. 경기장에서는 제한적이나마 북한 주민을 접촉할 수 있었다. 평양 시민은 어떻게 더위를 이겨낼까. 이 질문에 한 여성 주민은 이렇게 말했다. "냉면도, 빙수도 많이 먹고 대동강맥주 많이 하고 있습니다. 그다음에 문수물놀이장에 가서 물놀이도 진행하고…."

문수물놀이장은 대동강 능라도에 위치한, 평양에서 가장 큰 수영장이다. 이번에 이곳을 찾아가봤다. 2013년 초 공사가 시작돼 그해 가을 완공된, 만리마 속도의 수영장이다. 한강시민공원에 워터파크를 결합해놓은 것 같았다. 미끄럼틀은 20여 개. 명칭이 흥미로웠다. 골뱅이 미끄럼대, 큰 사발과 작은 사발 미끄럼대. 50미터 수영장, 파도 풀도 있었다. 수영복 패션은 남한에서 20~30년 전에 유행했던 것들이다.

매점에서 대동강맥주를 팔고 있었다. 북한에서는 생맥주를 가스맥주라고 불렀다. 왜일까. 매점 여직원은 이렇게 설명한다. "맥주에 가스가 들어가지 않으면 맛이 있습니까? 맹물이나 다름없지. 시원한 맛도 없고."

바로 이 탄산가스 때문이었다. 설명을 듣고 보니 생맥주라는 표현보다 더 이해가 빨리 됐다. 2달러를 내자 3잔의 가스맥주를 주었다. 조끼! 잔을 뜻하는 일본말을 아직 쓰고 있었다. 우리에게도 알려진 대동강맥주는 1번부터 7번까지 있었다. 1번은 보리만 100퍼센트. 숫자가 올라갈수록 쌀 함량이 높아진다. 흑맥주도 있다. 이곳에서 제일 잘 팔린다는 생맥주 '2번'을 맛봤다. 쌀이 섞여서 그런지 깊은 맛이 났다.

물놀이장에서 얼마 떨어지지 않은 대동강 변에서 거대한 한옥을 발견했다. 바로 옥류관이었다. 1채가 아니었다. 본관, 1관, 2관, 요리집 등 4채였다. 밖에서 볼 때도 컸지만 들어가 보니 그 크기를 실감했다. 2007년 정상회담 때에 노무현 전 대통령이 여기서 식사를 했다. 2000년 정상회담 당시, 김대중 대통령도 이곳을 찾았다. 2018년 문재인 대통령 역시 방문했다. 옥류관과 평양냉면은 정상회담의 상징이 됐다.

냉면에 앞서 칠면조 수육이 나왔다. 돼지 편육과 비슷하지만 향과 육질이 달랐다. 편육 다음으로 녹두지짐이 나왔다. 담백한 맛이었다. 드디어 평양냉면이 나왔다. 평범해 보이는 냉면 고명. 하지만 몇 가지 비밀이 있었다. 무, 배, 계란, 오이…. 고기 고명도 1종류가 아니었다. 소고기, 닭고기, 돼지고기 등 3가지나 됐다.

종업원에게 먹는 순서를 물었다. 면을 먹기 전에 먼저 계란을 먹어 위를 보호하고, 그다음에 면을 먹으라고 했다. 면발에 식초를 쳐야 식중독을 막을 수 있다고 했다. 겨자나 고춧가루는 선택이라고 했다. 다만 육수의 맛을 해치지 않게 하는 게 중요하다고 했다. 메밀의 소화를 돕는 것이 둘째라고 했다. 서울의 냉면보다는 짠맛과 매운맛이 좀 덜했다.

이곳에서 낯익은 인사를 만났다. 남북유소년축구대회 자문위원으로 방북한 허정무 감독이었다. 그는 평양에 처음 왔다고 했다. 미식가로도 잘 알려진 허 감독. 그의 평이 궁금했다. "우선 면이 정말 좋네요. 육수도 일품이고. 고춧가루와 식초를 넣으니까, 상당히 담백해요."

남측 방북단 대부분은 맛이 담백해 좋다는 평을 했다. 하지만 다소 싱겁다는 반응도 있었다. 사람마다, 무엇보다 남북 각각 길들여진 입맛 차이도 있다. 이런 차이를 더욱 여실히 느낀 뜻밖의 장소, 평양 단고기집이었다. 복날이라 찾는 사람이 많았다. 1960년대에 문을 연 전통 식당이었다. 다름 아닌 보신탕집. 탕이나 수육만 나오

는 우리의 보신탕집과 달랐다. 코스 요리였다. 처음에는 단고기 등
심찜으로 시작해 갈비, 내장볶음, 마지막은 탕까지 코스로 나왔다.
단맛이 나서 단고기라 부른다. 평양에만 30여 곳 단고기집이 성업
중이라고 했다. 분명 애견가들은 불편하게 느낄 것이다. 방북단을
인도하는 북한 참사관에게 우리의 개고기 식용 논란을 전했더니, 이
런 반응이 나왔다. "이해가 가지 않습니다. 우리 조상 대대로 내려와
서 여태까지 수천 년 전부터 먹던 음식 아닙니까. 우리 민족 문헌에
도 나오고, 왜 문제가 됩니까?"

남북한 문화 변화의 온도차를 실감했다.

온도차가 존재하는 곳은 또 있었다. 대동강 변의 능라도 '곱등어'
관람관에서였다. 북한에선 돌고래를 이렇게 부른다. 관람관 앞에는
평양 주민이 대기 중이었다. 들어가 보니 쇼가 한창 진행 중이었다.
우리를 포함해 전 세계적으로 사양길에 접어든 돌고래쇼가 평양에
선 인기를 끌고 있었다. 평일 대낮인데 관람석을 메운 수백 명이 연
신 환호성을 쏟아냈다. 외국인 관광객도 곳곳에 눈에 띄었다.

이번엔 평양에서 가장 큰 변화가 벌어지는 장소를 찾아갔다. 건
물 입구부터 김정은 위원장의 대형 사진이 전시된 곳. 평양교원대
였다. 유치원과 초등학교 교원을 양성하는 곳이었다. 교원대에 붙어
있는 구호가 흥미로웠다.

"자기 땅에 발을 붙이고 눈은 세계를 보라!"

과거엔 사실상 방문하기 어려운 대학이었다. 전격 공개한 이유가
있을 것이다. 안으로 들어가 봤다. 문구가 먼저 눈에 들어왔다.

"지식은 광명이요 무식은 암흑이다!"

첫 번째 강의실에는 가상현실 장치가 설치돼 있었다. 우주 태양계 영상이 보였다. 곳곳에서 가상현실 기술을 이용하고 있었다. 물고기의 생태도 홀로그램으로 보여주고 있었다.

또 다른 강의실에선 예비 선생님이 박수를 치자 모니터 속에서 학생들이 화답했다. 각 대학이 연결되어 원격 교육을 하고 있었다. 김정은 시대, 가장 중시하는 과목 중 하나는 바로 영어였다. 북한의 영어 교육은 7세부터 시작한다고 했다. 영어 교과서가 교실마다 비치돼 있었다.

다른 강의실에선 어린 학생과 대학생이 로봇을 만들고 있었다. 한 어린 학생이 제작 발표를 하고 있었다.

"제가 만든 이 로봇에는 사람의 힘을 대신하는 진동기, 눈을 대신하는 프로그램이 있습니다. 이 로봇은 검은색 선(궤도)을 따라 움직이지요."

이 어린 학생에게 몇 살이냐고 물었다. 대답이 걸작이었다. "스물여덟 살!" 그곳 선생님에게 물어보니 "여덟 살인데, 대학에 와서 과외를 할 때는 규훈을 잘 지켜야 하니까, 스물여덟 살이라고 생각하라"고 했다는 것이다. 5학년까지 로봇 하나를 활용해 과학, 수학, 공학, 영어를 함께 배우고 있었다. 교육 방식이 독특했다.

"유치원 때는 그냥 조립만 하고, 1학년 때는 두 바퀴 로봇, 2학년 때는 세 바퀴 로봇, 3학년 때는 수갑 로봇, 4학년 때는 공학 수학적 원리를 발표하고 5학년 때는 영어로 발표하면 로봇 교육이 끝납니다."

김정은 시대 들어 북한은 유치원과 초등교육을 강화하고 있다.

대입 비중이 큰 우리나라와 달랐다. 교육 체제를 바꿨다는 것은 북한이 미래를 장기적으로 대비하고 있다는 의미다.

남북유소년축구대회 마지막 날. 이제 막 경기가 시작됐다. 5만 명 정도의 관중이 모여 있었다. "이기자!" 같은 구호, 파도타기 같은 응원 문화가 우리와 너무나 흡사했다. 폐회식이 끝난 뒤 방북단 인사들에게 지난 10일간 평양에서 무엇을 느꼈는지 한마디씩 들었다.

"민간 단체가 남측에서 평양까지의 육로를 열었습니다. 이런 부분은 새로운 이정표라는 측면에서 의미가 있다고 봅니다."

"역시 우리는 오랫동안 떨어져 있고 만나기도 힘들지만 한민족이라는 것을 절로 느낄 수 있는 것이 가장 감격적이죠."

"제가 현장에서 본 느낌으로서는 남북 교류를 통해서 새로운 한반도 평화의 시대를 만드는 계기가 될 것입니다."

"사회문화계 전반으로 좀 영역을 넓혀서 공동 문화재 발굴 사업 같이 남과 북이 가까워질 수 있는 그런 사업이 이루어졌으면 좋겠습니다."

백범 김구의 명언이 떠올랐다. 북한 탐사를 할 때 지켜야 할 금언처럼 말이다.

통일은 이기고 지는 승부의 세계가 아니다.

평양 대동강의 야경, 어둠이 내리고 불이 켜지자 아름다운 모습이 드러나고 있었다. 지난 60년간 남북 관계는 그리 아름답지만은 않았다. 그렇지만 누군가는 첫 삽을 떠야 한다. 이번 대회로 우리 어린 선수들이 첫발을 내디뎠다. 대동강 야경을 보며, 뜬금없이 한 미국 우주비행사가 한 얘기가 떠올랐다.

"우주에서 보니 미국과 쿠바가 다 아름다워 보이더라."

회색 도시의
컬러

북한 녹화 사업의 두 얼굴

"평양-개성 고속도로를 달리는데, 눈물이 핑 돌았어요.
도로변과, 그 너머 언덕 곳곳이 온통 허전하더라고요.
산하는 아름다운데, 나무가 너무 없었어요"

조정래

"2018년 8월 20일, 평양입니다. 7시를 알려드리겠습니다."

또랑또랑한 라디오 아나운서의 음성과 함께, 대동강의 아침이 밝
아왔다. 내가 묵고 있는 호텔은 평양의 양각도羊角島에 있었다. 한강
의 여의도와 흡사하게, 대동강에 떠 있는 섬이다. 모양이 양의 뿔을
닮았다고 해 붙여진 이름이다. 남북유소년축구대회를 취재하거나
참관하기 위해 온 일행이 9박 10일의 일정을 마치고 귀환하는 날이
다가온 것이다.

우리를 태운 버스는 '양의 뿔' 지점에서 평양 시내로 향했다. 황해도와 개성을 거쳐 파주 도라산역까지 가는 여정이었다. 버스는 들머리를 남쪽으로 잡았다. 김일성 광장 주변에서 평양 시민의 수상한 행렬이 포착됐다.

"하나둘! 하나둘! 하나둘!"

저마다 손에 붉은 깃발을 들고 있었다. 끝을 알 수 없는 긴 행렬이 평양 시내 곳곳에서 발견됐다. 9.9절을 코앞에 두고 행사 준비를 위해 모인 인파였다. 9.9절은 북한의 창건기념일이다. 북측은 5년 만에 다시 대대적인 집단 행사를 준비하고 있었다. 대외 과시용인 듯싶었다. 북한 내부에서 변화의 조짐이 느껴졌다.

버스는 남쪽, 남쪽으로 향했다. 평양의 끝과 시작을 알리는 거대한 조형물, 3대헌장 기념탑이 시야를 가렸다. 기념탑을 지나자 '강남' 표지판이 나타났다. 평양 주변에도 신기하게 강남 구역이 존재했다.

버스는 평양-개성 간 고속도로로 다가가고 있었다. 9일 전, 우리가 평양으로 들어올 때는 버스에 커튼이 쳐져 있었다. 하지만 귀환 일정에선 북한 안내 요원들이 커튼을 거두었다. 제한적이나마 카메라로 시내를 찍고 북측 인사와 가벼운 담소도 나눌 수 있었다. 9박 10일 일정이 북측의 경계심을 낮춘 결과이리라!

버스가 고속도로에 다다르자, 비록 협소한 시야이지만, 도로변을 따라 펼쳐진 나무들이 우리와 함께 달렸다. 낙엽침엽인 낙엽송이 눈에 가장 많이 띄었다. 생장이 빠르고, 병충해에 강하며, 목재를 얻을 수 있는 수종이다. 소나무와 잣나무뿐만 아니라, 거대한 메타세쿼이 아도 틈틈이 눈에 들어왔다.

11년 전, 이 도로를 역시 버스에서 목도했던 한 저명인사의 말이 생각났다. 2007년 남북정상회담 당시, 노무현 대통령의 특별수행원으로 방북했던 작가 조정래였다. 그는 방문 기간 중 가장 가슴 아팠던 장면을 이렇게 전했다.

"평양-개성 고속도로를 달리는데, 눈물이 핑 돌았어요. 도로변과, 그 너머 언덕 곳곳이 온통 허전하더라고요. 산하는 아름다운데, 나무가 너무 없었어요."

노작가가 본 것은 '민둥산'이었으리라! 그렇다면 지금, 내가 본 모습과 왜 이리 다를까? 분명, 같은 길이었다. 버스에 함께 탄 북측 참사관參事官에게 그사이에 어떤 변화가 있었는지 물었다. "봉사원, 교원, 군이 총동원돼 산림녹화를 해왔습니다. 우린 그걸 '산림 투쟁'이라고 부르지요."

"2014년에 산림 복원 10개년 계획을 수립했으며, 지금까지 북한 전역에 65억 그루의 나무를 심었다"고 참사관은 자랑스럽게 말했다. "김정은 위원장 시대의 업적"이라고 첨언했다. 그러면서 가장 많이 보이는 낙엽송을 가리키며 "북측에서는 '창성 이깔나무'로 부른다"고 덧붙였다.

북한이 민둥산에서 벗어난다는 사실은 내게 신선한 뉴스로 다가왔다. 창밖에 보이는 나무들은 유난히 초록빛이 짙었다. 참사관의 설명대로, 요 몇 년 새 녹화된 것이리라! 헐벗은 산야를 보며, 눈물이 핑 돌았다는 노작가의 11년 전 심정은 적어도 지금은 사실이 아닌 듯싶었다. 다소 가벼워진 마음을 안고 파주로 달렸다.

1시간 30분가량 갔을까. 버스는 평양을 벗어나 황해도에 당도하고 있었다. '은정휴게소 500미터'라는 표지판이 나오자, 버스는 바로 우측으로 차선을 바꿔 휴게소로 진입했다. 우리에게는 20분가량의 휴식 시간이 주어졌다. 이 휴게소는 평양과 개성 사이 유일한 휴게소다. 은정恩情이라! 평양 시내 곳곳에서도 봤던 단어였다. 당초 김일성 주석의 은덕을 기린다는 체제 수호적인 의미였지만, 이제 홍차·녹차 계열의 차 이름으로 통했다.

휴게소 마당에는 간이 판매대가 반기고 있었다. 북측에선 판매대를 '매대'라고 부른다고 했다. 모든 물건이 평양 시내보다 10~20퍼센트는 싸게 느껴졌다. 담배, 종합과자, 북한우편 세트 등이 매대에 깔려 있었다. 생소한 물건도 보였다. '꿩 털 부채'가 대표적이었다. 5달러에 팔고 있었다. 정체를 알기 어려운 과일도 보였다. 어린애 머리만 한 과일! "이게 무슨 과일이냐"고 묻자, 북측 봉사원의 친절한 설명이 이어졌다. "북측 공화국의 대표적인 여름 과일입니다. 배와 사과를 접해 만든 배사과입니다. 한 달러에 세 알 드립니다. 맛이 정말 쩡합니다."

1달러를 건네자 북한 배사과가 두 손에 놓였다. 과연 맛은 어떨까? 껍질째 씹자 연하고 달콤한 과즙이 입안 가득히 들어왔다. 이때 방북단 일행인 최문순 강원도지사가 말을 거들었다.

"우리 강원도에도 비슷한 품종이 있어요. 있기는 한데, 많이 보급돼 있지는 않고, 대개 껍질을 까서 먹게 돼 있어요."

배사과로 갈증을 해소한 뒤 주변을 둘러봤다. 거대한 휴게소 건물이 눈에 들어왔다. 옥상에 높은 전망대가 보였다. 올라가고 싶었지만, 남측 방북단은 1층 화장실만 출입하도록 허락됐다. 한 북측 봉사원이 전망대로 가는 길을 수문장처럼 지키고 서 있었다. 10분쯤 지났을까. 이 봉사원이 잠시 자리를 비운 틈을 타, 까치발을 하고 조용히 옥상으로 올라가 봤다.

황해도 서흥군 일대의 들판과 산자락이 한눈에 들어왔다. 그런데! 그런데! 뜻밖의 장면을 보게 됐다. 멀리 보이는 곳곳의 산하가 아직 민둥산이었다. 그렇다면 평양 주변만, 또 도로에서 보이는 곳만 녹화緣化가 이루어진 것일까? 시골의 모습은 녹화라는 말과는 거리가 멀었다. 비록 잠시 머물다 봉사원의 눈을 피해 도둑고양이처럼 내려왔지만, 잔상은 사라지지 않았다.

버스가 개성 65킬로미터 지점에 당도하자, 그림 같은 강 하나가 홀연히 나타났다. 말로만 듣던 예성강禮成江이었다. 황해북도 언진산에서 발원해 개성 주변을 거쳐 서해로 흘러나가는 아름다운 강! 이곳에서 안내판 '쉐리'를 발견했다. 남북 관계를 소재로 한 영화 〈쉬리〉에 등장하는 상징적 물고기였다. 남북에 걸쳐 산다는 물고기다. 그랬다, 쉬리의 북한말이 바로 쉐리였다. 북측 참사관은 "예성강은 쉐리의 천연 산란지"라고 소개했다.

예성강의 아리따운 자태는 여전했다. 굽이쳐 흐르는 물줄기가 줄곧 버스를 따라왔다. 높고 낮은 언덕이 물줄기와 묘한 조화를 이루고 있었다. 하지만 그 높고 낮은 언덕과 산자락은 푸름으로 설명할 수 없었다. 머리카락이 빠진 것처럼 드문드문 비어 있었다. 산꼭대기에, 하늘을 배경으로 말라비틀어진 소나무가 근근이 버티고 있었다.

평양을 출발한 지 2시간 30분. 버스는 개성 시내에 들어섰다. 자동차는 거의 없고, 온통 자전거였다. 평양과는 다르게, 건물도 회색이었다. 이윽고 우리의 자본과 기술, 북측의 토지와 인력이 결합한 '남북 합작 프로젝트' 개성공단에 당도했다. 역시 자동차를 보기 힘들었다. 자전거도 간간히 지나갔다. 건물 간판이 보였다. 현대오일뱅크, 현대아산, 훼밀리마트 등이었다.

우리 방북 일행 중에 가장 안타깝게 개성공단을 바라보는 인사가 있었다. 개성공단에 입주했던 의류업체 대표 A씨였다. 60대인 그는 2년 전, '그날'을 지금도 총천연색으로 기억하고 있었다. 정부의 전격 명령으로 북한 종업원과 기계 설비를 놔두고 철수해야 했던 그날이었다.

"4년간 공들인 공장을 뒤로하고 하루 만에 철수해야 했죠. 단 하루 만에 말입니다. 1천 명의 북측 종업원이 있었습니다. 그들은 지금 어떻게 살고 있을까요."

A씨는 개성공단에 머물면서 꼭 해보고 싶은 남북 경협 사업이 생겼다고 했다. 개성 주변의 산림 녹화 사업을 지원하는 일이라고 했다. 왜 산림 녹화에 관심을 갖게 됐을까? 2000년대 초반이었다. 공장 입주를 준비하기 위해 파주와 개성을 오갈 때, 흥미로운 시설을 발견했다고 했다. 바로, 고려 때부터 존재한다는 수로水路였다. 벽란도碧瀾渡에 당도한 중국·일본·아라비아 등지의 국제 상선들은 예성강 줄기를 따라 개성 주변에 접근했다. 그리고 수로를 통해 물자를 오가게 했다는 것이다.

그런데 A씨가 본 수로는 비가 올 때를 제외하고 대부분 빠짝 마른 상태였다고 했다. 비가 많이 와도 며칠 버티는 것을 보지 못했다.

이런 퇴보는 바로 빈약한 산림 자원 때문이라고 그는 진단했다. 개성 주변의 산자락은 온통 붉고 허연색이었다. 쓸 만한 나무는 거의 없고, 자연 번식한 잡목마저 간혹 눈에 띄는 정도였다고 했다.

"생각해보세요. 수로에 물이 가득 찼던 1천 년 전의 개경을, 그리고 지금의 개성을요."

그의 손가락은 멀리, 자신이 봤다는 수로 방향을 가리키고 있었다. 쓸쓸해 보이는 입가에선 개성공단 시절의 목격담이 이어졌다. 공단 부근에서 종종 식목 작업을 했지만 결과는 오래가지 못했다고 했다. 심어놓은 묘목이 통째로 뽑혀 나갔다. 2~3년생이어서 키가 1미터도 안 되는 묘목이었는데도 그랬다고 했다. 주민들이 땔감용으로 캐간 것이다. 더한 장면도 종종 목격했다고 그는 말했다. 몸통이 잘려 나간 나무 등걸까지 큰 해머로 내려쳐 뿌리째 뽑아가는 것이다. 이런 사정이다 보니, 생명력이 질긴 참나무가 자연 번식도 못 하는 상황이 벌어졌다고 했다. A씨의 탄식은 이렇게 마무리됐다. "한마디로 산림 녹화의 악순환이라고 할 수 있죠. 그나마 잘살고 감시가 심한 평양 주변이나 녹화가 가능할까요. 난방을 해결해주지 않으면 그 어떤 녹화 사업도 버텨낼 수 없을 겁니다."

평양과 개성 간의 오디세이는 3시간 만에 끝나가고 있었다. 버스는 개성공단을 지나 유엔사가 관할하는 비무장지대로 빨려 들어갔다. 도라산역이 기다리고 있었다. 보안검색대에 짐 가방을 올려놓고, 10일간 함께한 북측 참사관에게 악수를 청했다. 그 참사관은 작별 인사를 했다. "또 만납시다. 잊지 말고 삽시다."

도라산역을 빠져나왔다. 파주시 장단면의 들녘이 눈에 들어왔다.

확실히 푸르고 무성했다. 북녘 산하를 잠시 떠올렸다. 《법구경》에
나오는 한 구절을 소망했다.

뿌리가 깊은 나무는 베어도
움이 다시 돋는다.

잠시 후, 마중 나온 회사 직원들과 북한에서 보고 들었던 것을 도
란도란 나누며 승용차에 올랐다. 차창 밖으로 여름 볕을 머금어 풍
성해진 나무들이 늘어서 있었다. 내 눈은 분명 그 나무들을 보고 있
었지만, 더 이상의 생각은 하지 않고 있었다. 무심히 보는 게 다였다.
어느덧 내 뇌는 회사 일로 꽉 채워지고 있었다. 운정휴게소 전망대
에서 봤던 모습의 잔상마저도 사라지고 있었다.

이머징 이슈 포착
어떻게 시대 흐름을 읽을 것인가?

트렌드는 사회의 큰 추세로 정착된 이슈를 이른다. 여기에 유용성의 함정이 존재할 수 있다. '셸'에는 독특한 성공 스토리가 있다. 석유 가격이 물값과 비슷할 정도로 저렴하던 1960년대 말이었다. 이 회사는 연구소를 창설해, 유가가 10배 이상 급등할 수 있다는 전망을 내놓으며 대응 시나리오를 짰다. 연구소는 조롱의 대상이 됐다. 몇 년 후, 유가가 10배 이상 뛰는 오일쇼크가 왔다. 셸은 오일쇼크에 잘 대처하면서 세계 굴지의 에너지 기업으로 성장할 수 있었다.

이 회사가 이렇게 전망할 수 있었던 근거는 '석유수출국기구OPEC의 담합'이라는, 이제 막 떠오르는 이슈를 잡아냈기 때문이다. 셸은 유가가 저공 행진할 것이라는 '트렌드'보다, 석유수출국기구의 담합이라는 '이머징 이슈'에 주목했다. 탐사 언론인이나 사업가, 정치인, 작가도 마땅히 그래야 한다. KAIST 문술미래전략대학원 서용석 교수는 이머징 이슈를 다음과 같이 정의한다.

아직은 사회적 영향력이 미미하고, 충분한 양의 정보와 데이터가 존재하지 않지만, 그 현안을 얘기하면 논란이 일어나는 이슈다.

9

진실도 때로는

다치게 할 때가 있지만

머지않아 치료받을 수 있는

가벼운 상처다

┃ 앙드레 지드

진실을 완성하기 위한
팩트 퍼즐 조각

북한 식당 종업원의 인권

⏪

⏸

▶

"제발 우리를 북송 프레임에 가두지 마세요"
북한 식당 종업원

2006년 묵직한 흑백영화가 개봉한다. 조지 클루니가 감독과 공동 주연을 한 〈굿나잇 앤 굿럭〉이었다. CBS 보도앵커인 에드워드 머로 와 PD인 프레드 프렌들리의 실화 바탕 영화였다. 'Good night and good luck'은 머로의 클로징 멘트다. 영화에서 머로는 연신 담배를 피운다. 비흡연자들은 혐오를 느끼겠지만 그 연기를 통해 자유정신 을 발산한다.

영화는 1950년대 초반, 미국 사회를 '레드 콤플렉스'에 빠뜨렸던 매카시 열풍을 다룬다. 상원의원인 조지프 매카시와, 자유언론을 대변했던 에드워드 머로 뉴스팀의 대결이 영화의 축이다. 매카시는 미국 안보를 위협하는 '빨갱이'를 대대적으로 색출하는 데 혈안이 된다. 공산주의와 무관한 무수한 사람들이 빨갱이로 몰리지만 누구 하나 나서려 하지 않는다. 머로의 뉴스팀은 비이성적인 세상과 외로운 투쟁을 벌인다. 어느 날 CBS 회장이 찾아와 회유하는 장면이 일품이다. 회유가 아니라 사실상 협박이지만.

"사실 검증은 됐나?"

"그쯤 해두자고!"

"사표를 써주게, 아들 학비는 대주겠네!"

분단국가인 대한민국의 언론인들은 레드 콤플렉스의 영향권에서 미국보다 훨씬 자유롭지 못하다. 자유 언론과 팩트의 원칙을 지키려다 보면, 한번쯤은 논란에 휘말리기 십상이다. '이한영 총격 피살'은 여러 생각을 하게 하는 사건이었다.

이한영씨는 김정일 위원장의 처조카다. 모스크바외국어대에서 어학을 공부하고 스위스 제네바에서 어학 연수를 한 북한 엘리트다. 1982년 10월 한국으로 망명했다. KBS 국제국 러시아어 PD로 입사했다가 나와, 여러 사업을 벌였다. 그는 김정일 위원장의 가족과 측근의 행적을 책이나 언론을 통해 노출했다. 특히 김정일 위원장의 사진을 가끔 언론사에 제공하고 편의를 제공받았다.

1990년대 초반에 이씨를 접촉한 적이 있다. 이씨가 머물던 서울 강남의 호텔로 찾아갔다. 김정일 위원장과 자신이 함께 등장하는 사진 몇 장을 내놓았다. 그는 부동산 관련 사업이 실패하면서 곤궁한 상태였다. 소문대로 사진 제공을 대가로 편의를 요구했다. 즉각 사회부 데스크 선배에게 보고했다. 조건을 수락하라는 지시를 받았다. 그는 불안하고 초조해 보였다.

세월이 흘렀다. 1997년 2월 15일 밤이었다. 이씨는 성남시 분당구 자신의 아파트 승강기 앞에서 괴한에 의해 총기로 피격당한 뒤 10일 후 숨졌다. 누가 이씨를 피격했을까. 당시에는 2가지 설이 나왔다. 평소 북한 김정일 위원장을 자극한 것으로 봐서, 북한 소행이라는 설이었다. 다른 하나는 이씨가 러시아와 사업을 했는데 이때 러시아 마피아에게 원한을 샀다는 것이었다.

합동수사단은 이씨의 피격이 북한 간첩의 소행이라고 즉각 발표했다. 핵심 근거는 사고 현장을 목격한 아파트 이웃의 증언이었다. 이한영씨가 피격된 직후 "간첩, 간첩" 하고 말하는 것을 직접 들었다는 내용이었다. 경찰서 출입 기자들을 이끄는 '시경캡'이던 나는 언뜻 이해가 가지 않았다. 총으로 급소를 맞았는데 "간첩, 간첩" 하고 말을 했다는 대목이 상식에 맞지 않아서였다.

후배 기자에게 목격자를 만나보라고 했다. 공안 당국의 차단으로 한동안 만날 수 없었다. 끈질긴 취재 끝에, 한 후배 기자가 겨우 인터폰으로 목격자라는 그 이웃과 대화할 수 있었다. 그런데 그는 "간첩, 간첩"이라는 말을 들은 적이 없었다고 했다. 합동수사단이 간첩으로 본 핵심 근거가 무너진 것이다.

이한영씨를 누가 죽였는지 나는 잘 알지 못했다. 당시 상황으로 봐선 북한 소행일 가능성이 컸다. 그렇더라도 합동수사단이 '팩트'라고 제시한 부분은 사실과 달랐다. '팩트'는 바로잡아야 한다고 봤다.

진실이 무엇인지 알기 어렵다.

다만 팩트를 공정하고 투명하게 모아

진실을 추구할 뿐이다.

이씨를 죽인 범인은 알 수 없지만, 적어도 공안 당국이 제시한 "간첩, 간첩"은 팩트가 아니었다. 즉각 기사를 썼지만, 바로 보도가 나가지 않았다. 어떻게 알았는지, 안기부 정보관들의 전화를 받았다. "팩트가 틀렸다", "기사가 나가면 국익에 이롭지 않다"고 압박했다. 이런 압박을 뚫고 기사는 나갔다. 〈중앙일보〉 1997년 2월 19일 자 23면에 크지 않은 기사로 다음과 같이 처리됐다.

> 이한영(李韓永. 36)씨 피격 당시 이씨가 "간첩, 간첩"이라고 말했다는 목격자 진술은 사실과 다른 것으로 밝혀졌다. 당초 "사건 현장에서 이씨가 '간첩 간첩'이라고 말하는 소리를 들었다"고 경찰에 진술한 남 모씨는 18일 본지 기자와 만나 "이마에서 피를 흘리며 쓰러진 이씨에게 다가가 '누가 이랬느냐'고 묻자, 알 수 없는 손짓을 하며 뭔가 웅얼거리는 것 같았지만 무슨 말인지 알아들을 수 없었다"고 밝혔다. 남씨의 '간첩' 진술은 수사본부가 범행이 간첩의 소행이라고 단정하는 데 결정적인 근거가 됐다. 또 범인이 2명임을 단정하는 데 결정적인 단서를 제공했던 "손가락 2개를 펴보였다"는 진술도 한 적이 없다고 밝혔다. 남씨는 "옆에서 누군가가 간첩이라고 이야기하는 것 같았는데 경찰이 내가 들은 것으로 작성했으며 당시엔 별 문제가 없을 것 같아 진술서에 도장을 찍었

다"고 말했다. 남씨는 이와 관련, 17일 자신의 집에서 경찰의 재조사를 받으면서 진술을 정정했다고 말했다.

기사는 길지 않았지만 파장은 컸다. 거의 모든 언론이 인용 보도했다. 취재기자들은 한국기자협회에서 주는 '이달의 기자상'을 받았다. 하지만 석연치 않는 일이 벌어졌다. 이한영씨의 행적을 추적했던 기자 중 1명이 퇴사를 하고 미국 유학을 떠났다. 나중에 귀국해 서울 지역의 대학교수가 됐다. 이 교수와 2018년에 술자리를 했다. 자신이 유학을 떠난 결정적인 계기가 정보 당국의 압력에 회의를 느꼈기 때문이라고 했다.

나도 시경캡에서 물러난 뒤 안면이 있던 안기부 요원과 만난 적이 있다. 그는 식사 도중 내게 의미심장한 말을 건넸다. 사실상 위협이었다.

"이 기자 파일이, 우리 회사에 있어요."

박근혜 정부, 집권 4년 차인 2016년 1월. 북한이 4차 핵실험을 감행한다. 남북 관계는 급속도로 냉각된다. 박근혜 정부는 국제사회에 강력한 대북 제재를 요구하고, 개성공단도 전격 폐쇄한다. 우리 정부가 대북 제재를 한 효과로, 중국의 북한 식당이 타격을 입고 있다는 발표가 나온다.

이 무렵, 희한한 사건이 터진다. 이른바 '북한 식당 여종업원 집단 탈북 사건'이었다. 통일부는 긴급 브리핑을 한다. 유엔 대북 제재 상황에서 집단으로 탈북한 사례이기 때문에, 특별히 브리핑한다고 했다. 박근혜 정부는 집단 탈북이 대북 제재의 효과라며 홍보한다. 공식 발표된 탈북 과정은 이랬다. "종업원들은 2013년, 중국 옌지에서 첫 근무를 시작했다. 2015년. 닝보의 류경식당으로 자리를 옮겼다. 그리고 6개월 후, 말레이시아로 이동, 인천공항을 통해 입국했다."

하지만 총선을 코앞에 두고 벌인 북풍 공작이라는 의혹이 제기된다. 불과 선거 5일 전 입국이었다. 입국 장면이 이례적으로 공개된다. 탈북자의 신원은 비공개가 원칙인데, 이를 무시하고 의도적으로 사진을 공개한 것이다. 이념 성향과 무관하게 많은 매체가 의혹을 제기했다. 하지만 13인의 집단 탈북자를 직접 만날 수 없는 한계가 있었다.

북한 측은 종업원들이 유인, 납치됐다고 주장했다. 종업원의 부모까지 TV에 등장해 억울함을 호소했다. 이 사건은 이산가족 상봉의 걸림돌이 됐다. 북측은 종업원의 송환을 요구했다. 과거사 추적을 꾸준히 해온 봉지욱 기자는 중국에서 이들의 행방을 추적해왔다.

봉 기자를 비롯한 취재진은 중국 옌지로 향했다. 종업원들이 처음으로 일을 시작한 곳이다. 이들은 이곳 식당에서 2년간 근무했다. 이 부근을 수소문하다가 중요한 단서를 확보한다. 종업원들의 여권을 지배인이 관리했고 종업원의 개인 활동은 거의 불가능했다는 것이다. 그 지배인이 '키맨'일 가능성이 컸다. 수소문 끝에 지배인을 아는 식당 관계자를 만난다. 식당 관계자는 지배인이 쓰던 전화번호를 알려준다. 이를 추적한 끝에, 드디어 그 지배인을 찾아낼 수 있었다. 종업원들과 함께 입국해 국내에 체류 중이었다. 처음에는 인터뷰를 완강히 거부했다. 몇 차례 설득 끝에 그는 인터뷰에 응하겠다는 의사를 밝혀왔다. 그는 "지금 벼랑 끝 심정"이라고 했다. 그 의미는 무엇일까.

인터뷰가 시작됐다. 보안을 위해 인터뷰 장소를 비밀에 부치고, 촬영 감독들에게도 각서를 받았다. 인터뷰 룸에서 만난 지배인은 경계하는 눈빛이 역력했다. 본인이 누구인지 설명해달라고 했다. "저는 2016년 4월 7일 대한민국에 온 집단 탈북 사건의 당사자입니다. 종업원을 데리고 온 중국주재 류경식당 지배인 허강일입니다."

허강일이라고 자신을 소개한 지배인은 탈북 의혹을 풀 단서가 들어 있다는 USB 메모리를 건넸다. 그 속에는 각종 자료가 담겨 있었다. 먼저 눈에 띄는 것은 북한 여권. 자신의 것은 물론이고 탈북한 종업원들 것까지 들어 있었다.

그는 집단 탈북을 주도한 인물이다. 범법 행위에 가담한 것이다. 그의 주장을 하나하나 검증해야 했다. 허씨는 자신은 조선 측 사장이고, 중국 측 사장과 합작해 류경식당을 운영했다고 했다. 말이 지배인이지, 북측 사장이라고 보면 된다고 했다. 평양외국어대 출신이라며, 관련 증명 자료도 보여줬다. 평양외대는 북측에서 김일성대학만큼이나 들어가기 어려운 대학으로 알려져 있다. 성적은 물론 출신성분이 좋은 북한 최고 엘리트나 갈 수 있는 대학이다. 해외 북한 식당 지배인 자리는 우리가 흔히 생각하는 지배인과는 많이 달랐다. 지배인과 동반 탈북한 종업원들도 모두 평양 출신으로, 오디션을 통해 뽑았다고 했다. 그중에는 북한의 인민가수 최삼숙의 딸도 있었다.

지배인이 건넨 USB 메모리에는 영상도 있었다. 종업원들이 합주 연습을 하는 장면이었다. 북한 식당에서는 종업원들이 공연을 하기 때문에 오디션을 통해 뽑는다. 숙소 벽면에는 김일성 주석, 김정일 위원장의 초상이 걸려 있었다.

그와 인터뷰 도중, 이런 의문이 생겼다. 평양 출신에, 신분이 확실한 20대 종업원들이 왜 집단으로 탈북했을까. 지배인이 뜻밖의 말을 꺼냈다. 그는 그들을 속여서 데려왔다고 했다. 그는 집단 탈북에 뭔가 배후가 있다고 폭로했다. 그 과정은 이랬다.

2013년 12월, 수십 년간 권력의 중심이던 장성택이 국가 전복죄로 처형된다. 측근까지 줄줄이 숙청당했다. 자신과 친한 사람들도 재판도 없이 처형됐다는 것이다. 허씨는 이를 계기로 북한 체제에 반감을 갖게 됐다고 한다. 2014년 말, 국정원의 한 인물과 연락이 닿았다고 한다. 허씨는 국정원 직원과 허름한 중국 모텔에서 만났다. 그곳에서 의외의 상황이 연출됐다고 그는 말했다.

"캐리어를 열더니 대형 태극기를 꺼냈습니다. 그리고 서약서를 쓰라고 하더군요. 대한민국을 위해 끝까지 충성할 것이며, 맹세하며 싸우겠다는 내용이었습니다. 서약을 하고 태극기 들고 사진을 찍었습니다."

태극기 세리머니로, 국정원 정보원이 됐다는 허씨. 나중에 생각해 보니, 사진과 서약으로 확실히 약점을 잡으려는 의식이었다고 했다. 이후 정보원으로 활동했다고 한다. 국정원 직원이 특정 정보를 요구하면 확인 후 보고하고 주변의 눈을 피해 밤 11시에 통화를 했다.

정보원 활동은 오래가지 못했다. 비밀 활동을 눈치챈 사람이 있었던 것이다. 그 사람이 1억 원을 요구하며 협박하자, 지배인은 탈북을 결심한다. 또 다른 의문이 생겼다. 혼자 이동하는 편이 빨랐을 텐데 왜 12명과 함께 움직였을까. 국정원 직원이 종업원들과 함께 넘어와야 한다고 주장했다는 것이다. 혼자 가야겠다고 하자 "혼자 오지 마라. 그렇지 않으면 북측에 신고하겠다"고 위협까지 했다고 허씨는 주장했다. 그래도 요구를 거절하자, 함께 탈북하면 국정원 취직과 훈장을 보장하며 국정원 직원이 회유했다고 한다.

허씨는 이 말을 믿고 집단 탈북 계획을 세우기 시작했다. 2016년 5월 30일이 거사 일이었다. 그런데 갑자기 4월 3일 밤에 전화가 와서, "긴급 상황이 발생했으니, 4월 5일에 무조건 출발하라"고 국정원 직원이 종용했다. 집단 탈북은 이렇게 초읽기에 들어간다.

2016년 4월 5일 자정, 중국을 떠난 지배인과 종업원들은 6일 말레이시아의 한국대사관에 도착한다. 그리고 7일 인천공항에 입국한다. 단 2일 만에 탈북이 이뤄졌다. 통상 제3국을 경유해 대한민국에 들어올 때 4주 이상이 걸린다. 표창원 의원은 "2일 만에 입국한 점, 그리고 입국 이후 2일 만에 공개한 점 등이 누가 봐도 의심스러운 상황"이라고 진단했다.

이때까지도 지배인은 집단 탈북을 서두른 이유를 몰랐다고 한다. 남한 선거일을 알 리 없었다. 와서 보니 탈북 발표 5일 후가 총선이었다. 나중에 국정원 직원에게 물었더니 "민주당 종북 세력을 이기려고 언론에 공개했다"는 대답이 돌아왔다.

2년 전, 국정원 직원의 요구 때문에 집단 탈북했다고 주장하는 지배인은 왜 2018년이 돼서야 폭로했을까. 이것도 석연치 않은 부분이었다. 다시 허씨의 주장을 들어봤다. 정권이 교체된 뒤, 국정원 직원이 이렇게 말하며 차일피일 미루었다고 했다.

"박근혜 전 대통령이 탄핵을 당해서 국정원이 복잡하다. 그러니까 기다려라. 빨갱이가 대통령이 돼서 안 된다. 새누리당이 다시 정권 잡을 때까지 못 기다리냐!"

허씨는 배신감에 폭로를 결심했다고 시인했다. 정말 우리 정보기관 직원이 허씨와 접촉했는지 확인해봤다. 이를 추정하게 할 만한 증거와 인터뷰를 확보했다. 하지만 국정원의 입장을 고려해 세세히 밝히지 않겠다.

국정원에 넌지시 허씨의 발언 내용을 확인해봤다. 공식 반응은 아니지만 지배인의 일방적인 주장이라고 언급했다. 통일부도 비슷한 반응을 보였다. 나중에 안 사실이 있다. 국정원과 통일부는 그때까지만 해도 우리가 허강일 지배인만 인터뷰할 줄 알았다고 한다. 종업원들의 증언이 있어야만 완전한 보도 요건이 맞추어진다. 지배인 허씨의 주장이 맞더라도 허씨는 가해자의 하나이고, 종업원들이 피해자 아닌가. 취재 도중 정보기관에서는 허씨를 폄하하는 정보가 흘러나왔다. 거짓말을 잘하고 폭력적이라는 내용이었다.

어느 날이었다. 내 회사 이메일에 발신자를 알기 어려운 편지가 와 있었다. 허강일씨를 비난하는 내용이었다. 허씨와 인터뷰한 사실을 누가, 어떻게 알았을까. 그때까지만 해도 그와 나의 인터뷰는 보안 사항이었다. 섬뜩함을 느꼈다.

2016년 2월, 민주사회를위한변호사모임은 종업원 접견을 요청하는 기자회견을 열었다. 민변은 지난 2년간 여종업원의 행방을 추적 중이었다. 민변의 장경욱 변호사는 자진 탈북을 의심하고 있었다. 허씨와 인터뷰한 무렵, 장 변호사도 만났다. 그는 탈북 과정에 국정원이 개입했다고 생각하고 있었다. 종업원들이 정말 자유의사로

온 것인지, 확인할 필요가 있다고 판단했다. 정부에 접견 신청을 냈지만 변호인 접견 대상이 아니라며, 거부당했다는 것이다.

이에 장 변호사는 종업원들의 북한 가족한테서 종업원들의 신원 확인 서류와 심사청구 위임장을 받았다고 했다. 탈북 사건이 벌어진 지 2개월 후였다. 장 변호사는 12명 부모의 위임장을 받아 소송을 진행한다. 이른바 인신구제 청구를 했지만 모두 기각당했다. 종업원들을 만나야만 풀 수 있는 문제였다.

사라진 12명의 종업원의 행방을 추적했다. SNS에 제보 요청 글을 올리고, 수소문에 나선 지 2개월째였다. 우리는 몇몇 종업원의 주소를 제보받는다. 그들의 집과 일터를 찾아가, 주변이 알아채지 못하도록 조심스럽게 인터뷰 의향을 물었다. 하지만 번번이 거절당했다. 그들의 곤혹스러운 입장을 고려해야 했다. 우리는 연락처를 남겨놓고 무작정 기다려보기로 했다. 시간이 흐른 뒤, 한 종업원이 인터뷰 의사를 밝혀왔다. 취지와 취재 과정을 설명한 뒤, 혹시 다른 종업원들과 함께 증언해줄 수 없는지 물었다. 이 종업원은 잠시 망설이다가 동료 몇몇에게 전화를 해 설득했다. 이윽고 3명의 종업원이 더 인터뷰 장소에 도착했다.

이들은 한국에 온 지 만 2년밖에 안 됐지만 북한말을 거의 쓰지 않았다. 지난 2년간 어떤 일들을 겪었을까. 인터뷰가 시작됐다. 4명의 종업원들이 지배인을 만나게 된 것은 2013년, 북한 식당 오디션에서였다. 종업원으로 뽑힌 후에도 연습생 기간 1년을 거쳐야 했다. 마치 우리 아이돌 기획사를 보는 듯하다.

종업원 대부분 평양 중산층 출신이었다. 가족을 만나기도 힘들고 타지 생활이 녹록지 않을 텐데, 왜 굳이 중국의 북한 식당을 선택했을까. "중국에 나오면 1개월 월급이 북한의 1년 벌이와 같은 정도예요."

북한 여성에게 해외 북한 식당은 꿈의 직장으로 꼽힌다. 류경식당은 운영 상태도 나쁘지 않은 편이었다고 했다. 그렇다면 대체 왜 종업원들은 한국에 오게 됐을까. 지배인과 종업원들 사이에 무슨 일이 벌어졌을까.

집단 탈북 2일 전인 4월 3일 밤, 지배인은 식당 밖으로 나와 누군가와 은밀히 통화한다. 바로 국정원 직원이었다고 한다. 허씨는 바로 다음 날 아침, 종업원들의 항공 티켓을 서둘러 예매한다. 지배인이 모든 여권을 가지고 있었기에 가능했다. 종업원들에게는 짐을 싸라고 시켰다. 탈북 실행 1일 전, 허씨는 대부분의 짐을 차에 실어 어디론가 보냈다. 종업원들에게는 더 좋은 식당으로 가는 것으로 여기게 하고, 짐을 싸게 했다는 것이다. 4명의 종업원은 "한국으로 간다는 것은 아예 상상하지도 못했다"고 증언했다. 탈북이 아닌, 숙소를 옮기는 것으로 알았다는 것이다.

그런데 직원 중 3명은 이상한 낌새를 챘는지, 당일 사라졌다고 했다. 다급해진 지배인은 택시를 불러 종업원들을 나눠 태웠다. 2시간 후, 택시는 항저우만 다리를 건너 상해공항에 도착한다. 그리고 종업원들에게 여권과 비행기 티켓을 나눠 주었다고 했다. 해외행을 처음 알게 된 종업원들은 두려움이 몰려왔지만 당의 지시라고 생각해 비행기에 올랐다고 한다.

상해발 국제선이었다. 목적지는 말레이시아 쿠알라룸프르. 숙소를 떠난 지 10시간 후인 6일 아침에 도착한다. 그곳에서 택시를 타고 1시간을 달려 도착한 곳은 태극기가 보이는 대한민국 대사관 앞이었다.

대사관 앞에서 지배인과 종업원 사이에 한참 심각한 대화가 오갔다고 한다. 대사관으로 들어간 종업원들은 사무실에서 뭔가에 서명을 한다. 자유의사 탈북 서명! 한국행인지 몰랐던 종업원들이 왜 이런 서명을 했을까. 이유가 있었다. 허씨의 증언이다.

"종업원들이 솔직히 중국에서 한국 영화를 많이 봤습니다, 몰래요. 제가 둘 중에 하나 택하라고 했어요. 돌아가려면 돌아가라, 북쪽에 가면 죽을 것이다. 살고 싶으면 나 따라오라고요."

종업원들은 지배인을 "엄청 원망했다"고 했다. 하지만 가족의 신병까지 언급하는 지배인의 강요에 어쩔 수 없었다. 허씨는 "이후 양심의 가책을 받고 살아왔다"고 했다. 종업원들에게 돌아가고 싶은지를 넌지시 물어봤다. 자신의 입장을 밝히기 어렵다고 했다. 다만 부모의 얼굴은 보고 싶다고 했다. 더 이상 구체적으로 묻지 않았다.

취재를 마친 뒤, 우리는 민변에 종업원들의 법률 지원을 요청했다. 그날 민변 변호사와 동석한 가운데 종업원들과 저녁식사 자리를 가졌다. 그동안의 노고를 위로하고 유쾌하게 저녁을 하자고 했다. 종업원들은 대부분 대학에 다니고 있었다. 유쾌한 자리가 1시간쯤 이어졌다. 몇몇 종업원이 남한에서 배운 소맥 폭탄주를 한잔하자고 내게 제의해왔다. 승낙하자, 남한의 여느 청년과 똑같이 흥겨운 자리를 스스로가 만들어갔다.

어느덧 화제는 다시 2년 전 사건으로 돌아가 있었다. 나는 잔류나 북송 의사를 굳이 묻지는 않았다. 한 종업원이 자진해서 마음에 있는 갈등과 고통을 털어놓았다.

"우리는 남고 싶은지, 돌아가고 싶은지 말할 수 없어요. 각자 마음속에 생각은 있지만요. 돌아가고 싶다고 하면 북으로 돌아가서 우리가 어떻게 될지 모르고, 남겠다고 하면 북측 부모가 어떻게 될지 모르고…. 우리가 원하는 것은 진상 규명뿐입니다. 우리가 자진해서 탈북하지는 않았다는 것을 밝혀주면 되는 겁니다. 제발 북송 얘기는 꺼내지 말았으면 합니다."

취재를 다 마친 뒤, 나는 며칠 동안 깊은 침묵에 빠져야 했다. 보도 이후 후폭풍에 대한 두려움이 엄습해왔다. 이념 대립 속에 종업원들의 인권이 침해를 받았는데, 진상을 안 이상 그냥 입을 닫고 있을 수는 없었다. 한반도의 평화를 위해서라도 반드시 짚고 넘어가야 할 분단의 역사라고 생각했다.

보도 3일 전, 국정원과 통일부에 각각 반론을 요청했다. 정부는 어정쩡한 반론을 내놓았다. 이 과정에서 당연히 청와대나 정부 수뇌부에 보고됐으리라고 믿었다. 그런데 반응이 오지 않았다. 적어도 보도 1일 전까지 그랬다. 침묵은 격렬하게 깨졌다. 아직은 공개하기 어려운 여러 고위직에서 "보도를 미루어줄 수 없느냐"는 요청을 받았다. 진행 중인 남북회담에 악영향을 미칠 수 없다는 논리였다. 국정원과 통일부는 우리가 지배인만 인터뷰할 줄 알고 윗선에 보고하지 않았다가 방송 예고를 보고 불난 집이 됐다. 하지만 주사위는 던져졌다.

보도를 앞두고 하루 동안 집무실 문을 닫고 원고와 영상을 찬찬히 살폈다. 조금이라도 잘못된 내용이 나가면 안 될 일이었다. 보도의 톤도 세심히 살폈다. 진상 규명과 인권 침해를 촉구하는 쪽으로 잡았다. 잔류 의사 여부 등은 소모적인 논쟁을 일으킬 가능성이 크기 때문이다. 원고를 손질하며 끝에 이런 멘트를 추가했다.

"여기서 한 가지 분명히 해둘 점이 있습니다. 기획 유도 탈북이 밝혀지더라도 그것이 바로 우리 정부가 이들은 억류하고 있다는 의미는 아닙니다. 남북의 평화를 위해 진상만은 반드시 필요합니다. 그런 점에서 이제 시작입니다."

인권 옹호와 평화 운동을 해온 함세웅 신부의 코멘트를 달았다.

"이 문제는 남북 분단의 상처입니다. 정직하게 접근하고, 정직하게 알리고, 또 그분들이 정직하게 선택할 수 있도록 남북 당국자 모두가 기회를 줘야 한다고 생각합니다."

보도가 나간 뒤 국내 주류 방송사와 일부 종합지에서 후속 보도를 했다. 더욱 놀라운 것은 미국 언론의 반응이었다. 〈뉴욕 타임스〉, CNN 등 거의 모든 유력 매체가 이 문제를 후속 보도했다. 국내 언론보다 더 자세히 보도한 곳도 있었다. 하지만 국내 일부 보수단체는 '북송 반대' 성명을 냈다. 한 보수지는 "북송 논란에 탈북자들이 떨고 있다"고 했다. 한 보수 의원은 "방송이 북한 편을 들었다"고 주장했다. 북한 측도 성명을 냈다, 빨리 돌려보내라고. 예상은 했지만 '북송 프레임'이 남한 보수와 북한 정권에서 모두 제기된 점은 흥미로웠다.

미처 밝히지 못했던 내용도 있다. 2018년 봄, 남북 교류를 위해 통일부에 사전 접촉 승인을 받고 중국에서 북한 인사들을 만났다. 북측 인사들은 북한 식당 종업원들이 북송에 대해 어떤 의사를 갖고 있는지 꼬치꼬치 캐물었다. 나는 이렇게 말해주었다.

"종업원들이 어떤 입장이겠습니까. 가겠다고 할까요, 가지 않겠다고 할까요. 남북이 할 수 있는 일은 우선 차분하게 진상을 규명하는 것입니다."

역시 이 문제는 남북 분단의 상처이자 간극임에 틀림없다는 생각이 들었다.

오보는 책상에서
만들어진다

대북 제재와 단동의 실제 물동량

"나는 오늘도 국경을 만들고 허문다"
강주원

2016년 봄이었다. '통일 대박' 프레임을 던졌던 박근혜 정부가 갑자기 돌변했다. 개성공단을 전격 폐쇄하고 강력한 대북 제재안을 내놓고 있을 때였다. 박근혜 정부는 우리 정부가 대북 제재를 가하면서 효과가 나타나고 있다고 홍보하고 있었다.

정부는 제재 효과의 증거로 '단동의 변화'를 예로 들었다. 중국 랴오닝성 단동시는 압록강을 사이에 두고 평안북도 신의주시와 마주 보고 있다. 두 도시 간의 거리는 1킬로미터. 북중 교역의 약 70퍼센트 해당하는 물량이 두 도시를 통해 오간다. 북중 교류의 중심지이자 관문이다.

박근혜 정부는 단둥의 북한 식당이 폐업하고 있다고 주장했다. 일부 방송과 언론은 단둥에서 북한 신의주로 들어가는 철교의 통행량이 눈에 띄게 줄었다고 보도했다. 그 증거로 한산한 철교를 보여주었다. 나도 박근혜 정부의 제재안이 단둥에서 효과를 보고 있는 줄만 알았다. 중국 단둥과 북한의 교역이 정말 얼어붙었구나 했다.

그 무렵이었다. 지인의 소개로 단둥 전문가인 강주원 박사를 만났다. 오랫동안 단둥에서 연구 활동을 해온 학자였다. 《나는 오늘도 국경을 만들고 허문다》는 책을 통해 단둥의 역사와 국경의 의미를 이야기한 인류학자다. 그는 조심스럽게 단둥의 모습을 전해주었다. 중국이 유엔 제재에 큰 틀에서 협조하고는 있지만 단둥과 북한의 경제 공동체는 여전히 단단하다고 했다. 이 국경도시의 교역량은 거의 변화가 없다고 했다. 대북 제재의 효과로 북한 식당이 문을 닫고 있다는 보도도 사실과 다르다고 했다. 여기서 분명히 밝혀두어야 할 대목이 있다. 이는 2017년의 상반기까지의 상황이다.

그렇다면 내가 믿어온 정부 발표와 일부 언론 보도는 무엇인가. 믿기 어려웠다. 취재를 할지 말지 잠시 망설였다. '레드 콤플렉스'가 되살아났다. 강 박사의 말이 맞더라도, 정부의 주장이 사실이 아니더라도 북한 관련 보도는 '국익 논쟁'을 불붙일 수 있는 사안이었다.

스노든 보도에 대해 퓰리처상위원회가 언급한 '더 큰 국익'에 대해 생각해봤다. 만약 정부 발표와 우리 언론의 보도가 잘못됐다면 이를 기초로 대북 전략을 펴는 것은 '더 큰 국익'에 반하는 것은 아닌가. 더구나 '팩트'가 명백히 틀렸다면 바로잡아야 하는 것 아닌가. 결국 취재를 결심했다. 조심스러운 국내 섭외는 노련한 김은진 작가가 맡았다.

단둥에서 4주간 밀착 취재했다. 강주원 박사가 길라잡이가 됐다. 압록강 변을 따라 단둥 시내 외곽으로 향하는 길로 갔다. 강 건너 신의주의 풍경이 생생하게 들어왔다. 북한 병사를 만날 수 있다는 장소가 있었다. 이름은 '일보과一步跨'였다. 한걸음에 건너갈 수 있다는 뜻이다. 말 그대로 북한 땅과 맞닿아 있다. 중간중간 설치된 철조망 너머, 바로 앞에 북한 병사들이 와 있었다.

좀 더 상류로 올라가봤다. 유람선을 타면 북한과 관련된 좀 더 다양한 체험이 가능하다고 한다. 단둥에서 유람선을 탈 수 있는 선착장 중 최근 가장 인기가 높은 곳이다. 유람선을 타기 전부터 북한 관광 상품이 눈에 띈다. 평일 낮이었지만 유람선에는 중국인 관광객이 가득하다.

선착장을 떠난 유람선은 북한의 육지와 섬 사이를 통과했다가 돌아오게 된다. 이 코스를 돌다 보면 한국 사람들은 착각에 빠지기 쉽다고 한다. 북한 측 육지와 섬을 통과하는 것을 불법 월경으로 생각하는 것이다. 실제로 몇 년 전 국회의원들의 월북 소동이 벌어졌던 곳이다. 한 보수 일간지에서 잘못 알고 월북 의혹을 제기했다고 강 박사는 말했다.

북한 초소가 보였다. 유람선은 신의주 쪽 강변으로 최대한 붙어서 운행된다. 북한 군인들이 눈앞에 보이자 관광객의 긴장이 더해진다. 하지만 누구도 북한 군인에게 말을 걸거나 사진을 찍는 사람은 없다.

북한 군인이나 주민을 자극하지 말라는 주의사항을 들었기 때문이다. 군인뿐 아니라 주민의 일상도 엿볼 수 있다. 빨래를 하는 중년 여성과 달구지를 끄는 남성. 여느 시골 마을의 풍경과 다르지 않다.

유람선이 북한 측 영토에 가까이 접근할 수 있는 것은 압록강이 두 나라의 공유 지역이라는 국경 조약 때문이다. 휴전선이라고 해석해선 안 된다. 만약 북한 측 영토에 배를 정박한다 해도 그것이 월경은 아니다. 공유 지역이기 때문에 배에서 내리지만 않는다면 불법행위가 아닌 것이다.

그때 작은 배 한 척이 유람선 쪽으로 접근한다. 한 남성이 북한산으로 보이는 담배와 술 같은 상품을 관광객에게 권한다. 마치 밀수를 하는 북한 사람의 모양새다. 나는 그 남성에게 한국말을 건네본다.

"어디 분인가요?"

"…"

"어디 분인가요?

남성은 우리말을 잘 알아듣지 못하는 것 같았다. 나중에 알고 보니, 한국어 몇 마디를 배운 중국 사람이었다. 북한을 이용해서 관광객의 지갑을 열려는 것이다. 파는 물건 역시 북한산으로 가장한 중국 제품이다.

북한 식당은 단둥 시내와 외곽에서 쉽게 발견할 수 있었다. 우리말로 된 간판으로 구별이 가능했다. 단둥역 부근의 한 북한 식당인 고려관 앞에서 같은 옷을 맞춰 입고 똑같은 동작을 하는 여성들이 보인다. 북한 식당에서 일하는 종업원이다. 매주 토요일 집단 체조를 한다고 한다. 북한 식당 주변에서는 여종업원의 모습을 쉽게 발견할 수 있다.

북한 식당 종업원 집단 탈북 사건 이후 외출이나 손님과의 접촉이 크게 줄었다고 한다. 단둥에서 영업 중인 북한 식당 수를 확인해 봤다. 북한 식당의 정의는 여종업원이 근무하는 곳으로 한정했다. 총 25개였다. 우리 정부 측이 파악한 수보다 10개가 많았다.

그중 한 곳에 들어가 봤다. 식당 입구부터 한복을 입은 종업원이 안내를 맡는다. 식사 자리 앞엔 무대가 마련돼 있다. 종업원이 메뉴판을 건넸다. 이곳에서 파는 음식의 90퍼센트 이상은 중국 음식이었다. 식사를 하는 동안 북한 종업원들이 무대에 나가 춤과 노래를 시작한다. 30분간의 공연. 북한 식당에서만 볼 수 있는 모습이다.

당시 통일부가 내놓은 '북한 대외무역 동향'에 따르면 정부에서 파악한 단둥의 북한 식당 15곳 중 3곳이 폐업했다고 나와 있다. 폐업 시점이 2015년 말, 대북 제재 조치 전이다. 우리는 폐업했다는 북한 식당을 찾았다. 정말 해당 식당은 영업을 하고 있지 않았다. 그런데 폐업은 아니었다. 걸어서 10분 거리의 위치로 식당을 이전한 것이었다. 나머지 2곳의 식당도 폐업이 아니라 이전한 것으로 확인됐다. 단둥 한인회에도 알아봤다. 최근 폐업한 북한 식당은 없었다.

단둥의 최고급 식당 중 한 곳을 찾았다. 좌석 수만 1천 석이 넘는 북한 식당이다. 손님의 대부분은 중국인이다. 다른 북한 식당도 사정은 마찬가지다. 공연도 중국인들을 대상으로 이뤄진다. 북한 종업원이 중국 노래를 부르는 것이다. 대부분 대학을 졸업한 엘리트로 춤과 노래를 배워서 북한 식당에 투입된다.

취재진은 북한 식당 종업원들의 졸업증을 입수했다. 이름과 나이,

입학 및 졸업 연도가 나와 있다. 대학 전 과정을 마쳤고 국가에서 봉사기사 자격을 줬다는 내용이다. 북한 식당에서 일할 수 있는 자격증이다. 식당별로 영업 방식도 모두 다르다. 큰 홀에서 손님들이 식사를 하면서 하나의 공연을 볼 수 있는 극장형이 있는가 하면 독립된 방에서 각각의 손님을 만나기도 하고 노래방 방식으로 운영되는 식당도 있었다. 북한 식당은 다양한 영업 방식을 내세우며 경쟁 중이었다.

영업 방식만이 아니다. 운영 방식에도 차이가 있다. 한 식당의 경우에 계산대에서 중국인이 앉아 돈을 받는다. 이곳에선 북한 사람이 돈을 받고 있었다. 북한에서 독자적으로 운영하는 곳과 중국인 운영자가 북한 종업원을 고용하는 곳으로 나뉘는 것이다.

강주원 박사를 통해 중국인이 운영하는 한 북한 식당의 계약서를 입수할 수 있었다. 계약 당사는 북한의 인력 공급회사와 중국 식당 운영자다. 계약서를 수정하는 내용이었다. 3, 4, 5월의 월급을 월 5천 원에서 4천 원으로 낮추어 지불한다는 것이다. 이 식당을 북한 식당 중 하나로 파악해 이용 자제령을 내린다면, 그것은 곧 중국 식당을 이용하지 말라는 얘기와 같다.

우리가 흔히 압록강 철교라고 부르는 '조중우의교'에 갔다. 대북 제재안이 발표될 때마다 주목받는 곳이다. 2016년 3월 대북 제재안 발표 뒤에도 어김없이 등장했다. 썰렁한 다리를 보여주면서 물동량이 크게 줄었다는 기사가 나왔다. 과연 관련 보도 내용은 사실일까. 우리가 찾았던 때에도 다리는 텅 비어 있었다. 신의주에서 출발한 차량은 길이 944미터의 다리를 건너 세관에 도착한다. 취재진은 다음 날 아침 일찍부터 다리에 나와 물동량을 확인해봤다.

오전 9시, 컨테이너를 실은 트럭 한두 대가 넘어왔다. 차번호로 평안북도의 차량이란 걸 알 수 있다. 컨테이너 박스에 담기거나 천으로 가려져 트럭에 실린 내용물을 정확하게 파악할 순 없었다. 북한 주민을 태운 차량도 확인할 수 있었다. 현지인들에 따르면 이 다리로 건너오는 물자는 대북 제재 이후 오히려 더 늘어났다고 한다. 해운 통제가 강화되면서 해상으로 운반될 물자가 이 다리를 통해 넘어간다는 것이다. 한쪽을 막으면 그만큼 다른 쪽이 부풀어 오르는 풍선 효과였다.

오전 11시가 되자 이번엔 차량 흐름이 바뀐다. 단둥 세관에서 다리 쪽으로 트럭이 출발한다. 다리 위의 도로가 1차선에 불과하기 때문에 신의주에서 차량이 모두 건너온 다음, 단둥을 출발해 신의주로 건너간다. 단둥에서 출발한 트럭들도 신의주 세관을 거친다. 신의주로 건너가는 물품은 그 종류를 쉽게 확인할 수 있었다. 각종 설비기계나 장비가 대부분을 차지했고 중장비 차량이 그대로 넘어가기도 했다. 신의주에서 오는 트럭과 달리 어떤 물건이 넘어가는지 쉽게 확인할 수 있었다.

유엔의 대북 제재 이후 중국은 수출입 금지 품목을 발표했다. 수입 금지 품목에는 석탄 철광석 등이, 수출 금지 품목에는 항공 연료나 로켓 연료가 포함됐다. 전자제품 상자가 눈에 띈다. 상자에 적혀 있는 건 중국 브랜드이지만 한국 물건으로도 추정된다. 북한으로 한국 제품이 들어갈 때는 중국 브랜드로 포장되곤 한다.

조중우의교의 차량 통행에는 일정한 규칙이 있었다. 몇 시간 간격으로 이동 방향이 바뀌는 것이다. 그 간격 사이엔 다리가 텅 비어 있는 것이다. 다리를 건너온 트럭을 따라가봤다. 늦은 시각이지만 세관으로 들어가는 도로는 신의주에서 건너온 트럭들로 가득하다. 대북 제재의 효과라고 알려진 썰렁한 다리와 세관의 풍경은 어디서도 찾을 수 없었다.

그렇다면 일부 국내 언론의 단둥 보도는 어떻게 된 것일까. 현지 한인들에 의하면 대개 국내 취재진이 잠시 단둥에 머물며 보고 싶은 그림만 찍고 간다는 것이다. 며칠만 머물며 꼼꼼히 취재했더라면 이런 보도는 나오지 않을 것이라고 한인들은 말했다. 심지어 현지 중국인에게 약간의 수수료를 주고 원하는 영상을 찍어서 보내달라는 경우도 있다고 했다. 물론 극소수 언론의 모습이라고 믿고 싶었다.

단둥 시내의 신류시장에 갔다. 우리의 명동이나 남대문시장과 같은 곳이다. 북한 장마당으로 들어가는 상품의 대부분이 이곳에서 구매된다. 우리말 간판도 곳곳에서 발견된다. 쇼핑몰 내부로 들어가봤다. 여기저기 북한 사람들로 북적인다. '따이공'이라 불리는 보따리상은 대규모로 물건을 구입하고, 생필품을 사려는 개인들은 가격 흥정에 한창이다. 주로 사가는 물건은 무엇일까. 화장품이나 생활용품부터 전자 제품까지 종류가 다양하다. 신류시장 등을 통해 구입한 물건들은 대북 제재의 영역에 해당하지 않는다. 민생은 건드리지 않는다는 것이 중국 대북 제재의 원칙이었다.

북한에서 시장의 역할을 하는 이 장마당은 북한 전역에 400여 개로 추정된다. 또한 하루에 장마당을 이용하는 북한 주민만 약 180만 명에 이르는 것으로 알려져 있다. 북한과 중국을 오가는 건

상품만이 아니다. 신의주에서 다리를 건너오는 승합차에 사람들이 가득하다. 단둥과 신의주 사람들은 여권이나 비자 없이 통행증 하나만 있으면 국경을 넘을 수 있다.

우리는 북한 노동자가 일하는 공장을 소개받았다. 단둥 남부의 항구도시 둥강 부근이었다. 한국의 아웃도어 제품 만드는 공장이었다. 이곳 공장들에는 적게는 20명에서 많게는 1,500여 명의 북한 노동자들이 일을 하고 있었다. 공장 주변에서 간간이 북한 노동자들을 확인할 수 있었지만 만나긴 힘들었다. 기숙사까지 안에 있어 외출이 드물다는 것이다.

하지만 지난 태양절에는 북한 노동자들이 포착되기도 했다. 북한 노동자 대부분은 봉제공장에서 일하고 있었다. 손재주도 뛰어나고 성실하기 때문에 중국 공장주들은 중국인보다 북한 노동자를 더 선호한다고 했다.

22년간 북한에 살다가 무역상으로 활동하는 북한 출신 화교를 만났다. 그는 북중 무역의 특성상 완벽한 제재는 이뤄질 수 없다고 말했다. 현금 결제나 현물 거래와 같은 특수한 거래 관행 역시 대북 제재를 어렵게 하는 요소라고 말한다. 북중 간의 경제 생태계에서 발생하는 다양한 변수와 특수성은 촘촘한 대북 제재를 어렵게 하는 요인으로 작용하고 있었다. 우리 정부는 대북 제재에 대한 중국의 강력한 이행을 촉구했고 중국 역시 실천 의지를 보이고 있었다.

중국의 대북 제재는 시점에 따라 달라진다. 단둥 취재를 했던 2016년 상반기에는 어느 정도의 여유를 두고 북한을 압박하던 시기였다. 2017년에는 좀 더 강하게 북한을 압박했고 단둥에도 그 압력이 전달됐다. 남북, 북미 대화가 시작된 2018년 하반기부터는 압박 수위가 조금 낮아졌다. 분명한 점이 있다. 중국과 북한 국경 지대의 경제공동체가 완전히 얼어붙는 결정을 하기는 어렵다는 점이다. 중국 입장에서는 동북 3성의 민생과 발전이 북한과 연결돼 있기 때문이다.

후배 기자나 PD에게 이런 말을 자주 한다. 진실은 책상이 아니라 현장에 있다. 현장에 가면 책상에서는 볼 수 없는 뭔가가 느껴진다고 말이다. '발품 저널리즘'은 탐사의 가장 기본적인 원칙이다.

현장에선
책상에서는 도저히 알 수 없는
육감이 느껴진다.

회한의 바다에서
건져 올린 무엇

KAL기 사고 수습 실태

"30년째 시신도, 유골 한 점도
수습하지 못했습니다"
신성국

민주화의 열기가 뜨겁던 1987년의 초겨울이었다. 6.29선언에 의한 대통령 직선제 개헌으로 제13대 대통령 선거를 코앞에 둔 시점이었다. 중동을 출발해 태국을 거쳐 귀국할 예정이던 KAL 858기는 이륙한 지 5시간 만에 미얀마 뱅골만에 접어든다. 곧이어 랑군 관제소에 위치 보고를 한다. "현재 3만 7천 피트 고도로 비행 중. 특별한 이상 없고 정상 비행 중." 이 보고 4분 뒤, 미얀마 상공에서 대한민국 국적기가 감쪽같이 사라진다. 승객 95명과 승무원 20명을 태운 민간항공기가 행방불명된 것이다. 귀국을 환영하기 위해 공항에 나온 가족들은 갑작스러운 비보에 오열한다. 대부분의 승객은 '오일 머니'를 벌기 위해 중동에 나갔던 해외 건설 노동자들이었다.

2일 후, 신원 미상의 남녀가 바레인 공항에서 음독 자살을 시도한다. 남성은 사망했고 함께 있던 20대 여성은 국내로 압송된다. 대통령 선거 바로 전날이었다. 이윽고 모습을 나타낸 테러범이 바로 김현희였다. 희한한 대선 풍경이 연출된다. 신문의 1면 톱기사는 선거가 아니라 김현희였다. 북한 테러를 제외하고 다른 선거 쟁점은 실종된다. 박빙이던 선거는 노태우 후보에게 결정적으로 기운다.

김현희에게는 사형이 선고됐다. 하지만 15일 만에 특별사면이 내려진다. 역사의 산증인이라는 이유에서였다. 115명의 무고한 생명을 앗아간 단죄는 이뤄지지 않았다. 재판은 일사천리로 끝난다. 권력은 김현희를 감싸면서 유가족은 외면한다. KAL 858기 사건은 한반도에 큰 영향을 줬다. 이 사건을 계기로 북한은 테러국으로 지정되면서 본격적인 대북 제재를 받게 된다. 남북 간의 대결 국면은 오랫동안 이어진다.

우리 정부는 그때나 지금이나 KAL 858기 사건은 명백한 북한의 소행이라고 보고 있다. 북한은 일관되게 무관하다고 주장해왔다. 나는 우리 정부가 제시한 정황이나 근거가 신빙성이 있다고 생각해왔다. 합리적 의심이 가는 부분이 없지는 않다. 하지만 명백한 사건에도 의심 가는 부분이 있기 마련이다. 30년도 더 전에 우리 정부가 1차적으로 판단했다. 이후 노무현 정부 때도 재조사가 있지 않았나. 전두환·노태우 권력이 대통령 선거에 이 사건을 이용했다는 점은 여러 정황을 통해 밝혀졌다.

그렇지만 KAL기 유족은 30년을 한결같이 억울함을 호소하고 있었다. 풀리지 않는 한이 있고, 그 한이 사회적으로 중대하다면 탐사 대상에 올려놓아야 했다. 김영희 작가가 복잡한 과거 자료를 일목요연하게 정리해주었다.

KAL 858기 사건의 진상 규명을 요구해온 신성국 신부를 만났다. KAL기 폭파가 북한 소행이 아니거나, 김현희가 폭발범이 아니라는 새로운 근거가 있는지 물었다. 신 신부는 합리적으로 의심 가는 부분은 있지만 새로운 근거가 있는 것은 아니라고 했다. 다시 물었다, 그렇다면 왜 유족은 30년간 계속해서 억울함을 호소하느냐고. 신 신부는 말했다. "믿지 않으시겠지만, 당시 단 3일간 해상 수색을 했을 뿐입니다. 잔해나 유골 한 점도 제대로 수습되지 않았습니다."

그 부분에 대해서는 합리적 주장이라는 생각이 들었다. 신원伸冤, 즉 억울함을 풀어주는 것이 탐사의 중대한 이유이기도 했다. 취재는 이렇게 시작됐다.

유가족 한 분을 만나본다. 오랫동안 유가족 대표를 맡았던 차옥정 여사와, 딸 박은경씨였다. 고 박명규 기장의 가족이다. 박 기장은 공군의 영예인 전투기 조종사 출신이다. 민항기를 몬 지 12년 차 베테랑이었다. 건강했던 차씨는 최근 조금씩 기억이 지워지고 있다고 했다. 기억이 또렷해질 때면 잊고 있던 울분이 차오른다고 했다. 아직 시신도, 유품 한 점도 수습하지 못한 것이 가장 한에 남는다고 했다.

1987년 사고 당시를 재구성해봤다. 전두환 정부는 처음 7일간 태국과 버마(미얀마)의 국경 지대를 조사했다. 그리고 나머지 3일은 해상 수색을 했다. 총 10일에 해상 수색은 단 3일! 당연히 유가족에게 한이 남을 수밖에 없었다. 그렇다면 왜 우리 정부는 서둘러 수색을 중단했을까. 100명이 넘게 숨진 '테러'가 아닌가.

일부 부유물을 미 정찰기가 발견했고 미얀마 공군이 이를 수거했다. 첫 잔해는 고무로 된 구명보트와 부속물이었다. 이후 교신이 끊긴 지점을 중심으로 꾸준히 부유물이 수거됐다. 1990년 마지막으로 수거된 것이 올림픽 로고가 선명한 푸른색의 금속판이었다. 동체 추정 금속이 나오자, 유가족은 폭발 원인이 밝혀질 것이라는 희망을 품었다. 하지만 국과수 감정 결과, 폭약 반응이 발견되지 않는다. 이후 어처구니없이 동체는 사라진다.

긴 어둠의 시간을 뚫고 KAL기 사건이 세상에 다시 드러난 것은 2006년이었다. 당시 노무현 정부가 과거사 재조사를 결정한다. 재조사엔 잔해 수색도 포함됐다. 우리는 현지 수색 영상을 입수했다. 현지 탐사는 국정원 주도로 민간 조사팀이 함께했다. 수색 지역은 양곤 동남쪽 300킬로미터 지점, 하인즈 복Heinze Bok 군도 앞바다였다.

당시 탐사에 함께한 음파 탐지 전문가인 박요섭 박사를 만났다. 소나Sonar를 이용해 인공 조형물로 추정되는 다수의 물체를 발견했다. 하지만 탐독 결과는 좋지 않았다. 기상도 나빠졌다. 결국 성과 없이 끝난 2006년의 잔해 수색이었다. 그렇다면 정말, 잔해는 없었을까. 당시 참여했던 전문가들은 〈이규연의 스포트라이트〉 제작진에게 한 남자를 소개한다. 재조사위원회에 통역관으로 참여한 현지인, 띤루인이었다. 취재진은 그의 행방을 찾아 미얀마의 수도 양곤으로 떠났다.

띤루인에게 기억을 되살려달라고 부탁했다. 2006년 조사에 참여하게 된 경위를 물었다. 한국대사관에서 통역 의뢰가 들어왔고, 13일간 일정을 같이했다고 했다. 국정원 진실위원회 중간보고서를 찾아봤다. 수중음파 탐색으로 추정 물체를 찾았고, 위치와 모양까지 기록돼 있다. 그런데 뜻밖에도, 추정 물체는 동체가 아니라 돌이었다는 것이다. 이것을 비행기 동체로 착각했다.

이곳을 수색한 것은 한 목격자의 증언 때문이었다. 현지 어부였다. 국정원이 찾아냈다는 목격자는 돈벌이를 위해 거짓 증언을 했다. 허술한 목격담을 토대로 수색이 이뤄진 셈이다.

인터뷰 도중, 띤루인은 뭔가 보여줄 게 있다고 했다. 얼마 전 지인에게 받았다는 몇 장의 사진을 내놓았다. KAL기의 항로에 있는 바다에서 건졌다는 물건이었다. 이 사진들이, 정말 그토록 찾던 KAL기의 부품일까. 취재진은 사진 속, 비행기 잔해가 있다는 미얀마 다웨이로 향했다. 수도 양곤에서 비행기로 2시간 거리의 지역이다.

사진을 찍은 현지인 마우떼이를 만났다. 어떻게 비행기 사진을 직접 찍을 수 있었는지 물었다. 최초엔 비행기 날개도 달려 있었다는, 믿기지 않는 증언을 했다. 직접 볼 수 있는지 묻자 취재진을 미얀이란 바닷가 마을로 인도했다. KAL기의 비행 경로에서 동남쪽으로 100킬로미터 떨어진 지역이었다. 그는 바닷가 모래에 그림을 그리기 시작했다. 발견 당시만 해도 사진 속 모습보다 훨씬 더 컸다고 한다. 1995~1996년쯤 발견됐다고 한다.

20여 년 전 발견 당시 모습이, 사라진 KAL기를 닮진 않았는지 확인을 부탁했다. 그것은 모르겠고, 그물에 걸려서 끌고 와보니 비행기 부품 같은 것이었다고 했다. 몸통 부분은 사람들이 조금씩 뜯어가면서 고철로 팔았다고 했다. 값나가지 않는 잔해만 마을 사람들이 갖고 있다고 했다.

취재진은 숲속 한쪽에 부려진 잔해를 발견됐다. 곳곳이 녹슬고 부숴졌지만 형체는 남아 있었다. 이 잔해의 위쪽으로 날개가 붙어 있었다고 한다. 바다 속에 있었던 흔적이 역력했다. 얼핏 봐도 자동차나 배 부품으로 보이지는 않았다. 누워 있던 잔해들을 하나하나 끼워 맞춰봤다. 원형이 조금씩 드러났다.

취재진은 검증을 위해 미얀마에서 얻은 잔해 일부를 국내로 공수한다. 비교적 원형이 잘 유지된 고무 튜브에는 '굿리치'라는 글자가 새겨져 있었다. 항공기 부품인지 알아봐야 했다. 항공정비 분야 전문가는 '랜딩기어'라고 했다. 랜딩기어란 항공기 이착륙 장치로, 일반적으로 바퀴가 달려 있다.

제2차 세계대전 이후, 이 해역에서 일어난 비행기 사고는 1987년 KAL기 실종과, 2년 전 공군기 추락사고 단 2번뿐이었다. 이 잔해가 수거된 시점이 1996년이라면 일단 KAL기의 잔해로 추정해볼 수 있다. 그물에 걸렸던 나머지 동체의 행방도 추적해봤다. 이미 20년 전에 태국으로 팔려 나갔다는 것이다. 좀 더 빨리 왔어야 하지 않았나. '로스트 타임'을 또다시 실감했다.

이번엔 현지 증언자들과 함께 수거 현장에 직접 가보기로 했다. 1차 목적지는 항구에서 16킬로미터 떨어진 섬이었다. KAL기가 지나는 항로의 우측에 자리했다. 섬 주변은 바닥이 훤히 드러날 만큼 맑고 깨끗했다. 의지만 있다면 충분히 수색이 가능함을 의미했다.

더 흥미로운 사실도 확인했다. 1989년에 알루미늄 합금판을 수거한 지점과 어부들이 말하는 지점이 거의 일치했다. 2006년 재조사 당시 수중 조사를 했던 곳과는 반대 방향이었다. 비행기 잔해가 계속 나오는 해역! 지난 30년간처럼 앞으로도 계속 보고만 있어야 할지 답답했다. 무엇보다 재수색이 시작돼 유품 하나, 유골 조각, 사고 원인을 밝혀줄 작은 동체 잔해라도 찾아냈으면 한다.

가족지원단 총괄팀장인 신성국 신부는 2019년 1월 캐나다에 있는 국제민간항공기구ICAO를 방문했다. 이 기구의 규정에는 항공기 사고의 경우 새로운 증거가 발견되면 재조사를 해야 한다고 나와 있다. 민간항공기구 관계자는 "정부가 나서야 할 일에 왜 개인이 왔느냐"며 의아해했다고 한다. 또 "왜 한국 정부가 규정을 지키지 않느냐"고 신 신부에게 반문까지 했다고 한다. 신 신부는 "30년 만의 기억이 다시 소환되길 기도한다"고 했다.

이 글을 쓰는 순간까지 우리 정부는 재수색 결정을 내리지 않고 있다. 문재인 정부의 뿌리는 노무현 정부에 있다. 노무현 정부에서 재조사한 사건을 다시 끄집어내기 어려울 것이다. 보수 진영 일각의 반발도 예상된다. 하지만 이념 대결 속에서 피폐한 삶을 살아온 유가족들의 입장을 생각해보자. 정부는 합당한 조사를 했는가. 논점을 좀 더 좁힌다면 제대로 된 수색과 시신 인양을 했는가. 나는 방송에서 정부에게 다음과 같이 물었다.

우리와, 당신이 말하는
국가의 책무는 무엇이 다른가.

탐사 준비의 중요성
체계적인 탐사 단계는?

탐사 보도의 이론가로 통하는 폴 윌리엄스는 탐사 절차를 체계적이고 구체화한 인물이다. 그는 "탐사 보도를 생각과 객관적 사실을 수집해 분류하고, 패턴을 노출하고, 옵션을 분석하는 하나의 비즈니스이자 지적인 과정"이라고 언급하면서, 다음과 같은 11개 단계론을 제시했다.

① 인지 단계: 미디어, 정보원, 자료, 관찰, 경험 등으로 탐사 대상이나 소재, 주제를 인식하는 단계다.

② 실행 가능성 검토: 보도 가능성을 판단하는 단계다. 보도 가치뿐만 아니라 탐사 대상의 성질이나 비용, 시간적 제한, 미디어 조직 내 환경 등을 종합적으로 고려하는 단계다.

③ 취재 실행 검토: 취재를 지속할지 결정하는 단계다. 보도 성과의 최대치와 최소치를 설정해야 한다.

④ 계획 수립 단계: 취재 방법론과 역할 분담, 취재 일정 등을 결정한다.

⑤ 기초 자료 리서치 단계: 증언, 정보, 데이터, 인터뷰 등을 모아보는 단계다.

⑥ 재평가 단계: 취재 성과를 예측하고 취재 내용을 확인, 보고받는 단계다.

⑦ 취재 실행 재검토: 재평가를 기반으로 취재 계속 여부를 판단하는 단계다.

⑧ 핵심 인터뷰 단계: 핵심 인터뷰 대상을 확정하고 그 내용을 점검하는 단계다.

⑨ 최종 평가 단계: 뉴스 가치를 최종 평가하고 팩트를 점검하는 단계다.

⑩ 보도 결정 단계: 최종 평가를 바탕으로 보도 여부를 결정하는 단계다.

⑪ 기사 작성, 보도 단계: 팩트 검토, 법적 검토, 스토리 체크, 편집, 후속 보도 등을 고려하는 단계다.

여기서 1~4단계까지가 탐사 계획을 수립하는 절차다. 그렇다면 수립 절차에 얼마나 많은 시간과 비용을 투입해야 할까. 전체 탐사에 들어가는 시간과 비용을 100이라고 하자. 대개 언론인들은 5~11단계에 90을 쓴다. 아예 100을 투입하는 경우도 적지 않다. 계획 수립이 즉흥적이고 엉성해질 수밖에 없다.

나는 적어도 33.3을 계획 수립 단계에서 쓴다. 비행기는 이륙할 때 전체 연료의 30퍼센트 정도를 쓴다고 한다. 이와 마찬가지로 이 정도의 '계획 연료'를 쓰지 않으면 탐사 프로젝트가 안전하게 이륙하기 어렵고, 설사 이륙했더라도 나중에 추락하기 십상이다.

10

봄은 왔지만

여전히 침묵의 봄이다

레이철 카슨

서서히
죽어간다는 것

보이지 않는 방사능과 함께 사는 사람들

◀◀

⏸

▶

"제 손가락이 녹아가고 있어요"
노동자

원자력과 방사선. 뭔가 거부감을 주는 단어다. 원자핵의 붕괴나 핵 반응 과정에서 나오는 원자력 에너지는 우리 전력 공급의 가장 큰 기둥이다. 말기암 환자의 최후 치료 수단으로 방사선 동위원소가 쓰인다. 그럼에도 원자력과 방사선은 우리에게 친근하기보다는 위협적으로 다가온다. 핵심은 여기에 있을 것 같다. '원자력을 잘 다룰 수 있느냐'다. 잘만 다룬다면 석유 한 방울 나지 않는 나라에서 훌륭한 에너지원이 된다. 반면 잘 다루지 못했을 때 어떤 결과를 초래하

326

는지, 초년병 기자 시절에 목도했다. '녹아버린 손가락' 사건이었다.

1989년, 사회부 수습 과정을 막 끝내고 과학부에 잠시 몸담고 있을 때였다. 말석에 앉아 선배들의 일을 거들어주는 잡일을 하고 있었다. 한 통의 제보 전화를 받게 된다. 원래 사회부에 들어온 제보인데, 방사능 사안이라고 하니 과학부로 돌려준 것이다. 과학부 말단인 내가 전화를 받았다.

"제 손가락이 녹아가고 있어요."

목소리는 다소 어눌했지만 애절하게 느껴졌다. 목소리의 주인공은 조선소에서 일하던 파견직 용접공이라고 자신을 소개했다. 방사선 동위원소를 써서 금속 내 균열 등을 찾아내는 '비파괴非破壞 검사'를 했다는 이분. 그런데 이 일을 하고 몇 달 뒤부터 자신의 몸에서 이상한 증상이 나타났다고 했다. 손가락 끝이 습진처럼 벗겨지더니 손가락 자체가 점점 녹아들어가고 있다는 주장이었다. 조선소 측에 치료와 보상을 요구했지만 거절당했다. 파견업체에도 같은 요구를 했지만 들어주지 않았다고 했다. 방송사와 신문사에 전화를 했지만 도무지 믿어주지 않는다고 호소했다.

믿기지 않았다. 하지만 설명이 구체적이고 목소리가 절박했다. 구체성과 절박성. 일단 만나볼 가치가 있는 기준이다. 목소리의 주인공을 회사 부근 다방에서 만났다. 20대 후반의 남성이었다. 다소 통통한 몸에 안경을 끼고 있었다. 자신의 신분증을 내밀었다. 이 모 씨였다. 그의 손가락에 눈이 갔다. 정말 손가락마다 반 마디쯤 녹아들어간 상태였다. 하지만 손가락을 녹인 정체가 뭔지는 알 수 없었다. 단순 화상일 수도 있었다. 그가 치료받았다는 중소 병원을 찾아갔다. 담당 의사는 단순 화상은 아니라고 잘라 말했다. 그러고는, 단언할 수 없지만, 방사선 동위원소에 피폭된 것 같다고 했다. 정밀 진단이 필요했다. 이씨와 함께 서울대병원 방사선과에 갔다. 병원비는 내가 부담했다. 진단이 나왔다.

'방사선 피폭으로 추정됨.'

이씨가 일했다는 조선소와 파견업소를 취재했다. 이씨가 비파괴 검사에 종사한 사실은 맞았다. 조선소와 파견업체 측은 이씨가 자기 부주의로 방사선에 피폭됐다고 주장했다. 하지만 명백한 대목이 있었다. 사전 교육이 거의 없었고 피폭 차단 용구도 제대로 지급되지 않았다. 나는 취재 내용을 정리해 다음과 같은 기사를 썼다. 신문사 생활에서 첫 번째 멘토인 김영섭 선배가 자세히 글을 고쳐주었다.

> 흔히 방사선에는 두 얼굴이 있다고 한다. 산업이나 각종 연구개발, 질병의 치료와 진단 등에 활용되는 천사의 얼굴이 있는가 하면 잘못 관리하면 보이지 않는 살인자로 변하는 악마의 얼굴도 있다. 최근 방사선이 다시 악마의 모습을 드러냈다. 이 모씨(27) 등 상당수 비파괴 검사 종사자들이 방사성 동위원소에 피폭된 것으로 밝혀졌기 때문이다.
> 파이프나 콘크리트벽 내부 등의 결함을 물체에 손상을 주지 않고 조사하는 비파괴 검사에는 강력한 방사성 동위원소가 사용되는데, 비파괴 검사 중 방사선이 새어 나와 종사자들의 피부와 손가락을 녹여버린 것이다. 사고 경위를 보면 비파괴 검사 과정의 방사선 관리가 그동안 얼마나 철저하게 '사각지대'로 남아 있었나

짐작할 수 있다. 피폭 환자를 치료했던 한 의사는 "비파괴 검사 종사자들은 백혈병·불임 등을 일으킬 수 있는 방사성물질을 마치 공기돌 다루듯 한다"며 깊은 우려를 나타냈다.

많은 종사자가 3~70큐리(방사선량 단위)라는 엄청난 양의 동위원소를 보호장비 등도 없이 취급했고, 일부 종사자는 맨손으로 만지기까지 한 것으로 밝혀졌다. 이를 병원 방사선 취급 실태와 비교하면 더욱 기가 막힌다. 의사 등 병원 취급자들은 비파괴 검사 사용량의 수백 분의 1에도 못 미치는 10밀리큐리(1큐리는 1천밀리큐리)의 방사성 동위원소를 취급하면서도 보호장비인 납치마를 착용하는 등 꼼꼼한 안전 관리를 하고 있었다.

이번 사고를 두고 비파괴업계 한 관리자는 "교육을 시켜도 종사자 자신이 안전수칙을 지키지 않는데 어떻게 하느냐"고 주장했다. 대부분의 방사선 사고가 종사자의 안전수칙 무시로 일어난다는 점을 고려하면 수긍할 부분이 없지 않다. 그러나 검사 종사자에 대한 전문 교육이 없다는 점이 큰 문제다. 대부분 초·중·고 교육밖에 못 받은 종사자를 대충 교육시켜 현장에 보내지 않았는지, 안전수칙도 지킬 수 없는 형편없는 작업 환경을 만들어놓고 수칙을 지키라고 강요하지 않았는지, 피폭 환자가 발생하면 숨기기에만 급급하지 않았는지 업계와 감독관청인 과기처·노동부 등 관계 부처에 묻고 싶다. 고삐 풀린 방사선은 결코 천사일 수 없다.

보도의 후폭풍은 컸다. 보건 당국과 노동 당국이 이씨 사건에 대한 조사에 들어갔다. 과학기술부는 사업장 방사선 동위원소에 대한 일제 점검에 들어갔다. 이씨는 치료와 보상금을 받을 수 있었다. 거의 모든 언론이 인용 보도를 했다. 입사 이후 짧은 시간에 '특종상'을 받는 작은 영광도 누렸다. 하지만 서울대병원 정밀 검사 후 이씨에게 충격적인 결과가 전달됐다. 손가락도 손가락이지만 정자精子수가 일반인에 비해 훨씬 적다는 내용이었다.

10년 후, 이씨가 연락을 해온 적이 있다. 업무용 수첩을 만드는 공장에서 일한다고 했다. 결혼도 했다. 하지만 아이는 없었다. 무정자증! 그는 확정 판정을 받았다고 했다. 조금만 일찍 당국이나 언론이 나섰더라면 그의 손가락은 좀 더 길고, 정자 수는 좀 더 많았을 것이다.

2011년, 일본에서 대란이 있었다. 일본으로서는 패망 이후 가장 큰 재난이 터졌다. 후쿠시마 원전 사고였다. 매뉴얼 왕국, 과학기술 강국에서 이런 일이 벌어지다니, 현실이 아니라 재난 영화의 장면을 보는 듯했다.

잠시 사고 과정을 복기해봤다. 일본 관측 사상 최대인 리히터 규모 9.0의 지진이 발생하면서 초대형 쓰나미가 해변 도시를 덮쳤다. 전원 공급이 중단되면서 후쿠시마에 위치한 원전의 가동이 중지되면서 방사능 누출사고가 발생했다.

'전원 공급 중단-냉각설비 파손-수소 폭발-방사능 누출'로 이어진 이 사고는 국제 원자력 사고 등급의 최고 위험 단계인 7등급 재난으로 기록된다. 일본 정부는 1970년대 후쿠시마 원전을 건설할 때 지질 조사를 실시했다. 이 지역에는 유사 이래 높이 9미터 이상의 해일이 온 적이 없다는 결론을 내렸다. 이런 최악의 상황에도 견

디게 원전 주변에 10미터의 방벽을 쌓기로 결정했다. 그런데 대지진으로 높이 14미터의 해일이 원전을 덮쳤다. 예상을 뛰어넘는 파국이었다.

대개 탐사 대상은 복잡한 존재나 현상이다. 그렇다고 사방을 찔러대며 취재할 수는 없다. 시간과 노력을 줄이면서도, 밀도 있는 취재가 가능해야 한다.

면도날로 도려내듯, 깔끔하게 핵심 문제를 잡아내자.

참사 5주년이 되던 2016년, 후쿠시마 참사 현장을 취재했다. 곳곳에서 복구가 한창이다. 이번 취재에서 핵심 문제를 다음과 같이 잡았다. '후쿠시마 방사능은 5년 동안 얼마나 사라졌을까?'

새벽 4시, 일본 소마항에 도착했다. 바람이 세차게 몰아치고 있었다. 후쿠시마 원전에 가기 위해 세계적인 환경 단체 '그린피스'의 탐사선에 올랐다. 환경탐사선의 이름은 '레인보 워리어'였다. 아메리카 원주민이 지구 종말을 막는 최후의 전사라고 믿었던 무지개 전사를 뜻한다. 그 무지개 전사를 타고 후쿠시마로 향했다. 잠시 눈을 붙이는 사이, 무지개 전사는 새벽바람을 가르며 악몽의 현장으로 접근하고 있었다.

동북부 해안에 도착했다. 사고가 난 제1원전 말고도 화력발전소, 제2원전이 들어서 있다. 출항한 지 6시간, 드디어 원전이 나타났다. 무지개 전사가 좀 더 다가가자 일본 경비정이 멀찌감치 막아섰다.

모습을 드러낸 4개의 건물. 폭발이 일어났던 1, 2, 3, 4호기다. 사고 후, 바다로 유출되는 오염수를 막기 위해 설치된 방파제도 보였다. 쓰나미로 전원이 차단된 원자로 1호기에서 첫 폭발이 일어났다. 그 뒤 3호기, 2호기, 마지막으로 4호기까지 단 4일 만에 폭발과 붕괴가 이어졌다. 이 과정에서 사상 최악의 방사능 유출이 벌어졌다. 사고 직후, 도쿄전력은 9개월 안에 방사능 유출을 완전히 차단하겠다고 발표했다. 5년이 지난 지금, 사정은 어떨까. 사고 수습은 겨우 10퍼센트 정도 진행됐을 뿐이었다.

해양 환경오염을 조사하기 위해 그린피스의 예인선이 좀 더 원전 쪽으로 다가간다. 무인탐사정이 바다 깊숙이 들어간다. 해적토를 채취하기 위해서였다. 그린피스는 2주간 시료를 거둬낸 뒤 분석에 들어갈 예정이라고 했다. 사고 당시, 고장난 냉각장치를 대신해 바닷물이 원자로에 뿌려졌다. 이에 따라 고농도의 방사능을 머금은 엄청난 양의 오염수가 바다로 쏟아졌다. 그린피스가 관심을 갖는 것은 바다뿐만이 아니다. 원전 주변의 토양오염 역시 조사했다.

후쿠시마 내륙에 도착했다. 사고 지역을 관통하는 6번 국도를 통해 원전 주변으로 다가갔다. "삐익, 삐익, 삐익, 삐익…" 보통 자연 상태에서 0.12 정도의 감마선 수치가 나와야 하는데 이곳에서는 1~3 정도의 수치가 나오고 있다. 10배 이상이다. 도로를 달리는 동안 방사능 계측기의 경보음은 쉴 새 없이 울려댄다.

사고 원전에서 8킬로미터 떨어진 마을에 갔다. 이 마을에서 사고 원전으로 들어가는 길은 지금도 통제돼 있다. 일반인이 원전 가까이 갈 수 있는 마지막 관문이다. 아름다운 마을은 폐허가 돼 있었다. 영화 속 파괴된 마을 세트장 같았다. 5년 전 쓰나미가 마을을 덮친 뒤 유령마을이 됐다. 하지만 괴물 쓰나미보다 무서운 것은 원전에서 누출된 방사능이었다. 사람들은 자신의 터전으로 돌아오지 못하고 있었다. 동물들도 마찬가지였다. 순식간에 폐허가 돼버렸고, 돌이킬 수 없는 재난 구역이 됐다.

사고 원전에서 반경 20킬로미터 내 지역으로 접근해봤다. 아직도 대비 명령이 해제되지 않은 곳이다. 이곳에서도 방사능 계측기의 경보음이 끊이지 않는다. 이미 가축에게는 이상 징후가 나타났다고 주민들은 말한다. 말 같은 가축에게서 발진, 경련, 죽음이 이어지고 있다는 주장이다. 그렇다면 사람에게 어떤 증상이 나타났을까.

후쿠시마시 공동 진료소에서 관련 증언을 들을 수 있었다. 공동 진료소는 방사능 피폭자 혹은 의심자가 진료를 받는 곳이다. 정부가 아니라 시민이 자발적으로 성금을 모아 만들었다. 민간 의사들이 안정된 직장을 버리고 찾아와 의술을 베풀고 있었다. 사고 1년 6개월 후 문을 연 공동 진료소에는 먼 곳에서 찾아오는 환자도 적지 않았다. 한 일본 여성은 그날의 사고 이후 아버지가 급성 백혈병에 걸렸다고 한다. 이곳에서 만난 사람들은 방사능이 자신과 가족의 건강을 해쳤다고 굳게 믿고 있었다.

상근 의사는 단 1명. 그는 이 병원에 오기 위해 자신이 부원장으로 있던 종합병원을 그만뒀다. 의사는 "참사 이후, 갑상선과 백혈병 환자 등이 급증했다"고 한다. 또 상식으로 설명 안 되는 증세를 호소하는 사람들이 늘어났다고 했다. 하지만 이를 어루만져주는 병원과 의사는 많지 않았다고 한다.

출근 준비를 서두르는 70대 여성을 만났다. 한 집안의 가장이다. 후쿠시마 원전 사고 후, 지난 5년 동안 이 집에는 가슴 아픈 변화가 있었다. 그가 출근하면 40대 딸은 청소를 시작한다. 몸이 불편해 보인다. 청소기를 돌리는 동안에도 창문은 항상 닫아둔다. 창밖이 방사능으로 오염됐다고 생각하기 때문이다. 원전 사고 전까지 단란했던 가정이었다. 그러나 딸의 건강이 급속도로 나빠지면서 남편과도 이혼했다. 잠시 집안일을 했을 뿐인데 서 있는 것조차 힘들어한다. 딸은 자신의 증세가 방사능 피폭 때문이라고 생각한다.

이 집의 정원에는 엄청난 비밀이 숨겨져 있었다. 방사능 폐기물이 묻혀 있다. 이 정원에 제염한 흙이 있구나 생각하면 불안이 시작된다. 처음에는 자신의 마당을 잠시 빌리는 줄 알았지만, 최근 시청에서 들은 답변은 그 흙을 언제 가져갈지 알 수 없다는 말뿐이었다. 벌써 3년이 다 돼가고 있다고 했다.

이 집뿐만 아니라 후쿠시마 지역이 원전 쓰레기로 몸살을 앓고 있었다. 시내 곳곳에서 쓰레기 더미가 보였다. 실로 작은 산만 하다. 원전 사고 때 나온 폐기물이다. 공공기관이나 도심뿐 아니라 주택가까지 방사능 쓰레기를 쉽게 볼 수 있다. 아이들이 통학하는 길 한쪽 공터에까지 있다. 한 아이는 "저게 방사능이 들어 있는 쓰레기"라며 "병에 걸리는 것 아닐까"라고 반문했다.

원전 쓰레기가 묻혀 있는 또 다른 건물이 있었다. 내년에 다시 문을 열게 될 학교다. 원전 사고 직후 폐쇄됐다. 학교 건물 곳곳에서 방사능을 측정해본 결과 방사능 수치가 적게는 기준치의 5배에서 많게는 40배까지 넘는다. 내년이 되면 방사능 폐기물이 묻혀 있는 학교 운동장에서 아이들이 뛰어놀게 될 것이다.

방사능 쓰레기는 대형 공공시설을 중간 저장소로 사용하는 경우가 많다. 엄청난 규모의 방사능 쓰레기들이 쌓여 있는 이 시설도 정수 시설이다. 정수 시설 관계자는 방사능 쓰레기를 처리할 수 있는 소각로 설계도를 보여준다. 24시간 운영된다는 소각로. 일본 정부에서는 대규모의 소각 시설을 만들어서 방사능 쓰레기를 태우는 계획을 추진 중이다. 이 과정에서 방사능이 공기 중으로 날아가는 것은 아닐지 의심스러웠다.

24시간 소각로를 활용하는데도 여전히 원전 쓰레기가 쌓이는 속도가 더 빠르다. 원전 쓰레기가 들어있는 컨테이너 주변 방사능을 측정했다. 안전선인 기준치를 웃돌았다. 방사능을 청소하기 위한 제염 작업이 또 다른 방사능 오염을 유발하고 있었다.

정수장에서 몇 킬로미터 떨어진 지역에 들렀다. 쓰나미의 흔적이 곳곳에 남아 있었다. 찌그러진 자동차, 반쯤 남은 기둥, 휘어진 철골…. 이곳에서도 방사능 수치가 기준치를 넘어섰다. 문뜩 고개를 돌렸을 때, 폐허 너머로 한 공장이 눈에 들어왔다. 이 지역의 물을 사용하는 맥주 공장이었다. 내가 즐겨 마시던 일본 맥주 브랜드가 공장 외벽에 선병하게 붙어 있었다. 물론 우리 당국이 수입 맥주의 검사를 제대로 하고 있으리라 믿는다. 상당수 일본인도 이 맥주를 즐기고 있으리라. 그렇더라도 그날 취재 이후, 나는 그 일본 맥주를 마시지 않는다.

사고 원전에서 반경 20킬로미터 안에 위치한 지역에 갔다. 한국인 여성 김연옥씨가 이곳 편의점에서 일하고 있었다. 편의점은 몇 킬로미터 근방에서 음식물을 살 수 있는 유일한 곳이다. 발 디딜 틈 없이 많은 사람. 손님 대부분은 이 지역 출신이 아니라 방사능 청소를 위해 타지에서 온 사람들이다. 이들을 '제염 노동자'라고 부른다. 이들은 위험수당에 이끌려 방사능이 가득한 이곳에 왔다. 위험천만한 재주는 이들이 부리지만 떼돈을 버는 곳은 따로 있다. 방사능 쓰레기 소각장 업체들이다. 주로 원전을 건설했던 회사들이 이런 대규모 소각장도 만들었다.

후쿠시마현 최초로 피난 지시가 해제된 나라하정으로 좀 더 들어갔다. 김연옥씨는 마을이 재건되는 과정을 지켜봤다. 6개월이 지났지만, 아직 행정시설이나 편의시설도 갖춰지지 않았다. 마을로 돌아온 주민은 고작 10명 중 1명 꼴이다. "5년이라는 세월에 그쪽에 피난 가서 정착한 사람이 많아요. 들어오지는 않고 가까운 곳에 집을 산다든가…."

돌아올 생각이 없는 주민들은 집을 헐값에 내놓았다. 연옥씨는 한 저택을 6천만 원에 샀다. 사람들에게 이 지역은 여전히 공포의 땅이다. "여기까지 쓰나미가 쓸고 왔어요. 다 쓸고 내려가는 걸 봤거든요. 아… 굉장히 슬펐어요. 그렇게 허망할 수가 없어요."

쓰나미가 들이닥치면서 마을 대부분은 바닷물에 잠겼다. 일본 정부는 이곳을 재건하면서 대규모 프로젝트를 계획한다. 방사능 폐기물 재처리 시설을 만드는 것이다. 방사능 폐기물을 다시 사용하겠다는 발상이다. 후쿠시마 폐기물을 도로 아스팔트를 만들거나 방파제 콘크리트 골재로 사용할 계획이다. 이곳 중간 저장 시설에 후쿠시마 전 지역의 방사능 쓰레기가 모일 것이다. 폐기물은 주택가에서 얼마 떨어져 있지 않았다.

13년째 이곳에서 산 연옥씨도 마을의 심상치 않은 변화를 느끼고 있다. 그런데도 왜 다시 돌아온 것일까. "스피커에서 막 떠드는 거예요. 빨리 피난 대피하라는 거예요. 빨리 일단 피난 가라고. 일단 피난 가면 오늘 저녁에 올 수 있다고. 그래서 떠난 거예요. 가방 하나 들고요."

이곳에선 대피 명령이 떨어지기 직전, 원전 폭발이 일어났다. 끔찍한 소리와 연기. 갑작스러운 피난 명령으로 반려동물과 가축을 버렸다. 연옥씨는 그 동물들을 돌보기 위해 마을로 돌아왔다. 연옥씨는 사고 당시 유기됐던 수많은 고양이를 돌보고 있었다. 큰 저택을 구입한 것도 버려진 고양이들의 보금자리를 만들어주기 위해서였다. 세상에서 가장 호사스러운 고양이 저택이 될지도 모른다.

연옥씨도 방사능에 대한 불안감이 있긴 했다. 하지만 일단 깨끗이 방사능 청소를 했다는 정부의 말을 믿기로 했다. 과연 정말 안전할까. 연옥씨 집과 집 주변의 대지는 기준치 이하였다. 집 근처의 숲으로 측정기를 들고 들어가봤다. 수치가 계속 올라갔다. 기준치의 4배가 넘었다. 숲에는 방사능 물질이 그대로 방치돼 있는 것이다.

지켜보던 연옥씨는 이 정도로 심각한지는 몰랐다고 했다. 제염했다지만 바람이 불면 이렇게 숲에서 다시 방사능 오염물질이 날아올 수 있다. 취재 당시 일본의 방송사에선 충격적인 수치를 공개했다. 5년 동안 열심히 청소했다지만 현재까지 후쿠시마에서 청소된 방사능은 3.3퍼센트밖에 안 된다고 했다. 그렇다. 5년 동안 3.3퍼센트밖에 없애지 못한 것이다.

일본 원전 참사 5주년을 맞아 현장을 돌아보며 느낀 점이 있다. 원전 사고의 후유증은 상상 이상으로 위험하고 오래 남는다. 한번 터지면 절대 원래대로 돌아갈 수 없는 원전 사고의 후유증을 눈과 코, 발로 확인했다. 미국의 해양생물학자이자 작가인 레이철 카슨의 책이 생각났다. 합성살충제의 잔류독성을 고발한《침묵의 봄》에서 그는 이렇게 외쳤다. 한번 오염된 환경은 다시 회복하기 어려움을 함축적으로 표현한 것이다.

봄이 왔지만,
그 봄은 여전히 침묵의 봄이다.

그 누구도
안전하지 않다

X-이벤트 대비 시나리오의 필요성

2014년 2월이었다. 경주에서 뜻밖의 소식이 전해진다. 마우나오션 리조트 붕괴 사고가 났다. 그해는 유난히 폭설이 많이 내렸다. 중부 지방은 물론 남부 지방에도 큰눈이 내렸다. 기상 이변이나 지구온난화를 걱정하는 시점이었다. 미래학 공부에 빠져 있었던 시절이었다. 이 사고는 나에게 새로운 미래적 관점을 주었다.

이 리조트 체육관 지붕이 갑자기 무너지면서 사망자 10명을 포함해 총 138명의 대규모 인명 피해가 발생했다. 부산외대 학생들의 신입생 환영회 도중 벌어진 참사여서, 청년 사상자가 유난히 많았다. 리조트 사고 발생 원인은 복합적이었다. 기본 수칙을 지키지 않았다는 점에서 인재 요소가 있었다. 설계서와는 달리 지붕에 H빔을 설치하지 않은 것이 주요 원인 중 하나였다. 인재 요소 말고도 이상 기후의 영향도 컸다. 리조트 관계자는 이렇게 항변했다. "우리는 규정을 다 지켰습니다. 불가항력적인 측면이 있었습니다."

관계자의 발언은 반은 거짓말이고 반은 일리가 있는 주장이다. 제설 작업을 하지 않고 행사를 치른 것은 규정을 위반한 대목이었다. 하지만 폭설 양만 보면 이 관계자의 얘기가 전혀 근거가 없는 것이 아니었다. 경주는 눈이 잘 오지 않는 지역이다. 그럼에도 리조트 지역을 중심으로 일주일 동안 50~70센티미터의 눈이 내렸다. 지역의 건축 기준은 30센티미터의 적설량에 견디도록 규정돼 있었다. 건물 설계 때는 국토부의 건축 구조 설계 기준의 지붕 적설 하중을 고려해야 한다. 이 하중은 100년간 가장 많은 적설량을 기준으로 정한다. 경주 부근의 기준이 30센티미터 정도였다는 의미다. 기준만 보면 예상하기 어려운, 극단적인 사건이 벌어졌다고 볼 수 있다.

참사 며칠 후, 현장을 답사했다. 취재가 아니라 남부 여행 도중에 잠시 들렀다. 리조트는 나지막한 산속에 있었다. 주변 산에는 잔설이 쌓여 있었다. 체육관을 유지하고 있던 구조물은 엿가락처럼 휘어져 있었다. 구조물 자체가 잘못된 걸까, 아니면 구조물이 못 버틸 정도로 엄청나게 많은 눈이 한꺼번에 내렸을까. 리조트 주변 식당을 찾아갔다. 주인은 이곳 토박이였다. 눈이 그리 많이 왔냐고 물었다.

"살다 살다 이곳에 그렇게 많이 한꺼번에 온 적은 없었지요. 다

알다시피 경주는 눈 구경하기가 쉽지 않은 동네 아닙니까. 지구온난화라는 게 있긴 한 모양입니다."

이 사고의 처리 과정을 주의깊게 지켜봤다. 체육관을 시공한 업체 관계자 몇몇에게 구속영장이 신청됐다. 공사 과정에서 절차를 지키지 않았던 부분이 드러났기 때문이다. 그리고 5개월 뒤인 2014년 7월 15일, 국토부는 공작물 안전 강화를 주요 내용으로 하는 건축법 시행령·시행규칙 개정안을 입법 예고했다.

리조트 참사에는 예측할 수 없는 요소가 있었다. 이 사건을 제기로 'X-이벤트'에 관심을 갖게 됐다. X-이벤트라는 흥미로운 표현이 국내에 대중적으로 알려진 것은 복합계 연구자인 존 캐스티의 저서 《X-이벤트》가 2013년 1월 국내에 출간되면서부터다. 적지 않은 사람들이 이 책에 주목했다.

우리는 정책을 수립하거나 사업 환경을 예측할 때 최악·최상·최적의 시나리오를 고려한다. 주식에 투자할 때도 그렇다. 현재와 과거를 둘러싼 요소와 추세를 고려한다. 이를 바탕으로 모든 요소가 가장 유리하게 조합했을 때, 반대로 모든 요소가 가장 불리하게 조합했을 때, 또 적절하게 조합됐을 때를 상정한다. 이런 시나리오에 따라 전략과 투자 계획을 세운다. 최악·최상·최적 모두 정책 입안자나 투자자의 합리적인 고려 범위에 있는 것이다.

하지만 세상만사가 그렇게 돌아가지 않는다. '최악의 최악'이 있다. 복잡성이 지배하는 현대사회에서는 최악 너머, 더 심각한 상황을 종종 목격하게 된다. 주식 투자의 예를 들어보자. 신중한 투자자라면 주가가 곤두박질해 바닥까지 내려올 상황에 대비해 포트폴리오를 짠다. 하지만 증권업계 표현대로 "바닥까지 떨어졌다고 생각했는데 그 아래 지하실이 있고, 그 지하실 아래 또 다른 지하실을 보게 될 때"가 있는 것이다.

X-이벤트를 어떻게 정의해야 할까. 발생 가능성이 매우 낮거나, 확률적으로 잡아내기 어렵지만 잠재적으로 엄청난 파급력을 지닌 극단적 사건을 뜻한다. 우리가 접하는 일반적인 사건들은 과거 경험을 바탕으로 상식적으로 발생 가능하다고 생각하는 범위 안에 있다. 하지만 과거에 한 번도 발생하지 않았거나, 보통의 상식으로는 일어나지 않는 사건도 종종 발생한다. 존 캐스티는 X-이벤트의 11가지 주요 유형을 소개한다.

2012년 9월, 존 캐스티 박사가 한국에 왔다. 〈중앙일보〉와 인터뷰를 했다. 그는 "복잡계의 붕괴, 복잡성의 과부하 때문에 X-이벤트가 발생한다"고 말했다. 시스템 내의 복잡성이 통제할 수 없을 정도로 치솟거나, 시스템 사이의 격차를 메우기 힘들 때 발생한다는 것이다. 그는 또 X-이벤트가 '사회적인 분위기'에 영향을 받는다고 말했다. "그때 사회적 분위기가 긍정적이면 긍정적으로 흘러가고, 부정적이면 부정적으로 바뀐다"고도 덧붙였다.

그는 가수 싸이의 갑작스러운 인기와 남북 관계를 X-이벤트 측면에서 설명했다. 캐스티는 "강남을 풍자하는 B급 스타일의 음악에 이런 호응을 하는 것은 그만큼 한국 사회가 불만에 차 있고 부정적인 분위기란 뜻"이라고 말했다. 그는 또 "남한과 북한은 사회의 복잡성의 간극이 크다. 사회가 발전할수록 복잡성이 올라가는데 남한은 높고, 북한은 낮다. 이 간극이 더 벌어지면 전쟁 같은 X-이벤트가 벌어질 수 있다"고 주장했다.

2013년에 북유럽 강소국인 핀란드를 방문한 적이 있다. KAIST에서 '핀란드 미래 전략'을 주제로 논문을 준비하고 있을 때였다. 핀란드는 미래 전략을 잘 세우는 나라로 유명하다. 대한민국만큼이나 대외 의존도가 높은 나라다. 2008년의 글로벌 금융위기, 2011년의 일본 대지진과 같이 유럽 외부에서 온 충격에도 국가 경제가 휘청거렸다. 이런 특성 때문에 핀란드는 늘 자국을 둘러싼 국내외 환경에 민감하게 반응한다. 불확실한 미래에 어떻게 대처할지 고민하는 나라다.

핀란드에서 진행된 '7가지 쇼크 프로젝트'가 흥미로웠다. 핀란드 정부가 2009년 국제응용시스템분석연구소에 발주한 프로젝트였다. 국내외적으로 엄청난 쇼크가 왔을 때 대외 의존도가 큰 소국인 핀란드가 어떻게 헤쳐 나갈지 전망했다. 이 프로젝트에 참여한 정부와 전문가들은 7가지 충격을 추출해냈다.

그중 하나가 '유럽통화연맹의 붕괴'였다. 유럽통화연맹이란 유로화를 중심으로 한 유럽의 통화 통합 국가를 지칭한다. 연맹의 목적은 유럽 내 단일 통화를 실현해 유럽의 경제·사회 발전을 촉진하는 것이다. 만약 이 연맹 체제가 갑자기 붕괴한다면 대외 의존도가 높은 핀란드에는 급격한 변화가 밀려올 것임에 틀림없다. 핀란드 정부는 그럴 때 국가와 기업이 어떤 대응을 해야 하고 어떤 복원력을 갖고 있어야 하는지에 관한 시나리오를 작성했다. 이 예측 이후, 붕괴 수준은 아니더라도 영국이 EU 탈퇴를 선언하는 등 균열이 시작됐다.

프로젝트는 '노키아 급변 사태'도 꼽았다. 노키아는 핀란드에서 삼성전자나 현대자동차와 같은 기업이다. 국가 경제에 큰 비중을 차지하고 있다는 의미다. 이런 노키아가 본사를 해외로 이전하거나 해외 기업이 노키아를 인수하고, 경영이 악화되는 '급변' 사태를 맞게 되는 시나리오를 쓴 것이다. 이 시나리오가 현실화되면 연구 개발 투자 규모가 3분의 1로 줄어들고 9천 명에 이르는 소프트웨어 고급 인력이 실업자가 될 것이라고 내다봤다. 예측 이후, 실제로 노키아는 경영 위기를 맞이했다.

'중국의 저성장'도 그중 하나였다. 세계의 성장 동력인 중국이 수출 감소와 계층 갈등 심화, 사회 소요 등으로 붕괴될 가능성을 염두에 둔 것이다. 중국이 저성장 상태로 빠질 경우 중국과 교류가 많은 제지, 자동차, 전기 등의 핀란드 산업이 어떤 영향을 받을지 전망했다. 2030년까지 중국의 성장률이 전망치보다 40퍼센트 수준을 밑돌 경우 핀란드 성장률 역시 전망치보다 4.7퍼센트 정도 떨어질 것으로 예상됐다. 실제로 2018년을 기점으로 중국의 성장률은 급격히 떨어지고 있다.

2009년에 '7가지 쇼크'가 나올 때만 해도 너무 과도한 우려라는 반응이 지배적이었다. "실제로 그런 일이 벌어지겠느냐"는 냉소가 흘렀다. 하지만 10년도 안 돼 상당수가 부분적으로 현실이 됐다. 미래 전략 선진국인 핀란드는 한발 앞선 미래 전략을 내놓으며 충격의 후유증을 줄이고 있었다.

KAIST 미래전략대학원에서 박병원 과학기술정책연구원 미래연구센터장의 강의를 들은 적이 있다. 그는 〈과학기술 기반의 국가미래발전 연구〉(2012)의 일환으로 X-이벤트를 연구했다. 국내에서 본격적으로 진행한 첫 연구 사례였다. 그는 4가지 시나리오를 내놓았다. 인터넷 단절, 동북아 원전 사고, 75세 은퇴 시대, 에너지 가격의 급변이 바로 그것이다.

한반도를 둘러싼 X-이벤트가 이 4가지만 있는 것은 아니다. 박 박사는 "북한의 격변, 중국의 정치·경제적 혼란, 대기업 해외 이전, 백두산 폭발 등 다양한 시나리오가 나왔지만 1차 연구 차원에서 4가지를 선정했다"고 말했다.

X-이벤트는 공포로 다가올 때가 많다. 공포는 누구에게나 피하고 싶은 상황이다. 그럼에도 우리가 X-이벤트에 주목해야 하는 이유가 있다. 공포영화를 자주 보면 면역이 생기듯, X-이벤트를 상상함으로써 대재난에 대한 적응력을 확보할 수 있기 때문이다. 앞에서 설명한 것처럼 X-이벤트는 확률적으로 계산돼 나오지 않거나, 극히 낮은 발생 확률을 가진 극단적인 사건이다. 현실적인 상황과 비용 등을 감안할 때, 발생 가능성이 희박한 사건에 대비해 100퍼센트의 예방책과 대응책을 세울 수는 없는 노릇이다. 하지만 시나리오를 짜는 것만으로도 그렇지 않을 때보다 더 재난에 잘 적응할 수 있다.

때로는 불온한 생각이
세상을 좀 더 안전하게 할 수 있다.

X-이벤트를 방송용으로 취재한 적이 있었다. X-이벤트를 촉진하는 요인은 뭘까. 연구자의 입장에 따라 다소 다르지만, 3가지 요인을 공통적으로 지적했다. "기후 변화 , 글로벌화, 네트워크화."

지구온난화에 따라 기후 변화 속도가 빨라지고 있다. 대지진과 쓰나미, 초대형 태풍, 이상 폭염 등이 지구촌을 강타한다. 세계 경제 개방 등으로 한 국가나 지역에서 발생한 경제 위기나 금융 위험이 지구촌 전체로 순식간에 확산된다. 아울러 정보통신의 발달은 위기의 확산 속도와 범위를 빠르고 넓히고 있다.

X-이벤트 측면에서 대한민국은 핀란드와 비슷한 요주의 국가라고 할 수 있다. 여러 기후대가 겹치는 반도 국가라는 기후대적 특성이 있다. 어떤 나라보다 경제 개방도가 높으며, 정보통신이 발달한 초네트워크 사회이기도 하다. X-이벤트는 과학소설이나 SF영화 속에서 나오는 허무맹랑한 상황이 아니다. 우리 곁에 이미 와 있는지도 모른다.

한국에서만
덩치를 키우는 괴물

메르스 창궐의 비밀

2015년 대한민국을 공포와 혼란에 몰아넣은 메르스 창궐 사태가 터졌다. 메르스는 사우디아라비아에서 시작됐다. 사우디아라비아를 제외하고 전 세계적으로 메르스가 이렇게 창궐한 나라는 없었다. 그 무렵 X-이벤트의 틀로 이 문제를 탐사해봤다. 미래연구자들의 의견을 종합해 갑작스러운 대재난을 설명하는 내 나름대로의 틀을 갖게 됐다.

"대재난 = 불확실성 확대 + 사회 문화 미성숙도 + 낮은 거버넌스 수준."

기술이 발전하고 교역량이 발전하면 사회의 불확실성은 커진다. 그 사회의 문화가 성숙하지 않았다면 위험성은 더 커진다. 거기에 한 사회의 거버넌스가 허약하다면 위험성은 더 커진다. 반면 사회의 불확실성이 아무리 커져도, 사회 문화와 거버넌스의 기반이 든든하다면 그 사회는 위험에 빠지지 않는다. 과연 이 가설은 한국의 메르스 창궐 사태에도 적용할 수 있을까.

2014년 1만여 명의 사망자를 낸 치명적인 바이러스가 있었다. 에볼라였다. 아프리카 풍토병이 다른 대륙으로 퍼지면서 전 세계를 공포에 빠뜨렸다. 에이즈에 이어 전 세계 비상 사태를 발동시킨 두 번째 바이러스로 기록된다. 2015년 우리나라에도 그런 바이러스 공포가 엄습한다. 하지만 바이러스의 이름은 에볼라가 아니었다. 2015년 우리나라를 찾은 BBC 기자는 이렇게 말했다. "메르스란 말을 에볼라로 바꾸기만 하면 지금 한국 상황은 당시 아프리카 상황과 비슷합니다."

그는 1년 전 에볼라 사태를 취재했다. 대한민국은 '메르스 국가'라는 오명과 함께 에볼라의 공포를 이어받게 될 상황이었다. 에볼라 바이러스는 1976년, 에볼라강에서 처음 발견됐다. 조그만 시골마을에서만 유행됐고 몇 개월 안에 수습되고는 했다. 그런데 2013년에 다른 양상으로 전개된다. 서아프리카에서 유행하던 이 바이러스가 2014년 10월 미국, 스페인 등 예상치 못했던 곳에서 출몰했다. 전혀 주목을 받지 못했는데, 교통의 발달로 전 세계가 1인 생활권이 되면서 국제적인 풍토병이 됐다.

2015년에 메르스는 유독 대한민국에서만 괴물이 됐을까. 먼저 바이러스 자체에 대한 이해가 필요했다. 신종플루는 손만 잘 씻어도 감염을 70퍼센트 예방할 수 있다. 메르스는 손 씻기만으로 없앨 수 없는 강한 바이러스일까. 한 대학 연구실의 도움을 받아 실험을 해 보기로 했다. 손 씻기로 메르스 바이러스를 막아낼 수 있는지 알아보는 실험이었다. 실험 바이러스는 사람에 감염되지 않는 메르스의 조상 격인 코로나 바이러스였다. 바이러스를 분무기에 담은 다음 실험 참가자의 손에 뿌린다. 바이러스에 오염된 손을 다양한 방법으로 씻었다. 물로만 씻어도 대부분 사라졌고 비누, 액상세제, 손소독제를 쓰면 감염도가 제로 상태로 떨어졌다.

이 실험을 통해 2가지 의미 있는 결과를 얻었다. 첫째, 메르스 바이러스도 손 씻기가 중요하다. 둘째, 메르스의 위력이 결코 다른 바이러스를 능가하지 않는다. 무엇보다 미스터리한 것은 메르스의 이력이다. 2012년 9월 사우디아라비아에서 처음 발견된 이후, 중동 유럽을 포함해 25개 나라로 전파됐지만 대부분 작은 소동으로 끝났다.

이해할 수 없는 대목은 또 있었다. 아산병원의 경비원은 환자와 단 5분 동안 얘기를 나눴을 뿐인데 감염되고 말았다. 3차 감염 가능성은 낮다고 했지만 4차 감염자까지 발생했다. 메르스 공식이 한국에서 줄줄이 깨졌다. 몇 년 동안 수많은 나라를 조용히 떠돌던 메르스가 도대체 무엇을 만나 괴물이 된 것일까.

2013년 12월, 기니에서 한 아이가 피를 토하며 사망했다. 서아프리카를 초토화한 에볼라, 대재앙의 시작을 알리는 첫 죽음이었다. 2014년 에볼라는 시에라리온, 라이베리아 등을 휩쓸며 1만여 명을 희생시켰다. 1976년 콩고에서 처음 발병했던 에볼라는 중부 아프리카에서 피해 규모가 감소하는 전염병이었다. 그러나 2014년, 에볼라가 돌연 현대판 흑사병으로 불리는 대재앙으로 급변한 것이다.

열악한 공중 위생과 의료 환경 때문일까. 그러나 이것은 아프리카 대륙의 묵은 취약점이었다. 세계보건기구는 그 해답을 서아프리카의 고유한 전통 장례식에서 찾았다. 중부 아프리카 국가에는 없는 이 전통이 에볼라 대재앙을 촉발했다. 장례식에서 고인을 씻기고 고인에게 키스하는 문화가 있는데, 이 과정에서 체액에 노출되면서 감염이 확산됐다는 것이다.

에볼라 발병 10개월째, 세계보건기구는 새로운 장례 방식을 서아프리카에서 시행한다. 환자가 사망하면 전문 인력이 시신을 방역 처리한 후 화장하거나 매장하도록 했다. 현지인들의 거센 반대 속에서 이를 강행한 지 1개월째, 거침없이 확산되던 감염이 놀랍게도 한풀 꺾이기 시작한다.

1명의 중동 방문자에서 시작된 한국의 메르스 사태에 전 세계가 놀랐다. 세계보건기구가 규정한 메르스는 전염성이 약한 질병이지만 한국에서는 달랐다. 혹시 확산을 키운 독특한 X-이벤트 요인이 있는 것은 아닐까.

〈뉴욕 타임스〉는 한국에만 있는 독특한 의료 문화에 주목했다. 더 나은 치료를 위해 환자가 이 병원, 저 병원을 옮겨 다니는 '병원 쇼핑'이 메르스 확산 요인이라고 본 것이다. 슈퍼보균자로 불리는 14번 확진 환자는 2곳의 병원을 거쳐 서울삼성병원에 입원했다. 76번 환자는 총 4곳의 병원을 거치면서도 다른 병원에서의 입원 사실을 숨기기까지 했다. 문제의식 없이 반복되는 한국의 병원 이동 문화가 결국 X-이벤트의 도화선이 된 것이다. 병원 이동 환자의 종착지는 대개 대형 병원들이다.

그렇다면 병원들은 어떨까. 서울삼성병원은 또 다른 잘못된 의료 문화를 그대로 보여줬다. 64명을 감염시켰던 14번 환자는 응급실에서 고열과 기침을 호소했다. 분명 감염질환이 의심됐지만 의료진은 그를 응급실에서 3일이나 치료했다. 병원 설립의 기준인 9쪽짜리 의료법 어디에도 응급실 감염에 대한 규정이 없었다.

미국의 병원들은 응급실 입구에서부터 감염에 대한 대응이 시작된다. 감기처럼 가벼운 감염성 질환을 가진 환자라도 의료진이 일단 격리부터 한다는 것이다. 감염 환자 분류를 담당하는 초진 의료진, 이들은 감염 진단과 예방을 위한 특별 교육을 전문 인력이다. 병원을 방문한 면회객의 감염 관리도 철저하다. 일단 모든 방문객은 이름을 남겨야 한다. 감염질환을 앓는 환자를 면회할 때는 반드시 방역복과 마스크를 착용해야 한다. 150쪽이나 되는 미국 의료법이 상징하듯, 철저히 감염을 통제하는 의료 문화가 미국 병원에는 자리잡은 것이다. 감염에 대한 관리와 통제가 없는 한국 병원의 의료 문화는 어떻게 응급실에서 뿌리내렸을까.

대형병원 응급실은 좀 더 빠른 입원과 진료를 기다리는 환자와 보호자로 여전히 붐볐다. 전국 각지에서, 다양한 질병을 안고 모인 사람들이 응급실에서 쪽잠을 자고 음식을 나눠 먹으며 며칠씩 생활한다. 다양한 감염에 노출될 수 있는 환경이지만 환자나 보호자 모두 크게 걱정하지 않는다. 심지어 메르스 확산 속에서도 응급실 내

출입과 이동은 자유롭다.

응급실뿐 아니라 병실도 마찬가지였다. 평택성모병원은 첫 번째 감염자를 폐렴환자로 진단했다. 그런데 이 감염성 환자를 일반 환자와 같이 수용했다. 메르스뿐 아니라 다른 호흡기 감염이 일어날 수 있는 상황이었다. 결국 감염에 대한 초동 대응이 X-이벤트의 서막을 연 것이다. 감염 환자와 일반 환자가 공존하는 병실, 여기에 우리의 독특한 의료 문화가 메르스 확산에 불을 댕겼다.

환자들만 사용해도 비좁은 6인실에서 일반인도 같이 거주하고 있었다. 환자를 수발하는 가족 혹은 간병인이다. 생활하는 모습은 병원 밖과 크게 다르지 않았다. 문병하는 사람들 역시 아무 때나 무리 지어 머문다. 투약이나 진찰을 할 때만 의료진이 나타난다.

일본에서 답을 찾아봤다. JTBC 일본 특파원을 직접 병원에 보냈다. 간호사가 환자의 치료는 물론, 목욕, 식사 등의 모든 간병을 담당한다. 출입을 엄격하게 통제하고 있었다. 간호사가 간병을 전담하면서 병원은 감염을 통제하는 공간이 된 것이다.

2015년 6월 1일, 생과 사의 기로에 놓여 있던 한 여인이 결국 사망하고 만다. 사망 직전까지 그는 아들을 애타게 찾았다. 이들은 왜 마지막 순간에 함께하지 못했을까. 모자의 이야기는 5월 15일로 거슬러 올라간다. 감기로 입원 치료를 받는 중에 기침 증상이 심한 환자가 들어온다. 첫 번째 메르스 확진자였다. 3일간 확진자와 같은 층을 쓴지도 모른 채 퇴원한 어머니는 며칠 뒤 고열에 시달린다. 병원도 2번이나 옮겨야 했다.

입원 7일째, 갑자기 모자는 커다란 벽에 가로막힌다. 어머니가 홀로 격리 공간에 갇힌 것이다. 연락조차 없었던 관계자에게 따져 묻자, 그제야 메르스가 의심된다는 말만 전했다고 한다. 그때까지만 해도 이들은 믿고 있었다. 사람 간의 전염이 쉽지 않다는 정부 발표를 말이다. 그래서 어머니가 곧 따뜻한 집으로 돌아오리라고 기대했다. 아무도 이것이 마지막 만남이라고 상상조차 하지 못했던 것이다. 몇 시간 후, 어머니는 메르스가 앗아간 첫 번째 희생자가 됐다.

이것은 비단 모자만의 이야기가 아니었다. 안이한 대처와 거짓된 발표 속에 국민은 정부에 등을 돌리기 시작했다. 이른바 국가의 경영이 무너지는 사태다. X-이벤트가 발생하는 순간, 국가는 국민을 위해 집단, 개인 간의 유기적인 시스템을 구축해야 한다. 그렇지 않으면 불신이 발생하며 국가 경영에 붕괴가 일어난다는 것이다. 메르스 사태에선 초기 진화로 막을 수 있었던 골든타임에, 정부와 병원은 이해할 수 없는 선택을 한다. 메르스의 최초 확인 후 병원은 공사를 이유로 갑자기 확진자와 같은 층에 있던 환자들을 7층으로 몰았다고 한다. 평택성모병원에서 불과 15일 사이에 37명의 확진자가 나왔다는 것이 전혀 이상하지 않았다. 감염의 위험성을 전달받지 못한 일부 환자들이 제2의 병원으로 향하는 사태까지 이어진다.

관리되지 않은 2명의 확진자로 인해 60명의 확진자가 발생했다. 삼성서울병원 측은 이에 대한 책임을 온전히 국가의 탓으로만 돌렸다. 14명이 사망하고 140여 명의 확진자가 발생한 대재난. 하지만 책임을 지겠다는 이는 없었다. 병원과 정부의 덧없는 책임 공방만이 뫼비우스 띠처럼 이어지는 불통의 시간이 계속됐다. 보건복지부 장관의 언행은 뜨거운 감자였다. '문형표의 저주'라는 말이 나올 정도였다.

첫 번째 저주는 첫 확진자가 나온 20일에 있었다. 보건 당국은 전파 가능성이 없다고 밝힌다. 문형표 장관은 "기본적인 생각은 아직까지 휴교 조치는 이르지 않은가 하고 생각한다"고 발언한다. 그러나 같은 날, 복지부의 권고를 무시한 150여 곳의 학교가 자체 휴교를 결정하는 거꾸로 행보를 보인다. 문 장관이 "병원 이름을 공개하기보다는 병원들끼리 이런 정보를 공유하는 시스템으로 운영하는 것이 좋겠다"고 발언한 다음 날, 박근혜 당시 대통령은 "지금 문제점의 진원지, 발생 경로 이것을 철저하게 처음부터 분석을 해서 국민들에게 알려야 된다고 생각한다"고 말했다. 보건 당국의 허술한 대응을 보여주는 증거로서 '문형표 저주'가 만들어진 것이다.

불확실성 확대와 문화 성숙도, 거버넌스 수준으로 대한민국의 메르스 창궐 사태를 탐사해봤다. 국제화와 과학기술 발전, 기후 변화는 불확실성을 더 키울 것이다. 그런데 그런 불확실성은 한 나라나 사회의 힘으로 대비하기 어렵다. 우리가 더 주력해야 할 일은 자명하다. 사회의 문화 수준을 높이고 든든한 거버넌스를 구축해나가는 것이다. 거창하게 볼 것도 아니다. 응급실 출입과 간병 문화를 고치고, 감염 정보를 빠르고 투명하게 전파하는 일이다.

불통의 감소가 곧 위험의 감소다.

STEPPER

복잡한 세상의 흐름을 어떻게 '스캔'할까?

불확실성을 탐구하는 영역에서 '환경 스캐닝'이라는 용어를 자주 쓴다. 주로 사회과학에서 '주위의 상황을 예리하고 신속하게 판단해, 그를 자신에게 유리하게 전개하려는 행위'로 쓰인다. 사회에 미칠 요소들을 미리 찾아내 이를 일목요연하게 정리하는 작업을 뜻한다.

도구 없이 막연하게 환경을 스캐닝할 수는 없다. 거시분석 틀로 'STEEP'가 있다. 환경을 손쉽게 파악하기 위해 하위범주를 사회 · 기술 · 경제 · 생태 · 정치 등 5개 영역으로 나눠 분석하는 기법이다. 이를 취재 영역에 적용하면 환경을 손쉽게 파악하는 데 도움이 된다.

> ① S(Society): 인구, 가족, 복지, 보건, 종교, 시민 등
>   사회와 사회, 사람과 사람, 사람과 사회 사이에서 생기는 요인을 관찰하는 영역이다.
> ② T(Technology): 과학, 기술, 도구 등
>   과학기술과 도구로 인해 발생하는 요인을 탐색하는 영역이다.

③ E(Economic): 상품, 자본, 노동, 빈부, 주기변동 등
   경제 전반의 동향이나, 산업이나 금융 분야에서 발생하는 요인을 탐색
   하는 영역이다.
④ E(Ecology): 지구온난화, 가뭄, 재해, 추위, 더위 등
   대기, 토양, 해양 등에서 벌어지는 요인을 탐색하는 영역이다.
⑤ P(Politics): 국제 분쟁, 전쟁, 정부 규제, 정책, 입법 동향 등
   정책과 자원의 우선순위를 정하는 과정에서 벌어지는 요인을 탐색하는
   영역이다.

이광형 KAIST 교수는 'STEPPER'라는 7개 영역으로 나눠 환경을 분석한
다. STEPPER는 사회(Society), 기술(Technology), 환경(Environment), 인구
(Population), 정치(Politics), 경제(Economy), 자원(Resource)의 약자다. 사회에서
인구를, 생태에서 자원을 각각 분리했다.

11

스컬리, 진실은

저 너머에 있어요

▎드라마 〈X파일〉

과학 없이
존재하는 것들

목격된 UFO

"아마도 UFO일 것이다"
미 공군

어릴 적 서울 집을 떠나 충남 부여의 외할머니 집에 종종 머물렀다. 방 두 칸짜리 작은 초가집이었다. 외할머니는 작은방에 산신령 그림을 걸어놓고 지극정성으로 모셨다. 외할머니는 산신령 앞에서 촛불에 한지를 갖다댔다. 한지는 치솟으며 공간에서 사라졌다. 마을 사람들도 찾아와 같은 방식으로 치성을 드리고는 했다. 얼마나 많은 이들이 산신령의 존재를 믿는지 눈으로 똑똑히 봤다.

하지만 지독히 믿지 않는 이가 있었다. 외삼촌이었다. 외지에서 떠돌던 외삼촌이 돌아오던 날, 집에서는 큰 소동이 벌어졌다. 외삼촌이 산신령 그림을 뜯어버리면서 외할머니와 거친 몸싸움을 벌였다. "왜 이런 것을 믿느냐"는 고함과, "신령께서 노한다"는 또 고함이 격돌했다.

이런 광경을 종종 보면서 자라다 보니, 초자연 현상과 거리를 두고 지냈다. 외할머니처럼 초자연 현상을 믿는 부류와, 이를 지독히 싫어하는 외삼촌 같은 부류가 충돌하면 답을 찾기 힘들 것이라고 여겼다. 초자연 현상을 탐사 보도의 대상으로 삼지 않으려 했다. 그렇지만 이성이나 상식으로 설명할 수 없는 사안이 없다고 생각하지는 않는다. 취재 현장에서 이성으로 헤아릴 수 없는 존재나 현상과 대면할 때가 있기 때문이다. 1980년 대구에서 출몰한 UFO 사건이 대표적이다.

붉고 푸른 발광, 대체로 둥근 타원, 엄청난 속도, 정체를 확인할 수 없는 비행 상태의 물체. 우리는 이를 미확인비행물체라고 부른다. 2016년 어느 날, 〈이규연의 스포트라이트〉 제작진은 유튜브에서 신기한 영상 하나를 발견한다. 빛을 발하는 수백 개의 정체였다. 처음에는 별이나 풍등으로 알았지만 자세히 보니 그게 아니었다. 영상이 찍힌 장소를 추적해봤다. 당연히 외국에서 찍힌 영상인 줄 알았다. 뜻밖에도 경기도 고양의 한 아파트 단지였다. 촬영자는 외국인이었다. 그 외국인을 찾을 수는 없었다. 다행히 기이한 현상을 목격한 주부를 만날 수 있었다. 2015년 9월 어느 밤이었다고 했다. 유모차를 몰고 가다가 우연히 하늘에서, 영상과 동일한 수백 개의 빛을 봤다고 했다.

우리는 본격적인 탐사에 착수했다. 2014년에 비슷한 경험을 했던 여대생을 만났다. 개기월식이 있던 밤, 달을 카메라에 담고 있을 때였다. 친구 9명과 함께 하늘에서 뭔가를 발견했다. 순식간에 수백 개의 불빛이 나타났다고 했다. 이 여대생은 미국에 있는 '뮤폰'에 사진과 정황을 적어 보냈다. 뮤폰은 UFO 현상을 분석하는 전문기관이다. 사진, 항공, 천문 등 70여 개 분야 전문가들이 참여하고 있다. 1개월 뒤 뮤폰에서 공식 답변이 왔다. "UFO로 추정된다."

이후 우리는 UFO를 목격했다는 다수의 내국인을 만났다. 대부분은 비행물체에 전문 지식이 없는 사람들이었다. 일반인의 상식이 전문가의 식견을 압도하는 경우가 있지만, 대개는 전문 지식을 존중한다. 신분이 확실한, 비행물체 전문가의 목격담은 없을까. 그래서 공군 조종사들을 추적하기 시작했다. 외국 사례를 보면 가장 유력한 UFO 근거가 공군 조종사의 증언이기 때문이다. 그들은 항공 전문 지식을 가진 공무원 아닌가.

수소문 끝에 한 분을 찾아냈다. 예비역 공군소장 임병선 장군이었다. 그를 과천과학관에서 만났다. 인터뷰에 응할지 무척 고민했다고 했다. 임 장군의 일성은 다음과 같았다.

"처음에 거절하려고 했는데 가만히 생각해보니까, 인터뷰하는 것도 제 임무 중 하나가 될 것 같아서 나왔습니다."

그는 팬텀 시대를 연 151대대의 파일럿이었다. 간첩선을 격침한 적도 있는, 우리 공군의 산증인이다. 괴비행체를 목격했던 무렵은 1979년 12.12사태 직후였다. 광주민주화운동을 몇 달 앞둔 그야말로 격동의 시기였다. 한미 합동 훈련을 하던 중 잊을 수 없는 장면을 목격했다고 한다. 훈련상의 출동 명령이 내려져 대대가 있던 대구에서 8분 만에 이륙해 강릉 쪽으로 가고 있었다. 그런데 캄캄한 밤에 붉고 푸른빛을 내는 괴비행체를 발견한다! 통제실에서 그것을 추적하라는 지시가 떨어졌다. 임 장군은 작전통제관의 공식 명령을 받고 그 물체를 뒤쫓는다. 따라잡으려는 순간, 그 물체는 방향을 틀어 포항 쪽으로 빠져나갔다.

비정상적 항적을 그린 괴비행체. UFO의 전형적인 특징이다. 포항 상공에 다다랐을 때 끼어들어 진로 방해를 했다. 그러자 잠깐 멈추었던 물체가 순식간으로 수직 상승했다. 몇 초 사이에 3만 3천 피트까지 올라갔다. 2만 5천 피트 상공에 있던 임 장군과 부조종사는 괴비행체를 따라 올라간다. 괴비행체는 3만 3천 피트에서 정지해 있었다. 거기서 가까이서 관찰할 수 있었다고 한다.

괴비행체와의 거리는 200미터. 물체의 위와 옆을 돌며 관찰한다. 크기는 팬텀 전투기의 3배 정도였다. 팬텀기 길이는 12미터. 그러니까 아파트 10층 높이인 36미터가량이었다. 원반 형태로, 위에서 보면 둥글었다. 놀라운 대목은 아래위로 뿜어대는 연료 분사 장치였다. 용접할 때처럼 강하고 강렬한 불꽃이었다. 10분 정도 관측하다가 전투기의 연료가 떨어질 수 있어 철수해야 했다. 철수하면서도 전투기 백미러로 비행접시를 주시했다고 한다. 비행접시는 유유히 동해안 쪽으로 빠져나갔다고 한다.

추적하면서 놀랐던 것은 미확인 물체의 성능이었다고 한다. 전투기 레이더, 지상 레이더 모두에 포착되지 않았다는 것이다. 1980년 3월이었다. 스텔스 전투기가 실전에 투입된 시기는 1989년이다. 당시 1만 피트씩 수직 상승하다 정지하는 최첨단 기능의 비행물체가 존재했을까. 공군에 문의한 결과, 그때는 헬리콥터를 제외하고는 수직 상승 기능이 있는 비행체는 없었다. 헬리콥터는 지금도 1만 피트까지 수직 상승할 수 없다.

40분간의 UFO 추적. 임 장군의 신분과 전문 지식을 의심할 필요는 없지만 출동에 관여한 다른 군인들에게 교차 검증할 필요가 있었다. 취재진은 임 장군이 소속됐던 대구공군기지를 찾았다. 아쉽게도 151대대는 사라졌다. 기사를 검색해 당시 훈련이 있었는지 확인했다. 훈련명은 '팀스피릿 80.' 한미 연합 훈련이 51일간 이어졌다. 임 장군과 같은 편대에서 다른 팬텀을 조종했던 이 모 대령의 연락처를 알아냈다. 전화 인터뷰만 원했다. 그는 자신이 목격한 느낌을 짧고 강력하게 증언했다. "평생 잊지 못할, 충격적인 장면을 봤습니다."

임 장군은 당연히 비행접시 목격담을 담은 기록을 상부에 제출했다. 정보 업무를 담당하던 박 모 대령이 보고서를 작성했다. 그는 전화 인터뷰에서 "목격한 날, 보고서를 받아 상부에 공식 보고했다"고 증언했다. 이후 임 장군은 평소 친분이 있던 미 공군의 위즈워드 중령과 함께 별도의 보고서를 작성했다고 한다. 미 공군에 UFO 목격 사실을 알리기 위해서였다. 15일 후 연락을 받았다.

"아마도 UFO일 것이다."

'대구 팀스피릿 UFO'는 적어도 동시에 복수의 공군 조종사가 목격했다. 그것도 공식 작전 지시에 따라 괴비행체를 추적했다. 미군의 검증도 받았다. 목격자들은 정예의 군 장교들이었다. 1980년 3월 31일 밤, 40여 분간의 UFO 추적은 의미가 있는 사건이었다. 이를

'한국판 로즈웰 사건'이라고 부르려 한다.

2016년, UFO의 침공을 다룬 영화 〈인디펜던스데이〉 2편이 20년 만에 개봉했다. 미국 대선 후보인 힐러리 클린턴이 UFO 정보 공개를 공약으로 내건 것도 그때였다. 트럼프에 패하지만 않았더라면 미국인이 열광할 만한 이벤트가 벌어졌을지 모른다. 이런 UFO 열풍의 진원지가 있다. 모든 의심이 시작된 곳, 미국 뉴멕시코주 로즈웰 지역이다. UFO 현상을 이해하려면 그곳의 괴비행체 추락 사건을 반드시 알아야 한다.

힐러리와 트럼프의 선거전이 달아오를 무렵, UFO의 성지, 로즈웰을 방문했다. 마침 그곳에선 세계UFO축제가 열리고 있었다. 20시간의 비행 끝에 미스터리 서클 같은 묘한 기운이 감도는 로즈웰에 도착한다. UFO 관광지로 개발된 로즈웰. 1947년에는 한가로운 마을이었다. 로즈웰 사막 목장에 괴비행체가 추락한다. 미군은 현장에서 잔해를 수습한 직후 이렇게 발표한다.

"비행접시, 떨어졌다."

이 소식은 순식간에 미국 전역과 전 세계에 타전된다. 군의 공식 발표여서 언론도 의심할 여지가 없었다. 미국은 발칵 뒤집혔다. 그런데 공개 후 4시간도 안 되어 미군은 말을 바꾼다. 추락한 것은 UFO가 아닌 기상 관측용 기구라는 것이다. 하지만 추락 지점에서 외계인으로 보이는 존재를 봤다는 사람들이 잇따라 등장한다. 이 사건 2개월 후, 미국 중앙정보국인 CIA가 창설된다. 군의 발표 번복에 대해 의심을 품기 시작한 사람들은 CIA 창설이 괴비행체 추락 사건과 관계가 있다고 믿기 시작한다. 이로써 로즈웰은 UFO와 음모론의 성지가 된다.

미국 뉴멕시코주에 도착한 나는 좌표만 갖고 구글 지도를 따라 괴비행체 추락 장소로 향했다. 로즈웰 시내에서 북쪽으로 이동하자 황량한 사막이 펼쳐졌다. 주변에 건물이 거의 없어서 GPS에 의지해 갔다. 사유지가 많고 주로 방목을 하는 곳이어서 찻길도 마땅히 없었다. 시내에서 3시간쯤 달렸을까. 돌무덤 같은 것이 갑자기 등장했다. 한 TV방송사와 뉴멕시코주립대학 연구팀이 만든 기념비였다. 심상치 않은 글이 적혀 있었다.

"알기 어려운 미확인 비행체가 여기 떨어졌다. 그 파편이 이 일대에 있었다. 그 파편은 지구상에서 존재하지 않는, 인류가 만들지 않았던 물질로 돼 있었다."

한 자 한 자가 신비하게 느껴졌다. 돌무덤 옆으로 움푹 파인 웅덩이가 있었다. UFO가 추락할 때 충격으로 생겨난 웅덩이라는 주장을 어느 문헌에서 본 적이 있다. 깨진 바위들도 많았다. UFO가 추락하면서 생긴 흔적인지는 확인할 수 없었지만, 분명히 자연스럽게 만들어진 것 같지는 않았다. 좌표를 확인했다.

북위 53.9도, 경도 105.3도. 이 지점에서 음모론이 시작됐다. 추락 당시 잔해가 이 일대에 널브러져 있었다고 한다. 혹시 아주 작은 증거라도 발견할 수 있지 않을까, 찬찬히 살폈지만 기적 같은 일은 벌어지지 않았다. 우리는 로즈웰에서 흥미로운 분을 만날 수 있었다. 멕시코군사학교 자연과학부의 프랭크 킴블러 교수였다. 지난 6년간 추락 장소를 샅샅이 뒤져서, 무려 20개의 금속 파편을 찾아냈다고 한다. 그는 나에게 작은 금속 조각을 보여줬다. 매우 가벼웠다. 얼핏 보기엔 알루미늄 조각처럼 보였다. 하지만 달랐다. 쉽게 구부려지지 않았다. 얇은데 강도는 굉장히 셌다. 가로세로 1센티미터, 0.2그램 정도의 무게. 킴블러 교수는 금속 분석을 뉴멕시코대학연구소에 의뢰했다고 한다. 결과는 다소 충격적이었다. 적어도 1969년 전에는 절대로 개발될 수 없는 금속이라는 것이다. 그는 "다른 가능성을 배제할 수 없어서 지금도 연구 중"이라고 했다.

킴블러 교수는 당시 미군이 정밀 수색을 해, 괴비행체의 잔해를 가져갔다고 했다. 로즈웰공항 근처에는 공군 509 폭격부대가 있었다고 한다. 제2차 세계대전 당시 히로시마와 나가사키에 원폭을 투하한 비행기가 있던 곳이었다. 공군은 괴비행체의 잔해를 바로 이곳으로 수거해왔다고 한다.

1997년, 사건 발생 50년 만에 미 공군은 공식 발표를 했다. 여전히 UFO의 존재를 부정하는 내용이었다. 괴비행체는 실험용으로 쏘아올린 군용 기구였다는 것이다. 사람들이 봤다는 괴시신은 '낙하산 훈련에 사용된 인형'이라고 했다. 우리는 현지에서 확인에 들어갔다. 지역 우주역사박물관을 찾았다. 미 공군에서 실험용 인형을 쓴 것은 맞았다. 그런데 개발 연도가 이상했다. 1949년, 그러니까 로즈웰 사건 2년 후였다. 실제 충격 실험은 6년 후인 1953년에야 시작됐다고 한다. 2년, 6년의 공백은 어떻게 해석해야 할까.

1995년. 외계인 해부 영상이 전 세계인을 충격으로 몰아넣었다. 영상 속 시신이 로즈웰에 추락한 UFO에서 발견된 외계인이라는 것이었다. 이 소동에 대해서도 추적해봤다. 로즈웰 UFO박물관의 공동 설립자인 도널드 슈미트를 만났다. 그에게서 구체적인 이야기를 들을 수 있었다. 그는 해부 영상을 보며 설명해주었다. 영상 속 피부 조직은 아주 매끄러웠다. 실제 사체의 피부는 매우 딱딱하다. 몸이 굳어 메스가 들어갈 수 없는 경우도 있다. 이렇게 매끄럽게 절개가 된다면 피부가 아니라 고무이기 때문에 가능하다는 것이다. 다른 허점도 발견됐다. 수술자가 가위를 집거나 핀셋을 잡는 모양이 엉성했다. 핀셋으로 피부 조직을 옮기는데 조직이 핀셋에 붙어 떨어지지 않는다. 옆 사람이 손으로 떼준다. 이 영상은 조작됐을 가능성이 아주 크다고 평가됐다.

영상이 조작됐다고 해도 또 다른 목격담이 존재했다. 한 운전사가 공군한테서 "지역 장례식장에서 작은 관을 가져오라"는 지시를 받았다는 이야기가 전해 내려오고 있었다. 아이들이 들어갈 만한 크기였다. 하지만 당시 사망한 아이는 없었다고 한다. 아이들이 아니라면 그 작은 관의 주인은 누구였을까. 취재진은 작은 관을 보냈다는 그 장례식장을 찾아갔다. 장례식장 관계자는 "소문을 듣고 많은 사람들이 찾는다"고 했다. "정말, 외계인의 관을 짜서 미 공군으로 보내줬나"고 물었다. 장례식장 관계자는 예스도, 노도 아닌 "그 일에 관여하고 싶지 않다"고 말했다.

로즈웰 사건이 대중적으로 알려진 것은 지역 신문기사 덕분이었다. 우리는 로즈웰 사건을 최초 보도한 신문사를 찾았다. 120년 역사의 이 신문사는 로즈웰 사건 이후 더욱 유명해졌다. 보도에 왜곡은 없었는지를 물었다. 신문사 관계자는 "우리 신문은 사실만 보도하며, 당시 기사 내용도 100퍼센트 사실"이라고 했다. 사건 발생 4일째에 공군에서 UFO 추락 사건을 보도해도 된다는 지시를 받았다고 한다. 그런데 신문이 발행된 직후, 문제가 발생했다고 한다. 군인들이 들이닥쳐 신문을 찍지 말라고 했다. 그때는 이미 늦었다. 일본, 파리, 도쿄 등으로 퍼져 나간다. 그날 미 공군은 기자회견을 열어 UFO가 아닌, 기상 관측용 기구라고 말을 바꿨다.

로즈웰 사건이 UFO 추락 사건인지는 단정하기 어렵지만 그때 뭔가 괴기한 사건이 있었던 것만은 분명해 보였다. 다양한 사람들이 증언하고 있었다. 이것만은 분명해 보였다. 합리적 의심이 가능한 로즈웰 사건! 반세기가 지났지만 미국 정부는 침묵하고 있다. 그 퍼즐은 언제쯤 맞춰질까.

국내에서 UFO 목격자 모임을 취재한 적이 있다. 회원 수는 수백 명이었다. 모임 관계자는 "국내에서 UFO를 목격한 경우는 생각보다 많다"고 했다. 모임 회원 중에는 전문직 종사자가 유난히 많았다. 소위 명문대 출신도 다수를 차지했다. IT업계 연구원인 한 회원은 "회사에선 절대 UFO 발언을 하지 않는다"고 했다. "UFO를 믿으면 정신적으로 문제가 있다는 평이 나돌 게 뻔하기 때문"이라고 했다.

UFO 추락 사건으로 문화도시가 된 뉴멕시코 로즈웰의 모습이 겹쳐졌다. 추락 사건 이후, 주민들은 캐릭터 상품을 개발하며 UFO 도시로 만들어갔다. 한 해 9만 명의 UFO 관광객이 이곳을 찾은 적도 있다. 로즈웰 사건으로 몸살을 앓았지만, UFO에 대한 세계인의 호기심을 문화와 상품으로 만들어낸 것이다. 로즈웰에서 UFO와 외계인이 있다 없다 논하는 것은 무의미한 것 같았다.

로즈웰 사건은 제2차 세계대전을 끝낸 인류에게 우주 전쟁의 가능성을 열어줬다. UFO에 대한 상상력은 대중문화 산업에 꾸준한 영향을 미치고 있다. 알 수 없는 UFO 세계에 대한 호기심은 인류를 달 탐사로 이끌어내는 데도 일조했다. 이 우주에 지구와 비슷한 행성이 존재할 수 있다는 데 적지 않은 사람이 동의한다. 직접 본 게 아니라 상상이나 추론인데도 말이다.

뉴멕시코의 황량한 벌판에서, 나는 뭔가를 봤지만 그 뭔가가 무엇인지 불분명했다. UFO와 외계인을 과학적·인지적·감각적으로 검증하기는 어려웠다. 하지만 분명한 사실이 있다.

UFO는 없을지 몰라도

UFO의 문화, 역사, 정치는 존재할 수 있다.

진품을
진단하는 장님

프레임에 묶인 〈미인도〉

"사필귀정,
 언젠가는 밝혀질 날이 있을 것이다"
문범강

◀◀

∥

▶

30여 년간 탐사하면서 가장 괴기한 사건을 꼽는다면 단연 '오대양 집단 변사 사건'이었다. 괴기의 서막은 1987년 8월 경기도 용인에서 열린다. 공예품을 만들며 공동체 생활을 하던 오대양교의 교주와 신도 등 32명이 숨진 채 발견된 것이다. 시신은 공예품 간이 공장의 좁은 다락방에서 무더기로 발견됐다. 경찰은 집단 자살이라고 잠정 결론을 내렸지만 시신은 자살 여부를 가리기 힘들 정도로 훼손된 상태였다.

당연히 타살 의혹이 제기됐다. 종교 집단 교도 32명의 떼죽음이라는, 대중의 주목을 끌 만한 사건이었다. 전두환 정권은 박종철 고문치사 사건을 은폐하면서 엄청난 불신을 받고 있었다. 게다가 납득할 만한 수사 결과를 내놓지 못했다. 타살 배후에 전두환 정권의 실세를 등에 업은 사이비 교주가 있다는 의혹이 퍼졌다. 대통령 선거를 앞둔 정부가 애써 진압하면서 겉으로는 타살설이 잠잠해졌지만 사람들의 잠재의식에 강한 의혹이 자리 잡는다. 나는 이 1차 오대양 사건을 경험하지는 못했다. 언론에 입문하기 전이기 때문이다.

1991년 느닷없이 오대양 신도 6명이 경찰에 집단 자수하면서 오대양 음모론은 다시 수면 위로 떠오른다. 집단 변사 사건과 별개로, 자신들이 다른 신도를 암매장했다고 고백한다. 경찰서 출입 기자였던 나는 용인 공예품 간이 공장 부근에 15일간 머물며 오대양 집단 변사의 미스터리를 풀어보려 했다. 집단 변사 현장에서 수십 킬로미터 떨어진 다른 오대양 농장에서 살해돼 공장으로 실려왔을 가능성에 무게를 두고 농장과 공장을 오가며 이를 증명하려 했다.

당대 최고의 법의학자 2명을 취재했다. 한 분은 자살 가능성을, 다른 한 분은 타살 가능성을 제시했다. 목에 난 흔적이나 이화학 검사 결과를 토대로 타살 가능성을 제기한 국립과학수사연구소의 분석 전문가를 취재했다. 하지만 미스터리를 풀지 못하고, 오히려 법의학계의 분란만 일으켜 기존 음모론을 증폭하는 결과만 낳았다.

2차 오대양 사건 당시, 타살의 배후가 '유병언'이란 이야기가 나왔다. 한강 유람선을 운영했던 사업가로, 모 종교단체와 밀접한 관계를 맺고 있었다. 수사 결과, 이를 입증하지 못했음에도 대중은 그렇게 생각했다. 그리고 세월이 흘렀다.

그 유병언이 20년 뒤, 세월호 참사에서 등장할 줄은 꿈에도 몰랐다. 2014년 세월호 참사를 수사하는 과정에서 유병언이 세월호의 소유사인 청해진해운의 회장임이 확인된다. 검찰은 유병언에 대해 사전구속영장을 발부받아 검거에 나선다. 하지만 유병언은 행방을 감추었다. 얼마 후, 전남 순천에서 유병언의 사체가 발견된다.

이후 유병언은 의혹의 배후가 아니라 의혹의 재료가 됐다. 사체가 발견됐음에도 유병언 생존설이 돌기 시작했다. 시신을 바꿔치기하고 자신은 도주했다는 것이었다. 유병언 독살설도 나왔다. 재산 환수를 막으려는 세력이 유병언을 죽였다는 주장이었다. 이런 의혹을 뒷받침할 만한 과학적 근거는 거의 없었다. 오히려 국립과학수사연구원의 설명을 들어보면 자살이 아니라는 과학적인 단서를 찾기 어려웠다. 그렇지만 이후에도 유병언 타살설은 심심치 않게, 유령처럼 떠돌아다닌다.

한번 강하게 짜인 프레임은
과학의 이름으로도 쉽게 깨지지 않는다.

2017년 4월, 국립현대미술관. 26년 만에 1977년작 〈미인도〉가 공개된다. 〈미인도〉의 진위 여부가 논란이 된 뒤 줄곧 미공개 상태였다. TV나 신문으로만 봤던 그 그림을 직접 볼 수 있게 됐다. 고 천경자 화백의 차녀 김정희씨도 매우 궁금해했다. 그도 실물을 처음 본다고 했다. 가짜냐, 진짜냐의 질문에 딸은 단호했다.

"가짜죠! 특히 1970년대 후반에 어머니가 이런 어설픈 그림을 그렸을 리 없어요."

천 화백은 작품 완성도에 대한 집착이 그 어느 때보다 강했던 시절이라고 했다. 독특한 화풍을 가진 당대 최고의 여성 작가이기도 했다. 〈미인도〉 진위 논란이 시작된 1991년으로 거슬러 올라간다. 천 화백은 전시회에 나온 〈미인도〉를 보고 이렇게 말했다.

"본인이 아니라고 그러면 그만 아닙니까? 아니니까 아니라고, 제가 뭐가 아쉬워서 그러겠어요. 아니니까 아니라 그러지요."

하지만 한국화랑협회와 현대미술관은 진품이라고 주장했다. 이렇게 현대 미술계 최대 미스터리는 시작됐다. 화랑협회 회장은 "전원 만장일치로 감정위원 모두가 진품이라고 봤다"고 주장했다. 국립현대미술관장도 "사람들이 다 진짜라고 하는데 본인이 아니라고 하는 게 문제"라고 말했다.

천 화백은 자기 그림도 몰라보는 치매 화가처럼 됐다. 충격에 휩싸여 절필을 선언한 뒤 조국을 떠났다. 천 화백의 이별사는 이랬다. "사필귀정이라는 옛말이 있듯이 뭔가가 진실이 밝혀질 때가 시간을 기다리면 오지 않을까 이런 생각이 듭니다."

2016년, 유족의 고소로 검찰 수사가 시작됐다. 고 천 화백의 예언은 현실이 되는 듯했지만 그렇지 않았다. 검찰은 〈미인도〉가 진품이라고 결론을 내렸다. 유족은 분노한다. 그렇다면 검찰은 어떻게 진품을 확신했을까.

그 무렵에 천 화백의 사위인 문범강 조지타운대 미술과 교수를 만났다. 차녀 김경희씨의 남편이었다. 북한의 동양화, 즉 조선화 연구의 대가이기도 했다. 덕수궁 옆 서울시립미술관에서였다. 이 미술관에는 천경자 화백의 작품들이 상설 전시돼 있다. 문 교수는 그림을 함께 감상하면서 천 화백의 화풍을 일일이 설명해주었다. 공개된 〈미인도〉는 천 화백의 작품일 수 없다고 단언했다. 김경희씨가 어머니의 명예를 지키기 위해 법적 투쟁을 선택한 것이라고 덧붙였다.

나는 그림에 문외한이다. 하지만 문 교수의 설명에 일리가 있어 보였다. 이참에 현대미술사의 최대 미스터리를 풀어보기로 결심했다. 답을 내리지 못하더라도 시민에게 〈미인도〉 진위 논란을 자세히 보여주는 것만으로도 미술계와 천 화백에 대해 관심을 갖는 계기가 될 수 있었다.

탐사가 시작됐다. 우선 유족들의 주장과 근거, 검찰의 수사 기록을 대조해봤다. 첫 번째 쟁점은 김재규 집사의 폭로다. 박정희 대통령은 김재규 중앙정보부 부장의 총에 숨을 거뒀다. 이후 전두환 계엄사령관은 김재규의 재산을 몰수한다. 압수 기록에 '미인도' 세 글자가 선명하다. 〈미인도〉는 관련 부처를 거쳐 국립현대미술관으로 옮겨진다. 여기서 '김재규 집 출처'는 유력한 진품 증거의 하나가 된다. 실제로 검찰은 "미술품 위작 감정에서 소장 이력이 가장 핵심적인 부분"이라며 "김재규의 성북동 자택 응접실에 상당 기간 전시돼 있었다"고 언급했다. 여러 참고인이 검찰에서 김재규 자택에서 〈미인도〉를 봤다고 언급한다.

그런데 검찰이 조사하지 못한 사람을 설득 끝에 만날 수 있었다. 20년간 김재규의 집을 관리한 최종대씨였다. 1960년대부터 2000년까지 김재규 집안의 집사였다. 26년 만에 공개된 〈미인도〉 사진을 살피다가, 놀라운 얘길 꺼낸다. 최씨는 〈미인도〉 액자가 밝은 나무색 벽걸이와 탁상 겸용이라고 말했다. 그런데 현재는 짙은 밤색에 벽에만 걸 수 있다. 액자가 바뀐 것이다.

액자에 주목하는 이유가 있다. 검찰이 액자 표구 사실을 확인했다고 밝혔기 때문이다. 1970~1980년대 천 화백은 한 화랑에만 액자를 맡겼다. 〈미인도〉 액자가 그 화랑 것이라고 검찰은 봤다. 그래서 액자는 1991년 첫 위작 논란이 벌어졌을 때 중요한 진품 증거였다. 천 화백이 액자를 맡겼다면 진품일 가능성이 크다.

하지만 김재규 집을 관리했던 집사는 절대로 그 화랑 액자가 아니었다고 말한다. 국립현대미술관에 액자에 대해 물었다. 교체된 적이 없다고 말했다. 하지만 집사의 말이 맞다면 누군가가 〈미인도〉를 그 화랑 액자에 넣은 셈이 된다.

여기서 화랑 대표의 진술이 중요해진다. 1991년, 화랑 대표는 자신이 표구하긴 했지만 누가 맡겼는지는 모른다고 했다. 2017년 검찰 조사에서는 천 화백이 직접 와서 맡겼다고 진술을 바꾸었다. 그때 국립현대미술관이 작성한 천 화백 면담 보고서에는 액자가 바뀐 과정이 나온다. 그해 4월 1일, 미술관 직원은 천 화백에게 〈미인도〉 실물을 직접 가져간다. 천 화백이 〈미인도〉 실물을 처음 봤을 때는 그 화랑 액자가 아니었다. 3일 뒤인 4월 4일, '그 화랑 액자를 갈아 끼워'라는 문구가 눈에 띈다. 현대미술관 직원이 그 화랑 액자로 바꿔서 다시 찾아간 것이다.

추적 도중에 뭔가 이상하고 신비한 흔적을 찾아낸다. 국립과학수사연구원의 연구원이 액자 뒷면에서 숨겨진 어떤 글자를 발견해낸다. "돌아갈 수 없어서, 돌아갈 수 없어서"라는 문구였다. 마치 그림 제목 같았다. 아니, 암호 같은 필적이었다. 천 화백이 그린 액자라면 왜 이런 흔적이 남았을까.

두 번째 의혹은 안목 감정 부분이다. 검찰은 전문가 9명으로 안목 감정위원을 선정해 감정했다. 1991년에도 대체로 같은 방식이었다. 안목 감정이란 눈으로 작품의 진위를 판단하는 것이다. 공정성과 투명성 확보가 관건이다. 하지만 철저히 비공개로 감정은 진행됐다. 검찰은 감정위원 명단을 공개하지 않았다.

취재진은 수소문 끝에 감정위원 몇 분을 만날 수 있었다. 한 감정위원은 "검찰이 근거를 보여주면서 결과를 유도하는 듯한 느낌이 들었다"고 했다. 또 다른 전문가는 검찰의 간곡한 요청에 마지못해 감정에 응했는데, 역시 검찰이 진품으로 유도하려는 듯했다고 말했다. 검찰은 그런 사실이 없다고 맞섰다. 이 2명의 감정위원은 '미인도는 가짜'라는 의견을 냈다고 한다. 검찰은 감정 결과를 '진작 의견 우세'로 발표하면서 위작 의견은 공개하지 않았다.

〈모나리자〉 속에 숨겨진 비밀을 밝혀낸 세계적인 감정팀이 있다. 프랑스 '뤼미에르 테크놀로지'사였다. 2016년 검찰과 유족의 협의에 따라 초청됐다. 특수 카메라로 〈미인도〉를 촬영했다. 1,600여 장의 단층 사진이 나왔다. 감정 결과는 놀라웠다. 〈미인도〉의 진품 확률은 0.0002퍼센트였다.

하지만 검찰은 증거로 채택하지 않았다. 감정 보고서에 심층적인 단층 분석 방법은 제시되지 않았고, 그 계산식을 그대로 받아들여도 되는지 의문이 있다고 덧붙였다. 하지만 뤼미에르 감정팀은 검찰 수사가 비과학적이라며 반박했다. 검찰은 프랑스팀의 통계 분석의 오류를 지적한다. 그 오류는 우리가 판단할 수 없는 것이라고 보고 2명의 통계학자에 자문했다. 그 결과는 이랬다.

"검찰과 프랑스팀의 분석 방법은 사실상 같다. 프랑스팀의 계산 방식을 신뢰할 수 없다는 검찰의 주장에 문제가 있다."

"오히려 검찰 방식대로 하면 〈미인도〉의 진품 확률은 10억 분의 6으로 프랑스 결과(0.0002퍼센트)보다 30만 배 더 떨어진다."

천 화백의 필적 감정도 이루어졌다. 감정을 의뢰한 부분은 〈미인도〉에 적힌 천 화백의 사인이었다. 검찰은 필적의 차이는 '판단할 수 없다'고 밝혔다. 그런데 국과수가 필적 감정에 실패한 이유는 좀 달랐다. 검찰이 보낸 샘플은 5개였다. 〈미인도〉와 대조했지만 샘플이 적어 실패했다는 것이다. 우리 취재팀은 직접 샘플 33개를 확보해 감정을 의뢰했다. 〈미인도〉에서는 다른 진품들과는 다르게 거친 필적이 나왔다.

천 화백의 차녀 김경희씨는 한국 미술계의 배후에 권력이 있다고 믿는다. 이는 단순히 〈미인도〉 하나의 문제가 아니라고 주장한다. 〈미인도〉를 위작으로 인정하면 그 권력이 감당할 수 없는 결과가 다른 곳에서 터질 수 있다고 봤다. 과연 〈미인도〉의 진위 논란 위에는 권력의 그림자가 있을까. 진위를 확실히 가릴 수 없지만, 역시 권력에 의해 탄생한 프레임은 과학의 이름으로도 쉽게 깨지는 않는다는 사실은 분명해 보였다.

문범강 교수는 이런 말을 했다. "세계적인 미술품 감정기관의 과학적 조사 방법을 믿겠는가, 아니면 사람의 눈을 믿겠는가." 검찰은 컴퓨터보다는 몇몇의 눈을 신뢰했다. 검찰에게는 기소할 권리가 있다. 기소하지 않을 권리도 있다. 검찰은 〈미인도〉를 진품이라고 보면서 기소하지 않았다.

문 교수는 이런 말도 했다. 천 화백이 고국을 떠나며 남긴 이별사를 인용하면서 "사필귀정, 언젠가는 밝혀질 날이 있을 것"이라고 언급했다. 미래에 어떤 다른 계기가 돼 〈미인도〉 진위 논란이 다시 불거지기를 바란다. 아니, 반드시 그렇게 돼야 한다.

늙어버린
몽타주

화성 연쇄 살인 추적

⏪

⏸

▶

"범인은 범행이 불가능해지는 순간까지
범행을 지속한다"
메리어트

1986년 아시안게임 때였다. 최루탄 정국에서 성화 연기가 피어올랐다. 그런데 주경기장에서 불과 50킬로미터 떨어진 경기도 화성군 들판에서 70대 여성 노인의 시신이 발견된다. 잔혹한 강간 살인의 흔적이 남아 있었다. 하지만 경찰은 단순한 교통사고로 처리한다. 1개월 후, 500미터 떨어진 농수로 안에서 20대 여성의 시신이 발견된다. 연쇄 살인의 시작이었다. 하지만 경찰은 이 사건도 단순 변사 처리한다.

다시 2개월 뒤인 12월의 겨울, 논둑을 걷던 20대 여성의 시신이 옷을 껴입은 채 발견된다. 살인의 행진은 이어진다. 경찰은 뒤늦게 사태의 심각성을 깨닫는다. 하지만 연쇄 살인마는 더 잔혹해진다.

악마의 행각은 멈추지 않는다. 폭주 기관차가 됐다. 한때 범인을 잡았다는 기사도 나왔지만 강압 수사와 증거 불충분으로 풀려난다. 1년간 살해된 부녀자는 모두 7명. 두려움이 공포로, 공포가 괴담으로 변질되는 사이에 연쇄 살인범은 1988년 올림픽의 함성 속으로 자취를 감추는 듯했다.

하지만 2년 2개월의 공백 후 다시 출현했다. 피해자는 여중생이었다. 잔인하게 훼손된 시신은 인간의 소행이 아님을 보여주는 흔적이었다. 1991년 4월, 한 야산에서 발견된 69세 여성을 마지막으로 범인의 자취는 공중으로 훅 사라졌다.

경기 남부 지역인 화성군 일대에서 벌어진 9건의 강간 살인 사건. 10대에서 70대까지 무차별 살인. 피해자의 속옷과 소지품을 이용한 결박과 재갈, 국부 훼손… 과연 국내 최초의 연쇄 살인마의 정체는 무엇일까. 우리는 왜 연쇄 살인마 앞에 젖은 허수아비꼴이 됐을까. 기자 생활 30년 동안 품고 있는 의문이었다.

2016년은 화성 연쇄 살인 사건이 일어난 지 30년이 되는 해였다. 한 취재팀에게 이때에 맞춰 '화성 살인 사건 30년' 특집을 해보자고 제안했다. 살인마의 정체를 밝히면 좋겠지만 너무 과한 욕심이었다. 하지만 왜 우리는 살인마 앞에 젖은 허수아비꼴이 됐는지는 밝힐 수 있으리라.

탐사는 '2차 사건 현장'에서 시작됐다. 살인마의 전형성, 잔혹성이 가장 잘 드러난 범행이었다. 30년이 지나도 정확히 기억해내는 이학근씨. 그는 당시 이 지역 수사과장으로 차출된 베테랑 형사였다. 국도를 달리다 갑자기 꺾어지는 길이 나타난다. 이학근씨는 우거진 수풀 쪽을 가리킨다. 영화 〈살인의 추억〉에서 형사 송광호가 시신을 발견했던 그 농수로였다.

넝쿨을 걷어내자 좁고 음습한 내부가 모습을 드러냈다. 피해자도, 살인범도 30년 전인 1986년 가을, 이곳에 있었다. 밤 9시, 영화 속 송광호처럼 이학근씨의 기억으로 비운의 여인을 추억했다.

수양어머니 집에서 밥을 먹고 집으로 나선 지영씨는 칠흑 같은 어둠 속에서 분주히 발걸음을 옮긴다. 논길 한가운데서 그는 살인마와 맞닥뜨린다. 농수로로 끌려갔다. 주변엔 아무도 없었다. 그의 옷가지를 살해 도구로 삼은 살인마. 공포에 질린 그를 향해 흉기도 휘둘렀다. 살인 뒤에 태연하게 우유를 마시고 담배를 피운다. 어느 영화도 흉내 내지 못할 잔혹성이다.

그는 지름 80센티미터의 토관 안에 시신을 유기하고 그대로 어둠 속으로 사라졌다. 3일 뒤, 논고랑을 치러 나온 농부에게 시신이 발견된다. 단순 변사 사건으로 처리될 수밖에 없었던 이유가 있었다.

경찰은 아시안게임 경기장을 지켜야 했다. 그리고 행사가 끝나자마자 직선제 시위 현장에 투입됐다. 치안은 뒷전이었다. 우리가 발굴한 어처구니없는 비사祕史가 있다. 연쇄 살인을 사회 혼란을 노린 간첩 소행으로 판단한 정부는 역대급 고문 기술자를 수사 현장에 투입한다. 김근태 등 민주투사를 고문했던 이근안이 화성 사건에 투입된 것이다. 범인을 잡아야 고문이라도 할 텐데…. 3개월간 머물렀지만 수사에 기여하지 못한다.

사건의 심각성을 깨달은 것은 네 번째 피해 여성이 처참하게 발견된 뒤부터다. 부랴부랴 수사본부가 꾸려지고 이학근씨도 이때부터 실무 수사 책임자로 투입된다.

영화 때문에 '화성 살인' 하면 떠오르는 것이 있다. 비 오는 날, 빨간 옷을 입으면 변을 당한다! 하지만 9건의 살인 중 빨간 옷을 입은 피해자는 4차 사건, 단 1명에 불과했다. 또 범행 당일에 비가 왔던 때는 6차 사건, 단 1회뿐이었다. 자극적인 괴담이 난무하면서, 수사 방향은 춤을 춘다.

한적한 시골에서 벌어진 것처럼 인식된 화성 살인 사건. 하지만 이랬다. 30년 전, 화성군은 서울보다 훨씬 넓었고, 공단 조성 등으로 유입 인구도 급증하고 있었다. 내가 만난 일선 형사들은 억울함을 호소했다. "관할 면적은 바다 같은데 정부와 언론은 일개 시골 사건으로 치부했다"는 것이다.

경찰 인력은 인구 3만 명당 5명에 불과했다. 뒤늦게 엄청난 인력을 동원했다. 과학수사의 개념이 희박했던 때라 초동 수사는 어설프기 짝이 없었다. 여론의 뭇매가 이어지자 초조해진 경찰은 화성 주민을 거칠게 조사한다. 수사 대상만 2천여 명에 달했다. 무리한 수사와 자백 강요 등으로 용의자로 지목된 한 주민은 목숨까지 끊었다. 연쇄 살인은 연쇄 비극을 만들어냈다. 살인범만 사라지고 2006년 4월 마지막 사건의 공소시효마저 만료됐다.

우리는 최상규 박사를 만나 뜻밖의 이야기를 듣게 된다. 그는 국과수에서 삼풍백화점 붕괴 등 굵직한 대형 참사의 감식 총괄자였다.

화성 사건의 담당자이기도 했다. 8차 사건에서 이상한 점을 발견했다. 피해자가 아주 어렸다.

중학교 1학년 세희양은 1990년 11월 오후 6시 30분, 친구와 함께 집으로 향한다. 지하차도를 건넌 뒤 친구와 헤어졌다. 등하교 때 언제나 걸어가던 오솔길을 택한다. 구불구불한 길을 지났을 때 살인마에게 끌려가고 만다. 사건이 일어난 지 2년 2개월 만에 다시 나타난 살인마였다. 끔찍한 모습의 소녀는 다음 날 발견된다. 범행의 수법은 다른 사건과 같았다. 하지만 시신 훼손 수법은 더욱 잔인해졌다. 최 박사는 참담한 마음으로 유류품을 검안하다가 이상한 점을 발견한다.

"가만히 생각해보니까 강간 사건치고, 이상하게도 정액이 발견 안 됐다는 사실이었어요. 수사관들한테 혹시 우리한테 의뢰 안 한 증거물이 있냐고 물어보니, 있다고 하더군요."

경찰 수사팀에서 보관 중인 모든 유류품을 달라고 요청한다. 이례적으로 전수 조사를 하기로 한 것이다. 물건마다 정액을 검출하는 시약을 뿌렸다. 얼마 후 교복 왼쪽 옷깃에서 정액이 검출된다.

"가슴이 덜렁거리고 너무 놀랍더라고요. 뒤늦게 발견되니까, 또 충분히 DNA 분석을 할 수 있는 양이 되고도 남고요."

DNA 감정 기술이 도입되지 않은 때였다. 최상규 박사는 직접 일본에 찾아가 감정을 맡긴다. 우리나라 최초의 DNA 감정이었다. 우리가 여기에 주목하는 이유가 있었다.

얼마 전 중국에서 연쇄 살인범이 28년 만에 검거됐다. 학교 매점 아저씨였다. 살인마의 실체를 가려낸 것은 사건 현장에서 채취해놓은 DNA였다. 비록 공소시효는 끝났지만 그 DNA는 남아 있을지 모른다. 국과수에 정보 공개를 청구해 DNA 감정서를 받아냈다. 14세 학생의 교복에서 검출된 정액은 유력한 범인임을 말해준다. 그렇다면 28년 된 DNA 감정서는 지금도 유효할까. 용의자가 나오면 옛날 방식대로 대조가 가능하다고 했다. 억울한 희생자와 남아 있는 가족, 유력한 범인의 DNA! 공소시효는 끝났지만 추적이 계속되어야 할 이유는 끝나지 않았다.

1991년 봄, 살인범은 종적을 감췄지만 그가 남긴 단서는 존재한다. 30년 전 사건 현장을 다시 찾았다. 바로 이곳에서 범인이 남긴 단서들의 공통점을 추적해보기로 했다.

〈이규연의 스포트라이트〉는 프로파일링 전문 추적단도 꾸렸다. 한국의 연쇄 살인을 분석해온 표창원 의원은 "범인은 범행이 불가능해지는 순간까지 범행을 지속한다"고 말했다. 화성 연쇄 살인 사건의 수사망을 분석한 오윤성 교수는 "우리나라에 앞으로 이런 사건은 전무후무할 것"이라고 평했다. 사건 현장의 특징을 분석해줄 염건령 교수는 "설마 내가 잡히겠냐 하는 범죄에 대한 확신성이 있지 않았겠느냐"고 언급했다.

아주 특별한 해외 추적단도 초빙했다. 1880년대 런던의 연쇄 살인마 '잭 더 리퍼'를 추적해온 영국 탐정 트레버 메리어트였다. 그에게 관련 자료를 보냈다. 2주 후, 분석이 끝났다는 답장이 왔다. 과연 그는 화성 살인마를 특정할 단서를 찾아낼 수 있을까. 메리어트는 "당신이 말하는 연쇄 살인마는 여러 측면에서 굉장히 흥미롭다"고 언급했다. 4명의 전문가와 함께 살인마를 추적해보았다. 먼저 염건령 교수와 함께 현장 탐사를 시작했다. 가장 먼저 찾아간 곳은 실종된 지 130여 일 만에 시신으로 발견된 3차 사건 현장이었다. 이곳을 둘러보던 프로파일러는 한곳을 유심히 바라본다. 농수로 토관에서 발견된 2차 사건 현장에서도 근처에 있는 버스정류장을 지목했다. 사건 현장마다 버스정류장이 있는 것은 과연 우연일까. 목초 밭에서 발견됐던 70대 노인 1차 살인 사건 현장에도 버스정류장이 있었다. 염 교수는 이렇게 말했다.

"500미터 앞에 그 당시에 버스 정류장이 하나 있었거든요. 여기 읍내가 하나 있었기 때문에 그 마을을 기점으로 해서 버스를 타고 이동을 했을 가능성이 큽니다."

빨간 옷을 입은 채 살해당했던 4차 사건의 희생자도 마찬가지일까. 발견된 곳은 농수로이지만, 주민의 증언에 의하면 4차 피해자는 출퇴근할 때 늘 버스를 타고 다녔다. 사건 당일도 버스를 타고 왔다. 차례차례 확인해본 결과, 범행 장소는 거의 모두 정류장 근처라는 추정을 할 수 있었다. 버스를 타고 가다가 집 근처 정류장에 내린 뒤 외진 곳에서 범인을 만난 것이다. 메리어트의 의견은 이랬다.

"살인마가 어떻게 피해자를 골랐는지는 굉장히 흥미로운 측면입니다. 그가 버스 정류장에 있었고, 특정 여성의 외모가 마음에 들었다. 그 피해자가 탄 버스에 오르기로 했고 피해자가 내리기만을 기다렸다가 살해했을 가능성이 큽니다."

프로파일러들은 누가 내릴지도 모르는 정류장에서 무작정 기다리진 않았을 것이라고 입을 모은다. 오히려 출발지에서 범행 대상을 물색하고 피해자를 따라 버스에 탄 뒤, 화성군까지 함께 왔을 가능성이 크다고 말한다. 그렇다면 피해자들은 어디서 버스를 탄 걸까.

7차 사건, 50대 피해자. 그의 출발지는 수원역 근처였다. 수원에서 영업하는 아들을 도와주고 돌아가는 길에 변을 당한 것이다. 7차 피해자가 버스를 탔던 수원역 정류장에 가보았다. 촌스럽고 한적했던 수원역이 몰라볼 정도로 탈바꿈됐다. 30년 전 피해자가 탔던 수원 출발 버스노선은 아직도 살아 있었다.

다른 피해자들은 어떨까. 이번엔 도로를 타고 사건 현장들을 되짚어봤다. 출발은 4차 현장이었다. 1번 국도를 계속 달리면 3차 현장이 나타나고 조금 지나니까 1차 현장이 나온다. 이어서 2차, 1번 국도와 사건 현장은 계속 이어진다. 5차, 6차도 마찬가지였다. 놀라운 것은 마지막 도착지가 수원이었다는 것이다. 모두 수원에서 버스를 탄 것이다. 7차 사건만 예외로 43번 국도를 달리지만 결국 수원에서 만났다. 대부분의 피해자가 수원 팔달문이 있는 수원 남부에서 일을 본 뒤 버스를 타고 화성으로 이동했다.

화성시 남자들은 조금이라도 수상한 점이 나오면 경찰에 끌려가 고초를 치렀다. 주민들은 경찰에 대한 강한 불신감을 갖게 됐다.

오윤성 교수는 수사망을 다른 경기도 지역이나 충청 등지로 넓힐 기회가 있었다고 말한다. 연쇄 사건에 포함되지 않는 범행이다. 6차와 7차 사이에 벌어진 수원 여고생 강간 살인 사건이 그것이다. 여고생 시신이 발견된 곳은 전철역 옆 논 한가운데였다. 먼저 볏단 속에서 발견된 시신이 화성 5차 사건의 그것과 비슷했다. 피해자의 속옷을 이용해 재갈을 물리고, 결박하는 방법까지 같았다.

사건을 수사했던 형사를 만났다. 수원 여고생 사건에서 수원과 화성은 공조 수사를 시작했다고 했다. 동료 형사가 용의자를 잡아 자백을 받아냈다고 한다. 그런데 일이 터졌다.

"1월 8일 아침이었어요. 급한 전화가 왔어요. 형사가 사람 하나를 거의 죽여놓았다는 겁니다. 용의자가 범행 후 시신을 산에 버렸다고 자백했는데, 이 사람이 도망가다가 잡힌 뒤 경찰서에서 몇 대 맞았는데…."

강압 수사로 뇌사에 빠진 용의자는 37일 만에 사망했다. 박종철 고문치사 사건이 일어난 뒤 1년 만에 벌어진 참사였다. 후배 형사는 실형을 선고받고 공조 수사는 종결된다.

그런데 이학근씨는 놀라운 얘기를 꺼낸다. 몇몇만 알고 있던 용의자가 있었다는 것이다. 7차 사건 2개월 전이었다. 집으로 가던 자매가 논둑에서 괴한에게 피습을 당한다. 끔찍한 범죄로 이어질 수도 있는 상황이었다. 언니의 기지로 자매는 강간범으로부터 도망쳤다. 자매는 불빛이 비치는 집으로 뛰어 들어가 간신히 살아남았다.

자매는 고민 끝에 경찰에 신고한다. 놀랍게도 용의선상에 있던 연쇄 살인범과 강간범의 외모는 흡사했다. 그런데 2개월 후, 수원 버스터미널에 간 자매는 버스를 타기 위해 줄 서 있는, 바로 그 강간범을 목격한다. 자매는 곧장 경찰서에 신고한다. 그런데 파출소 순경들이 정복 모자를 쓰고 오는 걸 보고 용의자가 도망쳤다는 것이다. 그 안타까운 사연을 20년이 지나서야 털어놓는다고 했다. 이학근씨의 입에선 절실함과 진한 아쉬움이 교차돼 풍겨져 나왔다.

"정말 잡고 싶었는데… 지나고 보니 너무 후회되고…."

누구보다 잡고 싶었을 형사들. 하지만 과학수사의 부재, 무리한 수사, 용의자가 화성 거주자일 거라는 강박으로 너무 허무하게 놓쳐버렸다는 것이다. 얼마 후 연쇄 살인범은 여고생과 노인을 연달아 살해하고 완전히 사라졌다.

2차와 3차 사건 사이였다. 교회를 가기 위해 논길을 걷던 45세 정 모씨는 옆구리를 파고드는 날카로운 흉기의 위협과 함께 어딘가로 끌려갔다. 속옷을 이용해 범행을 저지르는 수법이 화성 살인마 같았다고 한다. 정씨는 끌려오는 사이 어디엔가 돈 가방을 떨어뜨린다. 남성은 가방이 어디 있냐고 다그친다. 사실을 이야기하자 범인은 가방을 찾기 위해 주변을 서성이기 시작했다. 이때 정씨는 묶인 채로 어둠 속으로 내달린다. 다행히 추가 피해를 당하지 않았다. 범인의 인상착의는 이랬다. 20대 중반에 키는 160~170센티미터, 갸름한 얼굴에 짧은 머리, 호리호리한 몸매였다고 한다. 밤중이라 더이상 특정하긴 어려웠다

1988년 9월, 7차 사건이 벌어진 밤이었다. 용의자를 본 목격자가 또 있었다. 용의자가 나타난 곳은 한 버스정류장이었다. 목격자는 정류장을 지나가던 버스 운전기사였다. 논길에서 달려오던 용의자를 태운 것이다. 용의자를 태우고 출발한 버스. 그런데 타자마자 몇차례 말다툼을 벌인다. 용의자가 조수석 보닛에 진흙이 묻은 신발을 올리고 침까지 뱉었기 때문이다. 결정적으로 얼굴을 볼 기회가 생긴다. 용의자가 담배를 피우기 위해 켠 라이터 불빛에 용의자의 얼굴이 선명하게 드러난 것이다. 동그란 점까지 봤을 정도였다. 목격자는 인상착의를 이렇게 묘사했다. 방위 머리에 찢어진 눈, 찌푸린 인상 등.

7차 사건 이후 버스 운전기사의 도움으로 화성 연쇄 살인 용의자의 몽타주가 배포된다. 우리는 그 버스 기사를 추적했다. 아쉽게도 2년 전에 숨진 상태였다. 희망은 남아 있었다. 용의자가 탔던 버스는 평소 많은 사람이 이용했다. 추적 결과, 그 버스엔 버스 운전기사와 용의자 외에 18명의 승객이 더 있었다. 하지만 승객들은 제보를 하지 않았다. 염건령 교수는 "1980년대나 1990년대 초반만 해도 보복 범죄에 대한 처벌 규정도 없고 실제로 보복도 많이 일어났다"며 "몽타주와 비슷한 사람을 봤다고 하더라도, 피해자나 그 가족이 아닌 다음에는 신고를 안 했을 가능성도 크다"고 했다.

그때 제작된 용의자의 몽타주에 현상금 5천만 원이 붙었지만 제보는 오지 않았다. 버스기사와 생존자가 말한 인상착의는 일치했다. 가장 유력한 범인의 몽타주였다. 표창원 의원은 "당시 17~24세 정도로 추정되기 때문에, 지금은 중년 내지 초로 정도일 것"이라고 말했다.

용의자의 나이에 맞는 몽타주를 만들기 위해 한국과학기술원의 도움을 받기로 했다. 경찰청에서 도입해 쓰고 있는 가장 과학적인 몽타주 분석 기술이다. 작업이 시작됐다. 노후 기법으로 제작된 평면적인 몽타주를 실제 얼굴 윤곽과 흡사하게 만드는 작업이 우선이다. 인공지능 컴퓨터에는 3천여 개의 한국인 얼굴 데이터베이스가 저장돼 있다. 이 인공지능의 가장 큰 특징은 '차가워 보였다', '심술맞아 보였다' 같은 추상적인 진술을 반영할 수 있다는 것이다.

몽타주와 목격자의 증언을 토대로 당시의 용의자의 얼굴을 입체적으로 만들었다. 드디어 50대의 용의자 얼굴이 완성됐다.

전문가들은 화성 연쇄 살인마에 대해 이렇게 말한다.

"연쇄 살인마들은 잡히지 않는다면 살인을 멈추지 않다. 다른 지역으로 이사를 갔다면, 그곳에서 살인을 계속 저질렀을 것이다."(메리어트)

"수법, 도구 등은 얼마든지 변화가 가능합니다. 여성에 대한 본질적인 가학적 성욕구는 유지하면서요."(표창원)

28년 만에 중국에서 검거된 살인마처럼 그는 평범한 옆집 아저씨일 수 있다. 나는 〈이규연의 스포트라이트〉의 마지막 부분을 복원한 용의자의 몽타주로 마쳤다. 키 168센티미터, 50대, 날카로운 눈매, 오똑한 코, 1980~1990년대 경기나 충청 인근 거주자.

취재를 마치며 이런 생각을 해보았다. 살인마는 어디에 있을까. 이미 죽었거나, 수감 중이거나, 폭주를 멈출 만큼 다쳤거나. 영국 탐정 메리어트가 한 말이 미제 사건의 탐사 금언처럼 느껴졌다.

연쇄 살인마는 잡히지 않는 한
살인을 멈추지 않는다.

이 책의 편집 마무리가 한창일 때 뜻밖의 속보가 전해졌다. 경찰이 화성 연쇄 살인범으로 보이는 인물을 특정했다는 내용이었다. 50대였다. 경찰 발표가 맞다면 우리의 예상대로 그는 '폭주'를 멈추지 않았다. 1994년 자신의 집에서 처제를 성폭행하고 살해한 뒤 시신을 잔혹하게 유기했다. 범행 도구로 스타킹도 쓰였다. 그는 이 사건으로 경찰에 체포됐다. 현재 수감 중이다.

경찰이 이 인물을 특정하게 된 경위가 흥미로웠다. 우리가 주목했던 연쇄 살인마의 DNA를 재분석한 뒤 이를 수감자의 유전자와 대조해본 것이다. 일치한다는 대조 결과가 나왔다. 공소시효는 지났지만 진실의 시효는 멈추지 않는다. 비록 로스트 타임은 발생했지만, 피해자 가족들에게 로스트 타임이 부여되길 바란다.

대통령 어젠다 활용
가장 핵심적인 시대 흐름을 보여주는 지표는?

흔히 어젠다는 '의제議題'로 번역된다. 어떤 조직이나 사회가 반드시 해결해야 할 사안으로 인식해 머리를 맞대는 문제를 이른다. 이 중에서 정부가 채택하는 어젠다를 '체제 의제'나 '정부 의제'로 부른다. 정부 의제 중에서도 최상위는 대통령이 결정하는 의제, 즉 대통령 어젠다.

대개 대통령 어젠다는 그 시대의 절실한 과제를 담고 있다. 이승만 정부는 해방 이후 혼란한 이념 대결 속에서 북진 통일이라는 어젠다를 던졌다. 박정희 정부는 절대 빈곤에서 탈출해야 했던 시기에 '잘살아 보자'는 새마을운동을 채택했다. 김대중 정부는 외환위기 이후 계층 양극화가 심해질 무렵, 생산적 복지를 화두로 제시했다. 이명박 정부는 지구온난화가 세계적인 화두로 떠올랐을 때 녹색 성장을 내세웠다.

이처럼 대통령 어젠다가 세상을 읽는 데 가장 중요한 창이자 통로다.

정부	어젠다
이승만 정부	• "뭉치면 살고 흩어지면 죽는다" • 북진 통일
박정희 정부	• 새마을 운동 / "잘살아 보자" • 한국적 민주주의 정착
전두환 정부	• 정의 사회 구현
노태우 정부	• 보통 사람의 시대 • 북방 외교 (정책)
김영삼 정부	• 신한국 창조 • 세계화 • 역사 바로 세우기
김대중 정부	• 남북 화해와 햇볕정책 • 제2건국운동 • 생산적 복지
노무현 정부	• 특권과 반칙 없는 사회 • 지역 균형 발전 • 동북아 균형자론
이명박 정부	• 녹색성장 • 실용주의

역사를 기억하지
못하는 자,
그 역사를 다시
살게 될 것이다

▎아우슈비츠 강제수용소의 팻말

물증보다
강력한 고백

광주로 간 군인들

◀◀

❚❚

▶

"우리도 피해자라면 누가 믿어주겠어요"
전 공수부대원

2019년 3월 11일. 전두환 전 대통령이 광주민주화운동 39년 만에 광주광역시 법정에 섰다. 광주지법에 도착한 전씨는 승용차에서 내려 경호원의 부축을 받지 않고 스스로 걸어 나왔다. 취재진을 둘러본 뒤 조금 비틀거리며 느릿한 걸음으로 법정으로 향했다. 동행한 부인 이순자씨도 전씨 뒤를 따랐다. 한 기자가 "발포 명령, 부인하십니까"라고 묻자, 전씨는 한마디를 하고 법정으로 들어갔다.

"이거 왜 이래."

39년 만에 내뱉은 이 한마디는 광주 시민들을 더욱 화나게 했다. 전씨는 피고인 신분이었다. 자신의 회고록에서 고 조비오 신부를 "성직자라는 말이 무색한 파렴치한 거짓말쟁이"라고 비난한 혐의로 불구속 기소됐다. 5.18 당시 헬기 사격을 목격했다고 증언한 조비오 신부를 공격한 대목이 문제가 됐다. 전씨 측은 "과거 국가 기록과 검찰 조사를 토대로 회고록을 쓴 것이며, 헬기 사격설의 진실이 아직 확인된 것도 아니다"며 공소 사실을 부인했다. 이에 검찰은 헬기 사격이 있었다는 객관적인 증거를 확보했다고 맞섰다. 국가기록원 자료와 국방부 특별조사위원회 조사 결과, 수사 및 공판 기록 등이 이를 증명해주고 있다는 것이다.

2017년에 광주 금남로 전일빌딩에 가본 적이 있다. 맨 위층, 기둥을 중심으로 240여 개의 총탄 흔적이 촘촘히 박혀 있었다. 누가 봐도 단순한 소총 사격으로 볼 수 없는 형태였다. 군이 조사해보지 않아도 충분히 판단될 만큼 명백한 기관총 사격의 흔적이었다. 때마침 국립과학수사연구원의 감식 결과가 나왔다. 전체 탄흔 중 78.8퍼센트가 계엄군의 헬기 사격에 의해 생긴 것으로 추정했다.

왜 이리 명백한 사실도 역사적인 논란거리가 될까. 논란을 벌이면 논란의 역사로 남게 되리라고 믿는 걸까. 두려움이 들었다. 폴란드 아우슈비츠 강제수용소에 걸려 있는 팻말이 가슴에 다가왔다.

**역사를 기억하지 못하는 자,
그 역사를 다시 살게 될 것이다.**

1995년 12월, 검찰이 5.18 재수사에 착수한 때에 맞춰 탐사 보도를 준비하고 있었다. 〈중앙일보〉 시경캡 시절이었다. 서울지방경찰청을 출입하면서 10여 명의 젊은 기자들을 지휘하는, 드라마에서도 가끔 나오는 직책을 맡고 있었다. 취재력이 입증된 3명의 후배기자를 뽑아 특별취재진을 꾸렸다. 그들과 며칠을 함께하며 온갖 아이디어를 짜냈다. 후배들은 회의실을 '기름집'이라고 불렀다. 기름을 짜내듯 머리를 쥐어짠다는 의미였다. 기름집 회의에서 5.18 진상 규명을 새로운 각도로 해보자는 의견을 제시했다. 그때까지 피해자들의 증언은 수없이 나왔다. 도청 직원이나 광주 주둔군의 증언 역시 적지 않게 나와 있는 상태였다. 광주에 파견됐던 3, 7, 11공수여단과 20사단의 사병과 장교들의 증언을 끌어낼 수만 있다면, 훨씬 강력하지 않을까. 이렇게 추적은 시작됐다.

야심차게 시작했지만 진행은 순탄치 않았다. 우선 광주로 간 공수부대원들을 찾아내기가 어려웠다. 설사 찾아냈다고 해도, 인터뷰를 거부하기 일쑤였다. 100여 명을 2개월 가까이 접촉했지만 허사였다. 자신의 어두운 과거를 보여주기 어려웠으리라. 겨우 돌파구가 마련됐다. 강주안 기자 등이 공수부대원 모임 연락망을 확보한 것이다. 이후로 한 명 두 명 천천히 증언을 끌어낼 수 있었다.

어느 새벽이었다. 편집국에서 잔무를 하고 있을 때였다. 편집국 출입문이 열렸다. 취재진이 한 사내를 데리고 나타났다. 사내는 1980년에 광주로 갔던 공수부대원이었다. 술 냄새가 풍겼지만 말이 어눌하지는 않았다. 그는 천천히 광주에서 자신이 목격한 것을 꺼내놓았다. 말끝마다 이런 토를 달았다.

"사실은 처음 하는 얘긴데….'

"이런 말을 하면 어떻게 생각할지는 몰라도….'

"우리도 피해자라면 누가 믿어주겠어요.'

이 공수부대원의 증언은 양민 학살에 가까운 내용이었다. 친구는 물론 가족들에게도 털어놓지 않은 얘기였다고 했다. 인터뷰가 끝날 무렵, 사내의 표정은 오히려 밝아졌다.

"그동안 뭔가 덩어리가 가슴을 누르고 있었는데, 이제 속이 좀 후련해지는 것 같네요.'

이렇게 증언을 쌓아갔다. 하지만 난관은 또 있었다. 취재가 다 끝났지만 한동안 지면이 잡히지 않았다. 전두환, 노태우 전 대통령이 구속되기 이전이었다. 아직 힘이 남아 있었다. 정치 감각이라고는 찾아보기 힘든 젊은 기자들이 의혹만 앞선다는 견해가 나올 수 있었다. 광주로 간 군인들의 눈을 통해 5.18를 다시 보려는 시도가 위험하게 보일 수도 있었다. 취재를 마치고 일주일쯤 지났을까. 드디어 출고 지시가 떨어졌다. 이렇게 '광주로 간 군인들'(6회 시리즈)은 1995년 12월 26일부터 나가기 시작했다. 이 시리즈로 1996년 1월 한국기자협회가 주는 '이달의 기자상'을 받았다.

취재진은 우선 '주남마을 사건'을 재조명해보기로 했다. 광주 외곽에서 시외로 나가는 길목에 있는 마을에서 일어난 비극에 초점을 맞춘 것이다. 군인들이 주남마을 부근에서 생포한 시민들을 대검으로 찌르고 확인 사살을 했다는 증언을 확보했다. 당시 7공수여단 33대대 소속 3명의 증언이었다. 학살 현장에 있던 군인들의 직접 증언이 나오기는 처음이었다. 역사 탐사 보도에서 자신이 목격하거나 가담했다는 직접 증언은, '누구가로부터 들었다'는 간접 증언의 10배, 100배의 무게감을 갖는다. 〈중앙일보〉 1995년 12월 26일 자에 실린 기사 내용을 부분 인용하면 다음과 같다.

1980년 5월 23일 오후 1시쯤 주남마을 앞산. 17일 밤부터 전남대 앞을 지키던 증언자 홍 모씨 등 7공수부대원들은 도청 앞 집단발포 이후 시민군에 밀려 무등산을 넘어 화순으로 넘어가는 길목인 이곳에 주둔하고 있었다. 7공수부대로부터 50미터 떨어진 곳에서는 11공수부대가 주남마을 인근 탄광의 다이너마이트를 시민군에게 탈취당하지 않기 위해 도로를 지키고 있었다. 증언자는 이렇게 기억했다.

"경계를 서고 있던 산등성이 밑으로 와자지껄하는 소리가 들렸습니다. 11공수부대원들이 교련복을 입은 대학생 차림에 피투성이가 된 남자 2명을 끌고 오는 것이 보였습니다."

이에 앞서 11공수부대원은 주남마을 2킬로미터 아래 도로에서 지나가던 버스에 무차별 사격을 가해 운전사와 승객 18명 중 15명이 사망했다. 생존자 3명 중 1명은 부상이 심해 헬리콥터로 병원에 후송되고 이들 2명은 11공수부대원들에게 잡혀가고 있었던 것이다.

증언자는 또 "팔과 다리에 총상을 입은 이들은 아무런 저항 없이 무릎을 꿇은 채 사지를 바르르 떨며 공수부대원에게 살려달라고 두 손 모아 애원했습니다"라고 기억했다. 한 하사관이 나서 이들의 주머니를 뒤졌다. 그리고 "카빈 실탄이 있다"고 소리쳤다. 지휘하던 한 소령이 신경질적으로 함께 있던 부하들에게 "이 새끼들 폭도니까 없애버려"라고 명령을 내렸다. 명령을 받은 부대원들은 이들을 인근 소나무로 끌고 가 기대놓고, 차고 있던 대검을 꺼내 그들을 한 차례씩 찔렀지만 단번에 죽이지 못했다. 한 남자가 찔린 배를 손으로 움켜쥐고 거칠게 숨을 몰아쉬며 무어라 말을 하다가 옆으로 힘없이 쓰러졌다.

주남마을 비극이 공수부대원의 증언으로 재구성되는 순간이었다. 취재진은 계엄군이 시위대의 진출을 막기 위해 광주시 외곽에 지뢰까지 매설했다는 증언도 확보했다. 그런데 그 지뢰를 공수부대원이 밟아, 적지 않은 희생자가 발생했다. 이후 공수부대원이 흥분한 상태에서 과격한 행동을 하면서 또 다른 참사가 시작된 것으로 드러났다. 증언자는 11공수여단 63대대 소속 2명의 하사관과 1명의 장교였다. 이들은 "지뢰가 터지면서 동료들이 무참히 죽어나가는 광경을 목도한 순간, 눈이 뒤집히는 느낌이었다"고 증언했다. 다음은 기사로 재구성한 효천역 오인 사격 참사다.

5월 24일 오후 1시쯤 효천역을 200여 미터 앞둔 나주-광주 국도 커브길. 11공수부대는 며칠 후에 있을 도청 진압 훈련을 위해 송정리비행장으로 가는 길이었다. 바로 직전 시위대와 교전을 벌였던 터라, 기습에 대비해 주변 야산에 총을 쏘는 위력을 과시하며 이동 중이었다. 대낮인데도 비가 내려 어두웠다. 사방에서 총소리가 들리더니 여기저기서 지뢰가 터졌다. 증언자들은 순간 눈을 의심했다고 했다. 지뢰가 있을 만한 곳이 아니었기 때문이다. 계엄사 병력이 시위대의 진출을 막기 위해 효천역 앞 2차선 도로 주변 야산에 매복 중, 송정리비행장으로 이동하던 공수부대를 시위대로 오인, 사격을 가한 것이다. 놀란 공수부대원들이 피하려다 지뢰를 밟았다. 이후 양측은 30여 분 동안 치열한 교전을 벌였고, 군인 9명이 사망하고 33명이 부상하는 참극이었다. 효천마을 이장이던 김복동씨는 취재진에게 "도로 옆에 비스듬히 기대선 지프 앞부분 밑에서 무언가 꽝 하고 터지더니 앞 뚜껑이 10미터 이상 날아가 버렸다"고 회고했다.

연재가 끝나갈 무렵, 우리는 광주로 간 군인들의 심정을 자연스럽게 듣게 됐다. 상당수가 가해자이자 피해자였다. 지휘를 내린 정치 군인들이 5.18을 발판으로 출세가도를 달렸다. 하지만 대부분의 공수부대원은 그대로 전역했다. 사회에서는 공수부대 출신이라는 이유 때문에 주위의 따가운 시선을 받아야 했다. 이를 이겨내지 못해 정신질환을 앓는 이도 적지 않았다.

3공수여단 11대대의 한 중사는 당시 광주교도소 앞에서 경계근무 중 교도소로 다가오던 시위대를 향해 총을 쐈다. 이어, 숨진 사람들을 교도대 부근 야산에 암매장했다. 전역 뒤 그 충격을 이기지 못해 매일 술로 상처를 달래다 정신질환까지 겹쳐 가출했다. 취재진은 그 군인의 아버지를 만나 그런 얘기를 들었다.

"아들은 매일 집 앞 가게에서 싸구려 양주 한 병씩을 사와 마셔댔습니다. 술만 먹으면 한탄했죠. 자신이 시민을 죽인 살인자라고….

한 직장에 오래 있지도 못해 일정한 직업 없이 전전했습니다. 아들의 피해는 누가 보상합니까."

취재진은 연재가 끝난 뒤 진한 송년회를 했다. 하지만 술이 달지 않았다. 긴 시리즈를 젊은 기자들의 손으로 완성했지만, 마음에 빚이 남은 느낌이었다. 적어도 하나는 분명했다. 증언에 협조한 광주로 간 군인들은 큰 용기를 냈다는 것. 시간이 흘러 증언자도, 취재기자도 사라지겠지만 그 소중한 기록은 남게 되리라. 이 점이 술자리를 가능하게 하는 겨울밤이었다.

2019년 3월, 전두환 전 대통령이 광주 법정에 설 무렵이었다. 아주 특별한 광주 군인을 만나 인터뷰했다. 허장환 요원이었다. 광주민주화운동 당시에 505보안부대의 수사관이었다. 그것도 가장 비밀스러운 업무를 지시받아 수행하는 '특명반' 소속이었다. 이런 비밀요원의 상세한 증언은 아직 한 번도 나온 적이 없었다. 〈이규연의 스포트라이트〉 라정주 PD의 헌신이 없었다면 불가능한 인터뷰였다. 라PD는 허씨의 증언을 끌어내기 위해 1년간 공을 들였다.

허씨를 만난 곳은 광주 505보안부대 옛터였다. 그의 임무는 대공수사였다. 광주민주화운동 기간에 505보안부대 내부와 광주 시내에서 10일간의 상황을 자세히 들여다봤던 인물이다.

보안부대 본관 지하실에 같이 들어가봤다. 곳곳에 취조실이 그대로 남아 있었다. 한 곳을 가리키며 "이곳이 수사관들이 물고문을 하던 곳"이라고 했다. 5.18이 김대중 전 대통령과 폭도들의 소행이라는 각본에 짜 맞추기 위해 온갖 위협과 고문이 벌어졌다고 했다. 허씨 자신이 그 대열에 가담했다고 고백했다. 북한군 침투를 살피는 것도 그의 임무 중 하나였다고 했다. 이 대목에서 허씨는 흥미로운 얘기를 꺼냈다.

"보안사령부에는 통신 감청을 하는 부대가 별도로 있었습니다. 통신보안부대죠. 광주사태 기간 동안 간첩들이 교신하는 것 등을 감청하는 업무를 했죠."

윗선에서도 "광주에 외부 세력이 침투했는지 파악하라"는 지시가 계속 떨어졌다고 했다. 물 샐 틈 없는 통제와 감청이 광주 일대를 감싸고 있었다고 했다. 이 잡듯이 뒤졌지만 외부 세력이 침투한 조짐은 전혀 없었다고 했다.

그에게 이른바 북한군 침투설에 대한 의견을 물었다. 광주민주화운동 기간 중 북한군 특수부대 600명이 산과 바다로 침투해 폭동을 선동하고 우리 군을 공격했다는 일부 보수 진영의 주장을 판단해달라고 주문한 것이다. 너무나도 잘 알고 있을 그였다. 허씨의 반응은 간단명료했다. "허허 말이 안 되는 소리입니다. 당시 어떤 상황인데 한두 명도 아니고 600명이…."

허씨와 또 다른 곳으로 향했다. 전남도청 옥상이었다. 그가 활동했던 주요 장소 중 하나였다. 한 빌딩을 가리키며 "저 건물, 5층에 비인가 사무실을 두고 첩보 수집을 벌였다"고 했다. 정보원을 운영하고 광주 상황을 보고한 곳이 거기라고 했다. 도청 앞 시위대의 모습을 채증하는 것도 그의 임무였다. 처음에는 카메라로 직접 시위대를 찍었는데 발각될 가능성 커서 작전을 바꾸었다. 지역 언론사의 사진기자가 찍은 사진 등을 압수했다.

이렇게 해서 모두 670장을 상부에 보고했다. 이 중에는 북한군 침투설을 주장하는 사람들이 '광수', 즉 광주에 투입된 북한군 특수부대원이라고 지목하는 사람들이 포함돼 있다고 했다.

그는 도청 앞 집단 발포 장면도 목격했다고 한다. 일부 공수부대의 자세가 '조준 사격'이었다고 했다. 퇴각하는 과정에서 위협 사격을 했다면 '서서 쏴' 자세를 해야 한다. 하지만 일부 군인은 분명 '무릎 쏴' 자세였다고 했다.

전두환 당시 보안사령관을 둘러싼 최대 미스터리가 있다. 바로 광주 방문설이다. 전씨가 당시에 광주를 방문했다면 집단 발포의 책임에서 벗어나기 어렵다. 전씨 측은 "1980년 5월 18일부터 5월 27일 사이의 그 어느 시간에도, 광주의 그 어느 공간에도 나는 실재하지 않았다"고 밝혔다. 수사관 허장환은 어떤 입장일까. 5월 21일 아침 회의를 기억해냈다. 갑자기 505보안부대 대청소와 브리핑 자료 준비 지시를 직속상관에게서 받는다. 직속상관은 아주 낮은 목소리로 그 이유를 밝혔다고 했다.

"사령관님이 오늘 광주에 오신다. 전교사에 아마 들르셔서 브리핑 받고 가실 것 같은데….".

그날 저녁 회의였다. 직속상관은 "오늘 사령관님이 다녀가셨다. 바빠서 부대는 안 들르셨다. 전교사에도 못 오시고 광주 전투비행단에만 왔다 가셨다"고 말했다는 것이다. 아주 민감한 증언이었다. 허씨의 증언은 계속됐다. 가매장됐던 5.18 희생자의 시신들이 소각됐다는 정보를 입수했다고 했다. 이 모든 증언은 검증을 통해 역사의 기록으로 남아야 한다.

2019년 3월, 〈이규연의 스포트라이트〉 봉지욱 기자는 집단 발포가 이뤄진 5월 21일 전두환씨가 광주에 직접 왔었다는 또 다른 증언을 확보했다. 증언자는 그때 주한미군 육군 정보부대에서 일했던 김용장씨였다. 봉 기자는 남태평양 피지에서 사업을 하는 김씨를 현지에 찾아가 인터뷰했다. 김씨는 미군 501여단 광주파견대에서 통역이나 정보수집 활동을 했다고 했다. 김씨는 5.18 때 주한미군을 통해 미국 국방부에 정보를 보고했다. 광주 전투비행장에서 주로 근무했다고 했다.

김씨는 1980년 5월 21일 낮 12시께 전두환이 헬기를 타고 광주 전투비행장을 찾았다고 주장했다. 허장환씨의 증언과 맥이 같았다. 김씨는 "전두환 보안사령관이 정호용 특전사령관 등과 함께 전투비행장에서 회의를 했다"고 했다. 그는 "이건 움직일 수 없는 사실이다. 전 전 대통령이 헬기를 타고 서울로 돌아간 직후 도청 앞에서 집단 발포가 이뤄졌다. 이를 미국 국방부에 전달했다"고 덧붙였다. 그동안 전씨는 "집단 발포 당일인 21일 오전 11시 서울 국방부 회의에 참석했다"며 광주에 간 적이 없다고 주장했다. 김씨는 "내가 직접 목격한 것은 아니지만 개인적인 추측이나 의견을 말하는 것이 아닌 내가 보고 들었던 내용만 얘기하는 것"이라고 강조했다.

그는 또 전두환씨를 39년 만에 광주 법정에 서게 했던 헬기 사격 논란에 대해서도 의미심장한 증언을 했다. 김씨는 "5월 21일 낮 전남도청 앞 전일빌딩 주변과 5월 27일 광주천 상류 양림동에서 발포 사격이 있었다"며 "헬기 기종은 UH-1H, 기관총은 M60으로 기억하고, 그렇게 보고했다"고 밝혔다. 그는 "헬기가 출발을 하면 'Flight Plan'이라고 표현되는 비행계획서가 있다"며 "그건 남게 돼 있다.

서울에서 출발한 비행계획서와 광주에 도착한 비행계획서 기록을 보면 바로 나올 것"이라고 덧붙였다.

김용장씨는 북한군 침투설에 대해서도 "미 군사첩보 위성이 광주 상공을 2시간 내지 3시간 간격으로 선회했다"며 "북한 특수군 600명 잠입은 창작소설에나 나오는 얘기다"라고 반박했다. 그는 이어 "당시 바다와 육지 모두가 철통같이 봉쇄된 상태였다"며 "북한 움직임을 예의주시하고 있던 주한미군이 대규모 북한군 움직임을 파악하지 못했을 가능성은 없다"고 잘라 말했다.

피해자가 아닌 가해자의 시각으로 5.18을 재구성하다 보면 역사가 왜곡될 수 있다. 하지만 역설적으로 새로운 역사를 발굴해낼 수도 있다. 역사 탐사 보도에서 가해자의 증언은 그만큼 강력하고 귀중하다. 가해자의 고백은 그 어떤 물증보다 강하다.

간접 증언이 1이라면
직접 증언은 100이다.

왜곡된 역사를
기록하지 않기 위해

전두환 회고록의 진실

◀◀

⏸

▶

"(회고록은) 우리를 또 한 번 학살한 것입니다.
다시 칼을 꽂고 총을 쏘는 것이나 똑같죠"
5.18 유가족

1998년, 미국 미주리대학교 저널리즘스쿨에서 객원 연구원으로 있을 때였다. 이 학교에 입주해 있는 미국탐사보도협회 사무실을 가끔씩 찾아갔다. 좋은 보도 사례를 찾아보는 쏠쏠한 재미가 있었다. 퓰리처상이나 탐사보도협회상을 받은 보도 사례를 훑어보다가 흥미로운 대목을 발견했다. 미국 언론인들은 역사의 진실을 추적하는 탐사 보도를 끊임없이 내놓고 있었다. 그것도 밝고 자랑스러운 면보다는, 어둡고 음침한 이면에 스포트라이트를 비추는 경우가 많았다.

베트남전쟁 중 미군이 저지른 만행을 고발하는 작품이 자주 눈에 띄었다. 베트남전이 끝난 지 수십 년이 지난 시점에서, 그것도 자국 군인의 베트남 양민 학살을 끊임없이 파고드는 보도가 줄곧 나오고 있다니…. 신선한 충격으로 다가왔다. 한 탐사 전문기자의 취재후기를 잊지 못한다. 어렵고 힘겨운 역사 탐사를 끊임없이 해야 하는 이유를 이렇게 적어놓고 있었다.

잊힌 역사는 결국 뒤틀려버린다.

우리가 역사를 잊으면 그 역사는 왜곡될 것이라는 뜻이리라. 이후 이 문구는 역사 추적을 하는 데 또 하나의 금언이 됐다.

1980년 5월을 분명히 기억한다. 고등학교 3학년이던 나는 가족과 함께 흑백TV 앞에 모여 있었다. '광주 일대 폭동', '폭도에 의해 불타는 경찰차' 등의 자막과 함께 긴박한 광주 사태를 전하고 있었다. 무장 폭도가 군인과 경찰에게 총격을 가하면서 광주 시내를 점령했다는 뉴스였다. 1980년의 진상을 한동안 그렇게 알고 있었다. 5.18이 폭동에서 광주민주화운동으로 자리매김하기까지 10년이 넘는 시간이 흘렀다. 이후 민주화의 혜택을 의식하면 의식할수록 5.18 희생자에 대한 채무의식이 생겨났다.

1988년 〈중앙일보〉에 입사했을 무렵이었다. 마침 1980년에 강제 해직된 선배 언론인들이 하나둘씩 복직하고 있었다. 그 선배들과 술자리를 하면서 나의 채무의식은 더 커졌다. 어떤 선배는 1980년에 광주에 취재하러 갔다는 이유만으로 해직을 당했다. 전두환 정권 시절, 선배들의 삶은 어떠했을까. 군사정권에 찍힌 사람은 어디서도 쓰려고 하지 않았다. 선배들은 한결같이 5.18과 관련해 풀리지 않은 의혹이 한두 가지가 아니라고 했다. 그때부터 틈나는 대로 광주의 기록을 살펴봤다. 보면 볼수록 이런 생각을 굳혔다.

'아, 역사가 이렇게 부실하게 기록될 수도 있구나.'

언젠가는 의혹의 한 자락은 풀어보겠노라고 다짐했다. 30여 년의 취재 기간 동안 광주민주화운동에 관한 기획 보도를 5회나 했다. 나는 왜 광주 문제에 천착했을까. 정의감보다는 역사의 궁금증을 풀기 위해서였다.

광주 시민과 신군부 사이에는 쟁점이 존재한다. 그 간극은 너무 크다. 2017년에 신군부 측의 입장을 '집대성'했다고 볼 만한 책이 나온다. 전두환씨와 이순자씨의 회고록이다. 물론 광주 시민들의 입장에서 보면 만행이요, 도발이었다.

2017년 봄, 옛 전남도청을 방문했다. 마침 유가족이 모여 있었다. 37년이 지났지만 그분들의 눈물은 아직 마르지 않았다. 고 김경철씨의 어머니도 있었다. 김씨는 본격적인 유혈 대치 전인 5월 19일에 사망한 청각장애인이다. 길을 가다 계엄군의 곤봉에 맞아 숨졌다. 어머니는 15일이 지나서야 자식의 시신을 찾았다. 이 어머니는 짧은 인터뷰 내내, 내 손을 놓지 않았다. 전율과 분노가 손에서 손으로 전해지는 듯했다.

"친구들하고 오는 길에 식당에서 점심 먹고 나오다가, 너무너무 맞아가지고… 이장을 하려고 보니까 골이 이리 나와버렸어요. 집에서 입고 간 옷 그대로 입고 다 썩어서도 여기가 없어… 턱이 없어…

여길 맞아서요."

유가족은 그해 나온 《전두환 회고록》에 분노를 감추지 못했다. 한 유가족은 "정말 또 한 번 학살한 것이다. 다시 칼을 꽂고 총을 쏘는 것이나 똑같다"고 했다. 김경철씨 어머니의 떨리는 손은 《전두환 회고록》을 검증하게 만들었다. "잊힌 역사는 결국 뒤틀려버린다"는 금언을 마음속에 다시 새겼다. 광주 일대를 돌아보며 증언자와 증거 자료를 찾아냈다.

1989년 국회 청문회에 전두환씨가 증인으로 나온다. 과잉 진압과 발포 명령 여부가 주요 쟁점이었다. 전씨는 발포 명령은 없었고 자위권 발동이었다고 주장했다. 회고록에서도 이런 주장을 반복했다. 시민군의 공격에 대응하기 위한 자위권 발동이었다는 것이다. "광주에서 양민에 대한 국군의 의도적이고 무차별적인 살상 행위는 일어나지 않았고, 무엇보다도 발포 명령이라는 것은 아예 존재하지도 않았다."

1980년 5월 21일, 전남도청 앞 전일빌딩은 계엄군의 총성으로 요란했다. 나경택씨는 빌딩 9층에서 사진기자로 일했다. 그와 함께 당시 〈광주일보〉 편집국으로 갔다. 그곳에서 창밖에서 벌어지는 참상을 바라봤다고 했다. 그는 카메라를 들었다. 목숨을 걸 정도의 용기가 필요한 일이었다.

금남로는 광주민주화운동의 중심지였다. 5월 16일, 2만 인파가 평화롭게 집회를 한다. 그런데 18일에 공수부대가 투입된다. 길 가던 일반 시민까지 무차별 구타당한다. 기선 제압을 위해 벌인 유혈 진압에 시민은 분노한다. 그리고 21일이 온다. 분수령으로 꼽히는,

그날이다. 카메라를 몸에 숨기고 계엄군 사이로 들어간 나씨는 충격적인 상황을 목격했다.

"한 대위가 한 5미터 정도 떨어진 통신병한테 '발포 명령 어떻게 된 거야' 하는 것입니다. 이에 통신병이 '발포 명령 아직 안 떨어졌습니다'라고 응답하더군요. 그 뒤로 10분 후에 그러니까 1시가 좀 되기 전입니다. 그때 발포 명령이 떨어졌습니다. 군인들이 그대로 총을 갈겨댄 것이죠."

그날의 목격담은 내 기억에 오랫동안 남았다. 이순자 자서전에는 이런 대목이 나온다.

"그동안 남편에게 씌워진 죄목 가운데 가장 부당하다고 생각했던 것은 학살 명령자라는 끔찍한 누명이었다."

씻김굿의 제물이라는 근거는 이랬다. 전두환 보안사령관은 계엄군의 작전 계획을 수립하고 지시하거나 실행하기 위한 그 어떤 회의에도 참석할 수 없었고, 참석한 일이 없었다는 논리다. 보안사령관이었기 때문에 계엄군 작전과는 무관하다는 주장이다.

우리는 보안사 소령으로 근무했던 나동식씨를 만났다. 예비군 업무를 맡던 그에게 그 무렵, 다른 일이 주어졌다고 한다. 5.18 상황일지를 관리하는 것이었다. 1981년 전역한 나씨는 그때 문건을 지니고 나온다. 나중을 위해서 보존할 자료라고 생각했던 것이다. 충정 작전 계획과 실탄 지급 일지 등 16건이었다. 문건은 5.18기념재단 이사장이었던 고 조비오 신부에게 전달됐다. 이것이 언론에 공개되면서 그날의 일면이 드러난다. 소준열 당시 전남북 계엄분소장의 증언 기록도 맥락을 같이한다.

"그때 합수본부장 보안사령관 입장에서는 공수부대를 너무 그렇게 사기를 죽이면 안 되겠다, 그래서 아마 그런 판단이 갔겠죠. 그러니까 나한테도 메모가 왔어요, 직접 사인까지 해가지고. '소 선배 귀하. 공수부대를 너무 기죽이지 마십시오. 무리가 따르더라도 광주사태를 조기에 수습해 주십시오'라고."

전두환씨는 회고록에서 5.18은 폭동이며, 무장한 시민이 원인 제공을 했다고 주장했다.

"5월 19일 오후 3시 30분경 시위대에 의해 MBC를 경비하던 31사단 병력이 M16 소총 1정과 실탄 15발을 탈취당했다."

시위대가 한 방송국에서 총기와 실탄을 탈취했던 사건을 예로 들었다. 시민군 상황 일지를 작성했던 김상직씨는 바로 그 사건 현장에 있었다. 그의 증언은 회고록 내용과 상당히 차이가 났다.

"우리의 동태를 보고한 것을 보고 화가 나서 군인들을 쫓아 올라가서 총을 빼앗았죠. 그렇다고 해서 우리가 그 총을 들고 다닌 것이 아니에요. 그냥 무장해제시킨 것이에요. 총기와 실탄은 거기 그대로 놓아뒀죠."

당일의 군 상황 일지를 입수했다. 총기와 실탄을 회수했다고 명시돼 있다. 이 일지 내용이 맞다면 전두환 회고록의 주장은 상당 부분 기각된다. 회고록에는 이런 내용도 있다.

"무기고 탈취는 군대에서도 고도로 훈련된 병사들만이 할 수 있는 것으로 (…) 지금까지 꾸준히 제기되고 있는 북한 특수군의 개입 정황이라는 의심을 낳고 있는 것이다."

2016년 4월, 전두환씨는 〈신동아〉와의 인터뷰에서 "5.18 당시 북한군 침투 정보를 보고받았냐"는 질문에, 아니라고 답했다. 북한군이 왔다는 것은 대한민국의 경계가 어디선가 무너졌다는 뜻이다. 이를 인정하면 역설적으로 군의 무능력 또한 인정하는 꼴이다. 그런데도 회고록에서 북한군 개입설을 언급했다. 북한군이 개입했기 때문에 광주에 대한 진압은 정당했다는 논리를 만들기 위해, 자기의 무능력을 선택했을까.

5.18은 폭동이라는 주장에 대해, 계엄군 핵심이던 소준열 당시 전남 계엄분소장은 과거에 이렇게 반박했다.

"현지에 가보니까, 광주 상황이 악화된 근본적인 원인이 공수부대의 과격한 진압에 대한 반발이었거든요."

2012년, 언론에 좀처럼 모습을 드러내지 않던 전두환씨가 미국 예일대 경영대학원생과 서울 연희동 자택에서 만났다. 간담회 형식의 자리였다. 전두환씨는 자부심 있는 표정을 지으며 말했다.

"내가 원래 대통령이 되겠다 하는 이런 목표가 있어 대통령이 됐으면 훨씬 잘했을 거야. 잘했을 텐데, 전임 대통령이 급작스럽게 돌아가시고 그 사건을 내가 책임지고 조사를 하다 보니까 내가 대통령이 됐어요."

어찌하다 보니 대통령이 됐다는 주장이다. 과연 그의 주장은 사실일까. 1979년 10월 26일, 박정희 전 대통령 시해 사건이 일어났다. 사건 조사를 위해 합동수사본부가 설치됐다. 전두환 보안사령관이 이 사건의 수사 책임자로 등장했다. 사건 48일 후인 그해 12월 12일, 정승화 계엄사령관이 김재규와 공모한 혐의로 전격 체포됐다. 다음 날, 신군부는 샴페인을 터뜨리며 거사 성공을 자축했다. 소장 전두환은 군부와 정보기관을 장악하며 실세로 부상했다. 대통령 재가 없이 소장이 대장을 체포한 하극상 사건. 하지만 지위고하를 막론한 성역 없는 수사였을 뿐, 하극상도 반란도 아니었다는 것이《전두환 회고록》의 주장이었다.

전두환씨 스스로가 꼽는 대표적인 업적은 단임제 실현이다. 전씨도 기회가 있을 때마다 이를 강조해왔다. 주변에서는 7년씩 2번을 하라고 했지만 자신은 모범을 보이기 위해 1번만 했다는 것이다. 치적으로 내세우는 또 다른 업적은 직선제 개헌 수용이다. 이를 검증해봤다. 정통성이 결여된 정권에 대해 국민은 대통령 직선제 개헌을 요구했다. 대통령 임기가 1년 남은 1987년 4월 13일, 다음과 같이 선언했다.

"이제 본인은 임기 중 개헌이 불가능하다고 판단하고 국력을 낭비하는 소모적인 개헌 논의를 지양할 것을 선언한다."

간선제 호헌 선언으로 민심은 끓어오른다. 최루탄과 완력으로 개헌 요구를 틀어막으려던 전두환 정권. 그렇지 않아도 박종철 고문치사 사건을 은폐하려 해 시위가 전국으로 번져나갈 때였다. 초강경 무력 탄압으로 연세대 재학 중인 이한열군이 희생됐다. 연세대 학생회 간부로서 시위대 선봉에 섰던 개성파 배우 우현씨를 2017년 봄, 연세대 앞에서 만났다. 우현씨는 민주화운동을 하다 재학 중에 투옥된 이력도 갖고 있다. 평범한 젊은이를 투사로 만드는 시절이었다. 그는 만나자마자 "뭐 자랑 같은 이야기 같아서, 인터뷰 같은 건 거의 하지 않았다"고 했다.

그의 기억은 어느덧 30년 전의 연세대 정문 앞으로 가고 있었다.

바닥의 어딘가를 가리키며, 이한열군이 직격탄을 맞고 쓰러진 자리라고 했다. "최루탄이나 이런 탄들은 보통 시위 진압용이기 때문에 해산을 목적으로 해야 하잖아요. 거의 45도 이상의 각도로 쏘아야 하는데 그 즈음에는 거의 직격탄으로 빵빵 쏘아대는 그런 분위기가 꽤 많았죠."

위험한 직격 발사를 남발할 정도로 필사적으로 직선제 요구를 막으려 했다는 것이다. 이한열군의 죽음은 넥타이 부대를 거리로 불러냈다. 100만 인파가 시청 앞 광장에 모였다. 박근혜 정권을 탄핵으로 심판한 촛불항쟁의 뿌리였던 6월항쟁의 서막이 오른 것이다. 노태우 민정당 대표위원은 대통령 직선제 개헌 등 시국 수습책을 담은 시국 선언을 발표했다. 군부 독재정권은 결국 국민에게 투항했다. 항쟁의 전리품이 대통령 직선제였다.

"6.29선언을 놓고 5공화국 정권의 '국민에 대한 항복 선언'이라고 하는 데 대해 나는 동의하지 않는다." 이순자씨는 자서전에서 이렇게 주장하며, 희생과 결단에 의한 전씨의 작품이고 업적이라고까지 강변했다.

우현씨는 이런 발언에 대해 화를 낼 만한 가치도 없다고 했다. 호헌조치 이후에 3개월도 안 돼서 다시 직선제 개헌을 하겠다는 것은 항복 선언이나 마찬가지였다. 전두환씨의 작품일 수가 없으며, 그것은 온 국민이 만들어낸 위대한 업적이라고 우현씨는 평가했다.

광주민주화운동을 진압한 직후인 5월 30일이었다. 전두환은 국보위를 설치해 내각을 장악했다. 중장을 달고 4개월 만에 다시 대장으로 진급한다. 거칠 게 없었다. 그해 8월, 최규하 전 대통령이 돌연 사임했다. 대통령직을 내려놓기 전에 그가 전두환 당시 보안사령관과 나눴다는 대화가《전두환 회고록》에 나온다.

"최 전 대통령이 사임 의사를 밝히며, 대통령 자리를 권유했다." 죽은 자는 말이 없다. 최 전 대통령은 침묵을 지키다 2006년 사망했다. 신군부의 강압에 못 이겨, 마지못해 로봇처럼 움직인 것은 이해할 수 있다. 하지만 마지막까지 그날의 역사를 공개하지 않고 떠났다. 그래서 역사가 잊히게 만들었다. 지금도 뒤틀리게 말이다. 최규하 전 대통령이 비망록을 남겼다는 소문도 있다. 하지만 적어도 숨질 때까지 끝내 입을 열지 않았다. 전두환씨는 최소한 자신의 입장에 충실한 회고록은 남겼다. 과연 최 전 대통령은 역사를 어떻게 여기고 있었을까. 역사 앞에서 자기 합리화를 한 자와 침묵한 자. 우리는 이들을 어떻게 봐야 할까.

법이
저지른 만행

인혁당 유가족의 통곡

◀◀

‖

▶

"대법원은 우리를 두 번 죽였습니다"
전영순

디케의 여신은 공정한 판결을 위해 눈을 가리고 있다. 하지만 진실을 보지 않기 위해 눈을 가리기도 한다. 2018년 삼권분립의 가치를 파괴할 수도 있는 비밀 문건이 발견된다. 확인 여부에 따라 법과 정의에 충격을 줄 수 있는 사법 농단 게이트의 출현이었다. 대법원장이 나서서 사과하고, 법원행정처장이 사퇴했다. 결국 헌정 사상 처음으로 양승태 전 대법원장이 구속되는 상황까지 벌어진다.

비밀 문건에 나온, 박근혜 전 대통령을 위시한 청와대가 관심을 보였던 재판은 원세훈 전 국정원장의 사건이었다. 원 전 원장은 2012년 대선을 앞두고 선거에 개입한 혐의로 재판을 받고 있었다. 핵심은 공직선거법 위반 여부였다. 혐의가 인정되면 정권의 정당성이 흔들릴 수 있는 중대한 사건이었다. 청와대가 개입한 실질적인 이유는 '원세훈 지키기'가 아니라 '박근혜 지키기'였다. 1심과 달리 2심에서 원 전 국정원장의 유죄가 인정되자, 우병우 민정수석은 법원행정처에 전원합의체에서 재판을 해달라고 요구한다. 재판을 원 전 원장에게 유리하게 진행하려는 의도로 추정된다. 우 전 수석의 바람대로 재판은 대법원 전원합의체에 회부된다. 권력과 사법의 유착이 확인된다면 심각한 사법 불신 사건이 아닐 수 없었다.

유신 정권 시절에 사법 불신의 시초가 됐던, 대한민국 사법부 역사에서 가장 부끄러운 사례로 꼽히는 사건이 있다. 1975년 4월 8일, 피고인 없는 궐석재판이 열린다. 이름만 호명하고 판결을 내린 후, 순식간에 끝나버린 재판이었다. 다음 날 새벽, 8명에 대한 사형 집행이 전격적으로 이루어졌다. 국제법률가협회는 그날을 '사법사상 암흑의 날'로 명명했다. 국내 사형 폐지 운동의 계기가 된 이 사법 살인을, 우리는 '민청학련·인혁당 사건'이라고 부른다.

원세훈 재판을 둘러싼 사법 농단 게이트를 계기로 민청학련·인혁당 사건에 관심을 갖게 됐다. 지금까지 줄곧 민청학련·인혁당 피해자를 돕고 있는 함세웅 신부를 인터뷰했다. 함 신부는 민주화운동의 산증인이자 천주교정의구현사제단 활동으로 유명한 분이다. 함 신부는 민청학련·인혁당 사건의 배경을 설명해주었다. 1972년 박정희는 유신헌법을 공포하고 대통령에 취임한다. 그리고 3선 개헌으로 영구 집권을 꿈꾼다. 이에 시민과 학생은 유신 반대를 외치며 거리로 뛰쳐나온다. 지학순 주교가 학생들을 도와줬다는 이유로 감옥에 갇힌다. 함 신부는 그 과정에서 인혁당 사건에 관계된 가족들을 만나게 된다.

함 신부는 그 가족들을 도와주면서 인혁당 사건의 실체를 알게 됐다. 조작과 강압에 의해 만들어진 간첩 사건이었다는 것이다. 빨 갱이로 찍힌 사람들을 위해 추모미사를 여는 것 자체가 큰 용기가 필요한 일이었다. 함 신부는 추모미사를 열어 가족들을 위로해줬다.

재판 18시간 만에 집행된 사법 살인에서 용케 살아남은 인혁당 사건의 피해자, 전창일씨와 김종대씨를 만났다. 잘나가는 건설회사 중역이던 전창일씨는 하루아침에 간첩이 되고 말았다. 서울 종로에서 학원을 운영하던 김종대씨도 마찬가지다. 영문도 모른 채 모처로 끌려갔다. 가혹한 취조와 고문이 그들을 기다리고 있었다.

인혁당 사건의 수사와 재판 과정은 극단적으로 폭력적이었다. 취조 과정에서도 들어보지 못한 이름인 '인혁당' 조직원으로 엮었다. 공판 기록 역시 조작됐다. 사실, 1987년 6.10항쟁의 뿌리에는 인혁당 사건에 대한 분노가 자리 잡고 있었다. 법정에서 정의가 이기지 못했다. 전창일씨는 판사들이 마치 실어증을 앓는 것처럼 아무 말도 하지 않고 가만히 있었다고 했다. 검사의 질문에 간첩이 아니라고 거듭 얘기했지만, 그 말을 들어주는 판사는 없었다고 했다.

전격적으로 이루어진 사형 집행에는 의문이 있었다. 전창일씨는 사형이 집행되기 4일 전에 옥사 담당자가 몰래 들려준 이야기가 있었다고 했다. 교소도 보안과장의 명령을 받고 사형장을 청소했다는 것이다. 판결도 나기 전이었다. 미리 사형 집행을 준비하고 있었던 것이다. 재판은 형식 절차였을 뿐, 결과는 이미 정해져 있었다.

이 야만적 사법 살인은 30여 년 만에 재심에서 뒤집혔다. 국가보안법 위반, 내란 예비 음모, 반공법 위반 등이 모두 무죄로 나온 것이다. 피해자와 유가족에게 30여 년은 치유할 수 없는 통한의 세월이었다. 하지만 국가가 피해자와 유가족 77명에게 배상을 하라는 판결은, 그동안의 아픔을 조금은 달래주었다. 피해자와 유가족은 배상금으로 민주화운동을 한 모든 개인과 단체에 지원할 계획을 세워 놓았다. 그런데 뜻밖의 일이 벌어졌다.

2017년, 인혁당 사건의 유가족인 전영순씨를 인터뷰한 적이 있다. 전씨는 2시간가량의 인터뷰 내내, 눈물을 흘렸다. 휴지 한 통을 모두 눈물을 닦아내는 데 썼을 정도다. 무슨 설움이 그리 클까.

"제가 주책이죠. 할머니가 돼가지고…."

전씨가 중간중간 내뱉는 말이 비극의 추임새처럼 느껴졌다. 전씨의 아버지는 인혁당 사건으로 15년형을 선고받은 전재권씨다. 1970년대에 아버지는 서문시장에서 큰 포목점을 운영하던 대구의 유지였다. 젊은 시절에는 신문기자이기도 했던 아버지는 전씨에겐 늘 자랑스러운 존재였다. 그런데 그 존재가 하루아침에 인혁당의 자금책으로 몰렸다. 형장의 이슬로 사라진 8인 중 1명인 송상진 선생과 각별한 사이였다. 형편이 어려웠던 송 선생의 아들 등록금을 대준 것이 화근이 됐다.

"잠깐 조사할 게 있다고 데려갔어요. 그때 제가 분명히 봤는데, 형사 2명이 팔을 잡았어요. 아버지는 '걱정하지 마, 내가 잘못한 게 없으니까 금방 나올 거다' 하며 담담하게 연행됐습니다."

연락이 끊어진 아버지 소식을 신문의 헤드라인을 보고 알게 됐다. '인혁당 조직 적발.' 하루아침에 빨갱이 가족이 됐다. 행복했던 과거로 돌아갈 수 없게 됐다. 전씨는 대구효성여대를 나온 재원이었다. 한번은 함세웅 신부의 주선으로 변호사 사무실의 비서로 일하게 됐지만 아버지 건이 알려지면서 퇴사해야 했다. 8년을 복역하고 나온 아버지는 불과 4년 만에 세상을 떠났다. 그 고통의 세월에 비하면 국가 범죄 피해 배상금 4억 2천만 원은 결코 큰돈이 아니었다.

1심은 인혁당 사건에 유죄 판결을 한 1975년부터 지연된 이자를 붙여 배상금을 지급하라고 판결한다. 2심 판결도 비슷했다. 그런데 대법원에서 판결이 뒤집혔다. 2011년 11월, 1심 판결을 취소하고 배상금 일부를 반환하라고 판결한 것이었다. 이자 산정 기간을 언제로 판단하느냐는 문제였다. 1, 2심은 1975년부터 지연 이자를 계산했는데 대법원은 무죄 판결을 받은 2008년부터 계산했다. 무려 33년 치 이자가 날아가 버렸다. 위법한 수사를 했거나 위법한 유죄 판결이 확정되었을 때부터 이자를 계산하는 것은 사법부가 일관되게 확인해온 법리였는데도 말이다.

전씨를 포함해 인혁당 피해 가족들은 1, 2심 판결대로 배상금이 나올 것으로 보고, 돈을 기부하거나 써버린 상태였다. 집을 계약해 돈이 묶인 사람도 있었다. 하지만 법원은 받은 돈의 일부를 반환하라고 명령했다. 돈이 없어서 반환금을 내지 못하자, 국가가 또 소송을 제기했다. 피해자들은 모두 패소했고 돈을 다 갚는 날까지 연 20퍼센트의 지연 이자까지 떠안게 됐다. 높은 이자만큼 빚은 순식간에 불어났고 집마저 경매에 넘어갔다.

더 억장이 무너지는 일이 벌어진다. 경매를 신청한 채권자가 인혁당 사건의 수사 주체였던 국정원이라는 사실을, 강제 경매 서류를 보다가 뒤늦게 확인한 것이다. 인혁당 사건을 조작했던 중앙정보부의 후신인 국가정보원이 또다시 유가족을 울린 것이다. 전씨는 연금에 통장까지 모두 압류당한 상태였다. 아무것도 할 수 없는 식물인간이 됐다고 전씨는 호소했다. 국가 배상금을 받은 피해자는 모두 77명이었다. 그중 43명이 반환금 때문에 빚쟁이로 몰렸다. 전씨는 얼굴이 눈물로 뒤범벅된 채, 내 손을 잡으며 호소했다.

"꼬인 역사가 계속되고 있습니다. 그때나 지금이나 대법원은 중앙정보부와 국가정보원의 편을 들었습니다. 대법원은 우리를 두 번 죽인 것이나 마찬가지였습니다."

법은 약육강식의 정글을 정리하는 역할을 한다. 하지만 법이 강자와 권력의 편에 설 때, 정글은 더 참혹해진다. 탐사는 법을 존중해야 하지만 법이 얼마나 잔혹할 수 있는지도 함께 봐야 한다. 전씨의 호소를 들으면서 계몽주의 철학자 몽테스키외의 말이 생각났다.

법의 이름보다 더 잔혹한 것은 없다.

미국 연수를 마치고 귀국한 지 얼마 안 된 시점인 2000년, 한 외신 보도가 국내외를 강타한다. 미국 AP통신의 역사 탐사 보도였다. 그런데 그 역사의 무대가 나를 부끄럽게 만들었다. 한국전쟁 당시 미군이 이 땅에서 벌인 만행에 관한 탐사였다. 우리 언론이 손을 놓고 있을 때, 외국 통신사가 들어와 심도 있는 탐사를 벌인 것이다.

1950년 7월, 미군은 충북 영동군 황간면 노근리의 경부선 철로 위에 주민 500여 명을 피난시켜주겠다며 모아놓는다. 미군이 사라지고 난 뒤 곧바로, 믿지 못할 일이 벌어진다. 미군 전투기가 날아와 폭탄을 떨어뜨렸다. 현장에서 100명 이상이 목숨을 잃는다. 살아남은 주민들이 철로 밑 수로용 굴로 모여들자, 미군이 다시 나타난다. 이번에는 진짜 안전한 곳으로 피난시켜주겠다며 주민을 나오게 한 뒤 쌍굴다리 밑으로 몰아넣었다. 이후 굴다리 앞에 기관총을 걸어놓고 굴다리를 빠져나오는 양민에게 사격을 가했다. 며칠간의 무차별 사격으로 결국 수백 명이 추가로 숨진다. 이것이 노근리 만행의 개요다.

피난민의 적은 분명 북한군이었다. 노근리 주민들은 북한군의 손아귀에서 벗어나기 위해 피난하고 있었다. 하지만 정작 그들에게 만행을 저지른 존재는 우방이자 구원자라고 여겼던 미군이었다. AP통신 서울지국 최상훈 기자는 1998년 봄, 국내 한 주간지에서 노근리 대책위원회 사람들이 주한 미 대사관에 접수한 탄원서의 내용을 발견했다. 최 기자는 기초 조사를 끝낸 뒤 본사에 집중 취재를 제안했다. 그의 의견이 받아들여져 한국과 미국에서 특별취재팀이 꾸려졌다.

이후 1년 6개월 동안 탐사가 진행됐다. 취재팀은 양국에서 새로운 한국전쟁 사료를 찾아냈다. 특히 미국 국립문서보관소 등의 문서를 뒤져, 군 사살과 관련된 명령서를 발굴했다. 또 정부에 정보 공개를 청구해 작전 명령서 등을 입수했다. 100명 이상을 인터뷰했다.

참전 군인 10여 명의 증언을 끌어낸 것은 값진 성과다. 그런 취재 결과를 모아, 방대한 탐사 보도 기사를 만들어낼 수 있었다.

1차 원고는 진작 완성됐지만 보도는 뒤로 밀리고 만다. 1998년 6월에 일어난 CNN 오보의 여파였다. 미군이 베트남전쟁 때 인접국인 라오스에서 독가스를 살포해 미군 탈영병 20여 명을 살해했다는 것이 CNN의 보도 내용이었다. 보도 내용에 불완전한 부분이 드러나면서 오보라는 항의를 받게 된다. 결국 CNN은 보도를 삭제하고 사과 성명까지 냈다. CNN 보도와 결이 비슷한 내용을 용감하게 내보내기가 쉽지 않았으리라. 이후 1년간 보강 취재가 진행된다. 결과적으로 기사는 더 탄탄해졌다. '퓰리처상위원회'는 기자들의 노작을 2000년도 탐사 보도 부문 수상작으로 선정했다.

탐사 보도에는 대개 악인이 등장한다. 악인은 개인, 단체, 제도의 모습을 취한다. 하지만 성숙한 탐사는 이런 자세를 가져야 한다.

악인에 주목하되,
악인이라고 규정하지 않는다.

AP통신 기자들이 그랬다. 그들은 미군의 범죄를 생생하게 고발하되 일방적인 가해자로만 바라보지 않았다. 파병된 이들도 전쟁 피해자라는 균형 잡힌 시각을 유지했다. 민간인 학살 행위를 정당화하는 것은 아니었다. 진정한 사과와 적절한 보상을 촉구했다.

AP통신 보도는 국내에서 이 비극을 재조명하는 계기가 됐다. 김대중 대통령의 지시에 따라 정부 진상 규명 조사단이 구성됐다. 조사단에 미국 정부도 참여했다. 2001년 1월 한미 조사단은 미군의 민간인 사살을 인정하는 공동 성명을 냈다. 빌 클린턴 미국 대통령도 노근리에서 수많은 민간인이 희생당한 데 대한 유감을 표명했다.

2008년 11월, 취재기자 찰스 헨리가 서울에 들어와 프레스센터에서 취재기를 발표한 적이 있다. 나도 그 현장에 갔었다. '노근리와 탐사 보도'라는 주제였다. 헨리 기자는 이런 취지의 발표를 했다. 보도 직후, 처음에는 세계 주류 언론이 AP통신 기사를 참고해 후속 보도를 했다. 적지 않은 한국인 생존자와 당시 참전 미군의 성원도 이어졌다. 그런데 취재진의 이런 행복은 얼마 가지 못했다고 했다. 몇 달이 지나자, 정직하지 않은 세력이 기사를 공격하기 시작했다.

오래된 과거의 팩트를 수집하는 것은 여간 어렵지 않다. 자료가 적고, 무엇보다 사람들의 기억도 희미해진다. 당대의 권력자는 수치스러운 기억을 지우거나 조작한다. 입을 막기도 한다. 우리는 지워지거나 더럽혀진 자료나 증언과 싸워야 한다. 또 누군가의 입을 열게 해야 한다. 어려운 작업이라도 결국 탐사 언론인이 휘슬을 불어야 하는 이유는 명백하다. 잊힌 역사는 결국 더 뒤틀려지니까.

AP통신의 탐사 보도를 보며, 이런 생각이 들었다. 과연 우리 언론은 노근리 학살을 모르고 있었을까? 이런 궁금증을 갖고 여기저기 탐색해봤다. AP통신 보도 전에도 노근리 사건은 공공연한 비밀이었다. 국내 언론이 간헐적으로 보도한 기사도 여러 건 검색됐다. 이미 1960년에 유가족이 미군 소청심사위원회에 소청을 제기했다. 물론 미군 측은 이를 기각했다. 언론은 피상적이나마 이를 보도했다. 1994년에는 '노근리 양민학살 대책위원회' 위원장 정은용씨가 실록소설《그대 우리의 아픔을 아는가》를 출간했다. 이를 계기로 몇몇 진보 언론이 특집 기사를 내보내기도 했다.

그렇다면 AP통신의 탐사 가치는 어디에서 찾을 수 있을까. 세상을 흔든 탐사 보도 중에는 특종이 아닌 기사가 적지 않다. '하늘 아래 처음 알려진' 최초 사실이 아닌 경우가 의외로 많다. 피상적으로 알려진 사실을 집요하게 파고들어 의제로 만들어낸다면 얼마든지 훌륭한 탐사로 인정받는다. 누군가 이렇게 설파하지 않았던가. 이름을 불러주었을 때, 비로소 내게로 와 꽃이 되었다! AP통신 기자들은 노근리 사건의 이름을 제대로 불러주었다.

누구나 다 안다고 생각하는 사건에도
제대로 의미를 부여하자.

AP통신 취재진이 한국의 노근리 사건을 파헤친 것은 국내 언론과 언론인에게 성찰의 시간을 주었다. 국내 언론은 피상적으로만 접근했고 취재원 수가 매우 적었다. 유가족 측 증언에만 몰두했지, 가해자인 미군의 증언과 사료를 찾아내려는 노력은 거의 하지 않았다. 아직도 미국에서는 월남전에서 미군이 저지른 만행을 고발하는 탐사 보도가 지속적으로 나오고 있다. 어두운 과거를 철저히 탐사해야 미래에 비슷한 실수를 되풀이하지 않을 수 있다는 공감대가 형성돼 있다. AP통신의 노근리 보도는 국내 언론에 자극제이자 백신이었다.

탐사 노트
12

글쓰기 방법
글을 설득력을 있게 쓰는 비결은 없을까?

당신은 지금 서울 홍대 앞의 옷가게 주인이다. 행인을 어떻게 설득해 옷을 팔지 생각해보자. 그리고 이를 글쓰기 전략과 연관 지어 생각해보자.

내가 저널리즘 글쓰기 시간에 자주 던지는 화두다. "상인처럼 기사를 써야 한다." 이렇게 얘기하면 학생이나 초년병 기자들은 실망할 것이다. 물론 저널리즘을 포기하고 상업성 기사를 쓰거나, 기업의 홍보맨이 되라는 뜻은 아니다. '설득의 심리학'을 알아야 한다는 것이다.

노련한 상인은 소비자를 잘 설득해 물건을 판다. 글도 설득력 있게 써서 독자의 마음을 움직일 수 있어야 한다. 설득력 있는 글을 쓰는 단계와 상점에서 성공적으로 물건을 파는 과정을 비교해봤다.

	기사에서	상점에서
① 주목 끌기	리드를 참신하게 써서 독자의 흥미를 자극해야 한다.	상점에 들어가 보고 싶도록 매력적인 간판을 내건다.
② 안내	리드에 끌려 기사를 읽기 시작한 독자에게 앞으로 읽게 될 내용이 무엇인지 간략하게 던져준다.	간판을 보고 상점에 들어온 소비자를 친절하게 맞이한다.
③ 구체화	여러 사실과 관점을 풍성하게 던져준다.	진열 상품을 자세히 소개하는 등 소비자에게 충분한 정보를 준다.
④ 만족화	분석·평가·전망을 통해 독자의 마음을 일정한 방향으로 이끈다.	물건의 구매 필요성과 가격·품질 면의 장점을 설명한다.
⑤ 펀치라인	결론을 맺고 감동·여운을 남긴다.	구매를 강력히 권유한다.

지옥에서 천국을 상상하는 탐정

탐사를 하는 사람들은 두려움과 외로움을 느낄 때가 많다. 황무지에 홀로 남고, 위협과 고소에 직면한다. 이런 상황을 흔히 '교도소 담장을 홀로 걷는다'라고 표현한다. 고독과 위험을 무릅쓰고, 왜 굳이 탐사를 해야 할까. 적어도 이를 직업으로 하는 사람들이라면 이 물음에 답할 준비가 돼 있어야 한다.

사회가 시끄러워지면 사람들은 탐사를 찾는다. 어지러운 세상에서 좀 더 깊은 이야기를 원한다. 그렇지만 탐사가 늘 환영을 받는 것은 아니다. 문제 제기를 두려워하는 세력은 진실을 끄집어내려는 탐사꾼들을 이른바 '기레기'로 몰기 십상이다. 언론의 경영 환경이 어려워지면 경영자들은 왜 탐사를 해야 하는지 의문을 갖는다. 그 의문은 인원을 줄이고, 심지어 조직을 통째로 없애는 결과로 이어지기도 한다.

탐사를 원하는 사람들은 '이래서 필요하다'는 당당한 증명서를 사회에 내밀어야 한다. 그 증명서는 짧고 명백하며 논리적이어야 한다. 수치로 보여주면 더욱 좋을 것이다.

2016년 하버드대학교 교수 제임스 해밀턴이 《민주주의의 탐정들》을 출간했다. 부제가 흥미롭다. '탐사 보도의 경제학'이다. 해밀턴 교수는 탐사의 '긍정적인 외부 효과'에 주목했다. 대개 지금까지는 신문의 판매 부수나 방송의 시청률과 광고 단가 같은 내부 효과로 탐사 보도의 몸값을 매겨왔다.

판매 부수나 시청률, 광고에 직접적인 기여를 하지 못한다면 존재 가치가 흔들릴 수밖에 없다. 해밀턴 교수는 이런 내부 효과 말고, 탐사가 공동체에 미치는 외부 효과에 주목했다. 그리고 이를 수치로 계산해내는 깜찍한 시도를 했다.

책에는 긍정적 외부 효과를 보여주는 사례가 많이 나온다. 2009년 지역지 〈더 뉴스 앤 옵서버〉가 진행한 '노스캐롤라이나 가석방 제도' 탐사도 그중 하나다. 이 기획 보도가 나오기까지 인건비와 취재 경비, 가석방 제도 교육비 같은 직접비용이나 기회비용은 21만 달러였다. 그런데 이 보도로 인한 외부 효과, 즉 가석방 제도가 개선됨으로써 얻어지는 공동체의 편익은 7,300만 달러로 계산됐다. 결과적으로 비용 1달러당 287달러의 긍정적 외부 효과가 발생했다는 것이다. 계산대로라면 이렇게 유익한 탐사를 공동체 입장에서 하지 않을 이유가 없다.

나는 30여 년간의 취재 사례를 들며 '로스트 타임'을 언급했다. 늘 늦게 만나고 분노하는 사이에 로스트 타임이 생겨났다. 기만과 폭력으로 말미암아 사라진 시간이나 기회. 따라서 로스트 타임을 회복해주지 않는 사회는 정의로울 수 없다고 누누이 강조했다. 탐사는 긍정적 외부 효과를 위해 로스트 타임을 줄이고, 또한 역설적으로 로스트 타임을 돌려주는 활동이다. 힘들고, 위험하며, 때에 따라 거칠게 보일 수 있다.

해밀턴 교수는 이런 탐사를 '민주주의의 탐정들'이라고 칭했다. 나는 의미를 좀 더 확장해 '공동체의 탐정들'이라고 부르고 싶다. 이 책을 읽는 분들의 가슴에 공공선을 찾아내고자 하는, 공익 탐정의 소망이 자라났으면 한다.

우리 정치와 언론은 지난 국정 농단 사태에서 값진 교훈을 얻었다. 주요 인사가 국회의원으로 선출되고, 대선 후보 경선에서 격돌하며, 대통령에 당선되기까지, 우리는 측근의 그림자에 눈을 감았다. 가습기 살균제로 인해 우리 아이들이 쓰러져 가는데도 단순히 괴질을 앓을 뿐이라며 한동안 발을 뺐다. 버젓이 '만들어지는' 간첩을 의심하지 않았다. 나태해서, 네거티브 공세가 두려워, 정치권력의 눈치를 보느라 검증 대열에 서지 않았다. 공동체는 탐사하지 않은 대가를 톡톡히 치러야 했다.

독자와 스스로에게 다시 질문을 던져본다. 왜 굳이, 위험을 무릅쓰고 탐사해야 할까. 조금이라도 로스트 타임을 줄이기 위해서는 아닐까. 나중에 후회하면서 더 큰 비용을 지불하지 않기 위해서는 아닐까. 탐사의 긍정적인 외부 효과를 굳게 믿고 진실을 추구하고 싶다.

아서 코난 도일의 말처럼 어떤 진실도 확인하지 않은 의혹보다 값지다. 어느 평범한 사람의 억울함이나 한 마을의 작은 도랑을 탐사하는 것이라도 충분히 가치가 있지 않을까. 탐사하지 않는 것보다 말이다.

어떤 진상도
확인하지 않은 의혹보다 값지다.

이규연의
로스트
타임